Aufgabenorientierte Softwareentwicklung

Springer
*Berlin
Heidelberg
New York
Barcelona
Hongkong
London
Mailand
Paris
Singapur
Tokio*

Barbara Paech

Aufgabenorientierte Softwareentwicklung

Integrierte Gestaltung von Unternehmen, Arbeit und Software

Mit 120 Abbildungen und 28 Tabellen

 Springer

Dr. Barbara Paech

Fraunhofer-Institut für
Experimentelles Software Engineering IESE
Sauerwiesen 6
67661 Kaiserslautern

paech@iese.fhg.de

ACM Computing Classification (1998):
D.2.1-2, D.2.10, H.1.2, H.5.2, K.4.3, K.6.1, K.6.3, J.1

ISBN 978-3-540-65738-5 Springer-Verlag Berlin Heidelberg New York

Die Deutsche Bibliothek – CIP-Einheitsaufnahme
Paech, Barbara: Aufgabenorientierte Softwareentwicklung: integrierte Gestaltung von
Unternehmen, Arbeit und Software / Barbara Paech. – Berlin; Heidelberg; New York;
Barcelona; Hongkong; London; Mailand; Paris; Singapur; Tokio: Springer, 2000

ISBN 978-3-540-65738-5   DOI:10.1007/978-3-642-59620-9
eISBN-13: 978-3-642-59620-9

Umschlaggestaltung: Künkel + Lopka Werbeagentur, Heidelberg
Satz: Reproduktionsfertige Vorlage der Autorin mit Springer-T$_E$X-Makros
SPIN: 10717073   45/3142 GF   5 4 3 2 1 0

Vorwort

„Aufgabenorientierte Softwareentwicklung"– dieser Titel ist bewußt als Kontrast zur heute viel diskutierten objektorientierten Softwareentwicklung gewählt. Objektorientierung hat deutliche Verbesserungen in der Strukturierung, Verständlichkeit und Wiederverwendbarkeit von Software gebracht. Sie ist aber nicht ausreichend zur Behebung der Probleme in den frühen Phasen der Softwareentwicklung, in denen der Nutzen von Software für die Arbeit der Benutzer und das Unternehmen im Vordergrund steht. Dies belegt z.B. eine Studie des Europäischen Software Institutes von 1995, in der 50 Prozent der beteiligten Firmen die Anforderungsdefinition als größtes Problem benennen.

Angesichts der zunehmenden Verbreitung von Informations- und Kommunikationstechnologie in immer komplexere Anwendungszusammenhänge reicht eine Fokussierung auf die Software nicht mehr aus – Unternehmen, Arbeit und Software müssen integriert gestaltet werden. Dies ist nur möglich durch Einbeziehung anderer Disziplinen, wie der Betriebswirtschaft und der Sozial- und Arbeitswissenschaften. Aufgrund ihrer technischen Ausrichtung tut sich das Software-Engineering (und die Informatik insgesamt) bisher schwer, diese Disziplinen miteinzubeziehen.

Es ist ein Anliegen dieses Buches, die Gemeinsamkeiten zwischen den Ansätzen aus den verschiedenen Disziplinen deutlich zu machen. Dies gilt insbesondere für die Modellierung, die aufgrund der Komplexität der Zusammenhänge der Gestaltung vorangehen muß. Der Aufgabenbegriff liefert die Grundlage für die Integration. Daraus ist die objekt- und aufgabenorientierte Methode OASE entstanden, die eine integrierte Gestaltung von Unternehmen, Arbeit und Software ermöglicht.

Die Methode OASE ist aber nicht der Hauptinhalt des Buches. Sie zeigt *eine* Umsetzung wichtiger Prinzipien der Modellierung und Aufgabenorientierung. Vielmehr wird der Schwerpunkt auf die Darstellung und Begründung dieser Prinzipien gelegt.

Bei der Softwareentwicklung sind drei sehr unterschiedliche Systeme zu modellieren und gestalten: das Softwaresystem, das Nutzungssystem (d.h. die Arbeitsplätze) und das Anwendungssystem (d.h. das Unternehmen). Die wichtigsten Gestaltungsprinzipien, grundlegende Modellierungskonzepte und typische Modellierungstechniken für diese drei Systeme sind in diesem Buch zusammengestellt. Dabei wird deutlich, daß die Unterschiedlichkeit der Modellierungstechniken aus den verschiedenen Disziplinen oft historisch begründet ist und daß die Unterschiedlichkeit der Systeme zwar unterschiedliche Repräsentationen und Schwerpunktsetzungen bei der Modellierung und bei der Gestaltung verlangt, aber nicht unterschiedliche Konzepte.

Das Buch richtet sich an alle, die mit den frühen Phasen der Softwareentwicklung beschäftigt sind, sowohl in der Industrie als auch an den Hochschulen. Es kann dabei zum einen als Nachschlagewerk dienen, da es bekannte Modellierungstechniken, wie z.B. die Unified Modeling Language (UML), einordnet und bewertet und die vielen bei der Softwareentwicklung zu berücksichtigenden Faktoren zusammenstellt. Zum anderen ist das Buch ein Leitfaden zur schrittweisen Einführung aufgabenorientierter Prinzipien bei der integrierten Gestaltung von Unternehmen, Arbeit und Software.

Das Buch ist ursprünglich als Habilitationsschrift an der Technischen Universität München entstanden und liegt nun in einer überarbeiteten Form vor. Es wäre ohne die Hilfe meiner Familie und Kolleginnen und Kollegen nicht zustande gekommen. Zu allererst danke ich meinem Mann, Peter Kaiser, der für ein Jahr einen großen Anteil der Betreuung von Fabian und Jara übernommen hat. In diesem Jahr hatten wir nur wenige Stunden zu zweit, dritt und viert. Prof. Dr. Manfred Broy danke ich für die ideale Arbeitsatmosphäre während der letzten fünf Jahre, und insbesondere für das Verständnis dafür, daß ich neben Wissenschaft, Industrieprojekten und Lehre auch Zeit für meine Familie haben wollte. Unser großer Lehrstuhl und die vielen Kontakte zur Industrie und zu anderen Universitäten im In- und Ausland haben viele wichtige Anregungen geliefert. Ganz besonderer Dank gebührt den Mitarbeiterinnen und Mitarbeitern der Projekte SYSLAB und FORSOFT, die wichtige Diskussionspartner waren und immer wieder darunter leiden mußten, daß meine Zeit neben den Projekten auch diesem Buch gewidmet war. Zur Endfassung haben Bernhard Deifel, Dr. Peter Kaiser, Dr. Friederike Nickl, Dr. Bernhard Rumpe und Veronika Thurner wichtige Anregungen gegeben. Andrea Coffey war mir eine wertvolle Hilfe bei der Erstellung der Abbildungen. Dem Springer-Verlag, insbesondere Herrn Dr. Hans Wössner, danke ich für die sehr gute Zusammenarbeit.

Kaiserslautern, im November 1999   *Barbara Paech*

Inhaltsverzeichnis

1. Einleitung

*However, it is difficult to imagine an information society in which systems
are fit for use unless we accept that we are designers and agents of change –
not mere translators of other people's wants. [Pot97]*

Informations- und Kommunikationstechnologie prägen zunehmend unsere
Wirtschaft und Gesellschaft. Leistungssteigerung, Miniaturisierung und Integration ermöglichen den Einsatz dieser Technologien in immer komplexeren
Anwendungszusammenhängen. Diese reichen von technischen Produkten wie
Waschmaschinen oder Kraftfahrzeugen über betriebliche Informations- und
Workflowsysteme bis hin zur Produktionsplanung und -steuerung. Die Anpassung an die Anwendungszusammenhänge leistet die Software. Sie muß
über verschiedenste Schnittstellen mit der Umgebung (d.h. anderen technischen Systemen oder den Nutzern) kommunizieren und die geforderte Funktionalität trotz der vielen Schnittstellen zuverlässig und effizient erbringen.
Weiterhin muß sie während der Entwicklung und über die Jahre der Nutzung
hinweg flexibel an geänderte Umgebungsbedingungen und -anforderungen anpaßbar sein. An vielen Stellen wird deutlich, daß Software heute diese Anforderungen nur ungenügend erfüllt: Dies gilt insbesondere für die in den
70er und 80er Jahren entwickelte Software, wie z.B. das Jahr-2000-Problem
zeigt. Es gilt aber auch noch viel zu häufig für Software der 90er Jahre.
Die Objektorientierung hat Verbesserungen im Bereich der Wartbarkeit und
Wiederverwendung gebracht, aber die Einpassung in die Umgebungs- und
Nutzungszusammenhänge ist weiterhin schwer zu erreichen.

Das European Software Institute hat 1995 eine Umfrage in 17 europäischen
Ländern durchgeführt, um den augenblicklichen Zustand, die Probleme und
Ausbildungsdefizite bei der Softwareentwicklung zu ermitteln [ESI95]. Dabei
bewerteten die ca. 3.800 Teilnehmerinnen und Teilnehmer der Umfrage eine
vorgegebene Themenliste daraufhin, ob das jeweilige Thema ein Problem für
sie darstellt. Die höchste Anzahl der Nennungen als „großes Problem"(und
auch die geringste Anzahl der Einstufungen als „problemlos") erhielt mit
über 50 Prozent die Anforderungsdefinition, gefolgt vom Management der
Kundenanforderungen und der Dokumentation. Es ist bemerkenswert, daß
trotz der sich rapide entwickelnden technologischen Basis der Entwurfsprozeß als relativ unproblematisch eingeschätzt wird.

Die Ursachen der Probleme bei der Anforderungsdefinition sind vielfältig. Ein wesentlicher Grund ist die häufige Änderung der Umgebungsprozesse. Dies führt insbesondere zu unvollständiger und ungenauer Dokumentation. Der gewichtigste Grund ist aber die Heterogenität der an der Anforderungsdefinition beteiligten Gruppen. Auftraggeber, Nutzer und Entwickler haben meist sehr unterschiedliche Erfahrungen und Interessen. Dies erschwert die Kommunikation sowie das gegenseitige Verständnis. Die zur Erarbeitung des gegenseitigen Verständnisses nötige Zeit wird oft unterschätzt. Die Anforderungsdefinition ist deswegen oft unvollständig oder mißverständlich.

Die strukturierten und objektorientierten Analyse- und Entwurfsmethoden geben für genau diese Probleme keine Hilfestellung. Die vorgeschlagenen Modellierungstechniken sind meist nur für Entwickler gedacht und nicht für die Kommunikation mit den Benutzern geeignet. Die Anwendungslogik, d.h. die Zusammenhänge des Anwendungskontexts, werden nur insoweit beschrieben, als sie Teil des Softwaresystems werden. Dies gilt sowohl für die Prozesse in der strukturierten Analyse wie auch für die Objekte der objektorientierten Analyse.

Aus dem Requirements-Engineering oder der Softwareergonomie sind Lösungen für die Kommunikations-, Dokumentations- und Verständnisprobleme bekannt, die aber kaum in den Softwareentwicklungsprozeß integriert sind. Dies liegt daran, daß diese Lösungsansätze zu einem großen Teil interdisziplinär beeinflußt sind – z.B. von den Betriebs- und den Arbeitswissenschaften – und sich das traditionelle Software-Engineering schwertut, diese interdisziplinären Faktoren zu berücksichtigen.

Die Integration dieser Techniken in die Softwareentwicklung mithilfe des Aufgabenbegriffs ist das Ziel dieser Arbeit. Aufgaben sind der Schlüssel zum Verständnis der Umgebungszusammenhänge eines Softwaresystems. Sie lassen sich auf verschiedenen Ebenen beschreiben: beginnend bei den strategischen Aufgaben, die die (technische oder betriebliche) Umgebung zu erfüllen hat, über die Aufgaben der (technischen oder menschlichen) Kommunikationspartner bis hin zu den Aufgaben der Software bei der detaillierten Interaktion mit der Umgebung. Eine Integration dieser Ebenen ermöglicht deshalb eine integrierte Beschreibung von Unternehmensorganisation, Arbeitsplätzen, Mensch-Maschine-Kommunikation und anwendungsorientiertem Softwareentwurf. Die Integration macht die Abhängigkeiten zwischen den verschiedenen Modellen und Dokumenten im Entwicklungsprozeß deutlich. Sie erleichtert den Entwicklerinnen und Entwicklern das Verständnis und die Gestaltung des Anwendungskontexts, da die Abhängigkeiten der Software von den Anwendungszusammenhängen ohne Bruch zwischen verschiedenen Modellierungskonzepten beschrieben werden können. Weiterhin erleichtern die klaren Abhängigkeiten die Wartung der Dokumentation.

Im folgenden Abschnitt werden die Zielsetzung und die inhaltlichen Schwerpunkte dieses Buches weiter herausgearbeitet. Danach folgt ein Überblick über die Struktur des Buches.

1.1 Zielsetzung und inhaltliche Schwerpunkte

Kernpunkt dieses Buches ist eine objekt- und aufgabenorientierte Methode zur Modellierung und Gestaltung von Softwaresystemen und ihren Umgebungszusammenhängen. Diese Methode bietet eine aufeinander abgestimmte Auswahl von informatischen und betriebs- sowie arbeitswissenschaftlichen Modellen. Wir nennen diese Methode *Objekt- und Aufgabenorientierte Software-Entwicklung (OASE)*. Die Methode selbst wird erst im letzten Kapitel eingeführt. Davor stellen wir ausführlich ihre Grundprinzipien vor, insbesondere die Integration von Objekt- und Aufgabenorientierung sowie von Software und ihren Umgebungszusammenhängen.

Softwaresysteme und ihre Umgebung. Das Verständnis der Umgebungszusammenhänge ist notwendig, um das Softwaresystem optimal in die Umgebung einzupassen. Die Dokumentation dieser Zusammenhänge und der darauf aufbauenden Entscheidungen bei der Softwaregestaltung ist notwendig, um die häufig auftretenden Änderungen der Umgebungszusammenhänge in der Software nachziehen zu können. Je nach Anwendungskontext und Systemtyp sind die Umgebungszusammenhänge der Softwaresysteme sehr unterschiedlich. Wir konzentrieren uns hier auf Informationssysteme zur Unterstützung von betrieblichen Abläufen. Die Umgebung besteht damit aus dem Unternehmen, seinen Mitarbeiterinnen und Mitarbeitern sowie den Geschäftspartnern des Unternehmens.

Interessensgruppen. Betriebliche Informationssysteme werden heutzutage noch meist als Individualsoftware erstellt. Die zu entwickelnde Software muß einen spezifischen Unternehmensausschnitt unterstützen. Die Softwareentwickler benötigen deshalb ein genaues Verständnis des Anwendungsbereichs. Dieses Verständnis kann nur durch eine intensive Zusammenarbeit mit den Auftraggebern und den zukünftigen Nutzern entstehen. Es sind also sehr unterschiedliche Gruppen an der Softwareerstellung zu beteiligen, die auch in sich sehr heterogen sein können. Die Unterschiede entstehen aufgrund unterschiedlicher Interessen bzgl. der Gestaltung des Softwaresystems und unterschiedlicher Erfahrung mit der Technik und den Anwendungszusammenhängen. Umso wichtiger ist eine explizite Dokumentation des erarbeiteten Verständnisses und der Gestaltungsentscheidungen. Nur so ist der Entwicklungsprozeß, das entstehende Softwaresystem und die durch die Software hervorgerufenen organisatorischen Änderungen für alle Beteiligten verständlich und akzeptabel [RSS+94].

In diesem Buch werden die unterschiedlichen Zielvorstellungen bei der Gestaltung von Unternehmen, Arbeit, Benutzungsschnittstelle und Anwendungskern herausgearbeitet und in Beziehung gesetzt zu den Modellen und Produkten des Entwicklungsprozesses. Dadurch wird deutlich, welche Gestaltungsziele sich mit welchen Modellen am besten dokumentieren und untersuchen lassen. Wir gehen dabei nicht näher ein auf Methoden zur Benutzerbeteiligung und Wissens- und Konsensbildung. Diese Methoden sind notwendig, um Software und ihre Umgebungszusammenhänge in einem konkreten Softwareentwicklungsprojekt modellieren und gestalten zu können. Es gibt dazu eine Fülle von Literatur – nicht nur aus dem Bereich der Softwarentwicklung, sondern ganz allgemein zu Führungsfragen und Fragen der Kommunikation innerhalb von Gruppen. Zur gezielten Anwendung dieser Methoden in der Softwareentwicklung fehlt aber oft der Bezug zu den Modellen und Produkten der Softwareentwicklungsmethoden. Dieses Buch versucht, diese Lücke, durch die Definition einer geeigneten Auswahl von Modellen und Produkten zur Beschreibung der Umgebungszusammenhänge zu schließen. Genau diese Modelle und Produkte sind dann Gegenstand der Gruppenarbeit.

Unternehmens-, Arbeits- und Technikgestaltung. Methoden zur Analyse und Gestaltung von Unternehmen und Arbeitsplätzen sind Gegenstand der Betriebs- und Arbeitswissenschaften. Die Informatik als Wissenschaft hat sich bisher im wesentlichen auf die Analyse und Gestaltung der Technik beschränkt. Softwareergonomie als Bindeglied zwischen Informatik und Arbeitswissenschaften steht meist außerhalb der eigentlichen Informatikausbildung und -forschung. In der Praxis ist diese Trennung aber nicht aufrecht zuerhalten. Softwareentwickler benötigen Kenntnisse und Kompetenzen im Bereich der Unternehmens- und Arbeitsorganisation und der Mensch-Maschine-Kommunikation, um die Software optimal auf die Bedürfnisse der Auftraggeber und Nutzer zuschneiden zu können. Entsprechend der immer größeren Verbreitung von Informations- und Kommunikationstechnologien wurden in der Betriebswirtschaft (insbesondere auch der Wirtschaftsinformatik) und der Arbeitswissenschaft Methoden entwickelt, die die Besonderheiten der neuen Technologien berücksichtigen. Dazu zählen z.B. die Geschäftsprozeßgestaltung und -modellierung (Business Process Reengineering) oder die arbeitswissenschaftliche Gestaltung von Produktionsprozessen und Benutzungsschnittstellen. Diese Methoden sind inzwischen soweit entwickelt, daß eine Integration in und Konsolidierung durch informatische Methoden möglich ist. In diesem Buch wird gezeigt, daß zwar die Zielrichtungen bei der Gestaltung von Unternehmen, Arbeit und Technik sehr unterschiedlich sind, aber die Modellierungsmethoden sehr ähnlich sind. Diese Ähnlichkeit ermöglicht eine integrierte Modellierung und Gestaltung von Unternehmen, Arbeit und Technik.

Modellierung. Die Integration von Modellierungsmethoden aus Unternehmens-, Arbeits- und Technikgestaltung erfordert ein gemeinsames Verständnis des Begriffs und der Tätigkeit „Modellierung". Dieses gemeinsame Verständnis ist heute noch nicht einmal innerhalb der Informatik gegeben. Neue Softwareentwicklungsmethoden führen neue Modellierungsnotationen ein und betonen eher die Unterschiede zu existierenden Methoden als die Gemeinsamkeiten. Ein erster Schritt in Richtung Vereinheitlichung ist die von der Object Management Group (OMG) als Standard für objektorientierte Modellierung verabschiedete Unified Modeling Language (UML) [BRJ97]. Im Moment greift dieser Standard aber nur auf Ebene der Notation und nicht bzgl.

der Bedeutung der Modelle. Mithilfe der sogenannten Stereotypen lassen sich sogar unterschiedliche notationelle Varianten der UML wieder einführen. In diesem Buch wird gezeigt, daß den an der Anwendung orientierten Modellen bei der Softwareentwicklung eine überschaubare Menge von Kernkonzepten zugrundeliegt. Diese Kernkonzepte ermöglichen eine klare Einordnung der verschiedenen Modellierungstechniken bzgl. der modellierten Systemaspekte. Insbesondere erlauben sie eine einheitliche Sichtweise auf Techniken der strukturierten und objektorientierten Methoden.

Abstrakte und kontextuelle Modellierung. Modellierungstechniken unterscheiden sich nicht nur in den ihnen zugrundeliegenden Konzepten, sondern auch in dem zugrundeliegenden Modellierungsverständnis. Gerade bei der Modellierung des Softwaresystems und seiner Umgebung werden zwei sehr unterschiedliche Leitbilder verwendet: Abstraktion und Kontext [PH97]. Abstraktion wird meist in den informatischen Methoden in den Vordergrund gestellt mit dem Ziel einer normativen Beschreibung von Software und ihrer Umgebung. Anforderungen werden aus strategischen Überlegungen gewonnen und sind vor allem als Vorgabe für den Softwareentwurf gedacht. Das Wissen über die Umgebungszusammenhänge kommt von den Auftraggebern, nicht von den eigentlichen Nutzern. Der Entwurf wird vor allem bzgl. Konsistenz und innerer Geschlossenheit geprüft. Kontext steht demgegenüber im Vordergrund der interdisziplinären Methoden, insbesondere im Bereich der Softwareergonomie. Sie zielen auf ein Verständnis der Besonderheiten der Umgebungszusammenhänge. Anforderungen werden aus der Untersuchung der existierenden Arbeitsplätze gewonnen. Die Nutzer sind der Mittelpunkt. Der Softwareentwurf wird vor allem danach beurteilt, wie gut das Softwaresystem in den Umgebungszusammenhang paßt.

Diese Leitbilder stehen fast in direktem Gegensatz zueinander. Gerade für eine integrierte Modellierung und Gestaltung von Softwaresystem und Umgebung sind sie aber zu vereinen. Eine reine Betrachtung des Kontexts würde nur auf das IST fokussieren. Ohne Abstraktion von den Besonderheiten der existierenden Arbeitsplätze ist eine Vorstellung von dem SOLL nicht möglich, und insbesondere kein Softwaresystementwurf. Umgekehrt vernachlässigt aber zu starke Abstraktion die Erfahrung der Nutzer und die Besonderheiten der Umgebung. Ohne Kontextbetrachtung wird das Softwaresystem an den Bedürfnissen der Nutzer vorbei entwickelt. Es gibt mehrere Möglichkeiten, diese zwei Leitbilder zu vereinen. Wie auch in [PH97] vorgeschlagen, nimmt OASE die Prinzipien der Abstraktion als Ausgangspunkt und reichert diese gezielt um Elemente der kontextuellen Modellierung und Gestaltung an. Der Aufgabenbegriff bildet die gemeinsame Basis.

Aufgabenorientierung. Aus der Untersuchung der (kontextuellen) Methoden der Modellierung und Gestaltung von Unternehmen und Arbeit wird deutlich, daß bei informatischen Methoden noch Defizite im Hinblick auf die Aufgabenmodellierung bestehen. Bei der Unternehmens- und Arbeitsorganisation steht die Modellierung der Aufgabenstruktur und -abläufe gleichberechtigt neben der Modellierung der Aufbaustruktur. Mit der Geschäftsprozeßmodellierung steht heutzutage oft sogar erstere im Vordergrund. In der Informatik ist durch die Entity-Relationship-Diagramme die Datenmodellierung fest etabliert. Es gibt aber keine einheitliche Behandlung von Abläufen. Die strukturierten Methoden fokussieren zwar auf die Aufgaben in Form von Prozessen in Datenflußdiagrammen, dabei wird aber nur die Aufgabenstruktur (insbesondere durch hierarchische Zerlegung) deutlich, und nicht die Einbettung der Aufgaben in verschiedene Abläufe. Objektorientierte Methoden betrachten Ablaufmodellierung nur auf Ebene der Operationsaufrufe zwischen Objekten. Damit sind übergreifende Aufgaben und ihre Abhängigkeiten nicht darstellbar. Bei allen informatischen Analyse- und Entwurfmethoden werden die Akteure und ihre Ziele bei der Aufgabendurchführung nicht berücksichtigt. In diesem Buch wird gezeigt, daß die ausführliche Aufgabenmodellierung ein umfassendes Verständnis des Umgebungszusammenhangs eines Softwaresystems ermöglicht. Die Modellierung von Aufgaben erfordert nicht grundsätzlich neue Modellierungstechniken, sondern kleine Erweiterungen oder Einschränkungen der bisher bekannten Techniken. Insbesondere ist eine klare Unterscheidung der Modellierung von Operationen und ihrem Kontrollfluß von der Modellierung von Aktivitäten und ihrem Datenfluß notwendig.

Systemspezifikation. Die Fokussierung auf die Aufgaben zur Beschreibung der Umgebungszusammenhänge steht scheinbar im Kontrast zu einem objektorientierten Softwarentwurf, da letzterer die Daten als Ausgangspunkt nimmt. Dieser Eindruck wird dadurch verstärkt, daß die meisten objektorientierten Analyse- und Entwurfsmethoden keine explizite Systemspezifikation kennen. Die Systemfunktionen werden dort höchstens in Form von Use Cases dokumentiert. Diese erlauben ein grobes Verständnis der Systemfunktionalität, aber keine genaue Systemspezifikation. Die Systemspezifikation bildet aber genau die Brücke zwischen einer aufgabenorientierten Modellierung der Umgebung und der objektorientierten Modellierung der Software. In diesem Buch wird gezeigt, daß sich eine detaillierte Systemspezifikation in Form eines Softwaresystemdatenmodells und der Funktionsbeschreibungen für das Softwaresystem aus der Beschreibung der Umgebungszusammenhänge ableiten läßt. Diese Beschreibung legt die wesentlichen Schritte der Systemfunktionen fest, ohne den objektorientierten Entwurf vorwegzunehmen. Die Verteilung auf verschiedene Klassen kann systematisch durch Detaillierung der Systemspezifikation erreicht werden.

Systemnutzung. Die Systemspezifikation ist insbesondere Vorgabe für die Benutzungsschnittstellengestaltung. Diese ist bei keiner der gängigen Analyse- und Entwurfsmethode angemessen berücksichtigt. Diese Methoden beschränken sich meist darauf, die im Softwaresystem nachzubildende Anwendungslogik zu erfassen und in Daten und Abläufe des Softwaresystems umzusetzen. Die Systemnutzung wird höchstens in Form von Use Cases thematisiert, die aber nur sehr informell beschrieben sind und keine methodische Anleitung zur Gestaltung der Systemnutzung bieten. Die Vielfalt der möglichen Technologien und Interaktionsmedien erfordert aber eine detailliertere Analyse der Arbeitsorganisation der Benutzerinnen und Benutzer, um die Systemnutzung optimal gestalten zu können. In dieser Arbeit wird gezeigt, daß die Systemnutzung ein eigenständiger Modellierungs- und Gestaltungsbereich ist, der sich nahtlos einfügt in die Modellierung und Gestaltung von Anwendungskontext und Softwaresystem.

Methodenbeschreibung. Softwareentwicklungsmethoden geben einen Rahmen für die Gestaltung eines Entwicklungsprozesses vor, in Form von Produkten und Modellen. Es ist immer schwierig, diesen Rahmen in einem Buch angemessen zu beschreiben. Typischerweise werden ein paar grundlegende Prinzipien vorgestellt, und dann die Modelle und Produkte an Beispielen erläutert. Wie eine Umfrage unter bayerischen Industriefirmen bestätigt hat [DHP⁺99], ist eine Beschreibung von Methoden auf dieser Ebene aber nicht ausreichend zur direkten Umsetzung in einem Entwicklungsprojekt. Insbesondere fehlen die methodischen Zwischenschritte zur Ableitung und zum Abgleich der verschiedenen Modellen untereinander. In diesem Buch geben wir keine genaue Notation für die Modelle und Produkte vor. Stattdessen wird besonderer Wert daraufgelegt, die Konzepte und den Zweck jedes Modells und die Beziehung zu anderen Modellen herauszustellen. Dies erfordert insbesondere die Erstellung von Überblicks- und Abstimmungsdokumenten, die mehrere Modelle miteinander in Beziehung setzen. Weiterhin wird bei der Erklärung der Grundprinzipien darauf geachtet, diese nicht isoliert vorzustellen, sondern im Kontext der in der Literatur bekannten Methoden.

1.2 Überblick

Dieses Buch nimmt eine Sonderstellung unter den Arbeiten zum Software-Engineering ein. Wir geben einen detaillierten Überblick über Modellierungstechniken, insbesondere für die aufgabenorientierte Modellierung, aber keinen vollständigen Überblick über die Aspekte und Methoden der Softwareentwicklung wie z.B. [Bal96, Som96]. Wir stellen auch eine eigene Methode, OASE, vor. Die Grundprinzipien dieser Methode werden durch ausführliche Untersuchung existierender Methoden herausgearbeitet, und nicht wie z.B. in [Jac92, CAB⁺94, DCC92] nur als gegeben dargestellt. Kapitel 2 bildet die Grundlage für die Untersuchung der existierenden Methoden, indem es unsere Auffassung von Softwareentwicklung als Arbeits- und Technikgestaltung vorstellt. In Kap. 3 und 4 werden die Aspekte und Techniken der Modellierung allgemein sowie der aufgabenorientierten Modellierung gesichtet und bewertet. Kapitel 5 beschreibt die Methode OASE. Jedes Kapitel ist soweit wie möglich in sich abgeschlossen. Weiterführende Literatur wird in jedem Kapitel gesondert aufgeführt. Das Glossar am Schluß des Buches faßt die wichtigsten Begriffe zusammen, ein Index soll das Auffinden der wichtigsten Stichwörter ermöglichen. Wir haben uns um einen geschlechtergerechten

Sprachgebrauch bemüht, allerdings war der Lesbarkeit halber nicht immer eine gleichberechtigte Verwendung der männlichen und weiblichen Sprachform (wie in „Softwareentwicklerinnen und -entwickler") möglich. Wenn es eher um stereotypische Menschengruppen geht, wie z.B. bei „Nutzer", „Entwickler", haben wir nur die männliche Form verwendet. Stehen die Menschen selbst im Vordergrund, so verwenden wir beide Formen nebeneinander.

Es folgt ein genauer Überblick über den Aufbau der einzelnen Kapitel.

Kapitel 2: Grundlagen des Software-Engineerings. Das Ziel dieses Kapitels ist, die im folgenden notwendigen Begriffe und Sichtweisen zusammenzutragen und eine Einordnung unseres Ansatzes zu ermöglichen. Unser Ansatz ist geprägt von der Auffassung von Softwareentwicklung als Arbeits- und Technikgestaltung. Grundbegriffe und Sichtweisen werden in den Abschnitten 2.1 und 2.2 vorgestellt. Das in 2.3 vorgestellte Systemkonzeptmodell ist die Grundlage für die in Kap. 3 vorgestellte Klassifikation von Modellierungstechniken. Abschnitt 2.4 gibt einen Überblick über die Produkte einer Softwareentwicklungsmethode, die auch die Unternehmens- und Arbeitsgestaltung berücksichtigt. Weiterhin wird der Stellenwert von Modellen in einer Entwicklungsmethode diskutiert. Der Softwareentwicklungsprozeß ist Gegenstand von 2.5. Insbesondere werden Techniken der Wissens- und Konsensbildung und der Benutzerbeteiligung vorgestellt. Diese Techniken ermöglichen erst die Erstellung der in Kap. 4 vorgestellten aufgabenorientierten Modelle. Wie in 1.1 dargestellt, hat die Systemspezifikation eine Brückenfunktion zwischen der Modellierung und Gestaltung des Anwendungskontexts und des Softwaresystems. Die Systemspezifikation ist Gegenstand des Requirements-Engineerings. Abschnitt 2.6 stellt wichtige Begriffe und Techniken des Requirements-Engineerings, insbesondere auch einen Standard zur Definition der Systemspezifikation vor. In 2.7 diskutieren wir die formale Fundierung von Modellierungstechniken in der Softwareentwicklung. Diese Fundierung ist ein wichtiges Hilfsmittel zur Erstellung der in Kap. 3 vorgestellten Klassifikation von Modellierungstechniken. Zum Abschluß stellen wir in 2.8 noch die Methoden SSADM, FUSION und OOSE, sowie die Sprache UML vor, die in Teilen in OASE eingegangen sind (siehe auch Kap. 5).

Kapitel 3: Modellierungstechniken in der Softwareentwicklung. In diesem Kapitel stellen wir eine an Systemkonzepten orientierte Klassifikation von Modellierungstechniken in der Softwareentwicklung vor. In den einzelnen Abschnitten werden die Konzepte Akteure, Daten, Dienste, Ziele, Rollen, Interaktionen und Prozesse erklärt und jeweils die in Forschung und Praxis gängigen Modellierungstechniken dafür vorgestellt und bewertet. Dabei wird jeweils die Modellierung der statischen Struktur und die Modellierung der Veränderungen während des Systemablaufs unterschieden. Für jede Klasse von Modellierungstechniken wird eine Charakterisierung anhand der betrachteten Konzepte herausgearbeitet, die von notationellen Unterschieden abstrahiert. Am Schluß des Kapitels werden die Erkenntnisse zu den einzelnen Modellierungstechniken zusammengestellt und das Zusammenspiel der Techniken bei der Systemmodellierung untersucht.

Kapitel 4: Aufgabenorientierte Modellierung. In diesem Kapitel stellen wir Spezialisierungen der in Kap. 3 vorgestellten Techniken im Hinblick auf die Modellierung von Umgebungszusammenhängen und Softwaresystemen vor. Wir unterscheiden dabei das Anwendungssystem, das den organisatorischen Kontext des Softwaresystems sowie die Anwendungslogik umfaßt, das Nutzungssystem, das durch die Benutzerinnen und Benutzer und ihre Arbeitsplätze sowie die Benutzungsschnittstelle gekennzeichnet ist, und das Softwaresystem. Für jedes der drei Systeme stellen wir die wichtigsten Gestaltungskriterien zusammen. Die in Forschung und Praxis eingesetzten spezialisierten Modellierungstechniken werden vorgestellt und bewertet. Beim Anwendungssystem unterscheiden wir in 4.1 aus der Informatik stammende Techniken zur Modellierung der Anwendungslogik von betriebswirtschaftlich motivierten Methoden zur Modellierung und Gestaltung des organisatorischen Kontexts. Benutzermodelle, Aufgabenanalyse, Szenarien und Prototypen, die Bestimmung von Systemdaten und -funktionen sowie die Dialogmodellierung werden in 4.2 untersucht. In 4.2.10 gehen wir gesondert ein auf die wenigen in der Literatur bekannten Methoden zur integrierten Modellierung und Gestaltung von Nutzungs- und Softwaresystem. Bei der Modellierung des Softwaresystems unterscheiden wir in 4.3 den strukturierten, datenorientierten und objektorientierten Entwurf. Aus dieser Übersicht und Bewertung wird eine Charakterisierung der wichtigsten Produkte bei der Modellierung und Gestaltung des jeweiligen Systems abgeleitet.

Kapitel 5: Eine Methode für die aufgabenorientierte Softwareentwicklung. In diesem Kapitel stellen wir die von uns entwickelte Methode OASE am Beispiel eines Informationssystems für eine Fakultätsbibliothek vor. OASE setzt die in Kap. 3 erarbeiteten Grundsätze über das Zusammenspiel von Modellierungstechniken bei der Systemmodellierung um. Sie beinhaltet die in Kap. 4 herausgearbeiteten Produkte der aufgabenorientierten Modellierung von Anwendungs,- Nutzungs- und Softwaresystem. Aufgrund des großen Umfangs der bei der Modellierung und Gestaltung des Nutzungssystems zu beachtenden Aspekte wird die Benutzungsschnittstelle in einem eigenen Abschnitt behandelt. In 5.1 werden die Produkte von OASE im Überblick vorgestellt. Weiterhin gehen wir gesondert ein auf den Übergang von der internen, datenflußbasierten Aufgabenspezifikation zum kontrollflußbasierten Entwurf eines Systems, der in OASE an vielen Stellen benötigt wird. Die in 5.2 definierten Modelle und Produkte des Anwendungssystems reichen von einer Aufgabenbeschreibung über die Anwendungsdaten und die Geschäftsprozesse bis hin zur Einbettung in die Informationstechnologie-Strategie und die Definition von Nutzerrollen. Zur Modellierung des Nutzungssystems werden in 5.3 eine genauere Kategorisierung der Nutzer, Arbeitsprozesse, eine detaillierte Aktivitätenbeschreibung in Form von Merkmalsmustern, eine Bewertung der Arbeitsplätze und die Definition von Softwaresystemrollen eingesetzt. Die in 5.4 beschriebene Modellierung der Benutzungsschnittstelle erfordert eine genaue Arbeitsorganisationsanalyse, die Definition von Softwaredatensichten und Dialogen und eine Umsetzung in Oberflächenrollen. Bei der Modellierung des Softwareanwendungskerns sind die Dienste durch Dienstaktivitätsfolgen zu detaillieren und können dann zusammen mit den Softwaresystemdaten in Anwendungskernrollen umgesetzt werden (Abschnitt 5.5). In den letzten beiden Abschnitten dieses Kapitels wird OASE zusammenfassend betrachtet. Abschnitt 5.6 stellt die Zusammenhänge zwischen verschiedenen Modellen für die gleichen Systemkonzepte auf unterschiedlichen Detaillierungsebenen heraus. In 5.7 werden Szenarien für die schrittweise Einführung von OASE in die existierende Methodenlandschaft eines Unternehmens vorgestellt.

Kapitel 6: Schlußbemerkungen. In diesem Kapitel fassen wir noch einmal die wichtigsten Ergebnisse des Buches zusammen und geben einen Ausblick auf neuere Entwicklungen wie Referenzmodelle, Workflow-Management-Anwendungen und Business Objects.

2. Grundlagen des Software-Engineerings

In short, the vocabulary is essential; long teaching experience has shown us that the subject matter of this book cannot be presented without the building of a concomitant vocabulary. [YC79]

Software-Engineering ist ein sehr breites und dynamisches Gebiet. Mit der Komplexität der Einsatzbereiche für Software nimmt auch die Komplexität der bei der Softwareentwicklung zu betrachtenden Einflußfaktoren zu. Dies gilt sowohl für die Erfassung und Gestaltung des Anwendungsgebietes und der Software als auch für den Prozeß der Softwareentwicklung. Entsprechend umfangreich sind Bücher, die eine Einführung in das Software-Engineering geben. Dieses Kapitel hat nicht den Anspruch, diese Komplexität in einem Kapitel einfangen zu können. Das Ziel ist vielmehr, die im Rahmen dieses Buches wichtigen Einflußfaktoren zu benennen und insbesondere die wichtigsten Begriffe festzulegen.

In 2.1 gehen wir zunächst auf Begriffe ein, die den Rahmen für ein systematisches Vorgehen bei der Softwareentwicklung abstecken: Methode, Modell und System.

Man kann Softwareentwicklung verstehen als die schrittweise Verwirklichung einer Problemlösung mithilfe eines Softwaresystems durch Entwicklung verschiedener Systemsichten. Diese Sichten beziehen sich nicht nur auf das Softwaresystem. Bei der Entwicklung eines Softwaresystems sind drei Systeme interessant (siehe Abb. 2.1):

- das *Anwendungssystem*, d.h. das organisatorische und fachliche Umfeld des zu entwickelnden Softwaresystems,
- das *Nutzungssystem*, also die Interaktion zwischen Benutzer und Softwaresystem bei der Aufgabenerfüllung, und
- das *Softwaresystem* selbst.

Obwohl diese Systeme – insbesondere durch den Grad der Beteiligung von Menschen oder Computern am Systemverhalten – sehr unterschiedlich sind, können sie alle als informationsverarbeitende Systeme angesehen werden. Dies ermöglicht eine einheitliche Klassifikation und gute Integration der in den Methoden verwendeten Modelle.

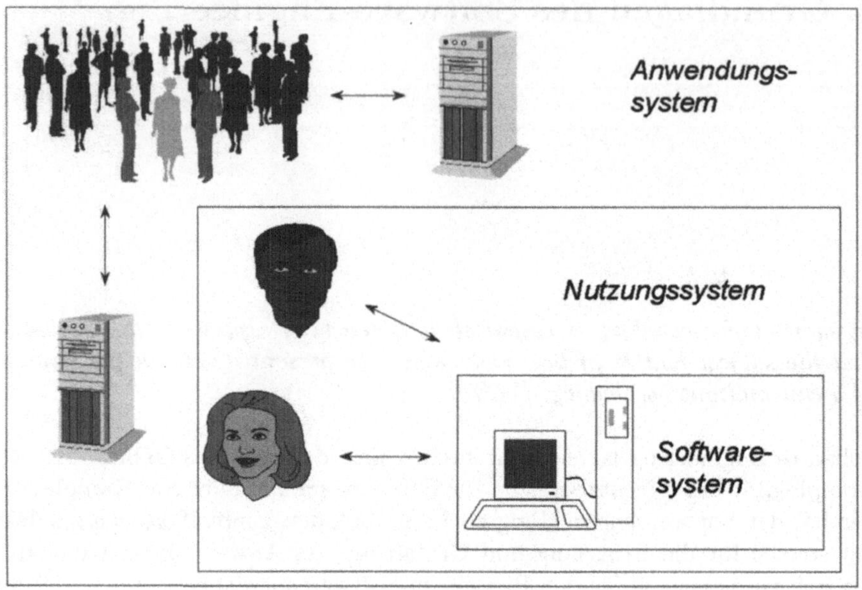

Abb. 2.1. Die drei Systeme der Softwareentwicklung

In 2.2 stellen wir die wichtigsten *Sichtweisen* der Softwareentwicklung vor:

- Die *organisatorische Einbettung* des Softwaresystems umfaßt die Voraussetzungen für und Konsequenzen aus dem Softwaresystemeinsatz im Unternehmen.
- Die *aufgabenmäßige Einbettung* des Softwaresystems fokussiert auf die Voraussetzungen für und Konsequenzen aus dem Softwareeinsatz am Arbeitsplatz der Benutzer.
- Die *Dienstschnittstelle* beschreibt die vom Softwaresystem verwalteten Daten und die Systemdienste zur Veränderung dieser Daten.
- Der *anwendungsorientierte Entwurf* des Softwaresystems umfaßt die Umsetzung der Dienste durch fachliche Komponenten des Softwaresystems.
- Die *Komponentenarchitektur* berücksichtigt zusätzlich noch technische Aufgabenbereiche wie Persistenz oder Anbindung an externe Geräte.
- Die *Verteilungsarchitektur* beschreibt die Verteilung auf physisch oder logisch verteilte Berechnungsknoten.
- Die *Implementierung* befaßt sich mit der Realisierung in bestimmten Programmiersprachen auf bestimmten Rechnerplattformen.

Die ersten vier Sichtweisen sind aus der Anwendung heraus begründet, die weiteren drei aus der Tatsache, daß Software ein technisches Produkt ist. In diesem Buch beschäftigen wir uns vor allem mit den ersten vier Sichtweisen.

Jede dieser Sichtweisen läßt sich durch eine zugehörige Klasse von Modellen charakterisieren. Zur Systematisierung der Modelle für die ersten vier

Sichtweisen verwenden wir ein *Systemkonzeptmodell*, das wir in 2.3 vorstellen. Dieses Konzeptmodell umfaßt die wichtigsten bei der Systemmodellierung verwendeten Konzepte. Die Zusammenfassung mehrerer Konzepte nennen wir *Systemsicht*. Systemsicht und Sichtweise sind zu unterscheiden. Sichtweisen stellen einen interessensgeleiteten Standpunkt von Beteiligten während der Softwareentwicklung dar, während eine Systemsicht eine Projektion des gesamten Systems bzgl. einer bestimmten Menge von Konzepten ist. Sichten können auf Modelle angewendet werden, ohne deren Stellung im Entwicklungsprozeß zu kennen.

Die Modelle werden u.a. dazu verwendet, Gestaltungsentscheidungen in *Produkten*[1] festzuhalten. Bei der Softwareentwicklung werden mindestens die folgenden Produkte unterschieden:

- Die *Anforderungsdefinition* macht Aussagen über die vom Softwaresystem zu erbringenden Dienste, seine Auswirkungen im Unternehmen und weitere qualitative und quantitative Eigenschaften [HBvB$^+$94]. Der ausschließlich auf die Software bezogene Teil wird meist *Systemspezifikation* genannt. Wir verwenden dafür im folgenden auch den Begriff *externe Aufgabenspezifikation*.
- Der *Entwurf* bestimmt die Umsetzung der Anforderungsdefinition durch Komponenten. Wir unterscheiden im folgenden die *interne Aufgabenspezifikation* von dem eigentlichen *komponentenorientierten Entwurf*.
- Die *Implementierung* realisiert den Entwurf in bestimmten Programmiersprachen auf bestimmten Rechnerplattformen.

In 2.4 stellen wir eine auf die aufgabenorientierte Softwareentwicklung zugeschnittene Menge von Produkten vor. Diese ist deutlich detaillierter als die oben angegebene, und enthält insbesondere eigene Produkte für die anwendungsorientierten Sichtweisen. In diesem Abschnitt werden auch die typischen Verwendungsmöglichkeiten von Modellen bei der Erstellung dieser Produkte diskutiert. Abbildung 2.2 faßt das Zusammenspiel von Sichtweisen, Modellen und Produkten zusammen: Modelle erfassen Sichten auf Anwendungs-, Nutzungs- und Softwaresystem. Sie sind auch gegenüber der Wirklichkeit zu validieren. Bei der Modellerstellung spielen die Sichtweisen der Beteiligten eine große Rolle. Modelle sind Bestandteile von Produkten wie die externe und interne Aufgabenspezifikation und der Entwurf. Darüber hinaus können sie zu Wissenserwerb, Konsensbildung und Eigenschaftsuntersuchungen verwendet werden, sowie eine Vorgabe für eine Realisierung sein.

Mit der Charakterisierung der für die Softwareentwicklung wesentlichen Sichtweisen, Modelle und Produkte ist aber das *Vorgehensmodell der Softwareentwicklung* nur ungenügend beschrieben. Eine Trennung in anwendungsnahe und technische Produkte entspricht der Auffassung der Softwareentwicklung als ein Prozeß der *Arbeits- und Technikgestaltung*. Die Erstellung dieser

---

[1] Der Begriff „Produkt" umfaßt sowohl Dokumente als auch Code sowie ein lauffähiges System.

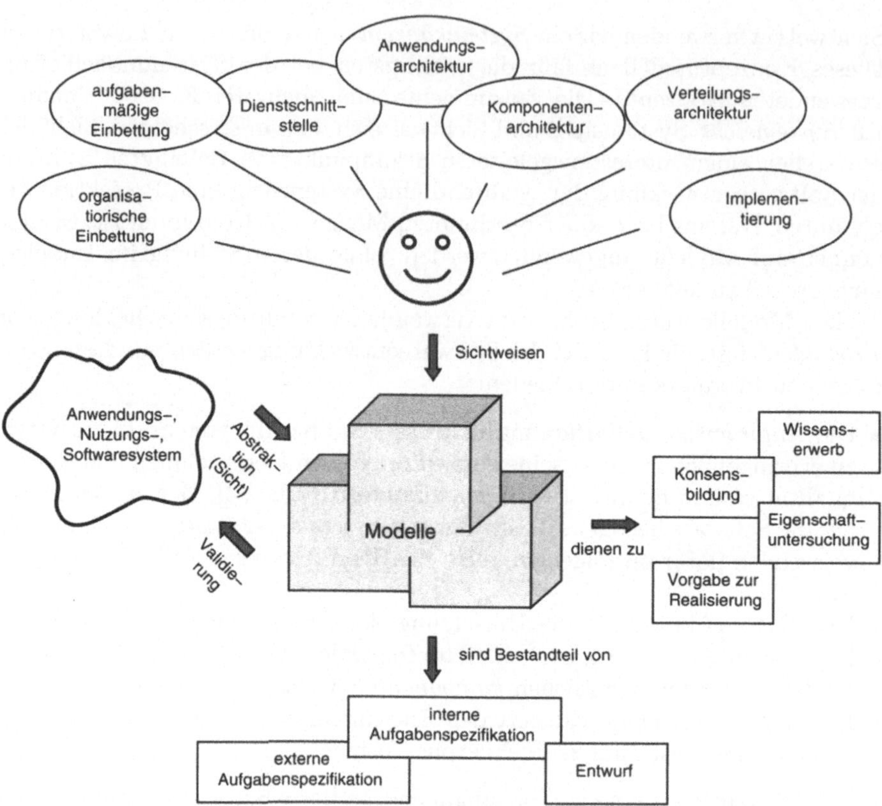

Abb. 2.2. Sichtweisen, Modelle und Produkte

Produkte in einem Team über einen längeren Zeitraum hinweg unter Berücksichtigung wirtschaftlicher Rahmenbedingungen bringt aber einige Besonderheiten mit sich, insbesondere Fragen der Wissens- und Konsensbildung, der Benutzerbeteiligung, des Managements von Terminen, Kosten und Qualität, sowie der Evolution der Produkte. Diese Gesichtspunkte werden in 2.5 diskutiert. Wissens- und Konsensbildung ist besonders wichtig bei der Erstellung der Anforderungsdefinition und Systemspezifikation. Diese sind Zielprodukte des *Requirements-Engineerings*. Bei ihrer Erstellung stehen die Aufgaben im Anwendungs- und Nutzungssystem im Vordergrund. Wir geben in 2.6 einen Überblick über die Probleme und Techniken des Requirements-Engineerings. Die dabei verwendeten Modellierungstechniken sind Gegenstand von Kap. 4.

Eine spezielle Technik des Qualitätsmanagements im Softwareentwicklungsprozeß ist der Einsatz formaler Methoden. Diese erlauben mathematische, oft (teil-)automatisierte Eigenschaftsnachweise. Aufbauend auf die vielen Grundlagenarbeiten in diesem Bereich zeichnet sich in einigen Teilbereichen der Softwareentwicklung ein profitabler Einsatz dieser Methoden ab.

Wir gehen in 2.7 insbesondere auf die *indirekte* Nutzung zur mathematischen Fundierung von Analyse- und Entwurfsmethoden ein.

Nach der Vorstellung dieser allgemeinen Prinzipien stellen wir in 2.8 kurz drei gängige Analyse- und Entwurfsmethoden (SSADM, FUSION, OOSE) und die standardisierte Notation UML bzgl. ihrer Sichtweisen, Modelle und Produkte vor.

Das vorliegende Kapitel faßt den gesamten Bereich der Softwareentwicklung in sehr groben Zügen zusammen. Jeder Abschnitt behandelt ein in sich sehr komplexes Gebiet. Die Angaben zur weiterführenden Literatur werden deshalb in jedem Abschnitt gesammelt.

2.1 Grundbegriffe der Softwareentwicklung

In diesem und in den folgenden Abschnitten legen wir einige grundlegende Begriffe des Software-Engineerings fest. Wie im Data Dictionary, das die Terminologie des Anwendungssystems für die Softwaresystementwicklung explizit macht, soll damit eine Arbeitsgrundlage für die nachfolgenden Kapitel geschaffen werden. Viele Begriffe werden wir im folgenden durch ein Beispiel oder eine längere Erläuterung einführen. Drei Kernbegriffe, die allein durch ihren häufigen Gebrauch in verschiedensten Kontexten unscharf sind, verdienen eine genaue Definition: die Methode, das Modell und das System.

Methode

Eine *Methode* ist nach [Dud91]

- ein „wissenschaftlich planmäßiges und folgerichtiges Verfahren", bzw.
- eine „Art des Vorgehens".

Im Bereich der Softwareentwicklungsmethoden wird der Begriff *Vorgehensmodell* verwendet für die Abwicklung der Softwareerstellung in einem Projekt. Die dabei erarbeiteten (Zwischen-)Ergebnisse nennen wir in diesem Buch *Produkte*. Statt „Vorgehensmodell" wird in der Literatur auch oft der Begriff „Prozeß" verwendet. Letzterer wird in diesem Buch in einem anderen Zusammenhang belegt und deshalb nicht für die Gestaltung der Softwareentwicklung verwendet.

Es sind drei Aspekte des Vorgehensmodells zu unterscheiden:

- Das technische Vorgehensmodell bestimmt die Schritte der eigentlichen Produkterstellung.
- Das soziale Vorgehensmodell bestimmt die Maßnahmen zur Gestaltung eines produktiven Arbeitsklimas in einem Projekt, wie z.B. Teamzusammensetzung, Kommunikationsverbesserung, Weiterbildung.

- Das organisatorische Vorgehensmodell bestimmt die übergreifenden Maßnahmen zur Einhaltung der wirtschaftlichen Randbedingungen, also Per-
  sonal-, Kosten- und Terminplanung und -überwachung sowie Qualitätssicherung.

Im folgenden steht der Begriff „Vorgehensmodell" für „technisches Vorgehensmodell" , soweit nicht ausdrücklich ein anderer Aspekt hervorgehoben
wird.

Ein typisches Beispiel für ein (technisches) Vorgehensmodell ist das *Wasserfallmodell* (siehe Abb. 2.3), das eine sequentielle Reihenfolge der Produkterstellung vorschlägt.

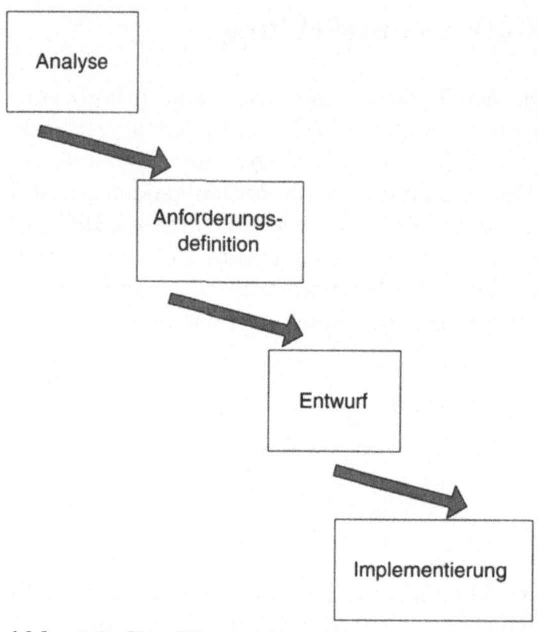

Abb. 2.3. Das Wasserfallmodell

Interpretiert man die Kästen dieser Abbildung als Aktivitäten und die
Pfeile als zeitliche Abhängigkeiten, so muß z.B. die Anforderungsdefinition
vor dem Entwurf abgeschlossen sein. Dieses Vorgehensmodell ist in der Praxis
viel zu starr. Die Produkte müssen inkrementell und in Zyklen erstellt werden,
so daß möglichst oft ein Zwischenstand erreicht wird, in dem alle Produkte
bzgl. der gewonnenen Erkenntnisse konsistent sind. Dieses Bild kann aber
auch als eine Abbildung der Datenabhängigkeiten zwischen den Produkten
verstanden werden. Damit ist über die zeitliche Reihenfolge nichts ausgesagt.
Diese Interpretation ist insbesondere mit dem eben erwähnten inkrementellen Vorgehen verträglich. Wir werden in 2.5 ein Vorgehensmodell für die auf-

gabenorientierte Softwareentwicklung vorstellen, das Datenabhängigkeiten, aber keine zeitliche Reihenfolge festlegt.

Typischerweise sind Vorgehensmodelle auf einer sehr hohen Abstraktionsebene beschrieben. Diese reicht nicht, um einen Entwicklungsprozeß einheitlich und wiederholbar zu machen. Bei der Vorstellung der Methode OASE in Kap. 5 gehen wir deshalb besonders auf die vielen zur direkten Umsetzung benötigten Zwischenschritte ein.

Modell

Die Produkte der Softwareentwicklung bestehen zu einem großen Teil aus *Modellen*.

In [Dud91] ist ein *Modell* u.a. definiert als

„Muster, Vorbild, Typ" bzw. „Entwurf, Nachbildung".

Ein Modell benötigt immer ein Gegenüber in der Wirklichkeit. Bei der Softwareentwicklung wird diese Wirklichkeit teilweise konstruiert: in Form des Softwaresystems und seines Einsatzes im Unternehmen. Es ist deshalb wichtig, zwischen Nachbildungs- und Vorbild-Modellen, d.h. *IST-* und *SOLL-*Modellen, zu unterscheiden. Erstere modellieren einen existierenden Sachverhalt oder Gegenstand zum Zwecke der Analyse, letztere beschreiben einen Sachverhalt oder Gegenstand, der anhand dieser Beschreibung zu konstruieren ist. Auch ein SOLL-Modell kann natürlich bzgl. verschiedener Eigenschaften analysiert werden. Die Analysen von IST- und SOLL-Modell machen strenggenommen nur Aussagen über das Modell. Die Anwendbarkeit der Aussagen auf den eigentlichen Sachverhalt oder Gegenstand hängt von der Güte der Modellierung ab. Diese Güte kann nur zu einem kleinen Teil durch technische und organisatorische Maßnahmen sichergestellt werden. Der größere Teil ist von der Kompetenz der Modellierenden abhängig. Genau aus diesem Grund ist eine gute Personalplanung und ein gutes soziales Vorgehensmodell bei der Softwareentwicklung wichtig.

System

Ein weiteres Problem der Softwareentwicklung ist die Komplexität des zu modellierenden Gegenübers in der Wirklichkeit, die zu einer nicht mehr überschaubaren Fülle von Modellen in der Softwareentwicklung geführt hat. Eine These dieses Buches ist, daß dieses Gegenüber in der Softwareentwicklung immer ein *System* ist.

Nach [Dud91] ist ein *System* u.a. definiert als

„Gliederung, Aufbau" bzw. „Ordnungsprinzip" bzw. „einheitlich geordnetes Ganzes".

> Ein *informationsverarbeitendes System* besteht aus aktiven Elementen, den (ggf.
> menschlichen) *Akteuren*, die *Aktivitäten* ausführen, und aus passiven Elementen,
> die durch die Aktivitäten verändert werden, den *Daten*. Welche Datenänderun-
> gen erreicht werden sollen und wie diese zu erreichen sind, hängt von den *Zielen*
> der Akteure ab. Die Aktivitäten des Systems (sowie auch der einzelnen Ak-
> teure) sind in *Dienste* gekapselt, die von der jeweiligen Umgebung als Einheit
> angestoßen werden. Das System (und jeder Akteur) kommuniziert mit seiner
> Umgebung über *Nachrichten*.

Abb. 2.4. Charakterisierung informationsverarbeitender Systeme

In diesem Buch werden nur *informationsverarbeitende* Systeme betrachtet. Diese werden dabei wie in Abb. 2.4 charakterisiert:

Akteure, Aktivitäten, Daten, Ziele, Nachrichten und Dienste werden im
folgenden unter dem Begriff *Systemkonzepte* zusammengefaßt. In 2.3 gehen
wir auf diese Konzepte im Rahmen eines *Systemkonzeptmodells* näher ein.

Wenn es sich um ein reines Softwaresystem handelt, wird im folgenden –
wie in der Literatur üblich – statt *Akteur* auch der Begriff *Komponente* verwendet. Wie in der Einleitung dieses Kapitels schon angesprochen, ist aber
das Softwaresystem nicht das einzige interessante System bei der Softwarentwicklung. Zusätzlich wichtig sind

- das Anwendungssystem, das das organisatorische und fachliche Umfeld des
  zu entwickelnden Softwaresystems bildet, und
- das Nutzungssystem, das durch die Interaktion zwischen Benutzer und
  Softwaresystem bei der Aufgabenerfüllung entsteht.

Elemente dieser Systeme werden in jeder Analyse- und Entwurfsmethode
modelliert. Es ist aber bisher nicht üblich, sie unter dem Systemgesichtspunkt
zu betrachten. Dies gilt insbesondere für das Nutzungssystem, dessen Modellierung oft einem Spezialgebiet der Softwareentwicklung, der Softwareergonomie, zugerechnet wird. In diesem Buch beschäftigen wir uns ausführlich
mit der Anwendungs- und Nutzungssystemmodellierung und zeigen, wie der
Systembegriff einen einheitlichen Rahmen für anwendungsorientierte Modellierung in der Softwareentwicklung schafft.

Weiterführende Literatur

Eine weitere Begriffssammlung zur Softwaretechnik findet sich in [HBvB+94].
Jackson hat ein sehr unterhaltsames Buch über Software- und Anforderungsspezifikation anhand der Begriffe gegliedert [Jac95a]. In [Wie95] ist Näheres
über den Begriff und die Rolle der Modellierung in der Softwareentwicklung
zu finden.

2.2 Sichtweisen in der Softwareentwicklung

Die Sichtweisen kennzeichnen bei der Softwareentwicklung abzudeckende Gestaltungsbereiche. Wir beschäftigen uns im folgenden nur mit den anwendungsnahen Sichtweisen. Diese sind zum einen die organisatorische und aufgabenmäßige Einbettung des Systems, zum anderen seine Schnittstelle und der anwendungsorientierte Entwurf. Eine ausführliche Beschreibung der Einbettung ist notwendig, weil die Einführung eines Softwaresystems typischerweise große Auswirkungen auf das Anwendungssystems hat. Außerdem wird Software meist in Arbeitszusammenhängen eingesetzt, die den Softwareentwicklern selbst fremd sind. Ohne ein Verständnis dieser Zusammenhänge ist ein auf die Benutzerinnen und Benutzer und das Unternehmen zugeschnittenes Softwaresystem nicht zu erstellen. Die Dienstschnittstelle und der anwendungsorientierte Entwurf beschreiben das Softwaresystem unter Vernachlässigung der technologischen Aspekte. McMenamin und Palmer [MP88] charakterisieren diese Sichtweisen als die *Annahme der perfekten Technologie.*

2.2.1 Organisatorische Einbettung

Die Untersuchung der Ablauf- und Aufbauorganisation eines Unternehmens ist vor allem ein betriebswirtschaftliches Thema [Kos62]. Aufgrund der zunehmenden Durchdringung der Unternehmen mit elektronischer Informationsverarbeitung kann aber die Softwaregestaltung nicht mehr getrennt von der betriebswirtschaftlichen Unternehmensgestaltung gesehen werden [PRW98]. Dieser Trend wurde in den letzten Jahren verstärkt unter dem Stichwort *Business Process (Re)Engineering* [Dav93, GSVR94, Öst95]. Unter dem Blickwinkel einer Unterstützung unternehmensweiter Abläufe werden an die Software neue Anforderungen gestellt. Dies führt zur Entwicklung neuer Systemtypen wie *Workflow-Management-Systeme* [JBS97, JB96], aber auch zur Umgestaltung und insbesondere Integration der bisher eingesetzten Software. Auf dieser Ebene werden also Entscheidungen getroffen, die die Gesamtkonzeption des Softwaresystems beeinflussen.

In den meisten Softwareentwicklungsmethoden wird dafür allerdings keine explizite Unterstützung gegeben. Es wird vorausgesetzt, daß vor der Systemanalyse eine Machbarkeitsstudie stattgefunden hat, auf die dann die eigentliche Anforderungsanalyse für das Softwaresystem aufsetzt. Auf betriebswirtschaftlicher Seite werden aber für die Beschreibung der Ablauforganisation zunehmend Modellierungstechniken eingesetzt, die den Techniken der Softwareentwicklung angelehnt sind. Kernstück sind die sogenannten *Geschäftsprozesse.*

Abbildung 2.5 zeigt die Charakterisierung von Geschäftsprozessen nach [Öst95].

Interessant ist an dieser Definition die gleichzeitige Betonung der Aufgaben, der Informationstechnik und der Wertschöpfung. Dies macht die Vielfalt der Gesichtspunkte bei der Gestaltung von Geschäftsprozessen deutlich. Da

> Ein *Geschäftsprozeß* ist eine Menge von Aufgaben, die in einer vorgegebenen Ablauffolge zu erledigen sind und durch Applikationen der Informationstechnik unterstützt werden. Seine Wertschöpfung besteht aus Leistungen an Prozeßkunden. Der Prozeß besitzt eine eigene Führung, die den Prozeß im Sinne der Geschäftsstrategie anhand der daraus abgeleiteten Führungsgrößen lenkt und gestaltet. Ein Unternehmen konzentriert sich auf die wenigen Prozesse, die über seine Wettbewerbsfähigkeit entscheiden.

Abb. 2.5. Charakterisierung von Geschäftsprozessen

sich Geschäftsprozesse als Kristallisationspunkte für die Unternehmensgestaltung bewährt haben, ist es an der Zeit, eine methodische Verbindung zur Softwareentwicklung zu schaffen. Dies ist ein erklärtes Ziel dieses Buches. Kernpunkt unseres Ansatzes ist die These, daß sich eine natürliche Verbindung ergibt, wenn man das Unternehmen auch als System betrachtet und davon (zumindest in Ausschnitten) ein explizites Modell erstellt. Der für die Softwareerstellung relevante Unternehmensausschnitt wird im folgenden *Anwendungssystem* genannt. Durch Verwendung ähnlicher Modellierungstechniken für Anwendungs- und Softwaresystem wird die Verbindung noch verstärkt.

2.2.2 Aufgabenmäßige Einbettung

Das Softwaresystem dient den Benutzern als Hilfsmittel bei der Aufgabenerfüllung. Der Aufgabenzusammenhang eines Softwaresystems wird in der Systemanalyse erfaßt. Der Begriff Systemanalyse ist mit den strukturierten Methoden in den 80er Jahren populär geworden [MP88, DCC92]. Dort wird ein sogenanntes *essentielles Modell* des IST- und SOLL-Systems erstellt. Dieses Modell umfaßt sowohl die funktionelle Zerlegung als auch die Daten. Der Begriff „System" wird in den verschiedenen Ansätzen verschieden weit gefaßt. De facto werden aber die bisherigen Aufgaben der Benutzer untersucht, um zu einem Modell des Softwaresystems zu kommen. Die Aufgaben werden also nicht unabhängig vom Softwaresystem modelliert.

Daß dieser Blickwinkel das wichtigste Aufgabenmerkmal, nämlich das zugrundeliegende menschliche Handeln, ausblendet, ist schon früh kritisiert worden (für eine Übersicht alternativer Ansätze in Skandinavien siehe [FMR$^+$89]). Diese Kritik wurde auch durch arbeitswissenschaftliche Untersuchungen untermauert [Uli94]. Erst in jüngerer Zeit kommt diese Kritik unter dem Stichwort *participatory design* [SN93, Mac95] in einem eigenständigen Forschungsgebiet innerhalb der Softwareentwicklung zum Tragen . Dabei geht es im wesentlichen um Techniken der Aufgabenanalyse und der Ausgestaltung des organisatorischen und sozialen Vorgehensmodells in einem Projekt zusammen mit den zukünftigen Benutzern. Die Frage der Modellierungstechniken und Zwischenprodukte bei der Softwareentwicklung wird kaum betrachtet. Das technische Vorgehensmodell unserer Methode OASE ist besonders auf die Berücksichtigung der Benutzer und ihrer Aufgaben ausgerichtet.

Dabei wird der in Abb. 2.6 zusammengefaßte arbeitswissenschaftlich motivierte Aufgabenbegriff (angelehnt an [DVZ$^+$93, Flo91]) zugrunde gelegt.

Eine *Aufgabe* ist eine Vorgabe zum zielorientierten Handeln. Diese Vorgabe kann von außen oder von den Handelnden selbst kommen. Die Erfüllung einer Aufgabe erfolgt in Arbeitsabläufen, die in einzelne Aktivitäten strukturiert sind. Die Ausübung von Aktivitäten erfolgt unter gewissen Voraussetzungen und liefert Ergebnisse. Die Arbeitsabläufe sind geprägt von organisatorischen Randbedingungen.

Abb. 2.6. Charakterisierung von Aufgaben

Wichtig ist in dieser Definition die Unterscheidung zwischen Aktivitäten und Aufgaben: Aktivitäten bilden das eigentliche Geschehen der Aufgabenerfüllung, die Aufgabe beinhaltet zusätzlich noch die zugrundeliegenden Ziele. Die Anwendung des Begriffs „Aufgabe" auf technische Akteure, d.h. Software-Komponenten, ist diskutierbar. Komponenten können selbst keine Ziele haben, aber die Entwicklerinnen und Entwickler der Komponente haben das Komponentenverhalten anhand bestimmter Ziele gestaltet. Die Ziele sind allerdings meist nicht so dokumentiert, daß sie über die ganze Lebenszeit einer Komponente erkennbar sind. Für einen Systembeobachter sind auch bei menschlichen Akteuren nur die Aktivitäten und Dienste sichtbar. Dies ist eine große Schwierigkeit bei der Modellierung der Einbettung eines Softwaresystems: Die Ziele der Benutzerinnen und Benutzer sind nur schwer zu erfassen. Techniken des Wissenserwerbs und der Benutzerbeteiligung sind deshalb sehr wichtig. Sie werden in 2.5 diskutiert.

Der für die Softwareerstellung relevante Ausssschnitt des Aufgabenzusammenhangs wird im folgenden *Nutzungssystem* genannt. Auch bei dieser Begriffswahl liegt die These zugrunde, daß eine Betrachtung des Aufgabenzusammenhangs als System die Verbindung zur Softwareentwicklung erleichtert und daß bei der Modellierung des Nutzungssystems ähnliche Techniken zum Einsatz kommen können wie bei der Modellierung des Anwendungs- und des Softwaresystems.

2.2.3 Dienstschnittstelle

Ein Softwaresystem stellt den Benutzern Dienste bereit, die sie bei ihrer Aufgabenerfüllung verwenden können.

Ein *Dienst* ist in Abb. 2.7 charakterisiert.

Dienste werden also wie Aufgaben durch Aktivitäten realisiert. Gegenüber den Aufgaben hinzu kommt noch der Dienstaufruf und eine Rückmeldung. Dienste beinhalten jedoch keine Ziele. Die Aufgaben menschlicher Akteure sind oft Dienste, die sie gegenüber Dritten zu erbringen haben. Ihre damit verbundenen Ziele werden dann für diese Dritten nicht unbedingt sichtbar.

> Ein *Dienst* ist eine strukturierte Menge von Aktivitäten, deren Ausführung von einem aufrufenden Akteur nachgefragt werden kann. Bei Aufruf wird eine Folge dieser Aktivitäten ausgeführt und über deren Abschluß eine Rückmeldung an den Dienstaufrufer erbracht. Die einzelnen Aktivitäten sind für den aufrufenden Akteur nicht sichtbar. Der dienstbringende Akteur nimmt den Aufruf entgegen, kann aber Teile der Diensterbringung (und auch die Rückmeldung) delegieren.

Abb. 2.7. Charakterisierung von Diensten

Weiterhin umfaßt der Aufgabenbegriff auch Aufgaben, die nicht durch einen Dienstaufruf angestossen werden, wie z.B. die Erstellung eines Buches, die Kindererziehung oder politisches Engagement. Während der Aufgabenbegriff nur eingeschränkt auf technische Akteure anwendbar ist, ist der Dienstbegriff vor allem für technische Akteure gedacht. In den strukturierten Ansätzen werden Dienste Funktionen genannt, in den objektorientierten Ansätzen wird von Objektmethoden gesprochen.

Abb. 2.8 charakterisiert die Begriffe Dienst- vs. Benutzungsschnittstelle.

> Die *Dienstschnittstelle* umfaßt die Menge aller Dienste eines Akteurs, zusammen mit den von ihm verwalteten Daten. Die *Benutzungsschnittstelle* ist die Summe interaktiver Eingriffsmöglichkeiten für Benutzer [Sta96].

Abb. 2.8. Dienst- vs. Benutzungsschnittstelle

Letzteres ist wichtig, um die Auswirkungen der Dienste formulieren zu können.

Der Begriff „Schnittstelle" ist in der Informatik überbelegt. Oft wird darunter die Benutzungsschnittstelle verstanden. Diese Tendenz wird verstärkt durch die Verwendung von Oberflächenprototypen bei der Definition der Systemdienste. Wir unterscheiden in diesem Buch die Dienst- und die Benutzungsschnittstelle. Letzere ist eine Konkretisierung der Dienstschnittstelle bzgl. der Interaktionsmedien.

Interaktion findet statt über *Interaktionsmedien*. Dazu gehören zum einen die Ein- und Ausgabegeräte, wie Bildschirm oder Maus, zum anderen aber auch Strukturierungselemente für den Bildschirm wie Fenster und Menü. Diese Ebene der Interaktion hat zwar wesentlichen Einfluß auf die Benutzerakzeptanz, aber für die Bestimmung einer angemessenen Aktivitätsverteilung zwischen Mensch und Maschine ist sie zu detailliert. Die Aktivitätsverteilung ist demgegenüber der Fokus bei der Definition der Dienstschnittstelle.

Die Dienstschnittstelle ist ein wichtiger Bestandteil der Anforderungsdefinition. In den objektorientierten Methoden wird sie oft nicht explizit definiert. Ein wichtiges Anliegen dieses Buches ist, einen systematischen Weg aufzuzeigen, von Modellen der organisatorischen und aufgabenmäßigen Einbettung zur Definition der Dienstschnittstelle und von der Dienstschnittstelle zum objektorientierten Entwurf.

2.2.4 Anwendungsorientierter Entwurf

Die Dienstschnittstelle des Softwaresystems beschreibt die Außensicht ohne genaue Kenntnisse der Komponenten im Softwaresystem. Als erster Schritt zur Realisierung des Softwaresystems sind die Systemdienste auf die Akteure im System, also die Komponenten zu verteilen. Bei dieser Verteilung spielen Gesichtspunkte wie z.B. leichte Erweiterbarkeit und Wiederverwendbarkeit eine Rolle. Seit einigen Jahren wird für diese Sichtweise der Begriff *Softwarearchitektur* verwendet.

Laut [SG96] definiert eine Softwarearchitektur „ein System durch Komponenten, die die eigentlichen Berechnungen ausführen, und Interaktion zwischen diesen."

Wir verwenden hier den Begriff „anwendungsorientierter Entwurf", um deutlich zu machen, daß wir uns nur mit einer Strukturierung der Anwendungskomponenten nach Gesichtspunkten der Erweiterbarkeit und Wiederverwendung befassen. Weitere wichtige Gesichtspunkte, die die Hinzunahme weiterer Komponenten und ggf. eine Umstrukturierung erfordern, sind die Berücksichtigung von Persistenz und Verteilung [BRS97, RHSL96]. Der anwendungsorientierte Entwurf ist also eine Grundlage für die Softwarearchitektur, die aufgrund weiterer Gesichtspunkte erweitert und ggf. angepaßt werden muß.

In den strukturierten Softwareentwicklungsmethoden wurde eine Strukturierung nach den Funktionen propagiert. Es hat sich aber gezeigt, daß diese zu vielen Änderungen unterworfen ist, und daß diese Struktur wegen der starken Abhängigkeiten der Funktionskomponenten durch die gemeinsamen Daten schlecht wartbar ist. In den objektorientierten Methoden werden die Strukturen nach den Daten gebildet. Jedes Objekt kapselt seine Daten und stellt zum Datenzugriff eine Menge von Diensten zur Verfügung. Dies eliminiert die Datenabhängigkeiten zwischen Komponenten. Weiterhin sind die Daten stabiler als die Funktionen, und damit ist diese Struktur weniger Veränderungen unterworfen. Allerdings wird dies durch komponentenübergreifende Funktionen eingeschränkt, die nur durch das Zusammenwirken von Diensten mehrerer Objekte erbracht werden können. Werden diese Funktionen einem der Datenobjekte zugeordnet, so entstehen wieder starke Abhängigkeiten zwischen den Objekten. Die von uns in Kap. 5 vorgestellte Methode OASE verwendet deshalb für diese Funktionen eigene Komponenten.

2.2.5 Weiterführende Literatur

Unsere Unterscheidung der anwendungsnahen Sichtweisen gleicht mehr oder weniger den von Iivari definierten *Levels of Modeling* [Iiv91]. Diese wiederum sind eine Verfeinerung der schon in den 60er Jahren in Skandinavien entwickelten Konzepte zur Gestaltung von Strukturveränderungen in Organisationen als Auswirkung von Informationstechnologie (zitiert nach [Kuu95]). Iivari unterscheidet die Organisationsebene, die sowohl das Unternehmen als auch die Systemnutzung umfaßt, von der konzeptuellen Ebene, die Konzepte des Anwendungsbereichs (Universe of Discourse), die Dienst- und die Benutzungsschnittstelle umfaßt, und der technischen Ebene, also dem Softwaresystem. Die organisatorische Ebene entspricht damit ungefähr der organisatorischen und aufgabenmäßigen Einbettung. Allerdings sehen wir die Konzepte des Anwendungsbereichs als Teil der aufgabenmäßigen Einbettung, da nur aufgrund dieser Konzepte die Aufgaben verständlich sind. Wir haben dann auf der technischen Ebene noch den anwendungsorientierten Entwurf ausgezeichnet, der zwar auf die Interna des Softwaresystems fokussiert, aber von der Technologie abstrahiert. Es gibt noch eine Vielzahl weiterer Definitionen von Sichtweisen auf die Systementwicklung. Wieringa [Wie95] stellt einen eigenen umfassenden Ansatz vor und gibt eine Fülle von weiteren Literaturhinweisen. Im Gegensatz zu diesem Buch werden dort aber nur die Modelle zur Beschreibung der Dienstschnittstelle (inkl. des Universe of Discourse) detailliert. Weitere Literatur zu den einzelnen Sichtweisen ist in Kap. 4 zu finden, in dem wir die wesentlichen Modellierungsansätze für die einzelnen Sichtweisen vorstellen.

2.3 Das Systemkonzeptmodell

Im vorhergehenden wurden drei verschiedene für die Softwareentwicklung wichtige Systeme hervorgehoben: das Anwendungssystem, das Nutzungssystem und das Softwaresystem. Alle drei sind als informationsverarbeitende Systeme charakterisiert. Im folgenden werden nun die wichtigsten Konzepte informationsverarbeitender Systeme vorgestellt und ihre Berücksichtigung in verschiedenen Modellierungstechniken skizziert. Letztere werden ausführlich in Kap. 3 vorgestellt. Die hier vorgestellten Konzepte decken die wichtigsten und gängigen Modellierungstechniken ab. Insbesondere sind diese Konzepte ausreichend, um die Dienstschnittstelle und den anwendungsorientierten Entwurf eines Softwaresystems vollständig zu beschreiben. Abbildung 2.9 zeigt die Konzepte im Zusammenhang eines *Konzeptmodells*.

Konzeptmodelle werden auch oft *Metamodelle* genannt. Angelehnt an die Sprachentheorie [Lor80] läßt sich ein Metamodell als ein Modell einer Modellierungssprache definieren [Str98]. Metamodelle unterscheiden sich dadurch, welche Eigenschaften einer Modellierungssprache sie modellieren. Oft werden diese Eigenschaften nicht explizit formuliert. Wir interessieren uns hier für die den Modellierungssprachen zugrundeliegenden Konzepte. Wie für Metamodelle üblich, verwenden wir die Notation der Entity-Relationship-Diagramme, jedoch ohne vollständig festgelegte Semantik. Die Kästen repräsentieren die Konzepte, die Linien die Beziehungen zwischen Konzepten. Eine mit einer

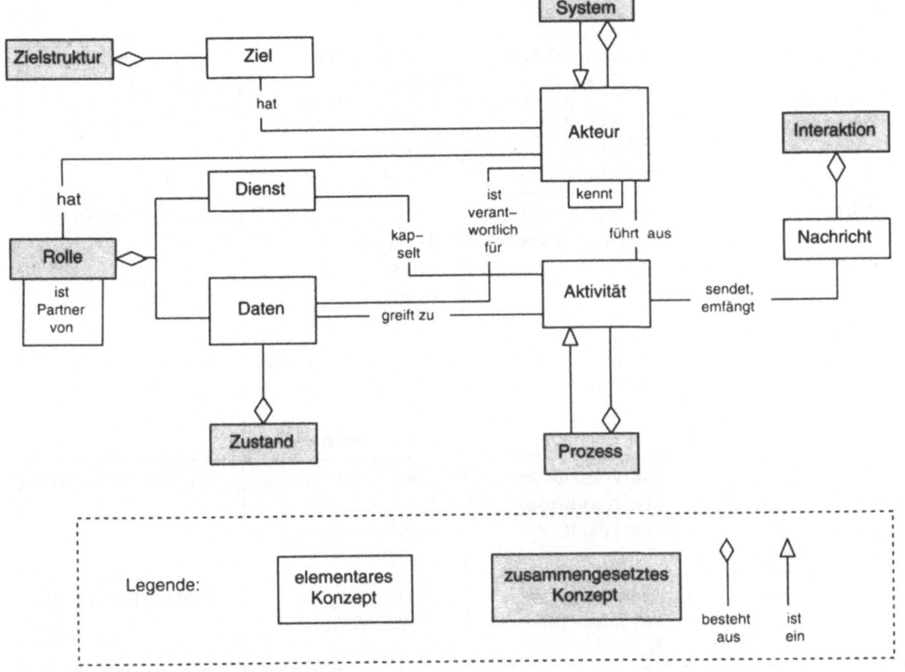

Abb. 2.9. Das Systemkonzeptmodell

Raute dekorierte Linie steht für Aggregation. Die Beschriftungen der Linien deuten die Semantik der Beziehung an. Die elementaren Konzepte sind leicht, die zusammengesetzten stärker schattiert.

Aufgrund der nicht weiter festgelegten Bedeutung der Beziehungen ist diese Art von Metamodell nicht geeignet, um daraus eine Semantik der Modelle abzuleiten, die z.B. Konsistenzüberprüfungen zwischen Modellen erlaubt. Sie macht aber die Abhängigkeiten und Überlappungen zwischen den Modellen zumindest bzgl. der Kernkonzepte deutlich.

Die von uns betrachteten elementaren Systemkonzepte sind Akteur, Aktivität, Daten, Dienste, Nachrichten und Ziele. In Tabelle 2.1 sind Beispiele für Konzeptausprägungen bei der Modellierung eines Softwaresystems für eine Universitätsbibliothek aufgeführt.

Die Bedeutung dieser Konzepte stützt sich auf den in 2.1 festgelegten Systembegriff: *Akteure* führen *Aktivitäten* aus und sind für *Daten* verantwortlich. Aktivitäten können auf die akteureigenen Daten zugreifen. Zum Zugriff auf Daten anderer Akteure kommunizieren die Akteure bei der Aktivitätsausführung über *Nachrichten*. Welche Datenänderungen erreicht werden sollen und wie diese zu erreichen sind, hängt von den *Zielen* der Akteure ab. Die Aktivitäten des Systems (sowie auch der einzelnen Akteure) sind in *Dienste* gekapselt, die von der jeweiligen Umgebung als Einheit angestoßen werden.

Tabelle 2.1. Beispiele für Konzeptausprägungen

	Anwendungs- system	**Nutzungs- system**	**Software- system**
Akteur	Universität, Bibliothek, Bibliothekarin	Bibliothekarin, Studierende, Softwaresystem	Softwaresystem, Objekte, Module
Aktivität	Buchbestellung, Buchausgabe	Recherche, Buchreservie- rung, Wahl eines Menüpunkts	Anweisungen im Code
Daten	Buch, Ausleih- formular	Ausleihformular, Matrikelnum- mer, Buchnummer	Parameter, Attribute
Dienste	Buchausgabe, Rechercheun- terstützung	Trage neuen Leser ein, Reserviere Buch	Objektmethoden
Nachrichten	Material- oder Informations- fluß	Bitte, Kommando	Methodenaufruf
Ziele	Kunden- zufriedenheit	angenehme Arbeit	(keine)

Neben den elementaren Konzepten haben wir in das Systemkonzeptmo- dell auch noch zusammengesetzte Konzepte aufgenommen: das System selbst, die Rolle, den Zustand, den Prozeß, die Interaktion und die Zielstruktur. Der *Zustand* eines Akteurs ist charakterisiert als eine Abbildung der Daten auf Werte. *Prozesse* entstehen durch den Datenfluß zwischen den Aktivitäten der Akteure. *Interaktion* entsteht durch den Nachrichtenfluß zwischen Ak- teuren, insbesondere durch die Dienstaufrufe. Abhängigkeiten zwischen Zie- len eines oder verschiedener Akteure werden in *Zielstrukturen* festgehalten. *Rollen* strukturieren das Verhalten von Akteuren in inhaltlich zusammen- gehörige Daten und Dienste. Nur die Rolle ist heterogen zusammengesetzt, aus Daten und Diensten. Wir haben bewußt die Aufgabe nicht als Systemkon- zept aufgenommen. Wir verwenden sie als übergreifendes Leitbild, aber nicht als Element von Modellen. Nur Aufgabenaspekte wie Daten, Aktivitäten und Ziele lassen sich direkt modellieren.

Die Verwendung der gleichen Begriffe für Systeme, die aus technischen Akteuren bestehen, und Systeme, in denen zumindest ein Teil der Akteure menschlich sind, ist nicht immer befriedigend. So ist z.B. der Begriff „Da- tenzustand einer Person" zumindest ungewöhnlich. Wir haben uns trotzdem für einheitliche Begriffe entschieden, um die Gemeinsamkeiten deutlich zu machen. Diese Begriffe sind strenggenommen ja nicht auf die Personen selbst anzuwenden, sondern nur auf Modelle des Handelns dieser Personen. Der Datenzustand modelliert nicht den Zustand einer Person, sondern den Zustand der Dokumente, für die diese Person verantwortlich ist. Uns ist es wichtig, die Bestandteile menschlichen Verhaltens explizit zu machen, die bei der Entwicklung von Softwaresystemen zur Unterstützung des Arbeitshandelns zu berücksichtigen sind.

Modellierungstechniken fokussieren meist auf nur wenige Konzepte und Beziehungen. Wir nennen eine Teilmenge von Konzepten und Beziehungen im folgenden *Systemsicht*. Viele Modellierungstechniken beschreiben die gleiche Systemsicht mit unterschiedlicher Notation und meist auch Differenzen in semantischen Feinheiten. Umgekehrt kann die gleiche Notation auch zur Beschreibung verschiedener Systemsichten verwendet werden. Tabelle 2.2 listet die für Softwaresysteme üblichen Sichten und typische Modellierungsnotationen auf, die meist auch in UML verwendet werden.

Tabelle 2.2. Sichten und ihre Modellierungstechniken

Sicht	Modellierungstechnik
Datenzustandsraum	Entity-Relationship-Diagramm
Datenzustandsänderungen	Zustandsübergangsdiagramm
Aktivitätsabhängigkeiten	Datenflußdiagramm
Aktivitätsfolgen	Ereignisprozeßketten
Dienstabhängigkeiten	Use-Case-Diagramm
Dienstverhalten	Zustandsübergangsdiagramm
Zielabhängigkeiten	Zielstrukturdiagramm
Rollendefinition	Klassendefinition
Akteursrollenphasen	Zustandsübergangsdiagramm
Kontrollzustandsänderungen	Zustandsübergangsdiagramm
Kommunikationsstruktur	Objektmodell
Interaktionsfolgen	Sequenzdiagramm, Kollaborationsdiagramm
Prozesse	Datenflußdiagramm, Petrinetz

Diese Sichten und die Einordnung der Modellierungsnotationen werden in Kap. 3 ausführlich erläutert, insbesondere auch durch Beispiele für die verschiedenen Notationen. Hier ist nur festzuhalten, daß diese Sichten weiterhin danach klassifiziert werden können, ob sie die *statische Struktur* beschreiben oder *das Verhalten*. Bei letzterem ist noch die Beschreibung des *vollständigen* Verhaltens von der eines *exemplarischen* Verhaltens zu unterscheiden. Die statische Struktur ist über die Systemlebenszeit unveränderlich, während das Verhalten gerade die Veränderung über die Zeit modelliert. Dies gilt für jede Sicht: So beschreiben Entity-Relationship-Diagramme die statische Struktur der Daten und Zustandsübergangsdiagramme ihr vollständiges Verhalten, während Objektmodelle die statische Struktur der Akteure beschreiben und Sequenzdiagramme eine exemplarische Interaktionsfolge zwischen verschiedenen Akteuren.

Weiterführende Literatur

Unser Konzeptmodell ist gegenüber dem in der Literatur vorherrschenden Modell von Olle et al. [OHM$^+$91] deutlich verfeinert. Dort werden nur die statische Struktur der Daten (data), die Prozesse innerhalb des Softwaresystems (function) und die Interaktion des Softwaresystems mit der Umgebung (behaviour) unterschieden. Dabei wird nicht deutlich daß sowohl die statische als auch die dynamische Sicht für jedes Konzept möglich sind. Weiterhin sind Akteure, Dienste und Ziele dort keine eigenständigen Konzepte.

Es gibt eine Vielzahl von Arbeiten, die die Semantik ihres eigenen Ansatzes durch ein Konzeptmodell beschreiben (wie auch UML). Ebenso gibt es viele Konzeptmodelle zum Vergleich verschiedener Ansätze in einem Teilgebiet der Informationssystementwicklung. [HB95] vergleicht z.B. die wichtigsten Ansätze des Business Process Reengineering.

2.4 Produkte und Modelle in der Softwareentwicklung

Bei der großen Vielfalt an Sichtweisen und Systemsichten kann man sich bei der Softwareentwicklung leicht in der Modellierung verlieren. Um Modelle gezielt aufstellen zu können, ist ein Bezug zum technischen Vorgehensmodell, d.h. der Menge der zu erstellenden Produkte, herzustellen. Modelle können dann Teil dieser Produkte sein oder auch zum Wissenserwerb oder der Validierung dienen. Wir gehen im zweiten Teil dieses Abschnitts näher auf die Verwendungsmöglichkeiten von Modellen ein. In dem ersten Teil definieren wir den Rahmen für ein technisches Vorgehensmodell der aufgabenorientierten Softwareentwicklung.

2.4.1 Produkte der Arbeits- und Technikgestaltung

Kernpunkt eines aufgabenorientierten Vorgehensmodells ist die explizite Unterscheidung zwischen *Arbeitsgestaltung* und *Technikgestaltung*. Die Arbeitsgestaltung bezieht sich im wesentlichen auf das Anwendungssystems, die Technikgestaltung auf das Softwaresystem. Aufgabenorientierung bedeutet bei der Technikgestaltung eine Orientierung an der Arbeit der Benutzer. Umgekehrt hat aber jede Technikgestaltung auch Auswirkungen auf die Aufgaben der Systemnutzer. Damit ist Technikgestaltung immer auch gleichzeitig Arbeitsgestaltung. Diese Verzahnung wird besonders deutlich im Nutzungssystem, das sowohl technische Komponenten als auch menschliche Akteure umfaßt. Wir verwenden im folgenden den Begriff *Arbeits- und Organisationsgestaltung*, um die Unterscheidung zwischen strategischen Aufgaben im Unternehmen und den Arbeitsaufgaben deutlich zu machen.

Abbildung 2.10 verteilt die typischen Produkte der Softwareentwicklung auf diese zwei Gestaltungsprozesse.

Abb. 2.10. Softwareentwicklung als Arbeits- und Technikgestaltung

Die Kästen repräsentieren Produkte, die Pfeile Informationsabhängigkeiten zwischen ihnen. Wir haben in dieser Abbildung alle Zwischenprodukte, die dem Wissenserwerb und der Validierung anderer Produkte dienen (also z.B. auch Testfallbeschreibungen für die Implementierung), weggelassen. Wir beschreiben hier die wesentlichen Etappen bei der Gestaltung der Arbeit und der Technik. In einem ersten Schritt ist aus den Gestaltungsoptionen für die Einbettung des Softwaresystems eine auszuwählen. Dies legt die Ziele der Arbeitsgestaltung fest. Dieser Schritt ist aber nicht nur durch unternehmens- und arbeitsorientierte Strategien bestimmt, sondern ganz wesentlich auch durch die technologischen Optionen. Durch Analyse des Marktes, von Standards oder anderen Unternehmen können die technologischen Optionen aufgestellt werden. Bei Informationssystemen stellt sich heute typischerweise die Frage, inwieweit neben der Datenverwaltung auch die Verwaltung der Arbeitsabläufe (Workflows) unterstützt werden soll [JBS97]. Eine andere typische Fragestellung ist die Vernetzung und Integration existierender Informationssysteme [Con97]. Immer wieder wird diskutiert, ob bei dieser strategischen

Ausrichtung des Softwaresystems die technologischen oder die arbeitsbezogenen Faktoren überwiegen (und deshalb besser untersucht werden müssen). Nach unserer Erfahrung ist keine generelle Aussage möglich: Manche Projekte werden initiiert aufgrund konkreter Anforderungen aus den Geschäfts- und Arbeitsprozessen, andere zielen auf die Marktführerschaft durch Inkorporation technologischer Innovation (bei Standardsoftware), und wieder andere auf den Know-how-Gewinn durch Einsatz innovativer Technologie im Unternehmen. Sicher ist aber, daß der Erfolg eines Projektes wesentlich von der Verzahnung des Arbeits- und Technikgestaltungsprozesses abhängt. Ein nur auf (innovative) Technologie ausgerichtetes Projekt findet meist nicht die nötige Benutzerakzeptanz. Umgekehrt führt die alleinige Konzentration auf die Geschäfts- und Arbeitsprozesse oft zu einer Zementierung des IST-Zustands unter Vernachlässigung der Flexibilität und Innovation.

Nach dieser Zielbestimmung für das Projekt und das zu erstellende Softwaresystem sind die konkreten Anforderungen an das Softwaresystem festzulegen. Wie [Jac95b] unterscheiden wir dabei die *Anforderungsdefinition* und die *Systemspezifikation*. Letztere ist die genaue Schnittstellenvorgabe (inkl. der Dienstschnittstelle) für das Softwaresystem (und damit auch Teil der Technikgestaltung), erstere beschreibt die Auswirkungen des Softwareeinsatzes im Unternehmen (und ist damit ausschließlich Teil der Arbeitsgestaltung). Diese Unterscheidung wird noch genauer in 2.6 im Zusammenhang mit Grundlagenfragen des Requirements-Engineerings diskutiert.

Der Schritt von der Aufgaben- und Dienstsicht zur Akteurssicht wird im Entwurf gemacht. Wir unterscheiden den Nutzungsentwurf, den Entwurf der Benutzungsschnittstelle (BSS-Entwurf) und den anwendungsorientierten sowie technischen Entwurf. Der Nutzungsentwurf legt die Vorgaben für die Benutzungsschnittstelle fest, insbesondere die detaillierte Unterstützung für die Arbeitsorganisation der Nutzer. Der BSS-Entwurf steht zwischen den beiden Gestaltungsprozessen. Auf der einen Seite sind die Auswirkungen des BSS-Entwurfs direkt spürbar für die Nutzer, andererseits geht es um die Realisierung der Mensch-Maschine-Kommunikation mit bestimmten Interaktionsmedien. Der anwendungsorientierte Entwurf ist Teil des Technikgestaltungsprozesses, da diese Entwurfsentscheidungen (z.B. ob funktionale oder objektorientierte Struktur) für die Benutzer nicht mehr sichtbar sind. In den gängigen objektorientierten Methoden wird allerdings meist erst auf der Entwurfsebene das genaue Verhalten der Systemdienste definiert. Es fehlt die Anforderungsdefinition und die Systemspezifikation, Entscheidungen über die Arbeitsgestaltung werden damit Teil des anwendungsorientierten Entwurfs. Dies kann bei der Definition von Standarddiensten sinnvoll sein, um den Entwicklungs- und Dokumentationsaufwand zu verringern. Im allgemeinen wird auf diese Weise aber die aufgabenmäßige Einbettung vernachlässigt, schon allein deshalb, weil die Benutzerinnen und Benutzer meist in diesen Schritt nicht mehr einbezogen sind.

Vor der eigentlichen Implementierung steht heutzutage auch der technische Entwurf, d.h. die Entscheidung über Verteilungsaspekte. Beides ist Teil der Technikgestaltung. Auf der Seite der Arbeitsgestaltung sind Maßnahmen für die organisatorische Einführung des Softwaresystems im Unternehmen zu planen und durchzuführen. Dazu gehören z.B. Schulungsmaßnahmen. Diese Einführungsstrategie hängt zum einen von der Anforderungsdefinition ab, zum anderen aber auch von der softwaremäßigen Realisierung.

Die Produkte der beiden Prozesse sind untereinander verbunden, um den notwendigen Abgleich zwischen Arbeits- und Technikgestaltung deutlich zu machen. Auch innerhalb der Prozesse sind die Produkte verbunden. Dadurch sollen die notwendigen Iterationen bei der Erstellung der Produkte deutlich werden. Konkrete Erfahrungen bei der organisatorischen und technischen Implementierung erfordern Modifikationen und Detaillierungen der entsprechenden Strategien, Spezifikationen und Entwürfe. Ein wesentliches Element dieser Iterationen ist Prototyping, das die Konsequenzen der unterschiedlichen Gestaltungsentscheidungen für Entwickler und Nutzer möglichst früh erfahrbar machen kann.

Die Produkte lassen sich den von uns in 2.2 definierten Sichtweisen zuordnen: Die Entscheidungen über Geschäfts- und Arbeitsablaufoptionen und entsprechende technologische Optionen sowie die Einsatzkontextplanung und -gestaltung legen die organisatorische Einbettung fest. Die aufgabenmäßige Einbettung wird bestimmt durch Anforderungsdefinition, Nutzungs- und Benutzungsschnittstellenentwurf. Die Systemspezifikation bildet die Dienstschnittstelle. Der anwendungsorientierte Entwurf bildet ebenfalls eine eigene Sichtweise.

Im Vergleich zu den üblichen Softwareentwicklungsprodukten wie Anforderungsanalyse, Entwurf und Implementierung kommen durch die Aufgabenorientierung also noch Entscheidungen über die organisatorische und aufgabenmäßige Einbettung des Softwaresystems hinzu, sowie die Unterscheidung in arbeits- und technikbezogene Fragen. Die Entscheidung über die organisatorische und aufgabenmäßige Einbettung wird im Rahmen des Requirements-Engineerings thematisiert, steht aber meist außerhalb der eigentlichen Softwareentwicklungsmethoden. Es ist ein Anliegen dieser Arbeit, die starken Abhängigkeiten zwischen den Entscheidungen über die Einbettung, der Anforderungsbestimmung und dem anwendungsorientierten Entwurf deutlich zu machen. Dies trifft insbesondere auch auf die für die jeweiligen Produkte nötigen Modelle zu. Die Modelle des Anwendungs- und des Nutzungssystems sind Grundlage für die organisatorische und aufgabenmäßige Einbettung. Die Modelle des Nutzungssystems sind darüber hinaus Grundlage für Anforderungsdefinition, Systemspezifikation, Nutzungs- und BSS-Entwurf. Anwendungsorientierte Modelle des Softwaresystems beschäftigen sich mit der Systemspezifikation und dem anwendungsorientierten Entwurf. Abbildung 2.11 verdeutlicht den Zusammenhang der Produkte zu den Modellen der verschiedenen Systeme. Auf das weite Spektrum von Fragestellungen und Modellierungstechniken für diesen Teil der Softwareentwicklung gehen wir in Kap. 4 näher ein. Auch die in Kap. 5 vorgestellte Methode OASE fokussiert auf diese Produkte. Der schattierte Bereich in Abb. 2.11 verdeutlicht den Umfang von OASE.

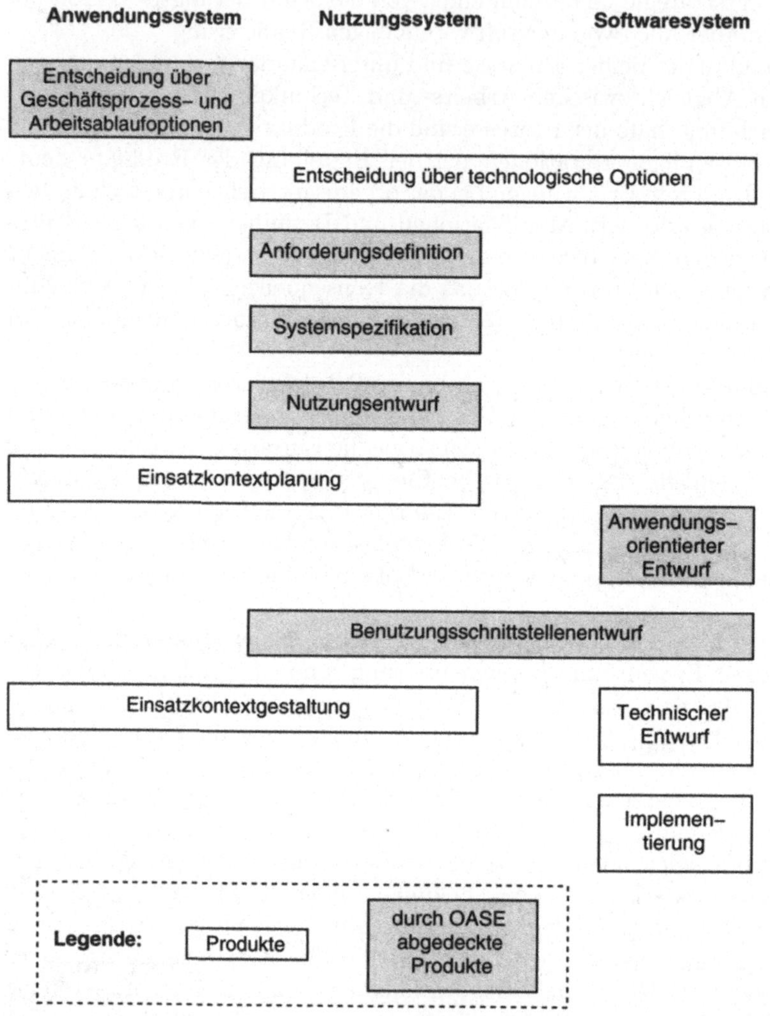

Abb. 2.11. Kernprodukte der Softwareentwicklung im Zusammenhang von Anwendungs-, Nutzungs- und Softwaresystem

2.4.2 Vom Umgang mit Modellen

Das Ziel dieses Abschnitts ist es, Fragestellungen bei der Modellierung als Teil einer Methode deutlich zu machen. Dabei unterscheiden wir Fragestellungen in bezug auf die Erstellung einzelner Modelle und auf die Einbettung in eine Methode.

Fragestellungen in bezug auf einzelne Modelle. Modelle stellen einen Gegenstand oder Sachverhalt vereinfacht dar. Bei der Erstellung eines Modells ist – ähnlich wie bei dem Aufstellen von Anforderungen (siehe 2.6) – zu fragen, welche Informationen man im Modell wie darstellt und wie man das Modell gegenüber dem Sachverhalt oder Gegenstand validieren kann:

- *Wissenserwerb:* Was ist das im Modell darzustellende Wissen? Gerade im Bereich menschlicher Tätigkeit ist das Wissen oft implizit bei den Handelnden. Um dieses Wissen explizit zu machen, müssen geeignete Techniken wie Fragebogen, Workshops, Arbeitsplatzbeobachtung etc. angewendet werden. Werden die Modelle – wie bei der Softwarenentwicklung üblich – nicht von den Handelnden selbst aufgestellt, so kommt zusätzlich noch ein Verständigungsproblem dazu. Die Modellierer, also die Softwareentwickler, haben meist einen anderen Erfahrungshintergrund als die modellierten Akteure, die Benutzer. Es ist wichtig, dafür zu sorgen, daß das Modell die Sicht der modellierten Akteure wiedergibt.
- *Konsensbildung:* Da es sich um Modelle von Systemen handelt, sind mehrere Akteure gleichzeitig betroffen. Die Sichtweisen verschiedener Akteure sind aber oft widersprüchlich. Damit ist es wichtig, verschiedene Sichtweisen einzufangen und diese miteinander abzugleichen. Ein Modell kann immer nur eine Sichtweise wiedergeben.
- *Darstellung:* Bei der Darstellung ist darauf zu achten, daß der betrachtete Sachverhalt angemessen wiedergegeben wird. Dabei ist insbesondere festzulegen, ob dazu ein oder mehrere Modelle verwendet werden. Da im Lauf der Softwarentwicklung unterschiedliche Personen mit den Modellen zu tun haben, ist auch die Verständlichkeit der Darstellung zu beachten. Dies gilt insbesondere für Modelle, die von Softwareentwicklern aufgestellt werden, aber von den Auftraggebern oder Benutzern bewertet werden sollen.
- *Validierung:* Ein Modell dient zur vereinfachten Darstellung eines Gegenstands oder Sachverhalts. Existiert dieser Gegenstand oder Sachverhalt (IST-Modell), so ist zu klären, ob das Modell diesen angemessen wiedergibt. Beschreibt das Modell einen gewünschten Gegenstand oder Sachverhalt (SOLL-Modell), so ist zu bewerten, ob die modellierte Information ausreicht, um den gewünschten Gegenstand oder Sachverhalt aufgrund dieser Information zu konstruieren. Weiterhin sind aber meist zusätzliche Eigenschaften des Gegenstands oder Sachverhalts gefordert, wie z.B. nichtfunktionale Eigenschaften eines Softwaresystems. Soweit möglich, ist dann auch das Modell schon bzgl. dieser Eigenschaften zu analysieren.

Fragestellungen bei der Einbettung von Modellen in eine Methode. Eine Methode dient zur Erlangung von Erkenntnissen und Ergebnissen. Werden innerhalb einer Methode Modelle angewendet, so ist zu fragen, inwieweit diese Modelle dem Endziel der Methode dienlich sind. Auf dem Weg zu dem Endziel werden typischerweise Zwischenprodukte erstellt, die selbst wieder Modelle sein können. Wir unterscheiden im folgenden nicht zwischen dem Endprodukt und den Zwischenprodukten und ob die Zwischenprodukte Modelle sind oder nicht. Wichtig ist nur, daß ein Modell innerhalb einer Methode in Zusammenhang mit vielen anderen Produkten steht. Typische Verwendungsmöglichkeiten eines Modells innerhalb einer Methode sind im folgenden aufgelistet:

- *Dokumentation des Verständnisses:* Ein Modell kann das augenblickliche Wissen über einen existierenden Sachverhalt dokumentieren.
- *Dokumentation von Gestaltungsentscheidungen:* Ein Modell kann die augenblickliche Vorstellung des gewünschten Produkts dokumentieren.
- *Grundlage für Kommunikation und Konsensbildung:* Ein Modell kann Grundlage für die Kommunikation und Konsensbildung bzgl. eines komplexen Sachverhalts sein.
- *Validierung eines anderen Produkts:* Ein Modell kann eine genauere Sicht auf ein anderes Produkt ermöglichen (z.B. Lösungsmodell für Anforderungen oder Analysemodell eines vorher nur grob erfaßten Zusammenhangs).

Die Gestaltungsentscheidungen sind dabei meist das letztliche Methodenziel, Kommunikation und Konsensbildung, Verständnis und Abgleich mit anderen Modellen sind dazu eine notwendige Voraussetzung.

2.5 Der Softwareentwicklungsprozeß

Die Produkterstellung prägt den technischen Anteil der Softwareentwicklung. Es hat sich aber gezeigt, daß in der Praxis die Probleme oft auf der organisatorischen und sozialen Ebene liegen. Weltz und Ortmann kommen in einer Studie über 46 Softwareprojekte zu folgendem Schluß:

„Die Praxis der Softwareentwicklung leidet weniger an einem mangelnden Angebot an Rezepten als an einer unzureichenden Berücksichtigung der Bedingtheiten und Anforderungen, mit denen organisatorische Gestaltung von Softwareprojekten konfrontiert ist."([WO92], S.12)

Abbildung 2.12 veranschaulicht die wesentlichen Elemente der Prozeßgestaltung.

Die *Produkte* sind die konstituierenden Elemente des Prozesses, die verfügbaren *Personen, Kosten* und *Termine* bilden die organisatorischen Randbedingungen. Jeder Prozeß ist über die Phasen *Planung, Ausführung* und

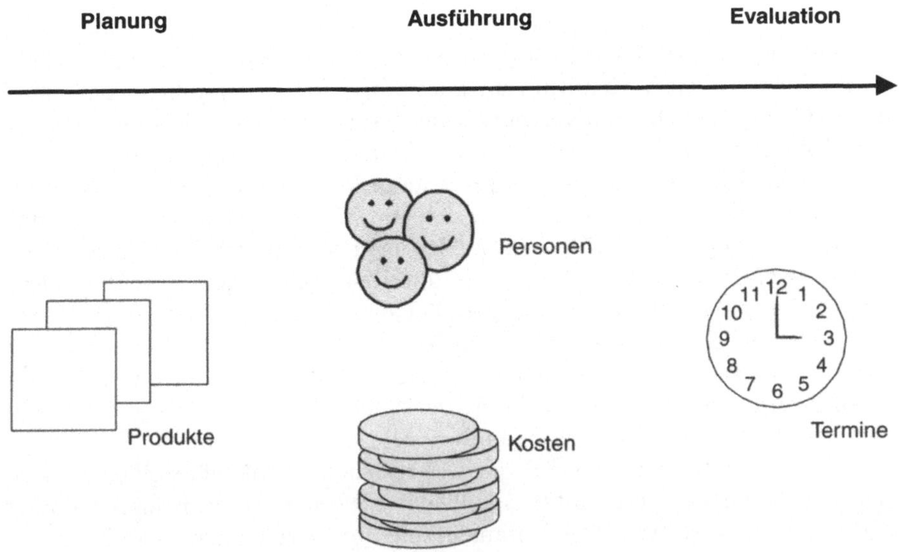

Abb. 2.12. Elemente der Prozeßgestaltung

Evaluation zu betrachten. Dies gilt für ganz beliebige Entwicklungsprozesse. Die Besonderheiten der Produkte in der Softwareentwicklung haben wir im letzten Abschnitt diskutiert. In diesem Abschnitt konzentrieren wir uns auf die Zusammenarbeit zwischen Personen. Auf Kosten, Termine und Personalplanung gehen wir nicht weiter ein. Der Forschungsbedarf bzgl. der Gestaltung von Kosten und Terminen im Rahmen der Softwareentwicklung ist noch sehr groß.

An der Softwareentwicklung sind sehr unterschiedliche Personenkreise beteiligt: Auftraggeber, Nutzer, Auftragnehmer, Softwareentwickler, Berater. Diese sind in sich sehr heterogen: Zum Beispiel gibt es typischerweise einerseits Nutzer, die das System im Alltag nutzen, und andererseits Nutzer, die das System einrichten und z.B. die Geschäftsregeln ändern. Im Vergleich lassen sich die Gruppen jedoch durch ihre Interessen, EDV-Kenntnisse und Machtposition typisieren. Auftraggeber sind vor allem an dem strategischen Nutzen des Softwaresystems für das Unternehmen interessiert und haben selten detaillierte EDV-Kenntnisse. Als Geldgeber sowohl für die Nutzer als auch die Softwareentwickler haben sie Einfluß auf einen wichtigen Machtfaktor, allerdings sind sie aufgrund der vergleichsweise geringen EDV-Kenntnisse von den Aussagen der Auftragnehmer abhängig. Nutzer sind an den direkten Auswirkungen für ihre Arbeit interessiert, sowohl an den damit verbundenen organisatorischen Änderungen als auch an dem Umgang mit der Software. Ihre EDV-Kenntnisse sind oft ebenfalls gering, ihre Machtposition liegt in der Kenntnis der fachlichen Zusammenhänge sowie der möglichen Nichtakzeptanz des Systems. Die Auftragnehmer sind an einem reibungslosen Ablauf des Projektes, einem guten Produkt und dem Gewinn für ihr Unternehmen interessiert. Die Machtposition gegenüber dem Auftraggeber liegt in den besseren EDV-Kenntnissen, gegenüber den Softwarentwicklern sind sie die Geldgeber. Die Softwareentwickler haben zum einen Interesse an den Auswirkungen der Systementwicklung für ihre Arbeit, d.h. an den organisatorischen Rahmenbedingungen (Karriere, Zeiteinteilung, etc.). Aufgrund der großen EDV-Kenntnisse ergeben sich zum anderen technische Interessen, wie der Umgang mit bestimmten Werkzeugen oder bestimmte Qualitätsanforderungen. Ihre Machtposition gegenüber den Auftraggebern und Nutzern liegt in den EDV-Kenntnissen, gegenüber den Auftragnehmern zum Teil in den größeren EDV-Kenntnissen, zum Teil in der Nichtakzeptanz organisatorischer Vorgaben. Berater weisen spezielle Kenntnisse auf, die auch ihre Machtposition begründen. Ihr Interesse ist ebenfalls auf die eigene Arbeit sowie auf technische Anforderungen bezogen.

Wir betrachten nachfolgend die wesentlichen Problembereiche, die sich aus der Teamarbeit dieser unterschiedlichen Personen ergibt: Konsensbildung und Wissenserwerb. Wichtige Voraussetzung für das Gelingen des Wissenserwerbs und der Konsensbildung sind Techniken zur Benutzerbeteiligung. Wir stellen deshalb kurz wichtige Aspekte bei der Auswahl des Beteiligungsmodells vor. Danach fassen wir die sich daraus ergebenden Anforderungen an das soziale und technische Vorgehensmodell der Softwareentwicklung zusammen.

2.5.1 Konsensbildung

Softwareentwicklung verändert Arbeitsabläufe, Arbeitsteilungs- und Machtstrukturen. Damit sind Interessen von Arbeitgebern und Arbeitnehmern betroffen. Ein erfolgreicher Einsatz der entwickelten Software ist nur möglich, wenn zwischen diesen Interessen ein *Konsens* gefunden wird. Es gibt in der Literatur einige Hinweise auf Softwareprojekte, die vor allem am mangelnden Konsens gescheitert sind.

In [WO92] werden einige typische Projektverläufe beschrieben. Ein Projekt scheitert z.B. an Kompetenzstreitigkeiten zwischen zwei Abteilungen eines Großunternehmens: Aufgrund der Initiative der Rechtsabteilung soll ein System zur Unterstützung des Mahn- und Vollstreckungsverfahrens entwickelt werden. Man erhofft sich dadurch eine Verfahrensbeschleunigung. Dies ist aber nur möglich bei gleichzeitiger Übernahme von Tätigkeiten (und Stellen) aus der Kreditüberwachung in die Rechtsabteilung. Die Kreditüberwachung widersetzt sich diesen Plänen, so daß auch nach eineinhalb Jahren kein Konsens über die Funktionalität des Systems und den Sinn seiner Erstellung gefunden wird. In dieser Zeit kann das Entwicklungsteam nur Hilfsfunktionen realisieren.

Ein noch drastischerer Fall wird in [Mac95] berichtet, in dem Streitigkeiten zwischen Arbeitgeber und Gewerkschaft dazu führen, daß ein für mehrere Millionen Mark entwickeltes Notrufsystem nach einem Monat des partiellen Einsatzes endgültig zurückgenommen wird.

Die obigen Probleme ergeben sich aus Interessenskonflikten zwischen Auftraggeber und Nutzern. Sie können aber natürlich zwischen allen am Softwareprozeß Beteiligten entstehen. [WO92] berichtet auch über ein Projekt, das durch Konflikte zwischen Entwicklern behindert wird. So soll innerhalb eines Großauftrags für Auftraggeber und Entwickler technisches Neuland betreten werden. Das Fachkonzept wird durch ein Dreier-Kernteam erarbeitet. Bei der Umsetzung werden aber 30 weitere, meist unerfahrene, Entwickler dazugezogen. Da das Kernteam mit der Betreuung der neuen Mitarbeiter und der gleichzeitigen Einarbeitung in das technische Neuland überfordert ist, werden weitere Projektleiter hinzugezogen und das Projekt in zwei Teilprojekte aufgespalten. Diese treten bald durch unterschiedliche Lösungsansätze miteinander in Konkurrenz. Dadurch verdoppelt sich die Projektlaufzeit.

2.5.2 Wissenserwerb

Die Beziehung zwischen Nutzern und Entwicklern ist oft durch *Kommunikationsprobleme* gekennzeichnet. Beide Seiten haben im Regelfall wenig Kenntnisse über den Arbeitsbereich der jeweils anderen Seite. Dies läßt sich nur durch einen allseitigen *Wissenserwerb* überbrücken. Die Entwickler müssen ein Verständnis für die Anwendungsdomäne und den Arbeitskontext der Nutzer erwerben, die Nutzer ein Verständnis für die technischen Möglichkeiten. Dies erfordert vor allem Zeit für den Austausch, die aber in vielen Projekten nicht eingeplant ist. Nutzer werden oft nicht in ausreichendem Maße dafür freigestellt. Entwickler fühlen sich oft durch die Beteiligung von Nutzern behindert, weil sie dadurch in die Interessenskonflikte hineingezogen werden. Wie ein in [RSS+94] zitierter Projektleiter sind sie oft der Meinung, daß Nutzer selbst nicht wissen, was sie wollen, oder es nicht verständlich sagen können, sowie sich untereinander uneinig sind. An der gleichen Stelle wird aber auch berichtet, daß dieser Projektleiter nach erfolgter Benutzerbeteiligung eine viel positivere Einstellung hatte: „Die wissen vieles besser als wir." Nur durch Berücksichtigung des Nutzerwissens kann die erstellte Software die Arbeitsabläufe in dem nötigen und möglichen Maß unterstützen.

2.5.3 Benutzerbeteiligung

Angesichts der Wichtigkeit des Anwendungs- und Nutzungsverständnisses für das Gelingen eines Softwareentwicklungsprojektes sollte die Zusammenarbeit mit Nutzern eine Selbstverständlichkeit sein. Dem stehen aber oft organisatorische Hindernisse gegenüber: Die zukünftigen Nutzer sind nicht bekannt (z.B. bei der Entwicklung von Standardsoftware), sie sind räumlich zu weit weg (z.B. wenn die Software außer Haus erstellt wird oder bei einer Verteilung von verschiedenen Unternehmensbereichen auf verschiedene Standorte), die Nutzer werden zeitlich nicht freigestellt oder die freigestellten Nutzer wechseln häufig. Es ist deshalb wichtig, bei der Projektplanung frühzeitig das

Beteiligungsmodell festzulegen. Dazu gehören nach [RSS⁺94] folgende Komponenten:

- *Grad der Beteiligung:* Welche Aufgaben und (Entscheidungs-)Kompetenzen haben die Nutzer im Entwicklungsprojekt?
- *Inhalt der Beteiligung:* Bezieht sich die Beteiligung auf die organisatorische, oder nur auf die aufgabenmäßige Einbettung oder gar nur auf die Gestaltung der Dienstschnittstelle des Softwaresystems?
- *Repräsentativität der Beteiligten:* Sollen alle Nutzer einbezogen werden, oder Repräsentanten für Fachbereiche, Aufgaben, Benutzertypen, Hierarchiestufen oder evtl. Sprachgruppen?
- *Zeitpunkt der Beteiligung:* Sind Nutzer permanent oder nur punktuell beteiligt?
- *Vorbereitung der Beteiligten:* Welche Informationen erhalten die Nutzer vor Projektbeginn? Werden Nutzer oder Entwickler bzgl. Gruppenarbeit, technischer und fachlicher Kompetenz ausgebildet?

Extrempunkte dieses Beteiligungsspektrums sind einerseits die *evaluative* Beteiligung, bei der die Nutzer punktuell zur Bewertung von Entwicklervorschlägen bzgl. der Dienstschnittstelle herangezogen werden, und andererseits die *prozessuale* Beteiligung, bei der Nutzer kontinuierlich im Projekt mitarbeiten und dort in Zusammenarbeit mit Entwicklern Gestaltungsvorschläge machen, die sich auch auf die organisatorische oder aufgabenmäßige Einbettung beziehen.

Abbildung 2.13 stellt typische Techniken zur Beteiligung vor.

2.5.4 Anforderungen an das soziale und technische Vorgehensmodell

Die obigen Beispiele haben die Problembereiche für das soziale Vorgehensmodell aufgezeigt. Daraus ergeben sich die in Abb. 2.14 und 2.15 aufgelisteten Forderungen an das soziale und technische Vorgehensmodell (siehe auch [Mac95]).

Diese Anforderungen an das soziale und technische Vorgehensmodell stehen oft im Widerspruch zu denen des organisatorischen Vorgehensmodells. So ist es aufgrund der zeitlichen Rahmenbedingungen oft nicht möglich, die Betroffenen in ausreichendem Maß hinzuzuziehen. Eine inkrementelle Erstellung erschwert deutlich die Planbarkeit der Gesamtkosten und -termine. Änderungen in den Produkten erfordern hohen Aufwand, um sie untereinander konsistent zu halten. Je nach Projektcharakteristika (z.B. Innovativität, Anzahl der zukünftigen Nutzer) muß man zwischen den verschiedenen Faktoren abwägen. Wird aber eines der drei Vorgehensmodelle ganz vernachlässigt, so beruht ein Projekterfolg allein auf Glück. Die wichtigste Anforderung an das Vorgehensmodell ist deshalb:

Die Gleichgewichtigkeit des sozialen, des technischen und des organisatorischen Vorgehensmodells ist allen Beteiligten bewußt zu machen.

Techniken der Benutzerbeteiligung

- *Workshop:* Workshops ermöglichen eine direkte Zusammenarbeit zwischen Benutzern und Entwicklern. Wie alle Gruppensitzungen erfordern sie eine gute Vorbereitung, Moderation und Aufbereitung der Ergebnisse.
- *Befragung:* Befragungen können mündlich oder schriftlich erfolgen. Letzteres bietet sich an, um einen großen Nutzerkreis zu erreichen. Die Fragen können geschlossen sein, d.h. mit vorgegebenen Antwortmöglichkeiten, oder offen und ein Thema direkt oder indirekt ansprechen. Befragungen können der gezielten Nachfrage zu bestimmten Hypothesen oder aber der Eingrenzung eines Problembereichs dienen.
- *Arbeitsanalyse:* Bei der Arbeitsanalyse werden die Benutzer von den Entwicklern bei ihrer Arbeit beobachtet, evtl. ergänzt durch Video oder Aufnahme hörbarer „Selbstgespräche" zur Erklärung der Arbeitsschritte. Dies kann sich auf die Arbeit vor oder nach der Einführung des Softwaresystems beziehen.
- *Simulation:* Simulation soll das Softwaresystem schon vor Fertigstellung für die Nutzer erfahrbar machen. Dies kann durch Beschreibung exemplarischer Abläufe (Szenarien) z.B. als Text oder Folge von Bildschirmausschnitten oder auch durch Oberflächenprototypen geschehen.
- *Review:* Reviews dienen der strukturierten Evaluation von Dokumenten, z.B. der Anforderungsdefinition oder der Systemspezifikation.
- *Nutzungstest:* Nutzungstests sollen eine Rückmeldung bzgl. der interaktiven Eigenschaften des Softwaresystems ermöglichen. Sie können aufgabenorientiert sein (Test einer Version, wenige Benutzer), induktiv (Test einer Version, mehrere Benutzer, vorgegebene Testaufgaben) oder deduktiv (Test mehrerer Alternativen, vorgegebene Testaufgaben, mehrere Benutzer, quantitative Bewertung).

Abb. 2.13. Techniken der Benutzerbeteiligung

Forderungen an das soziale Vorgehensmodell

- Alle durch das Softwaresystem betroffenen Interessen sind explizit darzustellen.
- Das zur Softwaresystemerstellung benötigte Wissen ist explizit darzustellen.
- Die aufgrund ihrer Interessen betroffenen oder ihres Wissens nötigen Personen sind zu beteiligen.
- Zeit und Techniken für Wissenserwerb und Konsensbildung für Nutzer und Entwickler sind vorzusehen.

Abb. 2.14. Forderungen an das soziale Vorgehensmodell

2.5.5 Weiterführende Literatur

Zur ganzheitlichen Gestaltung des Softwareentwicklungsprozesses gibt es viele Ansätze. Standardwerke wie das Buch von Sommerville [Som96] stellen keine eigenen Ansätze vor und fokussieren meist auf das technische Vorgehensmodell. [Som96] betont aber gleichzeitig die Wichtigkeit des sozialen und organisatorischen Vorgehensmodells. Spezifische Ansätze lassen sich im wesentlichen in drei Klassen einteilen: *systemorientierte* Ansätze wie die *Soft System Methodology* von Checkland [Che81, Wil93], *sozio-technisch* orien-

<table>
<tr><td>

Forderungen an das technische Vorgehensmodell

- Es ist explizit darzustellen, welche Produkte welche Interessen betreffen. Die an der Produkterstellung und -evaluierung Beteiligten müssen entsprechend ausgewählt werden. Für diese müssen die Produkte dann auch verständlich sein.
- Produkte sind inkrementell zu erstellen, um genügend Raum für den Wissenserwerb und die Konsensbildung zu geben. Dies schließt insbesondere frühe konkrete Erfahrungen der Nutzer mit dem System (z.B. Prototyping) ein.
- Produkte müssen änderbar sein, um den sich dynamisch ändernden Stand des Wissenserwerbs und der Konsensbildung wiedergeben zu können.
- Die organisatorische und aufgabenmäßige Einbettung des Softwaresystems ist ebenso ausführlich wie die technische Gestaltung zu beschreiben, um die Gestaltungsentscheidungen schon vor Einsatz des Softwaresystems diskutierbar zu machen.

</td></tr>
</table>

Abb. 2.15. Forderungen an das technische Vorgehensmodell

tierte Ansätze wie *ETHICS* von Mumford [Mum83, Mum93] oder *partizipative* Ansätze [SN93, RSS+94]. Systemorientierte Ansätze stellen die Ganzheitlichkeit eines Systems und damit auch die Analyse des Problems aus verschiedenen Blickwinkeln in den Vordergrund. Daran schließt eine ausführliche Beschäftigung mit dem SOLL-System und eine Definition der realisierbaren Veränderungen an. Sozio-technische Ansätze fordern ebenso eine problemorientierte auf den Nutzen abzielende Vorgehensweise, fokussieren dabei aber explizit auf die Arbeitszufriedenheit der zukünftigen Nutzer. Partizipative Ansätze stellen vor allem Techniken zur Nutzerbeteiligung zur Verfügung.

2.6 Requirements-Engineering

Requirements-Engineering ist der Teil der Softwareentwicklung, der die Aufgaben der Nutzer in den Mittelpunkt stellt. Das Zielprodukt des Requirements-Engineerings ist die *Systemspezifikation* für das Softwaresystem. Es beschäftigt sich nicht nur mit der Erstellung, sondern auch mit der Weiterverwendung dieses Produktes im ganzen Entwicklungsprozeß. Wichtig ist dabei natürlich insbesondere die Konsistenz mit der entwickelten Software.

Das Vorgehen im Requirements-Engineering wird in [Poh93] wie folgt charakterisiert:

„Requirements engineering can be defined as the systematic process of developing requirements through an iterative co-operative process of analysing the problem, documenting the resulting observation in a variety of representation formats, and checking the accuracy of the understanding gained ".

Die Schwierigkeit bei der Entwicklung der Systemspezifikation liegt vor allem in ihrem Schnittstellencharakter: Sie wird einerseits aus strategischen

Unternehmenszielen und den Anforderungen existierender Arbeitsprozesse heraus begründet, macht aber andererseits Vorgaben für ein zu entwickelndes, technisches System. Dies führt zu den folgenden Problemen:

- *Häufige Änderungen:* Der konkrete Umgang mit und die organisatorischen Auswirkungen von einem Softwaresystem werden erst durch den Einsatz wirklich für die Anwender erfahrbar. Die in der Systemspezifikation festzuhaltenden Anforderungen entwickeln sich deshalb erst im Wechselspiel des immer detaillierteren Aufgabenverständnisses der Entwickler und des immer detaillierteren Technikverständnisses der Auftraggeber und Nutzer im Lauf des Entwicklungsprozesses.

- *Vermischung von Problem- und Lösungsbeschreibungen:* Um den Lösungsraum nicht verfrüht einzuengen, sollten Anforderungen möglichst wenig von Lösungsideen beeinflußt sein. Es ist zu beschreiben, *was* das System leisten soll, aber erst im Entwurf wird das *wie* festgelegt. Aufgaben lassen sich aber oft nur unter der gleichzeitigen Beschreibung eines Ausführungswegs beschreiben. Das gleiche gilt für die Dienste des Softwaresystems. Es ist oft schwierig, einen Mittelweg zwischen der für das Verständnis notwendigen Detaillierung und einer verfrühten Festlegung von Lösungswegen zu finden.

- *Vielfalt der Einflußfaktoren:* Die Systemspezifikation kann sich nicht nur auf das technisch Machbare beziehen, sie muß die Besonderheiten des Anwendungsgebiets, des Einsatzortes (also des Unternehmens) und des Entwicklungsprojektes berücksichtigen. Dies erfordert ein Verständnis, aber auch eine Gewichtung von fachlichen und organisatorischen Anforderungen und des durch das Projekt vorgegebenen zeitlichen und finanziellen Rahmens. Dieses Verständnis und die Gewichtung unterscheidet sich oft bei den im Requirements-Engineering beteiligten Personen. Zusätzlich sind die Konsequenzen der Gewichtungsentscheidungen meist nicht direkt abzusehen.

Diese Schwierigkeiten erfordern zum einen ein klares Verständnis der Gestaltungsebenen bei der Definition der Systemspezifikation, zum anderen die verstärkte Verwendung von Techniken zur Wissens- und Konsensbildung. Die verschiedenen Gestaltungsebenen werden wir in Kap. 4 herausarbeiten, wenn wir uns mit der Verwendung von Modellierungstechniken für das Anwendungs-, Nutzungs- und Softwaresystem beschäftigen. In diesem Abschnitt betrachten wir nur das Zielprodukt, also die Systemspezifikation, und stellen als Beispiel den IEEE-Standard 830-1998 vor [IEE98]. Danach gehen wir näher ein auf den Wissenserwerb als Voraussetzung zur Erstellung einer adäquaten Systemspezifikation.

Die Vielschichtigkeit des Requirements-Engineerings wird deutlich in dem mit sehr unterschiedlichen Bedeutungen belegten Begriff der „Anforderungsdefinition". Wir grenzen deshalb im folgenden zuerst die Bedeutung dieses Begriffs ein.

2.6.1 Anforderungsdefinition

Der Begriff „Anforderungsdefinition" ist in der Literatur nicht eindeutig definiert. Zum einen wird er verwendet für die Tätigkeit der Anforderungsdefinitionserstellung und das resultierende Produkt. Zum anderen wird er von den verschiedenen Interessensgruppen der an der Softwareentwicklung Beteiligten unterschiedlich belegt:

- Für die *Systementwicklerinnen und -entwickler* ist die Anforderungsdefinition die Vorgabe für den Systementwurf,
- für die *Auftraggeberinnen und -geber* die Vorgabe für die Auswirkungen des Softwaresystems im Unternehmen und
- für die *Benutzerinnen und Benutzer* die Vorgabe für die Auswirkungen des Softwaresystems am Arbeitsplatz.

Das Interesse der Softwareentwickler gilt also den Anforderungen an das Softwaresystem. Die Auftraggeber formulieren Anforderungen an das Anwendungssystem und die Benutzer an das Nutzungssystem.

Genau diese Interessenskonflikte erschweren einen systematischen Weg zur Anforderungsdefinitionserstellung. Ein erster Schritt auf diesem Weg ist die begriffliche Unterscheidung verschiedener Anforderungskategorien.

In [Jac95a] unterscheidet Jackson *requirements* and *specifications*. „Requirements" sind die Anforderungen an die Auswirkungen im Anwendungs- und Nutzungssystem, „specifications" die Anforderungen an das Softwaresystem. Jackson unterscheidet nicht Anwendungs- und Nutzungssystem, sondern faßt die für das Projekt relevanten Anwendungsaspekte unter dem Begriff *application domain* zusammen. Sommerville [Som96] unterscheidet drei Anforderungsebenen: *requirements definition* für die Anforderungen aus Sicht der Auftraggeber (Käufer) und Nutzer, *requirements specification* als vertragliche Grundlage und *software specification* als Vorgabe für den Entwurf. Der Unterschied zwischen „requirements definition" und „specification" ist die größere Präzision der letzteren, die deshalb oft auch formal spezifiziert wird und für die Nutzer nicht mehr verständlich sein kann.

In diesem Buch werden die Begriffe *Systemspezifikation* und *Softwarespezifikation* synonym für die Anforderungen an das Softwaresystem verwendet. Der Begriff *Anforderungsdefinition* wird für die Anforderungen an die Auswirkungen im Anwendungs- und Nutzungssystem verwendet.

2.6.2 Der IEEE-Standard für die Softwarespezifikation

Eine umfassende Vorstellung von den Inhalten einer guten Softwarespezifikation vermittelt der IEEE-Standard 830-1998 *Recommended Practice for Software Requirements Specification* [IEE98]. Er wird hier im folgenden vorgestellt, um das Zielprodukt des Requirements-Engineerings näher zu charakterisieren. Er bezieht sich im wesentlichen auf alleinstehende (d.h. nicht eingebettete) Software.

In der Einleitung wird zuerst der Zweck einer Softwarespezifikation charakterisiert:

- Grundlage für die Übereinkunft von Auftraggeber und Entwickler über die Funktion des Softwaresystems,
- Reduzierung des Entwicklungsaufwandes durch Vermeidung von Lücken, Mißverständnissen und Inkonsistenzen, die in späteren Phasen mit großem Aufwand behoben werden müßten,
- Grundlage für Kosten- und Terminplanung,
- Grundlage für Validierung und Verifikation,
- Erleichterung bei Änderungen (z.B. bei Änderungen im Nutzerkreis oder technischen Änderungen bei Installation auf neuen Maschinen) und
- projektunabhängige Grundlage für Verbesserungen.

Ebenso werden Qualitätskriterien formuliert: korrekt, eindeutig, vollständig, konsistent, gewichtet, verifizierbar, modifizierbar, nachvollziehbar im Entwurf.

Entwurfs- oder Projektvorgaben sollten in der Softwarespezifikation vermieden werden.

Bezüglich des Vorgehensmodells werden folgende Punkte hervorgehoben[2]:

- die Notwendigkeit der Zusammenarbeit zwischen Auftraggeber, Nutzer und Entwickler,
- Evolution der Softwarespezifikation, insbesondere die Notwendigkeit eines formalen Vorgehensmodells für Änderungen und der möglichst vollständigen Dokumentation aller Zwischenstände, und
- Prototyping als ein Mittel zur Erzeugung eines Feedbacks von seiten der Auftraggeber und Nutzer sowie zur Entdeckung unerwarteten Systemverhaltens.

Der Standard gibt eine Gliederung für die Softwarespezifikation an. Insbesondere wird auf allgemeine Grundsätze der Dokumentenerstellung hingewiesen, wie z.B. Sinn einer Einleitung, Begriffsklärung und Zitate. Wir konzentrieren uns im folgenden auf die inhaltlichen Vorgaben:

- *Product Perspective:* Bezug zu umgebenden Systemteilen. Dies kann insbesondere graphisch veranschaulicht werden, so daß die anderen Systemkomponenten, die Verbindungen und Schnittstellen (System, Benutzung, Hardware, Software, Kommunikation) deutlich werden. Weitere Rahmenbedingungen wie Speicherplatzbeschränkungen, grundlegende Funktionsbereiche (z.B. Batch, Backup, Recovery etc.) oder Anpassungsmöglichkeiten an verschiedene Installationsorte sind anzugeben.
- *Product Functions:* Überblick über die Systemdienste (durch Angabe der Diensteffekte auf die Daten).

---

[2] Wir haben im folgenden das Wort „customer" aus dem IEEE-Standard mit „Auftraggeber und Nutzer" übersetzt.

- *User Characteristics:* Charakterisierung der Benutzerinnen und Benutzer bzgl. Ausbildung, Erfahrung und technische Fertigkeiten.
- *Constraints, Assumptions and Apportioning:* Weitere Vorgaben wie Nebenläufigkeit, Kontrolldienste, Zuverlässigkeit und Sicherheit. Spezielle Annahmen, wie das Vorhandensein eines bestimmten Betriebssystems, und Priorisierung der Anforderungen.

Gemäß dem Standard sind diese Bereiche im Überblick vorzustellen, und danach sind die einzelnen Anforderungen aufzulisten. Für die Dienstbeschreibung wird insbesondere gefordert die Festlegung

- der Eingabeüberprüfung,
- der auszuführenden Aktivitäten,
- der Reaktion auf Ausnahmesituationen, wie Overflow, Fehlerbearbeitung,
- der Bedeutung der Parameter und
- der Ein-/Ausgabebeziehungen.

Im Standard werden verschiedene Strukturierungsmöglichkeiten der Dienstmenge vorgeschlagen:

- verschiedene Systemmodi (z.B. Ausbildung, Normalbetrieb, Ausnahmebetrieb),
- verschiedene Benutzergruppen (z.B. Sachbearbeiter und Operateur),
- Objekte,
- Features (externer Stimulus, der eine Folge von Dienstaufrufen beinhaltet),
- Eingabeereignisse (besonders für technische Systeme, z.B. für Sensoren),
- Ausgaben oder
- Diensthierarchien (die aber keine Vorgabe für die Implementierung sind).

In der Methode OASE werden *Softwaresystemrollen* verwendet, d.h. eine Gruppierung der Dienste nach logischer Zusammengehörigkeit und Zugriff auf gleiche Daten.

2.6.3 Wissens- und Konsensbildung

Wissenserwerb und Konsensbildung sind wesentliche Faktoren in der gesamten Softwareentwicklung, ganz besonders aber für das Requirements-Engineering, da dort die Rolle des Softwaresystems im Anwendungs- und Nutzungssystem festzulegen ist. Wichtig ist dabei vor allem, ein Verständnis der Entwickler für die Aufgaben der Nutzer zu schaffen, den Nutzern die organisatorischen und aufgabenmäßigen Veränderungen durch das Softwaresystem frühzeitig erfahrbar zu machen und einen Konsens über die gewünschten Veränderungen zu erreichen. Die aus [Mac95] entnommene Tabelle 2.3 zeigt die drei kritischen Wissensbereiche im Requirements-Engineering, abstrakte und konkrete Ausprägungen und die Rollen der Benutzer und Entwickler beim Wissenserwerb.

Tabelle 2.3. Wissensbereiche im Requirements-Engineering

Wissensbereiche	Abstrakt	Konkret
Nutzeraufgaben	Relevante Aufgabenstrukturen *benötigt von Nutzern und Entwicklern*	Erfahrung bei der Aufgabendurchführung *benötigt von Entwicklern, vorhanden bei Nutzern*
Softwaresystem	Visionen, Gestaltungsvorschläge *benötigt von Nutzern und Entwicklern*	Erfahrung beim Umgang mit dem System *benötigt von Nutzern*
technologische Optionen	Strukturen der Informationstechnologie *benötigt von Entwicklern*	Konkrete Erfahrungen mit Informationstechnologie *benötigt von Nutzern, vorhanden bei Entwicklern*

In diesem Buch betrachten wir vor allem das Wissen bzgl. der Arbeitsaufgaben und des Softwaresystems. Modellierungstechniken erlauben es, die Aufgabenstrukturen und Gestaltungsvorgaben für das Softwaresystem zu dokumentieren, vermitteln aber keine konkrete Erfahrungen. Letzteres wird im Entwicklungsprozeß oft vernachlässigt, da es aufwendig und immer unvollständig ist. Techniken dazu haben wir in 2.5 im Zusammenhang mit der Benutzerbeteiligung schon erwähnt, also einerseits Techniken der Arbeitsanalyse, die den Entwicklern einen Eindruck von der konkreten Aufgabendurchführung der Nutzer vermitteln, und andererseits Techniken der Simulation, die den Nutzern möglichst konkrete Erfahrungen mit dem Softwaresystem vor Fertigstellung ermöglichen.

2.6.4 Weiterführende Literatur

[Dav90] ist der Klassiker unter den Büchern des Requirements-Engineerings. Davis war maßgeblich an der Erstellung des IEEE-Standards beteiligt. Ähnlich wie der Standard konzentriert sich das Buch vor allem auf die Softwaresystemspezifikation und Modellierungstechniken, gibt aber wenig Anhaltspunkte bzgl. der Modellierung und Gestaltung der organisatorischen und aufgabenmäßigen Einbettung und des Vorgehens bei der Erstellung. Gleiches gilt für das deutsche Pendant [Par98]. Ein Gegengewicht dazu bildet das NATURE-Projekt [JPD+94], das sich vor allem mit dem Prozeß der Anforderungsdefinitionserstellung beschäftigt hat. [LK95] ist deutlich von den Resultaten dieses Projektes und den Erfahrungen aus dem Bereich des Knowledge-

Engineerings geprägt. Es unterscheidet zwischen der Gewinnung, Modellierung und Validierung der Anforderungen und gibt einen guten Überblick über typische Techniken dafür. [Mac95] konzentriert sich vor allem auf (interdisziplinäre) Techniken zur Integration aller Beteiligten und liefert viele konkrete Beispiele für Projekte, die gerade an der Nichtbeachtung einzelner Interessensgruppen gescheitert sind. Positive Beispiele zur Benutzerbeteiligung zeigen [JG94, SN93, Car95b, Suc95, CAC95]. [Wie95] beschäftigt sich vor allem mit dem technischen Vorgehensmodell des Requirements-Engineerings und enthält ausführliche Darstellungen bekannter Methoden, wie NIAM oder JSD, sowie einen Vorschlag zur Integration dieser Methoden. Dabei wird zwischen der Definition der Produktziele, der Modellierung des Anwendungs- und des Softwaresystems unterschieden. Das Nutzungssystem wird vernachlässigt. [GW89, Jac95a] und [SS97] sind von Erfahrungen aus der Praxis geprägt. [GW89] konzentriert sich auf das soziale und organistorische Vorgehensmodell, [SS97] bietet Checklisten für das technische und organisatorische Vorgehensmodell. [Jac95a] vermittelt auf unterhaltsame Weise wichtige Prinzipien.

2.7 Formale Methoden in der Softwareentwicklung

In den akademischen Arbeiten zur Softwareentwicklung stehen oft formale Methoden im Vordergrund. Dabei ist der Begriff der formalen Methode nicht scharf umrissen. Er umfaßt zumindest eine formal definierte Syntax der Modellierungstechniken. In diesem Sinne werden auch oft die graphischen Modellierungstechniken wie UML als formal bezeichnet. Wir nennen diese Modellierungstechniken *halbformal*. Nur eine Modellierungstechnik mit einer formalen Semantik nennen wir *formal*. Wie auch die Entwicklung der halbformalen Analyse- und Entwurfsmethoden haben die formalen Methoden ihren Ursprung in der Beschreibung von Programmen. Typische Beispiele sind algebraische Spezifikationsmethoden [Wir94] oder modellbasierte Spezifikationssprachen wie VDM [AI91], Z [Wor92] und sein Nachfolger B [Abr96]. Diese Ansätze verwenden eine formale Sprache mit zugehörigem Kalkül, um Eigenschaften von Programmen beschreiben und beweisen zu können.

In den letzten Jahren wurde verstärkt versucht, diese Ansätze auch auf die frühen Softwareentwicklungsphasen und ihre Produkte auszudehnen, insbesondere die Systemspezifikation. In [Huß95] wird die *direkte* Anwendung der formalen Methoden von der *indirekten* unterschieden. Erstere verwendet die gleiche formale Notation für die Systemspezifikation und die Programmspezifikation. Letztere verwendet den Formalismus als semantische Basis für die Modellierungs- und Spezifikationssprachen. Der Formalismus wird aber für die Modellierer selbst nicht sichtbar. Das Problem der direkten Anwendung ist, daß viele Eigenschaften nicht mit vertretbarem Aufwand formal spezifiziert werden können und daß in den üblichen Projekten die Entwickler oft nicht genügend geschult sind, um mit dem Formalismus umgehen zu können [CGR93]. Die direkte Anwendung ist deshalb nur für sicherheitskritische Systemteile sinnvoll. Die indirekte Anwendung versucht das Problem zu umgehen, indem die in der Praxis verwendete Notation nicht verändert, sondern nur mit einer formalen Semantik versehen wird. Letztere müssen die Entwickler nicht direkt verstehen können. Stattdessen werden auf die formale Semantik aufbauende Konsistenzüberprüfungen und eigenschaftserhaltende Transformationen auf Modellen definiert. Diese können die Entwickler dann mithilfe eines Werkzeugs ohne zu großen Aufwand nutzen. Bis heute gibt es allerdings noch keine Werkzeuge, die eine Modellierungssprache wie UML mit einer formalen Semantik vollständig unterstützen.

Eine werkzeugunterstützte, formale Semantik kann also den Entwicklern eine konsistente Modellerstellung erleichtern. Weiterhin läßt sie keinen Raum für Mehrdeutigkeiten der Modelle. Dies gilt aber nur für die Entwickler. Meist haben die Nutzer und Auftraggeber keinen Anteil an der Modellerstellung, sondern nur an der Validierung. Damit nutzen sie nicht die Werkzeugunterstützung, und die formale Semantik wird für sie nicht spürbar. Sie können sich eine eigene Interpretation der Modelle zulegen. Der Abgleich dieser Interpretation mit der formalen Semantik ist nur so gut wie die Kommunikation zwischen den Modellerstellern und den -evaluierern.

Den größten Nutzen bringt die formale Semantik den Methodenerstellern, da sie dazu zwingt, den verschiedenen Modellierungstechniken eine gemeinsame Semantik zu geben. Dadurch werden die Beziehungen zwischen den Techniken klarer, insbesondere unnötige Überlappungen oder Lücken. Auch dieses Buch ist in einem „formalen Umfeld" entstanden. Wichtige Erkenntnisse über die konzeptuellen Zusammenhänge von Modellierungstechniken, die die Grundlage für Kap. 3 bilden, wurden in einem Projekt zur formalen Fundierung von Modellierungstechniken erarbeitet. Die Zusammenhänge werden in diesem Buch auf der Ebene des in 2.3 vorgestellten Systemkonzeptmodells herausgearbeitet. Dies ist angemessen, da wir in diesem Buch nicht die Konsistenzüberprüfung und Verifikation von Modelleigenschaften behandeln. Wie eine formale Semantik aussehen kann, skizzieren wir im Anhang. Im folgenden sind weiterführende Referenzen für das Gebiet der formalen Fundierung von Modellierungstechniken zusammengestellt.

2.7.1 Weiterführende Literatur

Die formale Fundierung von Softwareentwicklungsmethoden wird seit Anfang der 90er Jahre verstärkt untersucht. Ein Grundlagenwerk auf diesem Gebiet ist [Huß97], das eine formale Fundierung von SSADM vorstellt. Hier werden insbesondere die verschiedenen Möglichkeiten des Zusammenspiels zwischen formalen und halbformalen Methoden herausgearbeitet. Auf der Methodenebene lassen sich im wesentlichen die oben diskutierte direkte bzw. indirekte Nutzung des Formalismus unterscheiden. In [Huß97] wird selbst die indirekte Nutzung verfolgt. [PWM93] diskutiert die direkte Nutzung der formalen Methode Z im Zusammenspiel mit SSADM. Viele Ansätze beschränken sich auf die Formalisierung einzelner Produkte und Modelle. Einen guten Überblick über die Forschung auf diesem Gebiet geben die ECOOP- und OOPSLA-Workshops zur formalen Fundierung sowie die Tagung Formal Method Europe. Für die indirekte Nutzung ist insbesondere die Unterstützung durch CASE-Tools interessant. Die größten Fortschritte auf diesem Gebiet wurden im Bereich der eingebetteten Systeme erzielt. STATEMATE und MATRIX-X sind zwei bekannte Beispiele. [BR98] faßt die Ergebnisse verschiedener Projekte zur indirekten Nutzung formaler Methoden im Umfeld der Autorin zusammen.

2.8 Einordnung gängiger Methoden

In diesem Kapitel charakterisieren wir die Produkte der Methoden SSADM [DCC92], FUSION [CAB+94], OOSE [Jac92] und UML [BRJ97][3] nach den von ihnen abgedeckten Sichtweisen. Dies dient zur Illustration der eingeführten Begriffe. Gleichzeitig werden auf diesem Wege aber auch die existierenden Methoden bzgl. ihrer Umsetzung einer aufgabenorientierten Softwareentwicklung bewertet. Diese Bewertung begründet auch die Einführung der Methode OASE in Kap. 5.

Wir stellen die Produkte jeder Methode vor und geben dann eine kurze Bewertung der Methode. Ein Überblick über die Abdeckung der anwendungsnahen Sichtweisen ist am Schluß dieses Abschnitts zusammengestellt.

2.8.1 SSADM

SSADM wird hier stellvertretend für die modernen strukturierten Methoden behandelt. Diese erweitern die ursprünglichen strukturierten Methoden [YC79, DeM78], die vor allem auf die Aktivitäten (Prozesse) fokussieren, um Datenorientierung. Strukturierte Methoden sind vor allem für die Erstellung von Informationssystemen gedacht. Es gibt aber auch Erweiterungen für Realzeitsysteme [HP87].

SSADM ist auch interessant als eine der wenigen standardisierten Methoden. Seit 1983 ist sie in Großbritannien für alle staatlichen Projekte vorgeschrieben. Wir beschreiben hier die 1990 von der CCTA (Central Computer and Telecommunications Agency) standardisierte Version 4. Aufgrund der Standardisierung ist das technische Vorgehensmodell sehr viel ausführlicher und systematischer als es im allgemeinen üblich ist. Es werden halbformale Modellierungstechniken verwendet. Auch das organisatorische und soziale Vorgehensmodell werden in Ansätzen berücksichtigt.

SSADM unterteilt den Entwicklungsprozeß in fünf Module: Feasibility Study, Requirements Analysis, Requirements Specification, Logical System Specification, Physical Design. Diese werden nachfolgend beschrieben:

---

[3] UML ist keine Methode, sondern nur eine Sammlung von Modellierungstechniken.

Machbarkeitsstudie (Feasability Study). Das Ziel dieser Studie ist die Entscheidung über die Durchführung eines Entwicklungsprojektes. Viele Elemente dieser Studie, z.B. Projektinitiierung, Nutzerbeteiligung, Konsens bzgl. der Problembeschreibung und Bewertung von Optionen, Risiken und Kosten, werden in SSADM nicht inhaltlich vorgegeben. SSADM behandelt die ersten Schritte zur Erstellung

- einer IST-Beschreibung (Kontextdiagramm, Datenflußdiagramm und logisches Datenmodell),
- einer Anforderungssammlung und
- eines darauf aufbauenden Berichts zur Einschätzung der Erfolgsaussichten des Projektes und der Festlegung wichtiger Rahmenbedingungen.

Anforderungsanalyse (Requirements Analysis). Die Schritte in diesem Modul dienen der IST-System-Beschreibung und der Erarbeitung von Visionen für das SOLL-System. Im Vordergrund steht dabei, daß die Nutzer und das Management hinter den erarbeiteten Anforderungen stehen. Die IST-System-Beschreibung bezieht sich auf das Anwendungssystem. Sie detailliert die in der Machbarkeitsstudie begonnenen Modelle:

- Kontextdiagramm (beschreibt den Datenfluß zwischen dem Anwendungssystem und seinen externen Partnern),
- physikalisches und logisches Datenflußdiagramm (beschreibt den Datenfluß zwischen den Prozessen des Anwendungssystems, evtl. mit Datenspeichern),
- logisches Datenmodell (beschreibt die Konzepte des Anwendungssystems und deren Beziehungen),
- Anforderungskatalog (Liste der identifizierten Anforderungen) und fügt noch einen
- Nutzerkatalog (listet Stellenbenennungen und zugehörige Arbeitsbeschreibung auf) hinzu.

Der Abgleich zwischen Datenmodell und Datenflußdiagramm wird durch eine Cross Reference Matrix gewährleistet. Die Unterscheidung zwischen physikalischem und logischem Datenflußdiagramm ist ein wichtiger Bestandteil der strukturierten Methoden, der aber lange Zeit zu großer Verwirrung bei der Systemanalyse führte. Grob gesagt, beschreibt ersteres die Prozesse und den Datenfluß in allen Einzelheiten (die oft historisch gewachsen oder zufällig sind), während letzteres die aufgabeninhärenten Prozesse mit ihrem Datenfluß beschreibt. Genauer gehen wir auf diesen Unterschied in Kap. 4 ein, wenn wir die wesentlichen Beschreibungstechniken der strukturierten Analyse vorstellen.

Die SOLL-System-Visionen (Business System Options) legen den Rahmen für die SOLL-System-Entwicklung fest.

Anforderungsdefinition (Requirements Specification). In diesem Modul wird eine Systemspezifikation aufbauend auf der IST-Beschreibung und dem Anforderungskatalog erarbeitet. Dies beinhaltet den Schritt vom Anwendungssystem zum Softwaresystem. Das Nutzungssystem wird nicht sehr ausführlich modelliert. Im einzelnen sind zu erstellen:

- ein Datenflußdiagramm des Softwaresystems,
- eine Beschreibung der Nutzerrollen,
- die Definition der Systemfunktionen (I/O-Structures, Entity/Event Matrix, Entity Life History, Effect Correspondence Diagrams),
- das logische Datenmodell des Softwaresystems und
- eine prototypische Ein-/Ausgabe-Schnittstelle.

Die Systemfunktionen werden auch den Nutzerrollen zugeordnet. In SSADM sind Systemfunktionen stereotypisch unterteilt in Eingabeverarbeitung, Kernfunktion, Fehlerbehandlung und Ausgabeerzeugung. Auf Ebene der Anforderungsdefinition wird die Ein- und Ausgabeverarbeitung in Form von I/O-Structures (im wesentlichen reguläre Ausdrücke über Ein- und Ausgabeelementen) beschrieben. Die Kernfunktionen entstehen aus dem Abgleich von Entitäten, Datenflußdiagrammen und Ereignissen des Anwendungssystems. Zuerst wird in der Entity/Event Matrix der Einfluß der Ereignisse (update, delete, create) auf die Entitäten aufgelistet. Eine Entity Life History beschreibt dann die möglichen Ereignisfolgen, die eine bestimmte Entität betreffen, durch eine Art regulären Ausdruck. Umgekehrt sammelt das Effect Correspondence Diagram alle Entitäten auf, die durch ein Ereignis beeinflußt sind. Pfeile zwischen diesen Entitäten entsprechen der Navigation beim Zugriff auf die Entitäten.

Systemspezifikation (Logical System Specification). In diesem Modul werden auf der einen Seite Optionen für den technischen Entwurf untersucht, auf der anderen Seite die Funktionen weiter ausgearbeitet. Diese Ausarbeitung liefert

- eine detaillierte Dialogspezifikation und
- eine detaillierte Funktionsspezifikation (Detaillierung der Effect Correspondence Diagrams bis auf die Ebene einzelner logischer Datenbankzugriffe).

Phyischer Entwurf (Physical Design). Die Schritte in diesem Modul sind abhängig von der Plattform und den verwendeten Werkzeugen für den Datenbankentwurf. Deshalb wird nur grob die Umsetzung des logischen Datenmodells in das physische Datenbankschema und die entsprechende Ausarbeitung der Funktionsspezifikationen beschrieben.

Bewertung. SSADM behandelt alle Sichtweisen außer der Verteilungsarchitektur. Das Anwendungssystem wird sehr ausführlich modelliert, ebenso die Dienst- und die Benutzungsschnittstelle. Die aufgabenmäßige Einbettung beschränkt sich auf die Beschreibung von Nutzerrollen. Die Verteilung der Aufgaben zwischen Mensch und Maschine wird nicht gesondert thematisiert.

SSADM beschreibt zwar den Übergang von der Dienstschnittstelle zur Implementierung, dabei sind aber wenig eigentliche Entwurfsschritte enthalten. Komponenten sind (wie bei strukturierten Methoden üblich) die Funktionen selbst. Jede Funktion hat ein schematisches Aussehen.

Aufgrund des funktional strukturierten Entwurfs ist SSADM für den Entwurf heute nicht mehr gut geeignet. Es gibt eine objektorientierte Variante von SSADM [RB94], die allerdings nicht standardisiert ist. Diese macht den Schritt von der ausführlichen Datenmodellierung zu einem objektorientierten Entwurf, allerdings auf Kosten der Anwendungsmodellierung mit Prozessen. Das heißt, auch hier ist der Übergang von einer prozeßorientierten Einbettungsbeschreibung zur Dienstspezifikation und einem komponentenorientierten Entwurf nicht geleistet.

Der Unterschied von SSADM zu nicht-standardisierten Methoden wird an zwei Punkten deutlich:

- Einerseits sind Zwischenschritte zur Erstellung von Modellen festgelegt (z.B. bei der Funktionsbeschreibung) und
- andererseits werden Listen und Matrizen mitgeführt, um die einzelnen Modelle miteinander abgleichen zu können.

Genau diese Elemente übernehmen wir in unsere Methode OASE.

2.8.2 FUSION

FUSION ist eine objektorientierte Methode der zweiten Generation [CAB+94]. Sie wurde bei Hewlett Packard entwickelt. Bei ihrer Definition wurde versucht, gute Elemente der Vorgängermethoden zu übernehmen und zu systematisieren. Dabei wurde insbesondere versucht, die Semantik der Beschreibungstechniken präzise festzulegen und das Vorgehensmodell zu systematisieren. Die Semantik ist zwar nicht formal, aber deutlich präziser festgelegt als das im allgemeinen üblich ist.

FUSION wird hier stellvertretend behandelt für Methoden zur Erstellung *sequentieller* objektorientierter Systeme. Die meisten kommerziellen Methoden sind auf die Programmiersprache C++ ausgerichtet, die keine echte Nebenläufigkeit erlaubt. Trotzdem wird meistens versucht, die Methode nicht auf sequentielle Systeme einzuschränken. Da nebenläufige Systeme aber deutlich komplexer als sequentielle Systeme sind, ist eine einfache Übertragung der Produkte und Beschreibungstechniken von sequentiellen Systemen meist nicht möglich. Dies führt zu großen Unklarheiten bei der Anwendung. FUSION hat sich demgegenüber auf sequentielle Systeme festgelegt, bietet dafür aber auch ein klar umrissenes Konzept.

FUSION unterteilt den Entwicklungsprozeß in Analyse, Entwurf und Implementierung. Die Analyse liefert eine Spezifikation der Dienstschnittstelle. Der Entwurf resultiert in einer Architekturbeschreibung, die die Spezifikation umsetzt, und selbst durch die Implementierung in Code umgesetzt wird.

Dabei werden die folgenden Modelle erstellt:

Analyse. Die Analyse dient der Bestimmung der Dienstschnittstelle. Im einzelnen sind zu erstellen:

- Ein Objektmodell (object model), das die Konzepte der Anwendungsdomäne und deren Beziehungen erfaßt. Die Beziehungen werden kategorisiert als Aggregation, Generalisierung oder allgemeine Beziehungen.
- Das Systemobjektmodell (system object model). Aus dem Objektmodell wird direkt die Datensicht auf das Softwaresystem abgegrenzt. Alle anderen Objekte gehören zur Umgebung. Eine Unterscheidung zwischen Anwendungs- und Nutzungssystem gibt es nicht.
- Das Schnittstellenmodell (interface model). Das Schnittstellenmodell beschreibt die Dienstschnittstelle des Softwaresystems. Dabei werden zwei Sichten durch verschiedene Beschreibungstechniken erfaßt:
  - Das Operationsmodell (operation model) ist eine textuelle Beschreibung aller möglichen Eingabeereignisse und der dazugehörigen Reaktion in Form von Zustandsänderungen und Ausgabeereignissen. Die Operationen hier sind Systemdienste, d.h. nicht einem Objekt zugeordnet. Es wird also die statische Dienstsicht des Softwaresystems festgehalten. Durch Angabe von Pre- und Postconditions wird auch ein Teil der Dienstverhaltenssicht beschrieben.
  - Das Lebenszyklusmodell (lifecycle model) vervollständigt die Verhaltenssicht auf das Softwaresystem durch Angabe der möglichen Aufrufreihenfolgen von Systemoperationen. Hier geht insbesondere die Sequentialitätsannahme ein: Die Eingabeereignisse werden sequentiell abgearbeitet, d.h. ein neues Eingabeereignis wird erst bearbeitet, wenn die Reaktion auf das vorherliegende abgeschlossen ist.
  Zur Erstellung des Schnittstellenmodells wird auch die Verwendung von Szenarien empfohlen. Diese geben eine exemplarische Verhaltenssicht des Nutzungssystems wieder, also typische Interaktionsfolgen mit dem Softwaresystem. Sie sind aber nicht so klar definiert wie die anderen Modelle.

Entwurf. Im Entwurf wird die Dienstspezifikation des Softwaresystems in ein Objektmodell umgesetzt. Dazu werden weitere Modelle erstellt:

- Interaktionsgraphen (object interaction graphs) beschreiben, wie eine Operation durch Objektinteraktionen ausgeführt wird. Dies betrifft zum einen die Kommunikationswege, also die Struktursicht auf die Objekte, zum anderen aber auch die Reihenfolge der Kommunikationen. Bei der Festlegung der Kommunikationswege spielt die Realisierbarkeit der Wege, also die gegenseitige Sichtbarkeit, noch keine Rolle. Zusammen mit einer Spezifikation der Objektmethoden bilden die Interaktionsgraphen eine vollständige Verhaltensspezifikation für jede Operation. Hier wird insbesondere auch die Verantwortlichkeit für die Operationsausführung festgelegt.
- Sichtbarkeitsgraphen (visibility graphs) legen die Sichtbarkeit zwischen den Objekten fest. Diese müssen natürlich die Kommunikationswege aus den Interaktionsgraphen ermöglichen.

- Klassenbeschreibungen (class descriptions) fassen die vorherigen Modelle zusammen und legen insbesondere die Objektmethoden fest.
- Vererbungsgraphen (inheritance graphs) machen die Wiederverwendung von Klassendefinitionen deutlich.

Für die Implementierung gibt es kein eigenes Modell. Begleitend über die ganze Entwicklung wird ein Data Dictionary geführt.

Bewertung. FUSION ist vorbildlich durch die klare Beschreibung der Modellierungstechniken und im Bereich der objektorientierten Methoden insbesondere durch eine explizite Spezifikation der Dienstschnittstelle. Vom Anwendungssystem werden nur die Daten modelliert. FUSION geht hier von einer textuellen Anforderungsspezifikation aus, die die Anforderungen aus dem Anwendungssystem festlegt. Auf das Nutzungssystem geht FUSION nicht systematisch ein, mit den Szenarien existieren Ansätze dazu. Prozeßbeschreibungen werden ansonsten überhaupt nicht eingesetzt. Auch die Benutzungsschnittstelle wird nicht modelliert.

2.8.3 OOSE

OOSE ist eine objektorientierte Methode der ersten Generation, entwickelt von Ivar Jacobson [Jac92]. Sie stand in Konkurrenz mit Booch [Boo94] und OMT [RBP+91]. Die Beschreibung enthält viele methodische Hinweise, aber kaum konkrete Vorgaben für Syntax und Semantik von Beschreibungstechniken. Wie auch FUSION ist OOSE vor allem für sequentielle Systeme gedacht (in [Jac92] wird allerdings auch eine Echtzeit-Erweiterung diskutiert). OOSE wird hier stellvertretend für eine objektorientierte Methode behandelt, die systematisch Prozeßmodellierung nutzt, insbesondere auch für die Beschreibung des Anwendungs- und Nutzungssystems. Die Prozesse werden dort *Use Cases* genannt. Die Prozeßsicht spielt eine wichtige Rolle bei den strukturierten Methoden und wurde bei den meisten objektorientierten Methoden erst einmal über Bord geworfen oder nur informell eingesetzt. Jacobsen stellt demgegenüber die Use Cases in den Mittelpunkt des gesamten Entwicklungsprozesses. In [JEJ94] stellt er auch eine Verbindung zur Geschäftsprozeßmodellierung her.

Das Vorgehensmodell von OOSE sieht eine Reihe von zu erstellenden Modellen vor:

- Das Anforderungsmodell (requirements model) wird ausgehend von einer textuellen Anforderungsspezifikation erstellt. Letztere ist im Rahmen der Unternehmensentwicklung (enterprise development) entstanden. Das Anforderungsmodell beschreibt im wesentlichen die Dienstschnittstelle des Softwaresystems. Dazu werden drei Modelle erstellt:
  - Das Nutzungsfallmodell (use case model)[4] listet die Systemfunktionen zusammen mit den aufrufenden Nutzerrollen (actors) auf. Use Cases sind

---

[4] Wir verwenden im folgenden das englische Wort „Use Case", da es viel weiter verbreitet ist als seine deutsche Übersetzung.

dabei Ereignisfolgen aus Sicht der Nutzer. Sie werden im Regelfall textuell beschrieben, können aber durch Benutzungsschnittstellenbeschreibungen (user interface descriptions) und Zustandsübergangsdiagramme ergänzt werden. Ein Use Case entspricht im wesentlichen einem Systemdienst, allerdings wird meist nur ein typischer Ablauf beschrieben, nicht das vollständige Dienstverhalten.

– Die Benutzungsschnittstellenbeschreibung (user interface description) dient zur Illustration oder Simulation der Use Cases. Sie besteht aus Bildschirmskizzen oder Dialogsimulationen.

– Das Anwendungsbereichsobjektmodell (domain object model) gibt die Sicht der Nutzer auf die Daten des Softwaresystems wieder. Es erfaßt noch nicht das Verhalten der Objekte.

• Das Analysemodell (analysis object model) besteht aus Objekten dreier verschiedener Arten: Schnittstellenobjekte (interface objects), Datenobjekte (entity objects) und Kontrollobjekte (control objects). Es entsteht durch Verteilung der Use-Case-Abläufe auf die verschiedenen Objektarten. Dabei kann die Kontrolle entweder den Schnittstellenobjekten oder den Kontrollobjekten (oder gemischt) zukommen. Für alle Objekte werden Methoden aufgelistet. Aufbauend auf diese Objekte kann der Use-Case-Text neu formuliert werden. Das Analysemodell definiert nur eine statische Sicht. Das Verhalten der Objekte wird noch nicht definiert.

• Das Entwurfsmodell (design model) besteht ebenfalls aus Objekten (Blöcke genannt), die Abstraktionen der Implementierung sind (z.B. kann ein Block durch mehrere Klassen implementiert werden). Es entsteht aus dem Analysemodell durch Berücksichtigung von Implementierungseinschränkungen (z.B. Plattform, Programmiersprache, vorhandene Produkte). Für jeden Use Case wird die Kommunikation zwischen Blöcken durch Interaktionsdiagramme (interaction diagrams) beschrieben. Dabei werden die in dem Analysemodell verteilten Verantwortlichkeiten der Blöcke detalliert. Aufbauend auf die Interaktionsdiagramme wird die Schnittstelle der Blöcke bestimmt sowie Zustandsübergangsdiagramme als Abstraktion des Blockverhaltens.

• Das Implementierungsmodell (implementation model) ist der eigentliche Code. Es entsteht aus den Zustandsübergangsdiagrammen.

Bewertung. OOSE ist vorbildlich für seine Beschreibung der aufgabenmäßigen Einbettung. Allerdings werden die Interaktionen zwischen Nutzer und System nur textuell oder durch Prototypen beschrieben. Dies ist zwar sehr geeignet für die Kommunikation mit den Nutzern, es fehlt aber eine klare Dienstschnittstellendefinition als Vorgabe für den Entwurf.

Für die Beschreibung des Anwendungssystems sind keine Modelle vorgesehen. Sie findet in der Unternehmensmodellierung statt, die ausdrücklich außerhalb von OOSE liegt. Das Analysemodell entspricht dem anwendungsorientierten Entwurf, das Entwurfsmodell dem Komponentenentwurf.

2.8.4 UML

UML ist seit 1998 von der OMG als Standard für objektorientierte Modellierungstechniken etabliert [BRJ97]. Die Autoren der drei wichtigsten objektorientierten Methoden der ersten Generation, Booch, Rumbaugh und Jacobsen, haben daran mitgewirkt. Auch Hewlett Packard und weitere Firmen haben ihre Unterstützung zugesagt. Das Hauptziel der Standardisierung ist, eine einheitliche Basis für CASE-Tool-Hersteller zu schaffen. Es wird deshalb nur eine *Sprache* (Notation) vorgeschlagen, keine Methode. Die Produkte sind insofern charakterisiert, als festgelegt ist, welche Notation zur Beschreibung welcher Systemsichten geeignet ist. Die gleichen Autoren stellen in dem Buch [JRB99] eine auf UML basierende Methode vor.

UML steht hier stellvertretend für eine objektorientierte Sprache mit sehr reichhaltigen, systematisierten Ausdrucksmöglichkeiten, und dennoch für eine objektorientierte Sprache, die explizit auch für nebenläufige Systeme gedacht ist.

Da UML keine Methode definiert, werden die Modellierungstechniken ohne Bezug zu den Sichtweisen vorgestellt:

- Strukturdiagramme (static structure diagrams) beschreiben sowohl die Struktur der Daten (verteilt auf Objekte) als auch der Akteure (in Form von Beziehungen zwischen Objekten). Dabei werden Objekt- und Klassendiagramme unterschieden. Erstere beschreiben Instanzen. Gegenüber den Objektmodellen von FUSION oder OOSE sind die Klassendiagramme von UML sehr reichhaltig. Sie erlauben, viele Implementierungsdetails auf Diagrammebene zu beschreiben.

- Use-Case-Diagramme beschreiben Beziehungen zwischen Akteuren und Diensten, und damit eine statische Struktur. Sie wurden von OOSE übernommen. Wie dort werden auch Beziehungen zwischen Use Cases modelliert: die Benutzung (uses) und die Erweiterung (extends).

- Sequenzdiagramme (sequence diagrams) sind eine Variante der in der Telekommunikation standardisierten *Message Sequence Charts* [IT96]. Sie beschreiben (exemplarisch oder vollständig) Nachrichtenfluß zwischen Objekten.

- Kollaborationsdiagramme (collaboration diagrams) sind den Sequenzdiagrammen sehr ähnlich. Sie beschreiben ebenfalls Interaktion zwischen Objekten, allerdings inklusive der statischen Objektstruktur. Deshalb wird der Fluß nicht entlang der Zeitachse (timeline) dargestellt, sondern durch Numerierungen an den Kommunikationswegen.

- Zustandsdiagramme (state diagrams) beschreiben die Verhaltenssicht eines Objekts oder eines Dienstes. Diagrammzustände entsprechen Objektzuständen. Verhalten wird durch Transitionen, aber auch durch Aktionsausdrücke innerhalb von Zuständen beschrieben. Diese Diagramme sind stark beeinflußt von Harels Statecharts [Har87] und bieten deshalb die gleiche Notation zur Unterstrukturierung.

- Aktivitätsdiagramme (activity diagrams) sind von der Notation her ein Spezialfall der Zustandsdiagramme. Sie werden auch zur Beschreibung des Objekt- oder Dienstverhaltens verwendet. Die Diagrammzustände werden als Aktivitäten interpretiert und die Kanten als Kontroll- und Datenfluß. UML erlaubt eine Erweiterung der Aktivitätsdiagramme durch Swimlanes, die auch bei Sequenzdiagrammen in ähnlicher Form benutzt werden. Damit ist die Beschreibung des Flusses zwischen Aktivitäten unterschiedlicher Objekte möglich. Allerdings entfällt zugleich auch der übergreifende globale Zustand. Aktivitätsdiagramme ermöglichen eine funktionale Sicht auf das System im Sinne der strukturierten Methoden.
- Komponenten und Einsatzdiagramme (component and deployment diagrams) beschreiben die Abhängigkeiten zwischen den Akteuren des Softwaresystems (den Komponenten) und statische Sichten auf Laufzeitkomponenten: Kommunikation, Komposition, aber auch Verteilung auf Knoten.

Bewertung. UML bietet für viele Systemsichten Modellierungstechniken an. Allerdings ist das Zusammenspiel oft nicht klar. So können z.B. Zustandsdiagramme entweder einer Klasse oder einem Dienst zugeordnet werden. Es ist aber nicht klar, wie mehrere Zustandsdiagramme, die verschiedenen Diensten der gleichen Klasse zugeordnet sind, zusammenspielen. Dies gilt insbesondere für nebenläufige Systeme, in denen sich die Dienstausführung überlappen kann.

UML beschreibt keine Methode, d.h. die Auswahl der Modellierungstechniken für die einzelnen Sichtweisen ist den Entwicklern überlassen. Dies ist insofern problematisch, als die Semantik einer Modellierungstechnik auch von der Sichtweise abhängt. So stehen z.B. typischerweise Beziehungen zwischen Daten des Anwendungs- und Nutzungssystems für nicht näher spezifizierte Abhängigkeiten. Im anwendungsorientierten Entwurf repräsentieren Beziehungen meist Referenzen zwischen Komponenten, die sich im Code widerspiegeln.

Um UML für konkrete Systeme verwendbar zu machen, sind also noch viele Festlegungen bzgl. der Modellierungstechniken zu treffen. Umgekehrt wird durch UML aber auch deutlich, daß Systemsichten und Sichtweisen zunächst einmal unabhängig voneinander sind. In den anderen Methoden wird das nicht getrennt. Auch wir beschäftigen uns in Kap. 3 zunächst nur mit den Systemkonzepten und -sichten und erst anschließend mit ihrer Verwendung zur Sichtweisenmodellierung in konkreten Ansätzen.

2.8.5 Zusammenfassende Bewertung

In Tabelle 2.4 fassen wir die Bewertung der in diesem Abschnitt diskutierten Methoden bzgl. der Abdeckung der Sichtweisen zusammen (+ bedeutet gute Abdeckung, 0 bedeutet nicht ausreichende Abdeckung, − bedeutet keine Behandlung). Auf UML ist diese Tabelle nicht anwendbar, da dort kein Vorgehensmodell und damit keine Sichtweisen vorgegeben sind. Statt dessen wurde der Bezug zu den Systemkonzepten diskutiert. Beides sind wesentliche Kriterien zur Beurteilung der Angemessenheit von Modellen im Laufe der Systementwicklung.

Tabelle 2.4. Abdeckung der Sichtweisen in existierenden Methoden

Methode	SSADM	FUSION	OOSE
organisatorische Einbettung	+ (Anforderungsanalyse)	0 (Objektmodell)	-
aufgabenmäßige Einbettung	0 (Anforderungsdefinition)	0 (Szenarien)	+ (Anforderungsmodell)
Dienstschnittstelle	+ (Anforderungsdefinition)	+ (Schnittstellenmodell)	0 (Use-Case-Modell)
anwendungsorientierter Entwurf	0 (Systemspezifikation)	+ (Entwurf)	+ (Analysemodell)

3. Modellierungstechniken in der Softwareentwicklung

Modelling is something that we all do, whether it is a conscious or an unconscious activity. [Wil93]

Modelle sind ein wichtiger Bestandteil eines systematischen Vorgehens bei der Softwareentwicklung. Beginnend mit den strukturierten Analyse- und Entwurfsmethoden Ende der 70er Jahre ist eine Viefalt von Modellierungstechniken für die Softwareentwicklung entstanden. Diese unterscheiden sich in der Notation, meist aber auch in der Interpretation und dem Einsatzzweck. Wir gehen im Kap. 4 ausführlicher auf die Verwendung von Modellen in der Softwareentwicklung ein. In diesem Kapitel beschäftigen wir uns mit der Modellierung von informationsverarbeitenden Systemen ganz allgemein. Uns interessiert dabei, welche Modellierungstechniken welche Systemkonzepte abdecken, und damit, welche Systemsichten die Modelle beschreiben. Dies ist ein wichtiges Kriterium bei der Auswahl geeigneter Modellierungstechniken in der Softwareentwicklung.

Wir beschreiben nachfolgend die Modellierungstechniken nur anhand ihrer Konzepte und gehen nicht ausführlich auf semantische und syntaktische Details ein. Zu jeder Technik gibt es sehr viele verschiedene Ausprägungen, die in der Literatur nachgelesen werden können. Modellierungstechniken werden hier nur so weit beschrieben, daß die Unterscheidung zwischen verschiedenen Sichten deutlich wir, und eine Bewertung bzgl. der Verwendungsmöglichkeiten dieser Sichten möglich wird. Dieses Kapitel ist also nicht als Vorlage für die konkrete Verwendung der Techniken in der Praxis gedacht. Um den Schritt dahin aber nicht zu groß werden zu lassen, beziehen wir uns bei der Vorstellung der Techniken so weit wie möglich auf UML.

Eine Zusammenstellung der wichtigsten Systemkonzepte in Form des Systemkonzeptmodells haben wir in 2.3 auf S. 24 vorgestellt. Ein informationsverarbeitendes System besteht aus den (ggf. menschlichen) *Akteuren*, die *Aktivitäten* ausführen. Ein Akteur kann selbst wieder ein System sein. Aktivitäten greifen auf die *Daten* zu, für die der Akteur verantwortlich ist. Zum Zugriff auf Daten anderer Akteure kommunizieren die Akteure durch *Nachrichten*. Welche Datenänderungen erreicht werden sollen und wie diese zu erreichen sind, hängt von den *Zielen* der Akteure ab. Die Aktivitäten des Systems (sowie auch der einzelnen Akteure) sind in *Dienste* gekapselt, die von der jeweiligen Umgebung als Einheit angestoßen werden. Der *Zustand* eines

Akteurs ist charakterisiert als eine Abbildung der Daten auf Werte. *Prozesse* entstehen durch den Datenfluß zwischen den Aktivitäten der Akteure. *Interaktion* entsteht durch den Nachrichtenfluß zwischen Akteuren, insbesondere durch die Dienstaufrufe. Abhängigkeiten zwischen Zielen eines oder verschiedener Akteure werden in *Zielstrukturen* festgehalten. *Rollen* strukturieren das Verhalten von Akteuren in inhaltlich zusammengehörige Daten und Dienste.

Wir betrachten im folgenden erst die eigenständigen Konzepte und dann die zusammengesetzten. Für jedes Konzept diskutieren wir die typischen Systemsichten und Modellierungstechniken. Dabei unterscheiden wir *statische Sichten*, die die Struktur beschreiben, wie z.B. den Datenraum des Systems oder die Kommunikationswege zwischen Akteuren, von Sichten für das *exemplarische* oder *vollständige Verhalten*. Exemplarische Verhaltenssichten beschreiben ein oder mehrere Abläufe, wie z.B. Aktivitätsfolgen oder Nachrichtenfolgen. Das vollständige Verhalten wird meist nur auf hoher Abstraktionsebene modelliert, wie z.B. die Menge aller von einem Akteur akzeptierbaren Dienstaufruffolgen. Wir geben jeweils eine kurze Bewertung der betrachteten Modellierungstechniken. Diese Bewertungen werden am Schluß des Kapitels noch einmal zusammengestellt. Darauf aufbauend wird das Zusammenwirken verschiedener Sichten diskutiert, ebenso wie weiterführende Literatur zum Thema Modellierungstechniken.

Die betrachteten Modellierungstechniken sind im wesentlichen Techniken der strukturierten und objektorientierten Methoden und Petrinetze [Rei85], die in verschiedenen Anwendungsbereichen, z.B. Maschinenbau, ergänzend eingesetzt werden. Insbesondere betrachten wir die Techniken der Unified Modeling Language [BRJ97], die im Bereich der objektorientierten Notationen als Standard der OMG verabschiedet ist. Abbildung 3.1 gibt einen Überblick über die von uns betrachteten Modellierungstechniken und die Nummern der Abschnitte, in denen sie besprochen werden.

Wir geben auch Beispiele für die wichtigsten Modellierungstechniken an. Diese modellieren ein Bibliothekssystem, das Bücher und Bibliotheksbenutzer verwaltet. Dieses Beispiel wird in Kap. 5 bei der Vorstellung unserer aufgabenorientierten Analyse- und Entwurfsmethode näher erläutert.

Unterspezifikation. Modelle können in verschiedener Weise als Systembeschreibung interpretiert werden. Wir verwenden hier die *lose* Interpretation, die jedem Modell die Menge von Systemen zuordnet, die diese Beschreibung erfüllen, aber zusätzlich noch weitere Komponenten und Eigenschaften haben können. Dies ist angelehnt an die lose Semantik algebraischer Spezifikationen. Dort wird auch die *initiale* Semantik untersucht, die als Semantik einer Beschreibung das System mit der maximalen Menge an unterscheidbaren Elementen verwendet. Sogenannte modellbasierte Beschreibungssprachen wie Z oder VDM beschreiben ebenfalls genau ein System. Der Vorteil der losen Interpretation ist, daß Modelle während der Systementwicklung fortlaufend ergänzt werden können. Diese Ergänzungen können so geschickt gewählt werden (*Verfeinerung*), daß Aussagen über die Systeme dabei erhalten bleiben.

Tabelle 3.1. Betrachtete Modellierungstechniken

Modellierungstechniken	Abschnitte
Datentypen	3.2, S. 63
Entity/Relationship-Diagramme	3.2
Zustandsübergangsdiagramme für Datenänderungen	3.2
Datenflußdiagramme	3.3, S. 69
Aktivitätsfolgendiagramme	3.3
Ereignisaktivitätsdiagramme (Ereignisprozeßketten)	3.3
Zustandsaktivitätsdiagramme (Petrinetze)	3.3
Dienststrukturdiagramme (Use-Case-Modell)	3.4, S. 75
Dienstverhaltensdiagramme (Zustandsübergangsdiagramme)	3.4
Zielstrukturen	3.5, S. 80
Rollendefinition (Klassendefinition)	3.6, S. 83
Rollenphasendiagramme (Zustandsübergangsdiagramme)	3.6
Kontrollzustandsdiagramme (Zustandsübergangsdiagramme)	3.6
Kommunikationsstrukturdiagramme (Klassendiagramme)	3.7, S. 87
Sequenzdiagramme	3.7
Kollaborationsdiagramme	3.7
Prozeßdiagramme	3.7

Eine Beschreibung, die solche Ergänzungen zuläßt, wird auch *unterspezifiziert* genannt.

Assumption-Commitment. Die hier modellierten Systeme sind offene Systeme, d.h. sie reagieren auf Eingaben aus der Umgebung, auf die sie keinen Einfluß haben. Bei der Modellierung will man sich zunächst meist auf eine Teilmenge der möglichen Eingaben konzentrieren, auf die das System kontrollierbar reagieren soll. Das Modell spezifiziert dann das Systemverhalten unter Annahmen, die das Umgebungsverhalten auf diese Teilmenge der Eingaben einschränken. Diese Verwendung von Beschreibungstechniken wird *Assumption-Commitment*-Stil genannt und ist im Rahmen formaler Techniken ausführlich untersucht worden [Jon83, SDW93]. Ein Beispiel im Zusammenhang mit graphischen Modellierungstechniken ist der Einsatz von Zustandsübergangsdiagrammen zur Beschreibung von Datenänderungen aufgrund von Dienstausführung. Wir gehen nachfolgend näher darauf ein.

Zusatzannahmen. Zur Interpretation der Modelle sind eine Reihe zusätzlicher Annahmen bzgl. der Konzepte und ihrer Beziehungen untereinander nötig. Die wichtigsten Annahmen zum Verständnis der hier vorgestellten Modellierungstechniken werden am Anfang jedes Abschnitts zusammengestellt. Sie können auch im Rahmen des im Anhang vorgestellten, mathematischen Systemmodells formalisiert werden (siehe z.B. [BHH+97, Pae96]).

3.1 Akteursmodellierung

Systeme sind aus Akteuren zusammengesetzt. Diese Akteure kommunizieren untereinander und mit der Umgebung und verändern die systeminternen Daten. Eine vollständige Beschreibung des Softwaresystemverhaltens bildet der Code. Analyse- und Entwurfsmodelle abstrahieren von diesem vollständigen Verhalten bzgl. einer bestimmten Sicht. Auf die Akteure fokussiert z.B. das *Objektmodell* der objektorientierten Methoden. Die Akteure eines objektorienterten Softwaresystems sind die Objekte. Allerdings ist das Objektmodell von Rollen (den Klassen) abgeleitet. Es wird nicht jedes Objekt einzeln beschrieben, sondern die Beschreibung gleichartiger Objekte zusammengefaßt. Ebenso wird bei der Modellierung von Anwendungs- und Nutzungssystem nicht das Arbeitshandeln einzelner Akteure modelliert, sondern das für bestimmte Arbeitsplätze typische Handeln. Auch wir stellen in diesem Abschnitt keine Modellierungstechniken für einzelne Akteure vor, sondern diskutieren diese Modellierungstechniken im 3.6.

Im nächsten Abschnitt fassen wir unter dem Begriff *Kommunikationsmodell* die wichtigsten Annahmen bzgl. Kommunikation zwischen Akteuren zusammen.

3.1.1 Das Kommunikationsmodell

Das Kommunikationsmodell trifft Annahmen über die Kommunikationsbeziehungen zwischen Akteuren. Die für dieses Buch im weiteren wichtigen Annahmen sind nachfolgend zusammengestellt:

- Nachrichtenaustausch erfolgt über *Kanäle* zwischen den Akteuren. Bei der Zuordnung von Nachrichten zu Kanälen existieren viele Freiheitsgrade: Kanäle können gerichtet sein oder nicht, und sie können auf einen Nachrichtentyp eingeschränkt sein. Wir betrachten gerichtete und getypte Kanäle. Der Typ kann aber zusammengesetzt sein. Damit sind zur Modellierung beliebiger Kommunikation zwischen zwei Akteuren höchstens zwei Kanäle ausreichend. Wir betrachten in diesem Buch kein Broadcasting, d.h. das Versenden des gleichen Nachrichteninhalts an mehrere Empfänger kann nur durch mehrere Einzelnachrichten erreicht werden.

- Der Nachrichtenaustausch ist asynchron. Der Sender wird also nicht blokkiert bis die Nachricht den Empfänger erreicht hat. Der Empfänger kann den Empfang nicht verweigern, er muß die Nachricht aber nicht gleich verarbeiten, sondern puffert sie. Dann kann er zu jedem Zeitpunkt eine beliebige Folge der vorliegenden Nachrichten verarbeiten. Über den Zeitverbrauch eines Nachrichtenaustauschs machen wir keine Annahmen.

- Nachrichten gehen nicht verloren. Dies ist eine sehr starke Annahme, die aber auf Analyse- und Entwurfsebene angemessen ist.
- Betrachtet man nur die zwischen zwei Akteuren versendeten Nachrichten, so bleibt die Reihenfolge des Sendens beim Empfang erhalten.
- Kanäle zwischen Akteuren sind dynamisch, d.h. sie entstehen während der Systemlaufzeit und können auch gelöscht werden. Wir machen keine Annahmen über die genauen Mechanismen zum Erzeugen und Löschen der Kanäle.

Dieses Kommunikationsmodell ist sehr detailliert und auf menschliches Kommunikationsverhalten nur beschränkt anwendbar. Die Details sind aber nötig, um Interaktion zu modellieren. Wir verwenden es nicht, um Kommunikation zwischen menschlichen Akteuren zu modellieren, da dies auf dieser Detailebene nicht sinnvoll ist. Es ist aber sinnvoll anwendbar auf die Interaktion zwischen Softwaresystem und den Nutzern.

3.2 Modellierungstechniken für Daten

Datenmodellierung hat im Bereich der Informationssysteme eine lange Tradition. Dabei werden Daten auf verschiedenen Ebenen modelliert: Auf der *konzeptuellen* Ebene werden die wichtigen Konzepte des Anwendungsbereichs und deren Beziehungen modelliert. Die *logische* Ebene beschreibt die Umsetzung in ein Datenbankschema, bei den relationalen Datenbanken sind das Tabellen. Die Speicherung in einer Datenbank, z.B. mithilfe von Indizes, ist Gegenstand der *physikalischen* Ebene. Für die Systemmodellierung ist die konzeptuelle Ebene interessant. Dabei sind folgende Eigenschaften von Daten besonders wichtig:

- Daten sind eine besondere Ausprägung von *Ressourcen* eines Akteurs. Der Akteur kann sie bei der Ausführung seiner Aktivitäten verwenden.
- Durch Zuordnung zu einem Akteur wird die *Verantwortlichkeit* für die Daten festgelegt. Für andere Akteure sind die Daten nur über Kommunikation mit dem verantwortlichen Akteur zugreifbar.
- Daten werden durch Aktivitäten verändert, ihre Werte sind also zeitlich variabel. Der *Akteurszustand* erfaßt die Werte aller Daten zu einem gegebenen Zeitpunkt.

Wir unterscheiden im folgenden die *Datentyp*-Beschreibung, die auf die Wertemengen fokussiert, von der *Datenzustand*-Beschreibung eines Akteurs.

Die Datenmodellierung ist bei den Methoden zur Informationssystementwicklung am weitesten ausgearbeitet, da sie dort die Grundlage für das Datenschema der Datenbank ist. Typischerweise wird nur die statische Sicht detailliert beschrieben. Wir stellen im folgenden auch Modellierungstechniken für Zustandsänderungen vor. Als Grundlage für diese Sichten und die Datentypanteile aller anderen Modellierungstechniken diskutieren wir zuvor die Modellierung von Datentypen.

3.2.1 Datentypmodellierung

Ein *Datentyp* ist eine Menge von Werten zusammen mit einer Menge von Funktionen zur Erzeugung und Manipulation dieser Werte. Abstrakte Datentypen beschreiben diese Werte und Funktionen mithilfe von Gleichungen. In Programmiersprachen sind meist eine Reihe sogenannter primitiver Datentypen wie Bool, Integer vorgegeben, sowie auch Konstruktoren zum Aufbau zusammengesetzter Datentypen, wie etwa Listen.

Wir legen in diesem Buch keine Sprache zur Datentypbeschreibung fest. Es gibt eine Vielzahl von Sprachen zur Beschreibung abstrakter Datentypen [Wir94]. Wir setzen nur voraus, daß es eine Menge von wohldefinierten Ausdrücken zur Beschreibung von Datenwerten gibt.

3.2.2 Modellierung des Datenzustandsraums

Die Modellierung des Datenzustands beschreibt den Datenanteil der Akteurszustände – im Gegensatz zum Kontrollzustand, der die zu einem Zeitpunkt empfangenen und gesendeten Nachrichten widerspiegelt. Pragmatische Modellierungstechniken dafür basieren fast immer auf dem von Chen [Che76] entwickelten *Entity/Relationship-Modell*. Dieses Modell wurde ursprünglich zur Beschreibung der konzeptuellen Ebene eines Informationssystems eingesetzt. Es läßt sich leicht auf die Modellierung beliebiger Systeme und Akteure übertragen.

Abbildung 5.9 auf S. 182 zeigt ein Beispiel für die hier verwendete Variante der Entity/Relationship-Notation. Es zeigt Entitytypen, d.h. Mengen von gleichartigen Daten, und ihre Relationships. Der betrachtete Akteur ist die Bibliothek. Seine Daten sind Dokumente. So steht z.B. der Entitytyp Leser nicht für die Personen, sondern für die in der Bibliothek über diese Personen dokumentierten Daten. Der Einfachheit halber wird angenommen, daß nur ein Exemplar jedes Buches vorhanden ist.

Die Notation ist an die UML-Notation für Klassendiagramme angelehnt. Allerdings werden in UML diese Diagramme zur Modellierung der Objektstruktur (also der Akteursstruktur) verwendet, während wir uns zunächst nur mit der reinen Datenmodellierung befassen.

Die Entitytypen werden dargestellt durch Rechtecke, die in waagerechte Abschnitte unterteilt sind. Der oberste Abschnitt enthält den Namen des Typs, darunter folgt ein Abschnitt mit den Attributen. Für jedes Attribut ist ein Datentyp anzugeben. Im Beispiel haben wir nur einige wichtige Attribute erwähnt und verzichten auf die Definition der zugehörigen Datentypen.

Die Anzahl n der Elemente eines Entitytyps im Datenraum kann durch Bereichsangaben begrenzt werden. Zur Bereichsangabe stehen zur Verfügung: $k..*$ und $k..p$ mit der Bedeutung $(k \leq n)$ bzw. $(k \leq n \leq p)$.[1] Dies kommt im Beispiel nicht vor.

Relationships zwischen zwei Entitytypen werden durch Linien zwischen den Entitytypen dargestellt. Relationships zwischen mehr als zwei Typen werden durch Rauten mit Verbindungen zu den entsprechenden Typen dargestellt. Dies ist nicht zu verwechseln mit der Beschreibung der *Aggregation* – wie in UML üblich – durch eine mit einer kleinen Raute dekorierten Linie. Im Beispiel kommt nur letzteres vor. Die Bedeutung der Aggregation ist in der Literatur viel diskutiert (siehe z.B. [MP96]). Wir belegen die Aggregation auf Ebene der Entity/Relationship-Diagramme nicht mit einer besonderen Semantik, d.h. insbesondere, daß die Elemente auch unabhängig vom Aggregat existieren können.

Die Zuordnung zwischen Entitytypen kann benannt und durch Multiplizitäten eingeschränkt werden.[2] Dabei wird die Multiplizität auf Seite des Zieltyps notiert. Zur Bereichsangabe für Multiplizitäten stehen zur Verfügung: $k..*$ bzw. $k..p$ mit der Bedeutung $(k \leq n)$ bzw. $(k \leq n \leq p)$.[1] Im Beispiel wird die `ausgeliehen von` Beziehung zwischen `Buch` und `Leser` so eingeschränkt, daß ein Buch von keinem oder einem Leser ausgeliehen sein kann (Multiplizität 0..1) und ein Leser keines oder beliebig viele Bücher ausleihen kann (Multiplizität 0..*). Alle nicht durch Multiplizitäten beschreibbaren Einschränkungen des Datenraums lassen sich durch Invarianten erfassen.

Abbildung 3.1 faßt die wichtigsten Konzepte von Entity/Relationship-Diagrammen zusammen.

Wie in [Het95, Het96] gezeigt, können ERD auch als eine anschauliche Notation von Datentypdefinition aufgefaßt werden, wobei sowohl für jeden Entitytypen als auch für den Datenraum selbst ein Datentyp definiert wird. Wir gehen im folgenden nicht näher auf diesen Zusammenhang ein. Im Bereich der objektorientierten Modellierung wird die Akteursstruktur so fein detailliert, daß jeder Akteur genau für einen Entitytyp verantwortlich ist; der Typ seines Datenraums entspricht damit dem Entitytyp.

UML-Klassendiagramme erlauben zusätzlich die Beschreibung von Diensten der Entitytypen und Generalisierung als spezielle Relationship. Diese Konzepte betrachten wir erst im Kontext der Kommunikationsstrukturdiagramme in 3.7.

Bewertung. Entity/Relationship-Diagramme sind der Standard bei der Datenraumbeschreibung. Die Interpretation der Relationships ist allerdings nicht ganz unproblematisch, da meist nicht klar ist, welchen Aspekt des Systems sie repräsentieren. Meist stehen sie für ein Prädikat zur Beschreibung einer Invariante. Bei der Beschreibung des Softwaresystems wird oft

---

[1] $k..k$ wird durch k abgekürzt.
[2] In UML werden diese Zuordnungsfunktionen „Rollen" genannt.

Ein *Entity/Relationship-Diagramm* (kurz ERD) besteht aus

- *Entitytypen:* Der Datenraum, d.h. die Menge aller möglichen Datenwerte in einem Akteurszustand, wird strukturiert durch Entitytypen. Diese fassen gleichartige Daten zusammen. Ein Entitytyp charakterisiert die Menge seiner Elemente (der Entitäten) durch Angabe von *Attributen.* Jedes Attribut ist durch Name und Datentyp beschrieben. Jede Entität wird durch eine Kombination von Attributen eindeutig identifiziert (das sogenannte Schlüsselattribut). Damit ist es auch sinnvoll über den Zustand einer Entität zu reden. Dieser ordnet jedem Attribut einen Wert zu. Der Datenanteil des Akteurszustands ergibt sich als Vereinigung aller Entitätszustände. Wie in UML, können Entitytypen noch mit Bereichsangaben beschriftet werden, die die Anzahl von Elementen beschränkt.
- *Relationships:* Durch Relationships wird der durch die Entitytypen aufgespannte Datenraum eingeschränkt. Eine Relationship vom Entitytyp A zu B mit Multiplizität $n..m$ fordert für jeden Zustand für jedes Element von A die Existenz von mindestens n und höchstens m B-Elementen. Die Zuordnungsfunktionen können benannt werden. Aggregatsbeziehungen können ausgezeichnet werden.
- *Invarianten:* Invarianten erfassen alle nicht durch Multiplizitäten beschreibbaren Einschränkungen des Datenraums. Wir schränken die dazu zu verwendenden Ausdrücke nicht näher ein.

Abb. 3.1. Charakterisierung der Entity/Relationship-Diagramme

die Interpretation als Tabelle einer relationalen Datenbank mit der als Pointer einer objektorientierten Programmiersprache vermischt. Weiterhin ist oft nicht klar, ob eine Relationship nicht als eigene Entität zu modellieren ist. Im Beispiel hätte die Vormerkung auch nur als Relationship modelliert werden können.

Aufgrund dieser Schwierigkeiten können ERD in den frühen Phasen der Softwareentwicklung nur informell eingesetzt werden, als graphische Veranschaulichung eines Glossars. Insbesondere können sie bei der Verwendung für Anwendungs- oder Nutzungssystem keine formale Semantik erhalten. Dies ist erst möglich, wenn damit der Datenraum des Softwaresystems modelliert wird und gleichzeitig eine Interpretation basierend auf der Implementierung gegeben wird.

3.2.3 Modellierung von Datenzustandsänderungen

Die Modellierung des Datenverhaltens beschreibt die Veränderung des Datenzustands eines Akteurs über die Zeit. Wir betrachten im folgenden im wesentlichen die vollständige Verhaltenssicht. Die exemplarische Verhaltenssicht ergibt sich als ein Spezialfall, der meist durch syntaktisch eingeschränkte Form dargestellt wird.

Veränderungen von Zuständen werden typischerweise durch *Zustandsübergangsdiagramme* (auch *Automaten* genannt, abgekürzt *STD* für die englische Übersetzung *state transition diagramm*) dargestellt. Abbildung 3.2 zeigt ein

Beispiel für die hier verwendete, an UML angelehnte Notation. Der betrachtete Akteur hat die Rolle Buch, die Teil des Softwaresystems für die Bibliothek ist. Der Datenraum dieser Rolle besteht aus dem Entitytyp Buch.

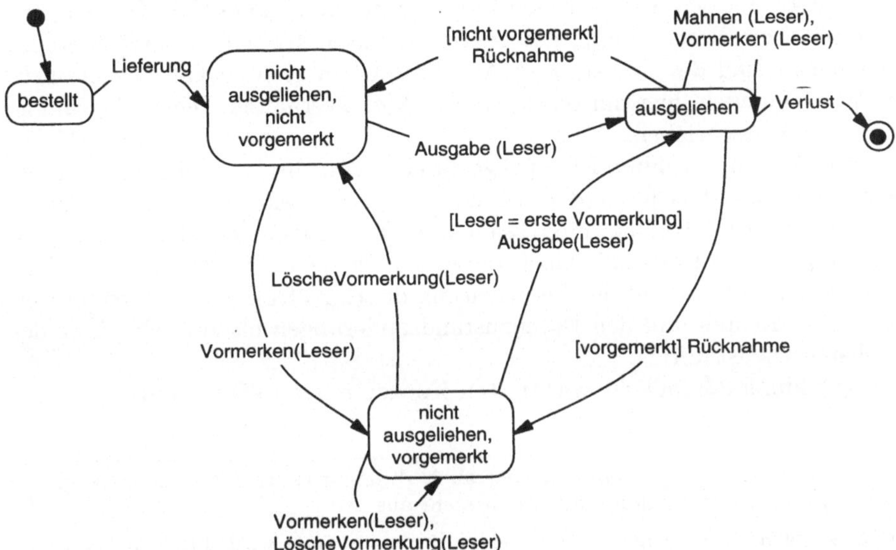

Abb. 3.2. Ein Zustandsübergangsdiagramm

Zustandsübergangsdiagramme bestehen aus Zuständen und Transitionen. Zustände werden als Rechtecke mit abgerundeten Ecken dargestellt. In UML werden Namen zur Beschreibung der Datenzustände verwendet, wir erlauben hier allgemeiner Prädikate. Im Beispiel sind diese informell textuell angegeben. Anfangs- und Endzustand sind als dicke schwarze Punkte dargestellt, letzterer mit einem Kreis umrundet.

Transitionen werden durch Pfeile zwischen den Automatenzuständen dargestellt, die mit Nachrichtenmuster[3] beschriftet sind (eines für die Eingangsnachricht und mehrere für die Ausgangsnachrichten). Die genaue Form der Muster legen wir hier nicht fest. Sie erlaubt z.B. eine nähere Eingrenzung der Parameter eines Dienstaufrufes. Weiterhin können Transitionen noch mit Vor- und Nachbedingungen beschriftet werden, die den Zusammenhang zwischen den Nachrichtenwerten und den Datenzuständen genauer detaillieren. Im Beispiel werden als Nachrichten nur Dienstaufrufe verwendet. Die ausgehenden Nachrichten sind nicht aufgeführt. Die Transition vom Zustand nicht ausgeliehen, nicht vorgemerkt zum Zustand ausgeliehen findet z.B. bei Ausführung des Dienstes Ausgabe mit Parameter Leser statt. Im Zustand nicht ausgeliehen, vorgemerkt ist dieser Übergang nur möglich,

---

[3] Nachrichtenmuster sind Pattern im Sinne funktionaler Programmiersprachen.

wenn die Vorbedingung erfüllt ist, daß der ausleihende Leser auch die Vormerkung hat. Der Lesbarkeit halber sind die Transitionen bzgl. `Mahnen(Leser)` und `Vormerken` am Zustand `ausgeliehen` zu einer Kante zusammengefaßt. Eine formale Fundierung dieser Automaten ist in [RK96, Rum96] angegeben.

In UML werden STD einerseits zur Beschreibung komplexer Dienste, andererseits zur Beschreibung des gesamten Akteursverhalten verwendet. Im ersten Fall sind die Transitionen Aktivitäten, im zweiten Fall Dienstaufrufe. Wir behandeln hier nur das gesamte Akteursverhalten. Dienstdiagramme sind in 3.4 beschrieben.

Das Akteursverhalten ist geprägt durch die Nachrichten, die mit anderen Akteuren ausgetauscht werden. Da das Verhalten weiter in Dienste strukturiert ist, ist es besonders interessant, die Datenzustände bei Empfang von Dienstaufrufen zu modellieren. Dann entspricht jede Transition dem Erhalt eines Dienstaufrufs und der Verarbeitung dieses Aufrufs durch Versand weiterer Nachrichten und den Datenzustandsänderungen bis zum Empfang des nächsten Dienstaufrufs.

Abbildung 3.3 faßt die wichtigsten Konzepte der STD zusammen.

Ein *Zustandsübergangsdiagramm* oder auch *Automat* (kurz STD für das englische Wort state transition diagram) besteht aus

- *Zuständen:* Die Menge der möglichen Datenzustände wird durch die Automatenzustände strukturiert, die mit Prädikaten beschriftet sind. Ein Automatenzustand steht für eine Klasse von Datenzuständen.
- *Transitionen:* Transitionen beschreiben die Ein- und Ausgabe zwischen zwei Zuständen. Die Granularität der Zustandsübergänge reicht von einzelnen Aktivitäten bis hin zu ganzen Prozessen. Typisch ist die Betrachtung von Dienstaufrufen. Dann entspricht jede Transition dem Erhalt eines Dienstaufrufs und der Verarbeitung dieser Aufrufs durch Versand weiterer Nachrichten und Datenzustandsänderungen. Transitionen können auch mit Vor- und Nachbedingungen beschriftet sein.

Abb. 3.3. Charakterisierung von Zustandsübergangsdiagrammen

Exemplarische Datenzustandsfolgen können mit einer eingeschränkten Form von STD modelliert werden. Je nachdem, ob eine einzige Folge oder eine Menge gleichartiger Folgen dargestellt werden soll, sind Transitionszyklen und Verzweigungen zu verbieten.

Zustandsänderungen können auch zusammen mit Aktivitäten modelliert werden. Ein typisches Beispiel dafür sind Petrinetze. Auf diese Diagramme gehen wir in 3.3 ein.

Bewertung. Die Interpretation von Automatenzuständen als Datenzustände in Verknüpfung mit Dienstaufrufen ist nicht unproblematisch. Ein Problem dabei ist die Behandlung von Aufrufen des Akteurs an sich selbst (*direkte Akteursrekursion*). Diese sind für Datenzustandsänderungen relevant, aber sie spiegeln eine interne Strukturierung wider. Werden sie im STD weggelassen, so ist dafür zu sorgen, daß der Automatenzustand (d.h. die Menge der entsprechenden Datenzustände) unter diesen Aufrufen invariant bleibt. Ansonsten spiegelt der Automat nicht die erlaubte Folge von externen Aufrufen und Datenzuständen wider.

Ein ähnliches Problem entsteht, wenn während der Dienstbearbeitung Nachrichten verschickt werden, die zu weiteren Dienstaufrufen an den Akteur vor Beendigung der Dienstbearbeitung führen (*indirekte Akteursrekursion*). Durch die Beschreibung dieser Zwischenaufrufe werden interne Datenzustände, die oft inkonsistent sind, nach außen sichtbar. Werden sie weggelassen, so ist wieder dafür zu sorgen, daß die Automatenzustände unter diesen Nachrichten invariant bleiben. Dies ist aber nicht möglich, da der Akteur keinen Einfluß auf die von außen kommenden Nachrichten hat. Dieser Widerspruch läßt sich nur methodisch lösen, indem das entsprechende Diagramm auch als eine Anforderung an die Umgebung angesehen wird, d.h. das Akteursverhalten wird nur durch das Diagramm wiedergegeben, wenn die Zwischenaufrufe der Umgebung die Automatenzustände invariant lassen. Das Modell wird also im Assumption-Commitment-Stil verwendet.

Ein weiteres Problem der Zustandsübergangsdiagramme ist, daß sie bei nebenläufigen Diensten nicht anwendbar sind. Bei echter Nebenläufgkeit kann nicht mehr von einem globalen Datenzustand gesprochen werden. Synchronisieren sich die Dienste auf dem Datenraum, so existiert zwar ein globaler Datenzustand, aber die Dienste sind unterbrechbar, d.h. ihre Ausführung kann nicht mehr als eine Transition angesehen werden. Transitionen sind dann nur sinnvoll für Dienste, die nicht unterbrechbar sind. Dies kann natürlich durch zusätzliche Mechanismen wie bei Transaktionen erreicht werden.

Die angesprochenen Probleme machen deutlich, daß eine präzise Interpretation von STD ein präzises Ausführungsmodell für Dienstaufrufe voraussetzt. Wichtige Annahmen dazu stellen wir in 3.4 vor. Wir haben die Zustandsübergangsdiagramme hier als typische datenorientierte Beschreibungstechnik vorgestellt. Aufgrund der Nebenläufigkeit sind sie in unserem Systemmodell nur zur Beschreibung einzelner Dienste sinnvoll. Ähnliche Diagramme, die aber nur auf Kontrollzustände fokussieren, beschreiben wir im Kontext der Rollenmodellierung in 3.6.

3.3 Modellierungstechniken für Aktivitäten

Während Entitäten den Datenraum eines Akteurs strukturieren, wird das interne Verhalten eines Akteurs durch Aktivitäten strukturiert. Das Akteursverhalten besteht zum einen aus den Änderungen der internen Daten und zum anderen aus der Kommunikation mit anderen Akteuren. Im Gegensatz zu den in 3.4 behandelten Diensten fokussieren Aktivitäten auf die interne, aufgabeninhärente Struktur:

- Eine Aktivität umfaßt einen für eine Aufgabenerfüllung bedeutsamen Verhaltensausschnitt eines Akteurs.
- Eine Aktivität ist charakterisiert durch die Menge der Daten, die sie nutzt und erzeugt. Sind die Daten nicht dem Akteur zugeordnet, so muß die Datenübergabe durch Kommunikation realisiert werden. Die Initiierung dieser Übergabe muß nicht vom empfangenden Akteur ausgehen.
- Eine Aktivität kann selbst wieder in Aktivitäten zerlegt werden. Eine komplexe Aktivität wird auch *Prozeß* genannt.

Die Modellierung von Aktivitäten ist ein wichtiger Bestandteil der strukturierten Methoden, insbesondere in Form von Datenflußdiagrammen. Diese werden sowohl für die dynamische als auch die statische Aktivitätssicht verwendet.

3.3.1 Modellierung von Aktivitätsstrukturen

Die Struktur der Aktivitäten ergibt sich aus den *Datenflüssen* zwischen ihnen. Ein Datenfluß zwischen zwei Aktivitäten beschreibt die Übergabe der durch die sendende Aktivität erzeugten Daten an die empfangende Aktivität. Damit ist kein Kontrollfluß verbunden. Die statische Aktivitätssicht beschreibt nur die Menge aller möglichen Datenflüsse.

Zur Datenflußmodellierung wird typischerweise das aus den strukturieren Methoden bekannte *Datenflußdiagramm* verwendet. Bei diesem Diagramm wird meist die statische und dynamische Sicht vermischt. Um diesen Unterschied deutlich zu machen, nennen wir die Diagramme zur Modellierung der dynamischen Datenflußsicht *Aktivitätsfolgendiagramme*.

Abbildung 5.6 auf S. 181 zeigt ein Datenflußdiagramm für die Aktivitäten einer Bibliothek. Wir verwenden hier eine eigene Notation, da UML keine Diagramme zur Modellierung der statischen Sicht auf die Datenflüsse kennt.

Rechtecke stellen Aktivitätstypen dar und Pfeile die Datenflüsse. Datenflüsse sind wie Kanäle gerichtet und getypt. Aktivitätstypen stehen für eine Menge gleichartiger Aktivitäten. Ein Datenfluß definiert eine Datenabhängigkeit zwischen den Aktivitäten. Im Beispiel sind die Datenflüsse zwischen den Hauptaktivitäten der Bibliothek und zu den externen Partnern beschrieben. Die externen Partner sind selbst nicht modelliert. Im Beispiel sind die Datentypen für die Datenflüsse nicht angegeben. Existieren zwischen zwei Aktivitätstypen Datenflüsse in beiden Richtungen mit gleichem Typ, so sind sie als Pfeil mit zwei Spitzen dargestellt. Im Beispiel ist zusätzlich ein Datenspeicher für `Leserdaten` und `Buchdaten` aufgeführt, dargestellt mit zwei gebogenen Kanten. Diese Erweiterung wird nachfolgend noch erläutert.

Abbildung 3.4 stellt die wichtigsten Konzepte der DFD zusammen. Datenflußdiagramme machen keinerlei Aussagen über Kontrollfluß oder Nebenläufigkeit.

In strukturierten Methoden sind Datenflußdiagramme um sogenannte *Datenspeicher* erweitert. Diese repräsentieren Speicher für Entitytypen. Die Datenflüsse verlaufen dann nicht direkt zwischen Aktivitäten, sondern indirekt

---

Ein *Datenflußdiagramm* (kurz DFD) besteht aus

- *Aktivitätstypen:* Aktivitäten kapseln einen für eine Aufgabenerfüllung sinnvollen Verhaltensausschnitt eines Akteurs. Aktivitätstypen beschreiben eine Menge gleichartiger Aktivitäten.
- *Datenflüssen:* Ein Datenfluß verbindet zwei Aktivitätstypen. Wie Kanäle sind Datenflüsse gerichtet und getypt. Ein Datenfluß von Typ A nach Typ B definiert eine Datenabhängigkeit zwischen den Aktivitäten. Zu irgendeinem Zeitpunkt in der Ausführung benötigt B Daten, die von A zur Verfügung gestellt werden. Es wird keine Aussage über Kontrollabhängigkeiten gemacht. So könnte sogar die Aktivität vom Typ B vor der Aktivität von Typ A starten. Insbesondere wird auch keine Aussage darüber gemacht, wie sich die einzelnen Aktivitäten auf dem Datenraum des Akteurs synchronisieren.

Abb. 3.4. Charakterisierung von Datenflußdiagrammen

über die Datenspeicher. Da aber dann in einem Datenspeicher Flüsse zwischen verschiedenen Aktivitäten zusammenlaufen, ist nicht mehr zu ersehen, welche Aktivität nun genau den Input für eine andere Aktivität liefert. Diese Darstellung ist also weniger geeignet, um Flüsse festzulegen. Statt dessen werden die Datenabhängigkeiten jeder einzelnen Aktivität deutlich sowie welche Entitytypen durch welche Aktivitäten betroffen sind.

Werden mehrere Aufgaben gleichzeitig betrachtet, so wird die Aktivitätsstruktur typischerweise ziemlich komplex. Deshalb werden Datenflußdiagramm meist auf mehreren Abstraktionsebenen dargestellt. Dabei umfaßt eine Aktivität der oberen Ebene eine ganze Menge von Aktivitäten der unteren Ebene. Dies ist aber keine eigentliche Hierarchiesicht, da mit diesem Zusammenhang keine besonderen Eigenschaften verbunden sind. Insbesondere sind die Aktivitäten der unteren Ebene nicht durch die der oberen Ebene gekapselt. Im Zusammenhang mit Datenflußnetzwerken wird eine strengere Form von Hierarchie betrachtet, die die inneren Aktivitäten durch die äußeren kapselt.

Bewertung. Datenflußdiagramme sind eine weitverbreitete Modellierungstechnik. Oft wird dabei aber nicht klar unterschieden, ob das Modell die statische Struktur oder die Aktivitätsfolgen beschreiben soll. Ebenso werden Kontroll- und Datenfluß oft nicht klar getrennt. Bei der Verwendung von Datenspeichern wechselt der Schwerpunkt von der Darstellung der Flüsse zur Betrachtung einzelner Aktivitäten und ihrer Vor- und Nachbereiche.

3.3.2 Modellierung von Aktivitätsfolgen

Die Aktivitätsverhaltensmodellierung beschreibt die Abfolge der Aktivitäten im Akteursverhalten. Dazu reicht Datenfluß allein nicht aus. Elemente des Kontrollflusses müssen hinzugenommen werden. Die einfachste Möglichkeit ist, mit Datenfluß auch Kontrollfluß zu verbinden; eine andere Möglichkeit ist die Hinzunahme von Zustandselementen oder Ereignissen. Dies gilt sowohl für die vollständige Verhaltenssicht als auch für die exemplarische. Wir diskutieren deshalb nachfolgend beide gleichzeitig.

Aktivitätsfolgendiagramme. Als erstes betrachten wir Datenflußdiagramme, in denen Kontrollfluß und Datenfluß unterschieden wird. Diese Diagramme sind z.B. in der Geschäftsprozeßmodellierung verbreitet (z.B. GRA-PES V3 [SNI95]). Typischerweise wird dabei nur die exemplarische Sicht betrachtet, d.h. die Aktivitätsfolgen einer typischen Aufgabenerfüllung. Auch UML enthält sogenannte Aktivitätsdiagramme. Sie werden dort als Spezialfall der Zustandsübergangsdiagramme angesehen. Dies liegt daran, daß in UML Aktivitäten und Zustände nicht klar unterschieden werden. In UML-Zustandsübergangsdiagrammen können interne Aktivitäten mit Zuständen verbunden werden. Dies ist sinnvoll für Aktivitäten, die die Zustandsklasse nicht verändern, was aber für die meisten Aktivitäten nicht gilt. UML-Aktivitätendiagramme modellieren Datenfluß nur zwischen Aktivitäten verschiedener Akteure (mithilfe von Swimlanes). Dann ist aber eine Interpretation als Zustandsübergangsdiagramm nicht mehr möglich, da letzteres ja Zustände eines Akteurs modelliert. UML-Aktivitätsdiagramme sind deshalb nur bei Beschränkung auf reinen Kontrollfluß und eingeschränkte Aktivitäten als Spezialfall von Zustandsdiagrammen interpretierbar. Wir betrachten deshalb Aktivitätsfolgendiagramme unabhängig von Zustandsübergangsdiagrammen.

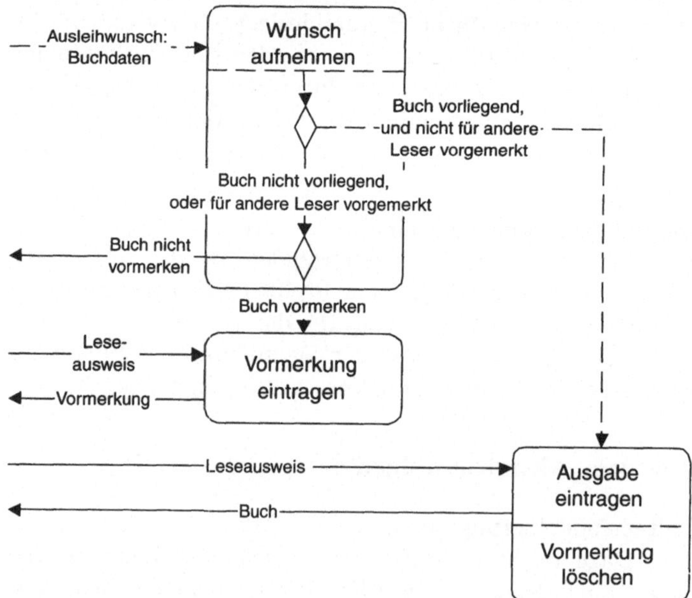

Abb. 3.5. Ein Aktivitätsfolgendiagramm

Abbildung 3.5 beschreibt die Aktivitätsfolgen bei der Buchausleihe. Wir verwenden hier eine an UML-Aktivitätsdiagramme angelehnte Notation. Aktivitätsfolgendiagramme erweitern die Datenflußdiagramme um *Kontrollfluß*, der durch gestrichelte Pfeile dargestellt ist. Kontrollfluß von Aktivität A nach B bedeutet, daß B erst beginnen darf, wenn A beendet ist. Nicht durch Kontrollfluß verbundene Aktivitäten können auch nebenläufig sein. Je nachdem, ob eine einzige Aktivitätsfolge oder eine ganze Menge beschrieben wird, ist noch eine weitere Verzweigungsart für die Auswahl nötig. Diese ist im Beispiel durch Rauten dargestellt. Die Rauten repräsentieren Entscheidungen. Die ausgehenden Pfeile sind im Beispiel mit Prädikaten über den Akteurszustand beschriftet. Wie nachfolgend im Zusammenhang mit Ereignisaktivitätsdiagrammen diskutiert, erfordert die Verwendung von Entscheidungen die Beschränkung auf Kontrollfluß zwischen den Aktivitäten. Datenfluß ist dann nur noch – wie im Beispiel - zu den externen Partnern möglich. Da Kontrollfluß oft mit Datenfluß verbunden ist, können Kontrollflußkanten auch mit Datentypen beschriftet werden. Um Bündelung von mehreren Teilschritten einer Aktivität beschreiben zu können, lassen wir als Erweiterung von UML die Unterstrukturierung eines Rechtecks durch gestrichelte Linien zu.

Aktivitätsfolgendiagramme werden in der Literatur oft Prozeßdiagramme oder Prozeßketten genannt. Wir vermeiden hier den Begriff *Prozeß*, da er im Kontext der Softwareentwicklung überbelegt ist.

Abbildung 3.6 faßt die wichtigsten Elemente von Aktivtätsfolgendiagrammen zusammen.

Ein *Aktivitätsfolgendiagramm* (kurz AFD) besteht aus

- *Aktivitätstypen:* Aktivitäten kapseln einen für eine Aufgabenerfüllung sinnvollen Verhaltensausschnitt eines Akteurs. Aktivitätstypen beschreiben eine Menge gleichartiger Aktivitäten.
- *Datenflüssen:* Ein Datenfluß verbindet zwei Aktivitätstypen. Zu irgendeinem Zeitpunkt in der Ausführung benötigt B Daten, die von A zur Verfügung gestellt werden.
- *Kontrollflüssen:* Kontrollfluß von Typ A nach Typ B bedeutet, daß erst nach Abschluß von Aktivität A die Aktivität B begonnen wird. Verzweigung bedeutet Nebenläufigkeit oder Auswahl. In der exemplarischen Sicht ist die Kontrollflußrelation antizyklisch.

Abb. 3.6. Charakterisierung von Aktivitätsfolgendiagrammen

Durch Hinzunahme von Iteration kann auch vollständiges Verhalten, d.h. die Menge aller Aktivitätsfolgen, dargestellt werden. Dann ist aber die Interpretation von den reinen Datenflüssen nicht mehr eindeutig möglich. Durch die Hinzunahme aller möglichen Kontrollflüsse werden die Diagramme unübersichtlich und sind zur Analyse der Aufgabenerfüllungsmöglichkeiten nicht mehr geeignet.

Ereignisaktivitätsdiagramme. Ereignisaktivitätsdiagramme sind eine anschauliche Variante für Aktivitätsfolgendiagramme mit komplexem Kontrollfluß. Im Rahmen der Geschäftsprozeßmodellierung sind sie unter dem Namen *Ereignisprozeßketten* [Sch99] bekannt. In Ereignisaktivitätsdiagrammen ist allerdings Datenfluß nicht mehr sinnvoll modellierbar, da sich Ereignisse auf den Akteurszustand beziehen, der aber bei Datenfluß nicht angebbar ist. Ereignisse können mit komplexen Prädikaten beschriftet werden. Ereignisprozeßketten verwenden dazu Operatoren als eigene graphische Symbole. Durch die Ausführung einer Aktivität werden die nachfolgenden Ereignisse gültig. Eine Aktivität kann nur ausgeführt werden, wenn ihre Eingangsereignisse erfüllt sind.

Die Charakterisierung dieser Diagramme ist in Abb. 3.7 angegeben. In UML kommt diese Art von Diagrammen nicht vor.

Ein *Ereignisaktivitätsdiagramm* besteht aus

- *Aktivitätstypen:* Aktivitäten kapseln einen für eine Aufgabenerfüllung sinnvollen Verhaltensausschnitt eines Akteurs. Aktivitätstypen beschreiben eine Menge gleichartiger Aktivitäten.
- *Ereignissen:* Ereignisse stellen Aussagen über den Akteurszustand dar.
- *Kontrollflüssen:* Kontrollflüsse verbinden Ereignisse und Aktivitätstypen. Eingangs- und Ausgangsereignisse eines Aktivitätstyps können durch Operatoren zur Darstellung komplexen Kontrollflusses verbunden sein.
- *einer Anfangsbelegung:* Die Anfangsbelegung markiert die für den Anfangszustand gültige Menge von Ereignissen.

Abb. 3.7. Charakterisierung von Ereignisaktivitätsdiagrammen

Ereignisaktivitätsdiagramme ohne Operatoren sind ein Spezialfall der sogenannten Bedingungs/Ereignisnetze, die in der Petrinetz-Theorie untersucht wurden. Dort werden allerdings die Ereignisse Bedingungen genannt, und die Aktivitäten Ereignisse.

Diese Diagramme sind gut geeignet, um komplexen Kontrollfluß darzustellen. Als Standardmodellierungsmittel für Akteursverhalten sind sie aber zu feingranular.

Zustandsaktivitätsdiagramme. Zustandsaktvitätsdiagramme sind den oben kurz beschriebenen erweiterten Datenflußdiagrammen der strukturierten Methoden ähnlich. Sie enthalten zusätzlich zu den Aktivitätstypen auch Datenspeicher. Allerdings entspricht bei den strukturierten Methoden ein Datenspeicher immer der Menge der Entitäten eines Typs. Wir erlauben allgemeiner eine beliebige Entitätsmenge. Die Aktivitätsreihenfolge wird durch zusätzliche Markierungen implizit dargestellt. Diese Art von Diagrammen ist damit ein Spezialfall der Petrinetze. Je nach Markierung werden verschiedene Netzarten unterschieden: Werden nur Marken benutzt, handelt es sich um Petrinetze im eigentlichen Sinne; stellen die Marken Datenelemente dar, wird von *Höheren Netzen* gesprochen [Rei85]. Wir betrachten im folgenden nur einfache Marken und erklären in Abb. 3.8 das Prinzip dieser Netze, ohne ein Beispiel anzugeben. In UML kommt diese Art von Diagrammen nicht vor.

Ein *Zustandsaktivitätsdiagramm* (auch Petrinetz genannt) besteht aus

- *Transitionen:* Transitionen repräsentieren Aktivitätstypen.
- *Stellen:* Stellen repräsentieren Datenspeicher, d.h. Mengen von Entitäten. Im Gegensatz zu den Datenflußdiagrammen können diese Mengen quer zu den Entitytypen liegen, d.h. z.B. eine Teilmenge der Entitäten eines Typs darstellen oder sogar eine Menge von Entitäten verschiedener Typen. Besteht der Datenraum nur aus einer Entität, so wird typischerweise jedes Attribut durch eine Stelle repräsentiert.
- *einer Flußrelation:* Flüsse verbinden Transitionen und Stellen. Sie stellen mit Kontrollfluß kombinierten Datenfluß dar. Bei Petrinetzen können sie noch mit Multiplizitäten beschriftet sein, um z.B. die Anzahl der fließenden Instanzen eines Entitytyps anzugeben.
- *einer Anfangsbelegung:* Die Anfangsbelegung markiert die im Anfangszustand existierenden Entitätsmengen.

Abb. 3.8. Charakterisierung von Zustandsaktivitätsdiagrammen

Zustandsaktivitätsdiagramme sind besonders geeignet, um die Synchronisation der Aktivitäten auf dem Datenraum zu beschreiben und zu analysieren. Es gibt dazu auch eine gut ausgearbeitete Theorie und praktische Werkzeuge [Fel93]. Sie bieten sich damit an, um besonders komplexe Verhaltenausschnitte einzelner Akteure zu beschreiben, und weniger als Standardmodellierungsmittel für Akteursverhalten.

Zustandsaktivitätsdiagramme können auch zustandsorientiert interpretiert werden. Dabei bildet die Anfangsbelegung den Anfangszustand, Folgezustände werden durch das Schalten der Transitionen, deren Eingabedaten vorliegen, abgeleitet. Dies ist interessant, wenn die Veränderung einzelner Entitätsinstanzen und Attribute im Zustandsraum verfolgt werden soll.

Bewertung. Die Auswahl an Modellierungstechniken für Aktivitätsfolgen ist groß. Ebenso allerdings die Stärken und Schwächen der Techniken. Ereignisse sollten nur bei der Modellierung komplexen Kontrollflusses eingeführt werden, Datenspeicher nur bei komplizierter Synchronisation zwischen Aktivitäten. In allen anderen Fällen erlaubt die Beschränkung auf Aktivitätstypen die übersichtlichste Darstellung von Aktivitätsfolgen.

3.4 Modellierungstechniken für Dienste

Während Aktivitätstypen das interne Verhalten eines Akteurs strukturieren, wird nach außen das Verhalten eines Akteurs durch Dienste strukturiert. Dienste kapseln einen Verhaltensausschnitt durch Aufruf und Ergebnis. Sie erfassen damit eine weitere Facette des Aufgabenbegriffs: Aufgaben können von einem externen Auftrag abhängen.

Wir stellen nachfolgend alle Annahmen bzgl. der Dienstausführung im sogenannten *Ausführungsmodell* zusammen. Danach diskutieren wir Modellierungstechniken für Dienststruktur und Dienstverhalten.

3.4.1 Ausführungsmodell

- Die Dienstausführung wird durch eine Nachricht (genannt *Dienstaufruf*) von einem Akteur angestoßen (als Spezialfall ist der empfangende Akteur gleichzeitig auch der sendenden).
- Zusammen mit dem Aufruf können Daten übergeben werden. Im weiteren Verlauf der Dienstbearbeitung können Aufrufer und Aufgerufener beliebig kommunizieren. Die letzte Nachricht während der Dienstbearbeitung von dem aufgerufenen Akteur an den aufrufenden wird als *Ergebnis* bezeichnet.
- Bei der Dienstausführung greift der Akteur auf seine Daten zu (lesend wie schreibend). Zusätzlich hat jeder Dienst noch einen eigenen Datenraum, der genau einem Entitytyp entspricht.
- Der Aufrufer kann auf das Ergebnis warten, muß aber nicht. Wir unterscheiden deshalb *sequentielle* von *nebenläufigen* Aufrufen. Bei ersteren ist der Aufrufer blockiert bis zum Erhalt des Ergebnisses, bei letzteren nicht. Damit können also zu einem Zeitpunkt mehrere Akteure aktiv sein.
- Innerhalb eines Akteurs können gleichzeitig mehrere Dienste aktiviert sein, insbesondere auch mehrere Instanzen des gleichen Dienstes. Sie können aber nicht gleichzeitig ausgeführt werden. Die Verwaltung der Dienste eines Akteurs kann man sich ähnlich der Prozeßverwaltung bei Betriebssystemen vorstellen [Tan95]: Immer nur eine Dienstinstanz kann auf dem Datenraum arbeiten. Benötigt sie Eingabe von außen, so wird ihr der Datenraum entzogen und nichtdeterministisch einer anderen Dienstinstanz zugeteilt.
- Wie bei Betriebssystemprozessen ist darüber hinaus noch Synchronisation nötig. Um z.B. Transaktionen realisieren zu können, dürfen Dienstinstanzen nicht beliebig unterbrochen werden. Jeder aktive Dienst ist deshalb gekennzeichnet mit der Menge von Diensten, die ihn unterbrechen dürfen. Damit kann es natürlich wie bei der Prozeßsynchronisation zu Verklemmung kommen, so daß sowohl eine bestimmte Dienstinstanz blockiert ist als auch evtl. der ganze Akteur.
  Ein Dienst, der nicht unterbrochen werden kann, wird *elementarer* Dienst genannt.

Dieses Ausführungsmodell ist sehr detailliert und auf menschliches Arbeitshandeln nicht sinnvoll anwendbar. Diese Details sind aber nötig, wenn Dienstausführung modelliert werden soll. Letzteres ist deshalb für menschliche Akteure nicht sinnvoll.

3.4.2 Modellierung der Dienststruktur

Die Struktur der Dienste eines Akteurs ergibt sich aus den Aufrufbeziehungen zwischen ihnen. In der objektorientierten Programmierung ist diese Struktur sehr einfach, da die Dienste gleichberechtigt nebeneinander stehen. Ein Aufruf zwischen Diensten eines Objekts wird wie der Aufruf zwischen Diensten verschiedener Objekte als Kommunikation behandelt. Diese Kommunikationsstruktur modellieren wir im Kontext von Rolleninteraktion (siehe 3.7).

Im Gegensatz dazu spielt die Struktur der Dienste bei der strukturierten Programmierung eine große Rolle. Komplexe Algorithmen (wie z.B. Sortierung) werden strukturiert in Teile, die sich gegenseitig aufrufen. Dabei sind insbesondere hierarchische Abhängigkeiten wichtig. Der innere Dienst kann auf den internen Datenraum des äußeren Dienstes zugreifen. Weiterhin ist der innere Dienst nur von dem äußeren aufrufbar.

Use-Case-Diagramme, wie sie inzwischen auch von UML übernommen wurden, strukturieren die Menge der Dienste des Softwaresystems. Dabei wird zwischen der *uses-* und *extends-*Beziehung unterschieden. Erstere entspricht dem Aufruf in der Programmierung, d.h. der aufrufende Dienst kennt nicht die Interna des aufgerufenen Dienstes. Letztere dokumentiert eine Verwendungsbeziehung unter Kenntnis der Interna. Die Erweiterung eines Dienstes z.B. um Fehlerbehandlung benötigt Kenntnis über die Interna des ursprünglichen Dienstes.

Wir stellen im folgenden das *Dienststrukturdiagramm* vor, das Nutzungs- und Kapselungsbeziehungen zwischen Diensten modelliert. Es ist damit einerseits eine Erweiterung der Use-Case-Diagramme um Kapselung, andererseits eine Einschränkung durch den Verzicht auf die Erweiterungsbeziehung und auf die Modellierung der aufrufenden Akteure. Damit vermeiden wir eine Vermischung der internen Dienststruktur, die durch Nutzung und Kapselung beschrieben wird, mit der Dienstschnittstelle, die die Menge der möglichen Dienste und die aufrufenden Akteure beschreibt. Die Dienstschnittstelle modellieren wir innerhalb der Rollendefinition (siehe 3.6).

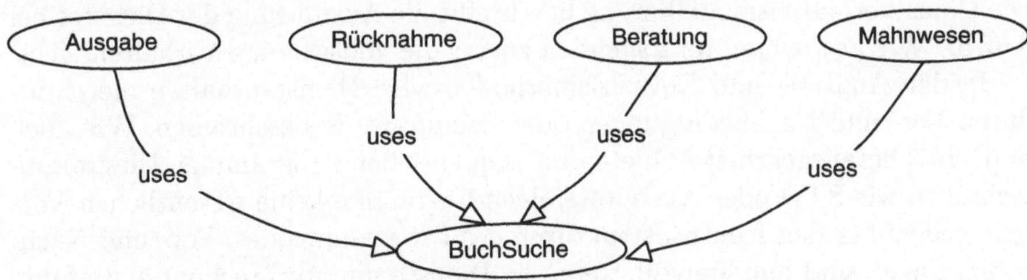

Abb. 3.9. Ein Dienststrukturdiagramm

Abbildung 3.9 beschreibt die Dienststruktur der Rolle `Ausleihe` der Bibliothekssoftware. Ovale repräsentieren Diensttypen. Ein Diensttyp faßt alle

Instanzen zusammen, die sich nur durch die Werte für ihre Parameter unterscheiden. Die Kapselungsbeziehung wird – wie bei Objektmodellen – durch eine Linie mit einer Raute auf der Seite des umfassenden Dienstes gekennzeichnet (kommt nicht im Beispiel vor). Für die Nutzungsbeziehung werden mit **uses** beschriftete Pfeile verwendet. Bei der Nutzungsbeziehung kann auch sequentieller und nebenläufiger Aufruf unterschieden werden.

Abbildung 3.10 stellt die wichtigsten Elemente von Dienststrukturdiagrammen zusammen.

Ein *Dienststrukturdiagramm* (kurz DSD) besteht aus

- *Diensttypen:* Ein Diensttyp faßt alle Dienstinstanzen zusammen, die sich nur durch die Werte für ihre Parameter unterscheiden.
- *Nutzungsbeziehung:* Eine Nutzungsbeziehung beschreibt einen möglichen Aufruf zwischen Diensten eines Akteurs. Sie wird als sequentiell oder nebenläufig gekennzeichnet.
- *Kapselungsbeziehung:* Die Kapselungsbeziehung schränkt die Menge der möglichen Aufrufer des inneren Diensttyps ein. Sie erweitert gleichzeitig seinen Datenraum, da der innere Diensttyp auf den Datenraum des äußeren zugreifen kann.

Abb. 3.10. Charakterisierung der Dienststrukturdiagramme

Bewertung. Dienststrukturdiagramme werden typischerweise zur Beschreibung von strukturierten Programmen oder von Use-Case-Strukturen verwendet. Im letzteren Fall wird die Beschreibung der Dienstschnittstelle mit der der internen Dienststruktur vermischt. Das von uns eingeführte Dienststrukturdiagramm beschränkt sich auf die Beschreibung von Kapselung und Nutzung.

3.4.3 Dienstverhaltensmodellierung

Die Dienstverhaltensmodellierung beschreibt die Ausführung des Dienstes bei Aufruf. Wir betrachten im folgenden zuerst die vollständige Verhaltenssicht.

In den Analyse- und Entwurfsmethoden wird Dienstverhalten meist nur durch Vor- und Nachbedingungen oder Pseudo-Code beschrieben. Wie auch in [Ber97] herausgearbeitet, bieten bei sequentiellen Programmen Diagrammtechniken wie STD oder Aktivitätsfolgendiagramme keine wesentlichen Vorteile gegenüber den Kontrollstrukturen des Programmcodes. Vor- und Nachbedingungen sind nur sinnvoll, wenn die Dienste ununterbrechbar ausgeführt werden. Dies gilt z.B. für die Systemoperationen in der Methode FUSION.

Interessant wird eine Dienstverhaltensmodellierung bei nebenläufigen Systemen. Die gängigen Analyse- und Entwurfssprachen, wie auch UML, bieten dafür keine adäquate Modellierungstechniken, da sie das Ausführungsmodell nicht explizit machen. Wichtig wäre, die Beeinflussung des Dienstverhaltens

durch nebenläufige Dienste explizit machen. Dafür sind STD geeignet, die
es ermöglichen, die Zustände bei Unterbrechung durch andere Dienste zu
modellieren.

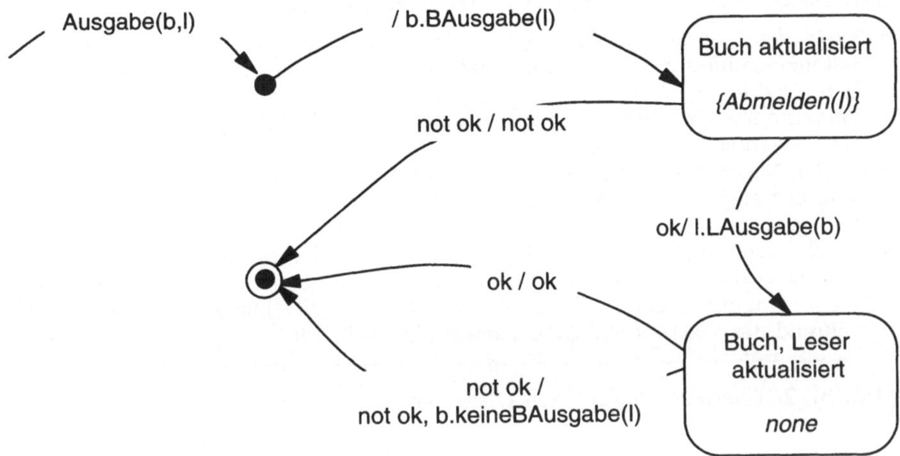

Abb. 3.11. Ein Dienstverhaltensdiagramm

Abbildung 3.11 zeigt ein sehr grobes Verhaltensdiagramm für den Ausgabedienst der Bibliothekssoftware. Bei der Ausgabe werden zuerst beim Buch
und dann beim Leser mit den Diensten BAusgabe bzw. LAusgabe die gegenseitigen Verweise gesetzt. Das STD zeigt eingehende und ausgehende Nachrichten – getrennt durch /. Nachrichten der Form $x.y$ repräsentieren Aufrufe
des Dienstes y beim Objekt x. Die anderen Nachrichten sind Ausgaben an den
Benutzer. Der Dienst keineBAusgabe macht die Ausführung von BAusgabe
rückgängig.

Während der Ausführung des Ausgabedienstes darf der Leser nicht ab-
gemeldet werden, da dann der Aufruf LAusgabe nicht mehr möglich ist. Der
Ausgabedienst darf also nicht durch den Abmeldedienst unterbrochen werden, falls letzterer den Leser betrifft. Die in 3.2 vorgestellten STD werden
deshalb um die Angabe von Synchronisationsbedingungen an den Zuständen
erweitert. Wir verwenden dazu eine Menge von Ausdrücken über Dienstaufrufen. Diese bestimmt die Menge der Dienstinstanzen desselben Akteurs, die
den Dienst nicht unterbrechen dürfen. Als Schreibabkürzung ist auch die
Angabe none erlaubt. Weiterhin stehen die Transitionen nicht mehr für die
Bearbeitung eines ganzen Dienstes, sondern für ununterbrechbare Abschnitte
bei der Dienstausführung. Diese sind durch den Empfang einer Nachricht und
die interne Verarbeitung bis zur Annahme einer weiteren Nachricht gekennzeichnet. Eine formale Semantik für diese Modellierungstechnik ist in [PR97]
beschrieben.

Abbildung 3.12 stellt die wichtigsten Elemente von Dienstverhaltensdiagrammen zusammen.

<hr>

Ein *Dienstverhaltensdiagramm* (kurz DVD) besteht aus

- *Zuständen:* Die Menge der möglichen Datenzustände wird durch die Automatenzustände strukturiert. Ein Automatenzustand steht für eine Klasse von Datenzuständen.
- *Transitionen:* Transitionen repräsentieren ununterbrechbare Aktivitäten bei der Dienstausführung, begrenzt durch den Empfang zweier aufeinanderfolgender Nachrichten. Sie sind beschriftet mit Ausdrücken zur Charakterisierung der empfangenen Nachricht und der bei der Verarbeitung versendeten Nachrichten.
- *Synchronisationsbedingungen:* Ein Ausdruck zur Beschreibung einer Menge von Dienstinstanzen, der einem Zustand zugeordnet ist, wird Synchronisationsbedingung genannt. Er beschränkt die Unterbrechbarkeit des Dienstes während des Wartens auf die nachfolgende Nachricht.

<hr>

Abb. 3.12. Charakterisierung von Dienstverhaltensdiagrammen

Die Beschreibung von Diensten in sequentiellen Systemen durch Vor- und Nachbedingungen kann auch als eine Kurzform der Dienstverhaltensmodellierung angesehen werden, bei der interne Zustände vernachlässigbar sind und deswegen nur der Zustand bei Dienstaufruf und bei Dienstende charakterisiert werden muß. Allerdings legt diese Kurzform nur die Auswirkungen auf die Daten fest. Der Versand und Empfang von Nachrichten während der Dienstausführung kann auf dieser Ebene nicht ausführlich beschrieben werden.

Exemplarische Sichten auf Dienstausführung werden meist unter dem Interaktionsaspekt modelliert. UML-Sequenzdiagramme betonen die Verteilung der Kommunikationen über die Zeit, UML-Kollaborationsdiagramme den Zusammenhang zwischen Kommunikationsbeziehungen und Sichtbarkeitsbeziehungen. Diese Diagramme werden wir in 3.7 diskutieren.

Bewertung. Diagramme zur vollständigen Dienstverhaltensmodellierung sind nur sinnvoll bei nebenläufigen Systemen. Ansonsten sind Pseudo-Code sowie Vor- und Nachbedingungen ausreichend. Um die Synchronisation zwischen den Diensten explizit beschreiben zu können, bieten sich erweiterte Zustandsübergangsdiagramme an.

3.5 Modellierungstechniken für Ziele

Ein wesentlicher Aspekt der Aufgabenerfüllung sind die Ziele, die der Akteur mit der Aufgabe verknüpft. Diese Ziele haben Einfluß auf das Ergebnis der Aufgabenerfüllung, aber insbesondere auch auf den Weg. Eine rein aktivitätsorientierte Beschreibung einer Aufgabe beschreibt nur den Weg, aber nicht die Gründe für die Beschreitung dieses Weges. Ohne diese Gründe erscheint die Auswahl willkürlich. Insbesondere bei Änderungen läßt sich dann nicht abschätzen, ob der neue Weg so weit wie bei den angestrebten Änderungen möglich dem alten Weg entspricht.

In den üblichen Modellierungstechniken werden die Ziele meist nicht modelliert, sondern höchstens durch informelle Kommentare erfaßt. Im Rahmen des Requirements-Engineerings sind Techniken zur Erfassung von Zielstrukturen entwickelt worden [Yu97, Ant96, vLDM95, Gre94]. Die Erfassung ist besonders wichtig, wenn an einer Aufgabe mehrere Akteure mit eventuell sich widersprechenden Zielen beteiligt sind.

3.5.1 Zielstrukturen

Zielstrukturen beschreiben Abhängigkeiten zwischen Elementen der Zielerfüllung wie Zuständen und Ressourcen. Jeder Weg durch die Zielstruktur, der die Abhängigkeiten berücksichtigt und zum Endziel führt, ist ein Lösungsweg. Wir unterscheiden hier nicht statische und dynamische Zielmodellierung. Ähnlich wie bei den Aktivitäten, entstehen dynamische Zielmodelle durch Hinzunahme von Kontrollfluß. Typischerweise wird aber nur die statische Zielmodellierung verwendet.

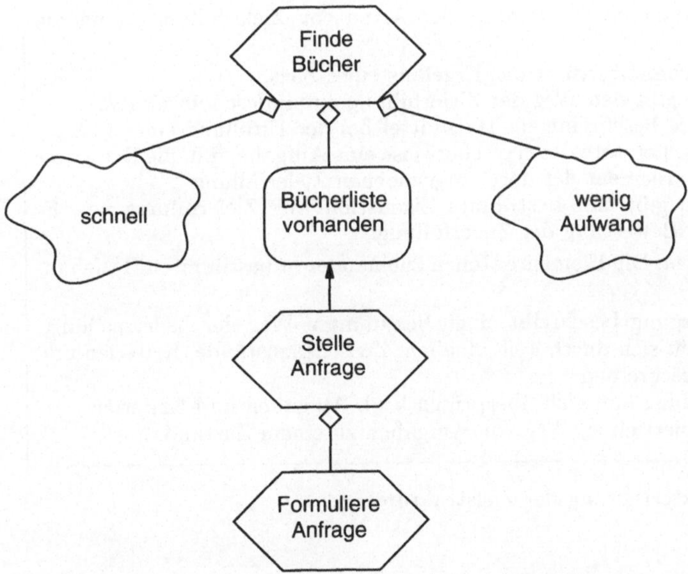

Abb. 3.13. Eine Zielstruktur

Abbildung 3.13 zeigt die Zielstruktur eines Bibliotheksbenutzers bei der Suche nach einem Buch. Wir verwenden hier die Notation von [Yu97]. Es werden vier Elemente der Zielerfüllung unterschieden. Ein *Zustand* charakterisiert ein Ziel durch den Endzustand, eine *Aufgabe* gibt einen Teil des Lösungsweges vor, die *Ressource* ist ein Hilfsmittel bei der Zielerfüllung und ein *Kriterium* gibt zusätzliche Eigenschaften des Lösungsweges vor. Zustände werden durch Ovale dargestellt, Aufgaben durch Sechsecke, Ressourcen durch Parallelogramme und Kriterien durch Wolken. Die Aggregationsbeziehung (dargestellt durch die mit der Raute dekorierte Linie) modelliert Aufgabenzerlegung (in weitere Zustände, Aufgaben, Ressourcen und Kriterien). Kriterienanwendung wird als Pfeil mit nicht ausgefüllter Pfeilspitze von Aufgaben und Kriterien auf andere Kriterien modelliert. Die Güte der Kriterienerfüllung wird an diesem Pfeil mit +,- angetragen (kommt im Beispiel nicht vor). Pfeile mit ausgefüllter Pfeilspitze repräsentieren den Zusammenhang zwischen einer Aufgabendurchführung und dem Ergebnis.

Im Beispiel sind die Kriterien bei der Buchsuche die Schnelligkeit und der geringe Aufwand. Die Aufgabe ist erfüllt, wenn ein geeignetes Buch gefunden wurde. Dazu muß eine Anfrage gestellt werden, was wiederum die Formulierung einer geeigneten Anfrage voraussetzt.

Abbildung 3.14 stellt die wesentlichen Elemente von Zielstrukturen zusammen.

Eine *Zielstruktur* besteht aus

- *Zielerfüllungselementen:* Es werden vier Arten von Zielerfüllungselementen unterschieden:
  - Ein Zustand charakterisiert das Ergebnis eines Ziels.
  - Eine Aufgabe gibt den Weg der Zielerfüllung zumindest teilweise vor.
  - Eine Ressource beschreibt ein Hilfsmittel bei der Erfüllung eines übergeordneten Ziels. Letzteres ist typischerweise eine Aufgabe, d.h. die Ressource beschreibt ein Element der dort vorgegebenen Zielerfüllung.
  - Ein Kriterium gibt eine bestimmte Eigenschaft der Zielerfüllung vor. Es dient also zur Bewertung der Zielerfüllung.
- *Zielabhängigkeiten:* Die Elemente stehen zueinander in bestimmten Beziehungen:
  - Aufgabenzerlegung beschreibt einen bestimmten Weg der Zielerreichung. Dieser Weg läßt sich durch Teilaufgaben, Zwischenzustände, Kriterien und Ressourcen beschreiben.
  - Kriterienerfüllung läßt sich überprüfen bzgl. Aufgaben und Kriterien.
  - Ergebnis definiert einen Weg von Aufgaben zu einem Zustand.

Abb. 3.14. Charakterisierung der Zielstrukturen

Bewertung. Es gibt noch nicht viele graphische Modellierungstechniken für Ziele. Ein Grund dafür ist wohl, daß noch nicht geklärt ist, ob eine reine textuelle Beschreibung der Ziele einer graphischen Beschreibung vorzuziehen ist. Die genaue Untersuchung von Zielstrukturen ist besonders wichtig für die Modellierung des Anwendungs- und des Nutzungssystems, vor allem bei der Entwicklung von Software für die Unterstützung von wenig strukturierter Arbeit, z.B. im Zusammenhang von Computer Supported Cooperative Work (CSCW).

3.6 Modellierungstechniken für Rollen

Als erstes zusammengesetztes Konzept betrachten wir die Rolle. Rollen fassen Daten, die auf ihnen operierenden Dienste und Kanäle zu ihren Kommunikationspartnern zusammen. Eine Rolle charakterisiert damit einen Bereich zusammenhängender Aufgaben. Im Gegensatz zu den Klassen in objektorientierten Sprachen können Akteure gleichzeitig mehrere Rollen besitzen. Die Organisation von Akteuren durch Rollen ist an menschliche Aufgabenzusammenhänge angelehnt. Eine Person lebt in verschiedenen Aufgabenzusammenhängen (z.B. Leiterin verschiedener Projekte, Frauenbeauftragte, Mutter, Ehefrau), denen sich ihre Aktivitäten zuordnen lassen. Manchmal sind die Aktivitäten verschiedener Rollen verquickt (z.B. könnte es ein Zwischenergebnis geben, was in mehreren Projekten interessant ist). Diese Verzahnung wird hier nicht in den Rollenbegriff aufgenommen, läßt sich aber durch explizite Kommunikation zwischen den Rollen nachmodellieren. Der hier verwendete Rollenbegriff ist damit wie folgt charakterisiert:

- Eine Rolle umfaßt einen Aufgabenzusammenhang eines Akteurs, bestehend aus Daten, Diensten und Kanälen zu Kommunikationspartnern.
- Ein Akteur kann gleichzeitig mehrere Rollen innehaben. Er kann Rollen dynamisch erwerben und wieder ablegen.

Überlegungen zur Erweiterung des Klassenbegriffs im Hinblick auf Rollen sind nicht neu. [KRS98] gibt einen Überblick über verschiedene Rollenmechanismen. Als wichtige Eigenschaften des Rollenkonzepts werden auch dort die dynamische Hinzunahme von Rollen, die Rollenmigration und die mehrfache Instantiierung von Rollen genannt. Weiterhin werden noch programmiersprachliche Aspekte, wie die Frage der Identifizierung von Akteuren und Rollen, die dynamische Abfrage des augenblicklichen Rollenstatus oder die Rollenanpassung analog zur Typanpassung, untersucht. Wir haben uns hier auf die für die Anwendungsmodellierung wichtigen Rolleneigenschaften beschränkt.

3.6.1 Modellierung von Rollenstrukturen

Wir betrachten im folgenden zwei Arten von Rollenstrukturen. Zum einen ist die Schnittstelle einer Rolle zu beschreiben. Zum anderen beschreiben Existenzabhängigkeiten zwischen den Rollen die Menge der möglichen gleichzeitigen Rolleninstantiierungen eines Akteurs. Abhängigkeiten zwischen Rollen verschiedener Akteure betrachten wir in 3.7.

Rollendefinition. Die Beschreibung der Schnittstelle einer Rolle nennen wir – in Anlehnung an die Klassendefinition der Objektorientierung – eine *Rollendefinition*.

```
Rolle Software-Leserverwaltung = {
Partner Leserverwaltung
Daten Leser, LeserSuchAnfrage
Dienste SucheLeser, MeldeAn, MeldeAb
}


Rolle Software-Buchverwaltung = {
Partner Buchverwaltung, Leser(SucheBuch)
Daten Buch, Inhalt, BuchSuchAnfrage, Schlagwort
Dienste SucheBuch, Mahne, BearbeiteBuch, BearbeiteSchlagwort
}


Rolle Software-Ausleihe = {
Partner Ausleihe, Leser(MerkeVor)
Daten Vormerkung, Benachrichtigung, Vormerkregel, Mahnregel
Dienste MerkeVor, GebeAus, NehmeZurück, BearbeiteVerlust, Benachrichti-
ge, BearbeiteVormerkregeln, BearbeiteMahnregeln
}
```

Abb. 3.15. Rollendefinitionen

Abbildung 3.15 zeigt die Definition der Rollen des Softwaresystems der Bibliothek. Sie setzt sich zusammen aus einer Datenraumbeschreibung (z.B. durch ein ERD; im einfachsten Fall durch eine Folge von Attributdefinitionen; im Beispiel durch Angaben der Entitytypen), einer Dienststrukturbeschreibung (im einfachsten Fall wieder eine Liste von Dienstdefinitionen, im allgemeinen ein Dienststrukturdiagramm) und einer Partnerbeschreibung. Letztere ist eine Erweiterung gegenüber der objektorientierten Klassendefinition um die explizite Bennenung der Kommunikationskanäle zu anderen Rollen. Sie ist durch das Schlüsselwort **Partner** und eine Liste von Rollen (evtl. mit Namen, um mehrere Partner derselben Rolle unterscheiden zu können) dargestellt. Haben die Partner nur eingeschränkten Zugriff auf die Dienste der Rolle, so sind die zugänglichen Dienste in Klammern angegeben (z.B. für **Leser** nur der Dienst **SucheBuch**). Bei der Instantiierung eines Akteurs A der Rolle, ist für jede Partnerrolle ein konkreter Akteur durch einen Kanal mit A zu verbinden. Eine Rolle kann zur Laufzeit noch weitere Partnerbeziehungen eingehen. Diese sind dann in den Dienstdefinitionen näher spezifiziert. Damit ist ein statisches Nachprüfen von Kommunikationskanälen möglich, aber die Folge der Kommunikationen ist nicht ablesbar. Eine formal fundierte Beschreibungstechnik für Rollen wird in [Pae97] vorgestellt. Die in 3.7

vorgestellten Kommunikationsstrukturdiagramme veranschaulichen die Kanalstrukturen zwischen den Rollen.

In Abb. 3.16 haben wir die wesentlichen Elemente der Rollendefinition zusammengestellt.

Eine *Rollendefinition* (kurz RD) besteht aus

- *Rollennamen:* Der Rollennamen muß (sub-)systemweit eindeutig sein.
- *Datenraumbeschreibung:* Für die Datenraumbeschreibung wird typischerweise ein ERD verwendet. Oft besteht der Datenraum nur aus einem einzigen Entitytypen.
- *Dienstbeschreibung:* Ein Dienststrukturdiagramm beschreibt die Menge der Dienste einer Rolle.
- *Partnerbeschreibung:* Die Partnerbeschreibung macht die durch Kanäle verbundenen Partnerrollen explizit. Die bei Instantiierung verbundenen Rollen werden in der Rollendefinition festgelegt, weitere können bei der Dienstausführung hinzukommen. Diese sind in den Dienstdefinitionen explizit zu bennen.

Abb. 3.16. Charakterisierung von Rollendefinition

Rollenphasen. Ein Akteur kann seine Rollen dynamisch wechseln, allerdings gibt es oft Bedingungen für die Wechsel. So kann eine Person erst die Rolle „Student" annehmen, wenn sie vorher (irgendwann) die Rolle „Schüler" hatte. Wird das Verhalten eines Akteurs nicht durch Rollen strukturiert, so zeigen sich solche Abhängigkeiten in den Datenzustandsübergangsdiagrammen. Automatenzustände kennzeichnen dann durch bestimmte Prädikate die Datenzustände, in denen ein Akteur eine bestimmte Rolle spielt (z.B. `status = schüler`). Auf diese Weise werden Rollen z.B. in [GSR96] modelliert.

Auch bei expliziten Rollen sind Zustandsübergangsdiagramme geeignet, um die Rollenphasen zu modellieren. Automatenzustände sind dann mit Rollennamen beschriftet und Transitionen durch Dienste gekennzeichnet, die Rollen ablegen oder hinzunehmen. Da ein Akteur oft gleichzeitig mehrere Rollen hat, können mehrere solche Automatenzustände gleichzeitig aktiv sein. Dies führt zu den Konzepten der Bedingungs/Ereignisnetze. Um Dienste zu modellieren, die nur Rollen ablegen, aber keine hinzunehmen, sind auch Ereignisse ohne Nachbereich nötig. Abbildung 3.17 zeigt ein solches Rollenphasendiagramm (kurz RPD) für die Bibliotheksnutzer.

Im Beispiel wird beschrieben, daß ein Akteur erst die Rolle `Leser` annehmen kann, wenn er oder sie vorher die Rolle `Student` oder `Wissenschaftliches Personal` innehatte. Die Rolle `Leser` wird angenommen aufgrund des Dienstes `Anmelden` und abgelegt beim `Abmelden`.

Abbildung 3.18 faßt die Charakteristika der Rollenphasendiagramme zusammen.

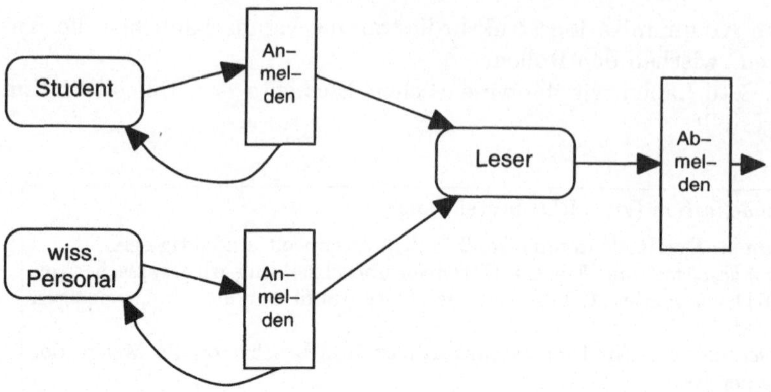

Abb. 3.17. Ein Rollenphasen-Diagramm

Ein *Rollenphasendiagramm* (kurz RD) besteht aus

- *Rollenmengen:* Rollenmengen werden durch Prädikate beschrieben.
- *Dienstaufrufen:* Es werden nur die Dienstaufrufe modelliert, die die Menge der instantiierten Rollen eines Akteurs verändern.
- *einer Flußrelation:* Die Flußrelation verbindet einen Dienstaufruf mit den dafür notwendigen Rollen als Eingangsbedingungen, und den bei Dienstausführung instantiierten Rollen als Ausgangsbedingungen.

Abb. 3.18. Charakterisierung der Rollenphasendiagramme

Bewertung. Die Modellierung der Rollenstruktur eines Akteurs läßt nicht viel Spielräume. Die Elemente der Rollendefinition und der Rollenphasendiagramme sind durch die Definition des Rollenbegriffs vorgegeben.

3.6.2 Modellierung des Rollenverhaltens

Das Rollenverhalten ist durch das Zusammenspiel der Dienste auf dem Datenraum charakterisiert. Wie in 3.2 bei der Datenmodellierung diskutiert, ist es bei nebenläufigen Systemen nicht sinnvoll, die Zustandsübergänge bei Ausführung ganzer Dienste zu betrachten. Statt dessen ist das Gesamtrollenverhalten aus der Komposition der einzelnen Dienstverhaltensdiagramme ablesbar (unter Berücksichtigung der Synchronisationsbedingungen). Das Ergebnis ist von der Form selbst wieder ein Dienstverhaltendiagramm. Im Normalfall ist es zu aufwendig, dieses Kompositionsdiagramm für vollständiges Verhalten aufzustellen. Es kann aber hilfreich sein, die Komposition einiger exemplarischer Dienstverhaltensdiagramme zu beschreiben. Diese Komposition beschreibt dann selbst wieder eine exemplarische Rollenverhaltenssicht.

Eine weitere Möglichkeit ist, die Folge der *Dienstaufrufe* einer Rolle durch eine weitere Form von Zustandsübergangsdiagramm zu charakterisieren. Entsprechend unsere Kommunikationsmodell kann ein Akteur die Annahme einer Nachricht nicht verweigern oder verzögern. Damit würde also die Festlegung einer Reihenfolge des Aufrufempfangs eine Einschränkung oder Annahme über die Umgebung bedeuten – ein weiteres Beispiel für Assumption-Commitment. Andere mögliche Interpretationen für Zustandsübergänge sind die Dienstaktivierungen oder Dienstausführungsabschlüsse vor einer neuen Aktivierung. Wir beschreiben im folgenden letztere. Die Dienstaktivierung allein ist nicht sehr aussagekräftig, da dies nichts darüber aussagt, wie weit die Dienstausführung bei der nächsten Dienstaktivierung vorangeschritten ist. Die im folgenden beschriebenen Diagrammen nennen wir *Kontrollzustandsdiagramme*.

Das in Abb. 3.2 auf S. 67 für Datenverhaltensmodellierung angegebene Datenzustandsübergangsdiagramm ist auch ein Beispiel für Rollenverhaltensmodellierung, wenn die Beschriftung der Automatenzustände weggelassen wird, und wenn – wie im Beispiel der Fall – bei den Datenzustandsübergangsdiagrammen nicht die versendeten Nachrichten aufgeführt werden. Ein Zustand eines Kontrollzustandsdiagramms charakterisiert die Menge der zu einem Zeitpunkt abgeschlossenen Dienstaufrufe. Diese Menge ist durch die Menge aller in dem Zustand endenden Pfade beschrieben. Transitionen beschreiben Abschlüsse der Dienstausführung. Sie sind mit Dienstaufrufsausdrücken beschriftet. Damit ergibt sich die in Abb. 3.19 angegebene Charakterisierung.

Das Reduzieren der Akteurszustände auf den Kontrollanteil vermeidet die in 3.2 diskutierten Probleme mit der Akteursrekursion und der Nebenläufigkeit.

Ein *Kontrollzustandsdiagramm* (kurz KSD) besteht aus

- *Kontrollzuständen:* Ein Kontrollzustand repräsentiert die Menge der in diesem Zustand abgeschlossenen Dienstausführungsfolgen.
- *Transitionen:* Eine Transition repräsentiert den Abschluß eines Dienstes. Sie ist mit einem Dienstaufruf beschriftet.

Abb. 3.19. Charakterisierung der Kontrollzustandsdiagramme

Bewertung. Datenzustandmodellierung für Rollen ist sehr aufwendig. Übersichtlicher ist eine Beschreibung der einzelnen Dienste, zusammen mit einer Kontrollzustandsmodellierung. Bei letzterer ist die Betrachtung von Dienstausführungsabschluß der Betrachtung von Dienstaufrufempfang oder Dienstaktivierung vorzuziehen.

3.7 Modellierungstechniken für Interaktion

Im vorhergehenden haben wir Modellierungstechniken für die Sichten auf *einen* Akteur vorgestellt. Interaktion entsteht durch Nachrichtenaustausch zwischen verschiedenen Akteuren. Wir stellen im folgenden für Kommunikationsstrukturen und Interaktionsfolgen Modellierungstechniken vor.

3.7.1 Modellierungstechniken für Kommunikationsstrukturen

Eine Kommunikationsstruktur beschreibt die Menge der Kanäle zwischen verschiedenen Akteuren oder Rollen. Durch die explizite Angabe der Partner in der Rollendefinition kann sie auf Rollenebene leicht abgeleitet werden. Umgekehrt dient sie manchmal als Vorstufe der Rollendefinition. Als Modellierungstechnik betrachten wir das aus der Objektorientierung bekannte Objektmodell, eine weitere Ausprägung des Entity/Relationship-Diagramms.

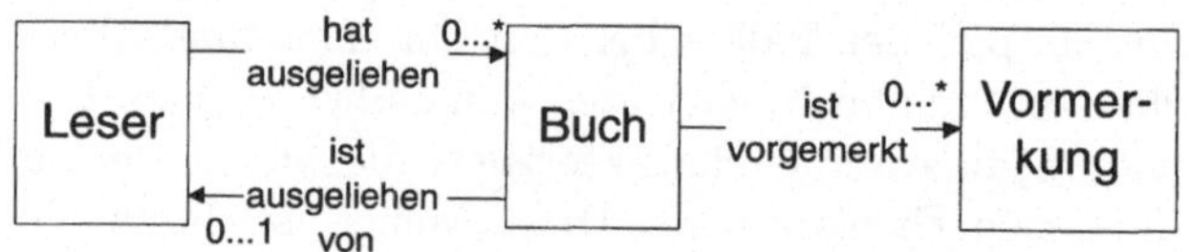

Abb. 3.20. Ein Kommunikationsstrukturdiagramm

   Abbildung 3.20 zeigt die Kommunikationsstruktur der Hauptrollen in der Bibliothekssoftware: Buch, Leser and Vormerkung. Rechtecke repräsentieren Rollen. In den Objektmodellen werden außer dem Namen oft noch die Daten und Dienste jeder Klasse angegeben. Dies kommt im Beispiel nicht vor. Die gerichteten Pfeile beschreiben Kanäle. Sie sind mit einem Typ und einer Bereichsangabe für Multiplizität (letztere an der Pfeilspitze) beschriftet. Zur Bereichsangabe stehen, analog zu Relationships, zur Verfügung: $k..*$ bzw. $k..p$ mit der Bedeutung $(k \leq n)$ bzw. $(k \leq n \leq p)$. Pfeile mit einer Multiplizität größer eins repräsentieren eine Menge von Kanälen.
   Wie auch in den Objektmodellen von UML und FUSION kann die Dauerhaftigkeit und Änderbarkeit der Kanäle angegeben werden, sowie die Generalisierung und Komposition von Rollen als eine besondere Art von Beziehung. Generalisierung und Komposition kommen im Beispiel nicht vor.

Dauerhaftigkeit und Änderbarkeit. Dauerhaftigkeit unterscheidet, ob der Kanal während der ganzen Lebenszeit des Ursprungsobjekts existiert oder nur dynamisch, z.B. als Parameter bei einem Dienstaufruf, hinzukommt. Änderbarkeit unterscheidet, ob das Zielobjekt des Kanals während der Lebenszeit des Ursprungsobjekts sich ändern kann. Im Beispiel sind alle Kanäle dynamisch und veränderbar. Nicht dynamische oder nicht veränderbare Kanäle werden durch Annotation an den Kanten repräsentiert.

Generalisierung. Generalisierung ist durch einen Pfeil mit nicht ausgefüllter Pfeilspitze von der spezifischeren zur generalisierenden Rolle dargestellt. Sie wird zur Strukturierung größerer Rollenmengen mithilfe der Faktorisierung gemeinsamer Eigenschaften (d.h. Daten und Dienste) verwendet. Eine Rolle

A *generalisiert* eine Rolle B, wenn B die Daten und Dienste von A enthält. Damit werden auch die Kanäle zu den Kommunikationspartnern von A in B übernommen. Allerdings können die Kommunikationspartner von A auch die von B generalisieren. Diese Eigenschaften lassen sich statisch nachprüfen. Offen bleibt dabei, inwieweit das Dienstverhalten und die Dienstaufrufreihenfolge der generalisierenden Rollen bei der spezifischeren Rolle erhalten bleiben muß. Die Generalisierungsdefinitionen in objektorientierten Programmiersprachen machen hier keine weiteren Einschränkungen. Wird aber eine Rolle als Typ eines Akteurs angesehen, so ergeben sich daraus weitere zu erhaltende Eigenschaften. Es gibt in der Literatur keine einheitliche Auffassung dieser Eigenschaften. Ein typisches Beispiel ist, daß die spezifischere Rolle alle Dienstaufruffolgen akzeptieren muß, die auch die generalisierende Rolle akzeptiert (z.B. [LW93]).

Komposition. Die Komposition beschreibt zusammengesetzte Rollen. Eine Rolle ist aus anderen zusammengesetzt, wenn die inneren Rollen nicht nach außen kommunizieren können. Dies heißt, daß die umgebende Rolle ihre Kanäle an die inneren weiterführt und umgekehrt. Weiterhin ist die Lebenszeit von Akteuren der inneren Rolle mit der Lebenszeit des umfassenden Akteurs verknüpft. Wir legen nicht weiter fest, ob die umgebende Rolle noch über die Teilrollen hinausgehende Daten, Dienste und Verhalten besitzt. Oft wird der umgebende Akteur auch als Kontrollakteur für die inneren angesehen. In dieser Vorstellung triggern Dienstaufrufe der umgebenden Rolle die Aufrufe der inneren Rollen, können aber noch zusätzliches Verhalten beinhalten. Eine andere Möglichkeit ist, die umgebenden Rolle nur als Kommunikationsmedium für die inneren anzusehen, so daß sie Nachrichten unverändert weiterleitet. Die erste Möglichkeit beinhaltet die zweite als Spezialfall. In der Literatur ist die Semantik der Komposition umstritten. Wie schon bei der Aggregation in Zusammenhang mit Entity/Relationship-Diagrammen erwähnt, gibt [MP96] einen guten Überblick über die verschiedenen Ansätze. Komposition wird wie Aggregation durch einen Pfeil mit nicht ausgefüllter Raute als Pfeilspitze von der enthaltenen zur umfassenderen Rolle dargestellt, hat aber eine spezifischere Semantik.

Abbildung 3.21 faßt die wichtigsten Elemente der Kommunikationsstrukturdiagramme zusammen.

Im Bereich der objektorientierten Modellierung wird nicht zwischen Entity/Relationshipdiagramm und Kommunikationsstrukturdiagramm unterschieden. Entitytypen werden mit Klassen identifiziert, und eine Kante kann sowohl für eine Relationship als auch für einen Kanal stehen. Wir halten eine Unterscheidung aber für wichtig: Zum einen kann ein Akteur einen komplexen Datenraum besitzen, der nicht nur durch nur einen Entitytyp zu charakterisieren ist. Zum anderen sind Relationships und Kanäle unvergleichbar: Eine Relationship beschreibt eine von außen beobachtbare Beziehung zwischen zwei Entitäten. Dies hat aber nicht unbedingt einen Nachrichtenaustausch

---

Ein *Kommunikationsstrukturdiagramm* (kurz KD) besteht aus

- *Rollen:* Rollen strukturieren die Menge der Akteure. Akteure können mehr als eine Rolle gleichzeitig instantiieren.
- *Kanälen:* Durch Kanäle wird der mögliche Nachrichtenaustausch zwischen Akteuren bestimmt. Ein Kanal von Rolle A nach Rolle B mit Multiplizität $k..p$ fordert, daß eine Instanz von A höchstens je einen Kanal zu p Instanzen und mindestens je einen Kanal zu k Instanzen von B hat. Weiterhin wird die Dauerhaftigkeit und Änderbarkeit der Kanäle spezifiziert.
- *Generalisierung:* Eine Rolle A generalisiert eine Rolle B, wenn B die Daten, Dienste und Kanäle von A enthält und evtl. zusätzlich eine bestimmte Menge von Eigenschaften von A erhält, wie z.B. die Menge der akzeptierten Dienstaufruffolgen.
- *Komposition:* Komposition beschreibt die Zusammensetzung von Rollen. Die inneren Rollen können nur über die äußere nach außen kommunizieren und sind bzgl. der Lebensdauer mit ihr verknüpft. Die äußere Rolle kann oft noch über die Teilrollen hinaus Daten, Dienste und Verhalten besitzen.

Abb. 3.21. Charakterisierung der Kommunikationsstrukturdiagramme

zur Folge. Der Unterschied zwischen Nachrichten- und Datenmodellierung wird noch deutlicher bei Betrachtung der Verhaltenssichten.

Bewertung. Kommunikationsstrukturdiagramme beschreiben mögliche Kommunikationsbeziehungen. Dies wird in der Objektorientierung mit der Beschreibung von Datenbeziehungen vermischt.

3.7.2 Interaktionsverhaltensmodellierung

Die Dynamik des Nachrichtenaustausches mehrerer Akteure wird beschrieben durch Angabe der versendeten und empfangenen Nachrichten pro Akteur. Typischerweise wird hier nur die exemplarische Sicht betrachtet. Die Anzahl der Akteure und Interaktionen ist zu groß für eine vollständige Beschreibung. Die exemplarische Sicht der Interaktion kann aus der vollständigen Verhaltensbeschreibung für die einzelnen Rollen abgeleitet werden oder umgekehrt als Vorgabe für die vollständige Verhaltensbeschreibung dienen.

In UML werden zwei Varianten für die Modellierung des Interaktionsverhaltens vorgeschlagen: *Sequenzdiagramme*, die im wesentlichen den im Bereich der Telekommunikation entstandenen *Message Sequence Charts* [IT96] entsprechen, und *Kollaborationsdiagramme*, die zusätzlich zur Interaktion noch die Kommunikationsstrukturen veranschaulichen. Sequenzdiagramme können auch durch Angabe von Zuständen der Akteure oder Dienstverhalten detailliert werden.

Sequenzdiagramme. Abbildung 5.46 auf S. 222 zeigt ein Sequenzdiagramm für den Nachrichtenaustausch zwischen Objekten des Softwaresystems bei der Umsetzung des Ausgabedienstes. Wir verwenden die Notation von UML. Die senkrechten Linien repräsentieren die Lebenszeit eines Akteurs. Die Linie wird während der Ausführung eines Dienstes verdickt dargestellt. Gestrichelte Pfeile repräsentieren Ergebnisübergabe. Nicht gestrichelte Pfeile repräsentieren Dienstaufrufe mit Parametern.

Für jede versendete Nachricht wird zwischen den beteiligten Akteuren ein Pfeil eingetragen. Dabei entspricht die Reihenfolge an der Zeitachse der Reihenfolge des Versendens. Es bleibt aber meist offen, was der eingehende Pfeil auf einer Zeitachse bedeutet. Typischerweise wird davon ausgegangen, daß Versand, Empfang und Verarbeitung gleichzeitig stattfinden. In unserem Kommunikationsmodell ist dies nicht der Fall. Dort ist sowohl zwischen Versendezeitpunkt und Empfangszeitpunkt zu unterscheiden als auch zwischen dem Empfang der Nachricht und der Verarbeitung, da die Nachrichten beim Akteur gepuffert werden. Wir interpretieren im Beispiel die eingehenden Pfeile als den Zeitpunkt des Beginns der Verarbeitung, da die als Reaktion auf eine Nachricht entstehenden Nachrichten betrachtet werden. Damit ist auch ein Überkreuzen der Pfeile möglich.

Im Beispiel wird der Ausgabedienst realisiert durch ein eigenes Objekt. Dieses sendet zuerst eine Nachricht an das entsprechende Buchobjekt, um das der ersten Vormerkung entsprechende Objekt zu identifizieren. In diesem speziellen Ablauf wird angenommen, daß so ein Objekt existiert. Das Vormerkungsobjekt erhält eine Nachricht, um zu prüfen, ob die Vormerkung auch den Leser betrifft. In diesem speziellen Ablauf wird angenommen, daß dies der Fall ist. Nun kann beim Leser und beim Buch die Ausgabe eingetragen werden.

Die Charakterisierung von Sequenzdiagrammen ist in Abb. 3.22 zusammengefaßt.

Ein *Sequenzdiagramm* (kurz SD) besteht aus

- *Lebenslinien:* Für jeden beteiligten Akteur wird eine Lebenslinie eingeführt. Diese stellt die Zeitachse für den Zeitraum der Interaktion dar.
- *Nachrichtenfluß:* Nachrichtenfluß zwischen zwei Akteuren repräsentiert das Versenden und den Empfang oder den Verarbeitungsbeginn einer Nachricht. Es ist festzulegen, ob der Empfang und der Verarbeitungsbeginn synchron miteinander und mit dem Versand stattfinden.

Abb. 3.22. Charakterisierung der Sequenzdiagramme

Eine vollständige Interaktionsbeschreibung bei asynchroner Kommunikation ist nur möglich, wenn die Kommunikationspartner sehr regelmäßiges Kommunikationsverhalten zeigen. Ansonsten ist die Zahl der zwischen Versand und Verarbeitung beim Empfänger verarbeiteten Nachrichten zwar endlich, aber unbeschränkt. Hier ist die Strukturierung des Akteursverhaltens in Rollen wichtig, da kommunizierende Rollen ja immer einen speziellen Verhaltenskontext darstellen, innerhalb dessen regelmäßiges Kommunikationsverhalten vorliegt. Auf Rolleneben läßt sich dann das vollständige Interaktionsverhalten zwischen mehreren Rollen beschreiben.

UML erlaubt eine Menge notationeller Erweiterungen von Sequenzdiagrammen z.B. um Dienstaufrufe als sequentiell oder nebenläufig zu kennzeichnen oder um eine Menge von Nachrichtenfolgen durch Auswahl und Iteration darzustellen. Eine formale Semantik von Sequenzdiagrammen zur Darstellung von Mengen von Interaktionsfolgen wird in [BHKS97] beschrieben.

Die Lebenslinien könnten auch um Zustandsbeschreibung erweitert werden. Wird zwischen jedem Versand oder Empfang ein Zustand eingeführt, so entsteht aus jeder Lebenslinie ein STD ohne Verzweigungen. Damit wird explizit, daß Sequenzdiagramme von den Dienstverhaltensdiagrammen abgeleitet werden können.

Bewertung. Sequenzdiagramme stellen exemplarische Interaktionsfolgen zwischen mehreren Akteuren dar. Durch die Verwendung von Lebenslinien steht die zeitliche Abfolge im Mittelpunkt. Die Interpretation dieser Diagramme variiert je nach Annahmen über Synchronität von Empfang und Verarbeitung mit dem Versand.

Kollaborationsdiagramm. Steht bei der Interaktionsbeschreibung weniger eine komplizierte zeitliche Abfolge als die Konsistenz mit der Kommunikationsstruktur im Vordergrund, so bieten sich Kollaborationsdiagramme an.

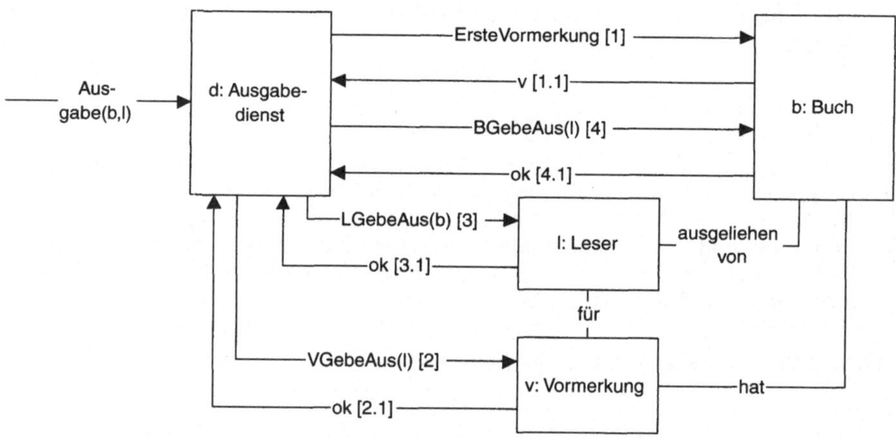

Abb. 3.23. Ein Kollaborationsdiagramm

Abbildung 3.23 zeigt den Nachrichtenaustausch zur Umsetzung des Rücknahmedienstes aus Beispiel 5.46 auf S. 222 als Kollaborationsdiagramm. Wir verwenden wieder die UML-Notation. Das Kollaborationsdiagramm ist eine Erweiterung der Kommunikationsstrukturdiagramme um eine Beschriftung

der Pfeile mit Nummern und Dienstaufrufen. Die Nummern modellieren die
zeitliche Abfolge bei der Verwendung der Kanäle. Abbildung 3.24 faßt die
wichtigsten Elemente der Kollaborationsdiagramme zusammen.

Ein *Kollaborationsdiagramm* (kurz KD) besteht aus

- *Akteuren:* Zu jedem Akteur werden die instantiierten Rollen angegeben.
- *Kanälen:* Kanäle beschreiben die möglichen Nachrichtenflüsse zwischen den
  Akteuren.
- *Nachrichtenfluß:* Nachrichtenfluß zwischen zwei Akteuren repräsentiert das
  Versenden und den Empfang oder den Verarbeitungsbeginn einer speziellen
  Nachricht. Es ist festzulegen, ob der Empfang und der Verarbeitungsbeginn
  synchron miteinander und mit dem Versand stattfinden. Die bei einem Akteur
  ein- und ausgehenden Flüsse sind zeitlich geordnet.

Abb. 3.24. Charakterisierung von Kollaborationsdiagrammen

Bewertung. Kollaborationsdiagramme stellen exemplarische Interaktionsfolgen dar. Neben dem Nachrichtenfluß wird auch die Kommunikationsstruktur modelliert. Die Darstellung der zeitlichen Abfolge ist damit eher unübersichtlich. Statt dessen wird die Nutzung der Kanäle herausgehoben.

3.8 Modellierungstechniken für Prozesse

Prozesse beschreiben Datenfluß zwischen mehreren Akteuren. Datenfluß ist
von Nachrichtenfluß zu unterscheiden. Letzterer spezifiert die Kommunikation zwischen Akteuren, ersterer die Datenabhängigkeiten zwischen Aktivitäten. Durch die Übernahme von Modellierungstechniken aus der strukturierten Analyse in die Objektorientierung ist der Unterschied zwischen Daten-
und Nachrichtenfluß verwischt worden. Damit geht aber auch ein wichtiger
methodischer Schritt verloren. Datenfluß eignet sich gut für die Analyse,
während Nachrichtenfluß den Entwurf beschreibt. Auch die Unterscheidung
zwischen Aktivität und Dienst wird durch die unreflektierte Übernahme von
strukturierten Techniken verwischt.

Für die Modellierung von Prozessen werden die aus der Aktivitätsmodellierung bekannten Techniken um Rollen erweitert. Jede Aktivität wird einer
Rolle zugeordnet. In den Datenflußdiagrammen ändert sich dadurch nichts
grundsätzliches. Bei den Aktivitätsfolgendiagrammen werden die Aktivitäten
so angeordnet, daß Aktivitäten einer Rolle in einer Spalte liegen. Die so erweiterten Diagramme nennen wir *Prozeßdiagramme* (kurz PD). Abbildung 3.25
zeigt das in Kap. 3.3 verwendete Beispiel für Aktivitätsfolgendiagramme, die
Buchausleihe (Abb. 3.5, S.72), allerdings in größerer Detaillierung und mit
einer spezifischen Rollenzuordnung.

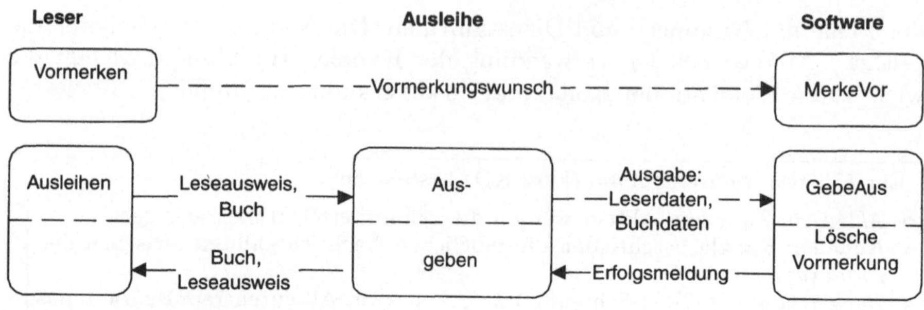

Abb. 3.25. Ein Prozeßdiagramm

Wie bei der Aktivitätsmodellierung können Prozeßdiagramme auch um Ereignisse oder Datenspeicher erweitert werden. Dabei müssen die einzelnen Elemente aber eindeutig den jeweiligen Rollen zugeordnet werden.

Wir gehen im folgenden nicht weiter auf die Modellierung von Prozessen ein, sondern sehen sie als Sonderfall der Aktivitätsmodellierung.

3.9 Zusammenfassung

In diesem Kapitel haben wir eine Vielfalt von Modellierungstechniken für verschiedene Systemsichten vorgestellt und bewertet. In den folgenden Abschnitten fassen wir einerseits die Ergebnisse zusammen und arbeiten andererseits die Konsequenzen für das Zusammenspiel der verschiedenen Modellierungstechniken heraus.

3.9.1 Zusammengefaßte Bewertung der Modellierungstechniken

Tabelle 3.2 gibt eine zusammenfassende Übersicht über die betrachteten Modellierungstechniken und Sichten. Unter *Strukturdiagramme* (kurz SRD) fassen wir die Varianten der Entity/Relationships-Diagramme zur Beschreibung von statischen Beziehungen zwischen bestimmten Elementen zusammen. STD stehen für alle Arten von Zustandsübergangsdiagrammen, sei es Kontroll- oder Datenzustand sowie Übergänge durch Aktivitäten oder Dienste. *Datenflußdiagramme* (kurz DFD) subsumieren die Modellierungstechniken für die Struktur- und die Verhaltenssicht auf Aktivitäten, inklusive der Prozeßdiagramme. Alle Diagramme, die Aktivitäten in Zusammenhang mit anderen Elementen zeigen, werden unter Petrinetze (kurz PN) zusammengefaßt. Unter *Interaktionsfolgendiagramme* (kurz IFD) fassen wir Sequenz- und Kollaborationsdiagramme zusammen. Zielstrukturdiagramme (kurz ZSD) und Rollendefinition (kurz RD) stehen jeweils für sich selbst.

Aus dieser Übersicht wird deutlich, daß syntaktisch sehr ähnliche Diagramme mit sehr verschiedener Bedeutung verwendet werden. Dies gilt insbesondere für die Strukturdiagrame und die Zustandsübergangsdiagramme.

Tabelle 3.2. Modellierungstechniken und Sichten

	SRD	STD	DFD	PN	ZSD	RD	IFD
Daten-zustands-raum	ERD						
Daten-zustands-änderungen		DSTD		ZAD			
Aktivitäts-abhängig-keiten			DFBD				
Aktivitäts-folgen			AFD	EAD			
Dienst-abhängig-keiten	DSD						
Dienst-verhalten		DVD					
Ziel-abhängig-keiten					ZSD		
Rollen-definition						RD	
Rollen-phasen				RPD			
Kontroll-zustands-änderungen		KSTD					
Kommuni-kations-struktur	KSD						
Inter-aktions-folgen							SD, KD
Prozesse			DFBD, PD				

Da in der Objektorientierung Daten- und Akteursmodellierung gleichgesetzt wird, ist die Modellierung dort oft mehrdeutig. Für eine leichte Verständlichkeit ist es aber wichtig, semantische Unterschiede durch unterschiedliche Notationen deutlich zu machen.

Die Diskussion und Bewertung der Modellierungstechniken kann zu einer Liste von Anforderungen an Modellierungstechniken und Konsequenzen für den Einsatz bei der Softwareentwicklung zusammengefaßt werden:

Datenmodellierung

- Bei der Modellierung von Datenzustandsräumen durch ERD ist die Bedeutung von Relationships klar anzugeben, insbesondere auch, warum sie nicht als eigene Entität modelliert werden.
- Formale Modellierung des Datenzustandsraums eignet sich erst für den anwendungsorientierten Entwurf und setzt eine klare Semantik der Relationships in bezug auf die Implementierung voraus.
- Bei der Modellierung von Datenzustandsänderungen in Folge von Dienstausführung durch STD ist die Behandlung von direkter und indirekter Akteursrekursion deutlich zu machen.
- Anwendung von STD zur Modellierung von Datenzustandsänderungen ist nur sinnvoll, wenn ein globaler Datenzustand bei der Dienstausführung gewährleistet ist (nicht-nebenläufige Dienste oder nicht-unterbrechbare Dienste).

Aktivitätsmodellierung

- Speicher in Datenflußdiagrammen betonen den Vor- und Nachbereich einzelner Aktivitäten, lassen aber den Fluß zwischen Aktivitäten nicht mehr deutlich werden.
- Aktivitäten können Zuständen nur zugeordnet werden, wenn sie diese invariant lassen.
- Aktivitätsfolgen sind zur Darstellung exemplarischer Aufgabenerfüllung (eines Akteurs oder im Zusammenspiel mehrerer Akteure) am besten geeignet.
- Ereignisaktivitätsdiagramme sind gut zur Darstellung von komplexem Kontrollfluß geeignet.
- Zustandsaktivitätsdiagramme sind gut zur Darstellung der Synchronisation von Aktivitäten auf einem gemeinsamen Datenraum geeignet.

Dienstmodellierung

- Dienststrukturdiagramme beschreiben die interne Struktur von Diensten. Dies sollte nicht mit der Beschreibung der Dienstschnittstelle vermischt werden.
- Formale Dienstverhaltenmodellierung setzt ein detailliertes Ausführungsmodell voraus. Sie ist erst auf Ebene des Softwaresystems sinnvoll.

- Für Dienstverhaltensmodellierung von sequentiellen Systemen sind Vor- und Nachbedingungen geeignet, wenn Nachrichtenversand und -empfang während der Dienstausführung nicht interessant sind.
- Bei nebenläufigen Systemen können erweiterte Zustandsübergangsdiagramme die Unterbrechbarkeit der Dienste gut beschreiben.

Rollenmodellierung

- In der Rollendefinition sollten die Kanäle zu Partnern explizit sein, um statische Überprüfungen zu ermöglichen.
- Kontrollzustandsübergangsdiagramme können die Menge von Dienstausführungsabschlüssen beschreiben. Andere, aber nicht unproblematische Interpretationen beziehen sich auf Dienstaufrufempfang oder Dienstaktivierung.

Zusammenspiel mehrerer Akteure

- Zielstrukturen sind wichtig zur Darstellung wenig strukturierter Aktivitätsmengen.
- Kommunikationsstrukturdiagramme beschreiben Kommunikationsbeziehungen. Das sollte nicht mit der Beschreibung der Datenbeziehungen vermischt werden.
- Sequenzdiagramme veranschaulichen exemplarische Interaktionsfolgen unter Betonung der zeitlichen Abfolge. Dazu ist der Zusammenhang zwischen Nachrichtenversand, -empfang und -verarbeitung deutlich zu machen.
- Kollaborationsdiagramme veranschaulichen Interaktionsfolgen unter Betonung der Kommunikationsstruktur.
- Datenfluß sollte nicht mit Nachrichtenfluß vermischt werden. Ersterer ist besonders für die Aufgabenanalyse geeignet, letzterer für die Analyse und Beschreibung eines Entwurfs.
- Datenfluß zwischen mehreren Akteuren läßt sich am besten durch die Erweiterung der Aktivitätsdiagramme um Rollen für die einzelnen Aktivitäten darstellen.

3.9.2 Zusammenspiel zwischen den Modellierungstechniken

Modellierungstechniken werden typischerweise im Kontext einer spezifischen Methode beschrieben. Wie schon am Beispiel UML deutlich wird, ist die Beschreibung einer Systemsicht durch eine Modellierungstechnik erst einmal unabhängig von der konkreten Verwendung innerhalb einer Methode. Auch wir haben die Modellierungstechniken unabhängig von der Einbettung in einer Methode diskutiert. Die Modellierungstechniken lassen sich aber zusammenfassen, je nachdem, ob sie auf eine Außensicht auf das System oder eine globale oder verteilte Innensicht fokussieren. Abbildung 3.26 macht das grundsätzliche Zusammenspiel der verschiedenen Sichten auf ein System deutlich.

Die Dienstsichten und die Zielsichten ermöglichen die Außensicht auf ein System, ohne die interne Struktur zu offenbaren. Zielmodelle machen über

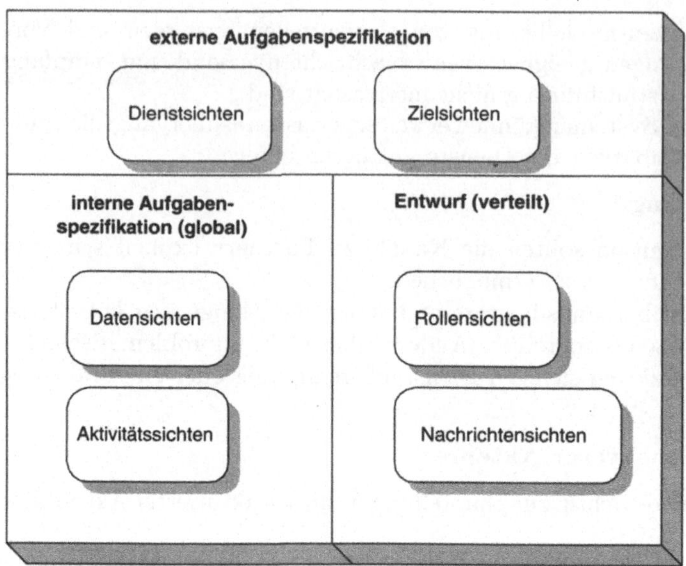

Abb. 3.26. Das Zusammenwirken der Sichten eines Systems

die reine Funktionalität hinausgehende Systemeigenschaften deutlich. Die interne Aufgabenstruktur kann von einem globalen Standpunkt aus betrachtet werden, der nur die im System verwalteten Daten und die darauf einwirkenden Aktivitäten beschreibt, ohne die Verteilung auf die Akteure im System zu offenbaren. Erst die Rollen- und Nachrichtensichten machen die Akteure im System und ihr Zusammenspiel beim Ausführen der global beschriebenen Aktivitäten deutlich.

In diesem Schema steht die aus den strukturierten Methoden bekannte, globale Systemsicht auf Daten und Aktivitäten gleichberechtigt neben der aus der Objektorientierung bekannten Rollensicht. Beide Methodenparadigmen haben jeweils eine der Sichten vernachlässigt. In der in diesem Buch vorgestellten Methode OASE wird demonstriert, daß in der Softwareentwicklung die globale und die verteilte Sicht notwendig sind. Erstere eignet sich besonders für die Analyse, um erst einmal die grundsätzlichen Möglichkeiten der Diensterfüllung auszuloten. Die verteilte Sicht versucht dann eine Struktur für die in der Analyse gefundenen Daten und Aktivitäten zu finden, die spätere Anpassungen an geänderte Dienste oder Diensterfüllungswege ermöglicht. Da die in der Verteilung gefundenen Akteure selbst wieder als Systeme aufzufassen sind, kann das gleiche Schema verwendet werden, um die Umsetzung der Dienste der systeminternen Akteure zu definieren. Dies ist insbesondere interessant im Hinblick auf die Unterscheidung zwischen Anwendungs-, Nutzungs- und Softwaresystem. Die für das Anwendungssystem gefundene Struktur macht die Dienste des Nutzungssystems deutlich, also die Aufgaben der Benutzer. Durch interne Aufgabenspezifikation und Entwurf des Nutzungssystems werden die Dienste des Softwaresystems bestimmt, die wiederum auf Komponenten verteilt werden. Dieses Vorgehen ist der Leitgedanke von OASE.

An einem (abstrakten) Beispiel wollen wir kurz noch einmal die Vorteile einer internen Aufgabenspezifikation auf der globalen Ebene deutlich machen. Abbildung 3.27 zeigt den Datenfluß zwischen zwei Aktivitäten, die auf verschiedenen Daten arbeiten, und drei verschiedene Alternativen, wie dieser Datenfluß durch Kommunikation umzusetzen ist.

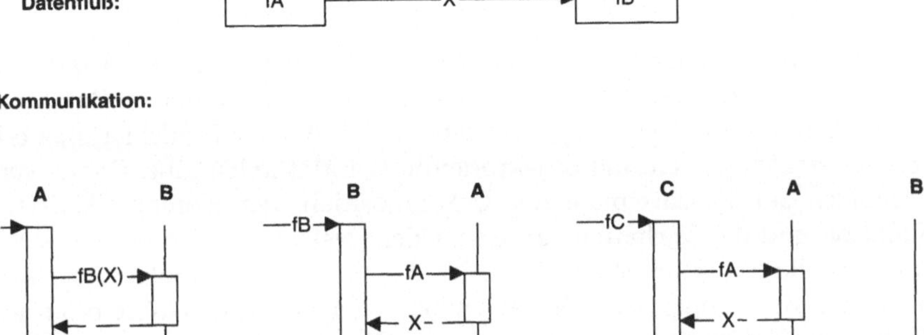

Abb. 3.27. Datenfluß vs. Kommunikation

Im Datenflußmodell übergibt Aktivität fA das Datum X an Aktivität fB. Wenn jede Aktivität einer Rolle als Dienst zugeordnet ist, so sind mindestens die folgenden drei Kommunikationsfolgen – dargestellt durch Sequenzdiagramme – denkbar:

- Rolle A beginnt mit Dienst fA und ruft vor dessen Ende den Dienst fB der Rolle B auf und übergibt dabei Datum X. Dies ist sinnvoll, wenn fB das Datum braucht, um überhaupt beginnen zu können. Im Datenflußmodell ist darüber nichts ausgesagt.
- Rolle B beginnt mit Dienst fB und ruft den Dienst fA der Rolle A auf, wenn sie das Datum X braucht. Sie muß dann warten, bis A das Datum schicken kann. Dies ist sinnvoll, wenn fB durch andere Daten als X getriggert wird.
- Es gibt eine dritte Rolle C, die A und B koordiniert. Sie ruft zuerst fA bei A auf und übergibt dann X an B. Letzteres kann zu Beginn von fB geschehen, oder mitten drin auf Anfrage. Eine solche zusätzliche Rolle ist sinnvoll, wenn die Abstimmung zwischen verschiedenen Rollen an einer Stelle zu lokalisieren ist - z.B. um spätere Änderungen zu erleichtern.

Die obigen Beispiele zeigen, daß Aktivitätsfolgendiagramme von vielen Kommunikationsdetails abstrahieren. Dies ist hilfreich, wenn erst einmal grundsätzliche Abhängigkeiten zu verstehen und gestalten sind. Werden diese Abhängigkeiten gleich durch eine spezielle Kommunikationsfolge modelliert, so sind sie durch zusätzliche Entscheidungen bzgl. der Organisation der Kommunikation verdeckt. Letztere ändert sich aber des öfteren, z.B. aufgrund von Effizienzüberlegungen.

3.10 Weiterführende Literatur

Modellierungstechniken werden meist nur im Kontext spezieller Analyse- und Entwurfsmethoden betrachtet. Unserer methodenunabhängigen Betrachtung am nächsten kommt [Wie98], der eine Übersicht über Modellierungstechniken der strukturierten und objektorientierten Methoden gibt. Dabei werden Techniken zur Beschreibung der Dekomposition, der Kommunikation, der Funktion und des Verhaltens unterschieden. Dekomposition bezieht sich auf die statische Struktur von Daten oder Akteuren. Kommunikationsbeschreibungstechniken umfassen alle Datenfluß- oder Nachrichtenfluß-orientierten Techniken. Funktionsbeschreibung meint Dienststruktur- und verhaltensbeschreibung. Verhaltensbeschreibung umfaßt alle Kontrollflußbeschreibungen, insbesondere Zustandsübergangsdiagramme. Im Unterschied zu unserer Klassifikation werden die Modellierungstechniken also nach den Beziehungen zwischen den Systemkonzepten (Dekomposition, Datenfluß und Kontrollfluß) klassifiziert, während wir nach den Konzepten selbst differenzieren. In [Wie98] stehen die Funktionsbeschreibungstechniken deshalb etwas isoliert da.

[Ste93] vergleicht verschiedene objektorientierte Modellierungstechniken bzgl. der in den Diagrammen verwendeten Elemente (wie Attribut, Objekt, Klasse), ihrer Beziehungen (wie Vererbung, Kommunikation) und bzgl. Objektverhaltensbeschreibung. [MP92, dF92, FK92] vergleichen strukturierte und objektorientiere Methoden und fokussieren dabei mehr auf das Vorgehensmodell als auf die einzelnen Modellierungstechniken.

Allgemeine Modellierungsfragen werden in der Workshop-Reihe „Modellierung" der Gesellschaft für Informatik diskutiert (z.B. [PSV98]).

4. Aufgabenorientierte Modellierung

Technik, Organisation, der Einsatz der Mitarbeiter und deren Qualifikation dürfen nicht isoliert, sondern müssen integriert geplant und entwickelt werden. (Zitat des Gesamtverbands der metallindustriellen Arbeitgeberverbände, aus [Uli94], S. 147)

Softwareentwicklung und Gestaltung des Unternehmens (Anwendungssystem) und der Arbeit (Nutzungssystem) stehen in vielfältigen Wechselwirkungen. Das Softwaresystem muß auf die Bedürfnisse des Unternehmens und der Arbeitsnehmer zugeschnitten sein. Umgekehrt ermöglicht der Einsatz von Informations- und Kommunikationstechnologie eine Ausrichtung des Unternehmens auf neue Märkte sowie neue Formen der Organisation, Kommunikation und Zusammenarbeit innerhalb des Unternehmens. Die Vernetzung von politischen, organisatorischen, sozialen und technischen Fragestellungen bewirkt eine sehr große Komplexität der Softwareentwicklung. Vieles davon ist nur durch ein geeignetes soziales und organisatorisches Vorgehensmodell des Softwareentwicklungsprozesses zu bewältigen. Ebenso wichtig ist auch die Auswahl des technischen Vorgehensmodells, d.h. die Festlegung von geeigneten Produkten. Dabei sind Modelle sehr wichtig, die die Betrachtung des komplexen Zusammenhangs aus verschiedenen Sichten ermöglichen, sowie die Dokumentation des Problemverständnisses und der Gestaltungsentscheidungen.

In diesem Kapitel beschäftigen wir uns mit Modellierungstechniken für Anwendungs-, Nutzungs- und Softwaresystem. Das Ziel der Modellierung ist jeweils die Systemgestaltung im Umfeld der Softwareentwicklung. Die Diskussion der Modellierungstechniken ist deshalb nur sinnvoll nach einer Betrachtung der Gestaltungsfragen des jeweiligen Systems. Diese Gestaltungsfragen sind Gegenstand eigenständiger Disziplinen: Unternehmensgestaltung ist Gegenstand der Betriebswirtschaft, Arbeitsgestaltung ist Gegenstand der Arbeits- und Sozialwissenschaften, Softwareergonomie beschäftigt sich mit der Gestaltung von Arbeit unter Nutzung eines Softwaresystems und Softwaretechnik mit der Gestaltung des Softwaresystems. Eine umfassende Darstellung der Gestaltungsfragen und jeweiligen Lösungsmöglichkeiten ist in diesem Buch nicht zu leisten. Statt dessen geben wir eine kurze Übersicht über die Kernfragen des jeweiligen Gebietes.

Die Betrachtung der in der Literatur bekannten Modellierungstechniken soll einen Überblick geben über Einsatzmöglichkeiten der in Kap. 3 betrachteten Modellierungstechniken und Spezialisierungen im Hinblick auf die Modellierung eines Unternehmens, von Arbeit oder Software. Das Ziel ist nicht, die jeweiligen Ansätze so detailliert zu beschreiben, daß sie von den Leserinnen und Lesern dieser Arbeit ohne weitere Kenntnisse eingesetzt werden können. Die Ansätze dienen zur Illustration der bei der Modellierung des jeweiligen Systems zu beachtenden Besonderheiten. Insbesondere wird die Verwendung der Modelle für die externe und interne Aufgabenspezifikation sowie für den Entwurf des jeweiligen Systems herausgearbeitet. Abbildung 4.1 gibt eine Übersicht über die von uns betrachteten Modellierungsansätze und Abschnitte, in denen sie behandelt werden.

Tabelle 4.1. Betrachtete Modellierungsansätze

Modellierungstechniken	**Abschnitte**
Strukturierte Analyse (SADT)	4.1.3, S. 109
Datenorientierte Analyse (JSD)	4.1.3
Objektorientierte Analyse (OMT)	4.1.3
Geschäftsprozeßmodellierung (EPK)	4.1.4, S. 114
Zielmodellierung (i*)	4.1.4
Benutzermodellierung	4.2.4, S. 128
Aufgabenanalyse (TKS, TASK, RFN)	4.2.5, S. 129
Szenarien und Prototypen (Use Cases, Usability Engineering)	4.2.6, S. 135
Datendefinition (ERD)	4.2.7, S. 141
Dienstdefinition (SSADM)	4.2.7
Interaktionsdiagramme (Denert)	4.2.8, S. 145
Dialognetze	4.2.8
ViewNets	4.2.8
Integrierte Methoden (TRIDENT, TASK)	4.2.10, S. 150

Im folgenden behandeln wir die Modellierung von Anwendungs-, Nutzungs- und Softwaresystem in eigenen Unterkapiteln. In jedem Unterkapitel werden zuerst die Gestaltungsziele für das jeweilige System herausgearbeitet. Danach werden die Ausprägungen der Systemkonzepte für das jeweilige System charakterisiert. Darauf aufbauend beschreiben wir die typischen Modellierungsansätze für jedes System und bewerten ihre Eignung für die externe oder interne Aufgabenspezifikation und den Entwurf. Diese Bewertungen werden am Schluß jedes Unterkapitels zusammengefaßt zu einer Charakterisierung der Modellierung des jeweiligen Systems. Diese Charakterisierung ist die Grund-

lage für die Wahl der Modellierungstechniken unserer in Kap. 5 vorgestellten
Methode OASE.

4.1 Anwendungssystem

Das Anwendungssystem bildet den fachlichen und organisatorischen Rahmen für das Softwaresystem. Wir haben uns in diesem Buch auf Software zur Unterstützung von Arbeitshandeln in Betrieben eingeschränkt. Das Anwendungssystem ist damit ein Unternehmen. Der organisatorische Rahmen ist gegeben durch die Ziele des Unternehmens und die Organisationsstruktur im Unternehmen sowie die Organisation der Kunden- und Lieferantenbeziehungen. Der fachliche Rahmen besteht aus den Diensten[1], die das Unternehmen seinen Kunden bietet, und den Daten und Aktivitäten, die es zur Umsetzung dieser Dienste benötigt. Der fachliche Rahmen wird oft auch *Anwendungslogik* genannt. Die Dienste des Softwaresystems spiegeln diese Anwendungslogik meist direkt wieder. Deshalb konzentrieren sich die meisten Softwareentwicklungsmethoden auch nur auf die Modellierung der Anwendungslogik und vernachlässigen den organisatorischen Rahmen. Dies führt oft zum Scheitern von Softwareentwicklungsprojekten: Der Einsatz von Softwaresystemen verändert meist die Organisationsstruktur grundlegend. Diese Veränderung muß von allen Beteiligten mitgetragen werden, wenn das Softwaresystem erfolgreich eingesetzt werden soll (siehe z.B. [BCDS93]).

Im folgenden beschäftigen wir uns deshalb in 4.1.1 zuerst mit den Grundfragen der Unternehmensorganisation und den Auswirkungen von Informations- und Kommunikationstechnologie auf die Unternehmensstruktur. Danach diskutieren wir in 4.1.2 die Systemsicht auf das Unternehmen und stellen in 4.1.3 und 4.1.4 typische Modellierungsmethoden für die Anwendungslogik und den organisatorischen Rahmen vor.

4.1.1 Organisation des Unternehmens

Nach Kosiol ist die Organisation des Unternehmens an seinen Aufgaben auszurichten [Kos62]. Die Aufgabenanalyse ermittelt

- die Verrichtungsziele, d.h. die Aktivitäten, die zur Erfüllung der Gesamtaufgabe beitragen,
- die betroffenen Objekte,
- die Entscheidungs- und Ausführungsanteile bei der Aktivitätenausführung,
- die Planungs- und Kontrollaktivitäten, die die Durchführung der eigentliche Aufgabe begleiten, sowie
- die Verwaltungsanteile der Aktivitäten.

---

[1] Wir verstehen hier Produkte als eine besondere Art von Diensten.

Diese lassen sich dann in verschiedener Weise zu einer Aufbau- und Ablaufstruktur des Unternehmens verknüpfen. Kosiol priorisiert die Aufbaustruktur, d.h. die Zuordnung der Aufgabenanteile zu verschiedenen Organisationseinheiten, vor der Festlegung der Durchführungsreihenfolge, also der Ablaufstruktur. Insbesondere beginnt die Ablaufbetrachtung erst auf der Ebene der Arbeitsprozesse einzelner Personen. Im Gegensatz dazu wird seit Anfang der 90er Jahre die Ablaufsicht auf das Unternehmen betont [Dav93]. Unter dem Stichwort *Business Process Reengineering* wird auf die Art und Weise der Aufgabendurchführung fokussiert. Das Ziel ist, gleichberechtigt zur Produktinnovation das Innovationspotential durch Prozeßverbesserung herauszuarbeiten. Ein wesentlicher Faktor dieser Innovation ist dabei die Informations- und Kommunikationstechnologie (kurz *IuK-Technologie*). In dem Buch *Die grenzenlose Unternehmung* von Picot, Reichwald und Wigand [PRW98] wird deutlich, wie im Umfeld der Internationalisierung der Märkte und der Globalisierung der Ressourcenbeschaffung die IuK-Technologie zur Auflösung von Hierarchien, Standort-, Unternehmens- und Marktgrenzen beitragen kann. Wir beschränken uns hier auf die Betrachtung des IuK-Technologieeinsatzes innerhalb eines Unternehmens.

Informationstechnologie. Informationstechnologie kann insbesondere zur Verbesserung der Autarkie einzelner Arbeitsplätze eingesetzt werden, d.h. Aufgabenträger werden durch Einsatz von Technologie möglichst unabhängig von anderen Aufgabenträgern. Beispiele dafür sind die typischen Büroanwendungen wie Textverarbeitung, aber auch die traditionellen Informationssysteme mit Transaktions- und Sperrmechanismen, die autarken Informationszugang und autarke Informationsverarbeitung ermöglichen.

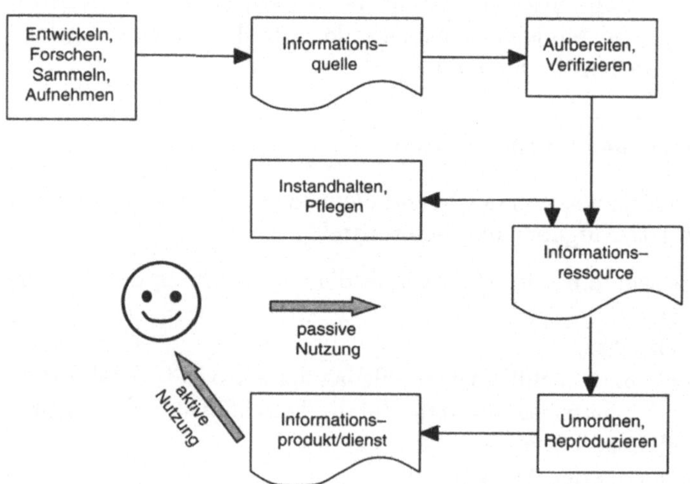

Abb. 4.1. Der Informationslebenszyklus im Unternehmen nach [PRW98]

Abbildung 4.1 zeigt den *Lebenszyklus der Information* im Unternehmen nach [PRW98]. Durch Aufnehmen und Strukturieren werden Daten zu einer Informationsquelle gebündelt. Die Nutzung als langfristige Informationsressource erfordert das Verifizieren und eine inhaltliche und technologische Aufbereitung, die leichten Zugang zu den Informationen ermöglicht. Diese Zugangsstrukturen und die Informationen müssen über den ganzen Lebenszyklus gepflegt werden. Durch automatische Aufbereitung und Verteilung werden Informationen zu Produkten und Diensten. Ansonsten stehen sie den Informationsnutzern als passive Ressource zur Verfügung.

Obwohl die technologischen Möglichkeiten vielfältig sind, bereitet die geeignete Aufbereitung und insbesondere die langfristige Pflege von verteilt gesammelten und genutzten Informationen immer noch Schwierigkeiten, vor allem, weil die dazugehörigen organisatorischen und sozialen Prozesse oft unterschätzt werden.

Kommunikationstechnologie. Kommunikationstechnologie dient der Verbesserung der Kommunikationsbeziehungen zwischen verschiedenen Arbeitsplätzen. Dabei ist zu unterscheiden zwischen der kooperativen Bearbeitung in gut oder schlecht strukturierten Prozessen, unterstützt durch Workflow-Systeme oder Groupware [TSMB95, BS98].

Die in Tabelle 4.2 dargestellte, im wesentlichen aus [BC94] entnommene Tabelle ordnet unterschiedliche Softwaresystemtypen unterschiedlichen Organisationstypen aufgrund des im Unternehmen vorherrschenden Koordinationsmechanismus zu. Dieser Mechanismus ist insbesondere der Komplexität der Umwelt anzupassen. Die Tabelle macht deutlich, daß IuK-Technologie sehr verschiedene Koordinationsmechanismen unterstützen kann, je nachdem, welche Art von Informationsfluß und Kommunikation im Unternehmen vorherrscht.

Prozeßinnovation durch IuK-Technologie

- Ersatz menschlicher Arbeitskraft durch Automatisierung
- Veränderung der Ablauffolge
- Ausschalten von Zwischenstufen
- Maschinelle Verfolgung von Geschäftsvorfällen
- Sammlung, Kommunikation und Bereitstellung betrieblichen Wissens
- Verbesserung der Entscheidungsfindung
- Koordination über Distanzen
- Abstimmung zwischen Aufgaben und Prozeß
- Führung anhand von Prozeßgrößen

Abb. 4.2. Prozeßinnovation durch IuK-Technologie nach [Dav93]

In bezug auf die Geschäftsprozesse läßt sich nach Davenport [Dav93] das Innovationspotential der IuK-Technologie wie in Abb. 4.2 zusammenfassen. Vor allem im Produktionsbereich hat die Automatisierung menschliche Ar-

Tabelle 4.2. Organisatorische Grundtypen von Unternehmen und Softwaresystem nach [BC94]

Unternehmenstyp	Primärer Koordinationsmechanismus	Schlüsselteil der Organisation	Umwelt	Softwaresystemtyp
Unternehmerische Organisation	Direkte Kontrolle	Strategische Spitze	einfach und dynamisch	Standardanwendungen, z.B. für Administration
Maschinenbürokratie	Standardisierung der Arbeitsabläufe	Technostruktur	einfach und stabil	Planungs- und Dispositionssysteme
Organisation der Professionals	Standardisierung der Fertigkeiten	Operativer Kern	komplex und stabil	Expertensysteme, Recherchesysteme
Diversifizierte Organisation	Standardisierung des Outputs	Mittleres Management	Diversifizierte Märkte	Kontrollsysteme, Berichtssysteme
Innovative Organisation	Gegenseitige Abstimmung	Unterstützungsstäbe	komplex und dynamisch	Know-How-Datenbanken, Groupwaresysteme

beitskraft ersetzt. In dem hier betrachteten Bereich der Unterstützung von Verwaltungs- und Entwicklungstätigkeiten durch betriebliche Informationssysteme geht es insbesondere um die Veränderung der Ablauffolge, das Ausschalten von Zwischenstufen und verbesserte Entscheidungsfindung durch verbesserte und auch über Distanzen zugängliche Informationen, um die Erfassung weitergehender Informationen über Geschäftsvorfälle und um die Nutzung betrieblichen Wissens.

Soziale Faktoren des IuK-Technologie-Einsatzes. Die Einführung von IuK-Technologie in einem Unternehmen führt zu großen Veränderungen bzgl. der Ablauf- und Aufbauorganisation. Damit sind viele Personen betroffen, die ganz unterschiedliche Interessen haben. Die *sozio-technische* Unternehmensgestaltung befaßt sich genau mit diesem Geflecht aus Interessen und Abhängigkeiten bei der Technikgestaltung. Da sich die Interessen oft widersprechen, ist es nicht ohne weiteres möglich, *eine gemeinsame* Sichtweise auf das zu gestaltende System zu entwickeln. Schon in den 60er Jahren wurden *sozio-technische* Methoden entwickelt, die diese Problematik insbesondere im Hinblick auf die Entwicklung technischer Systeme thematisieren [THMP63, Eme78]. Die Organisation wird dabei als ein komplexes soziales Gebilde angesehen, das bei der Gestaltung von Arbeitstätigkeiten zu berücksichtigen ist. In den 80er Jahren wurden diese Ideen wieder aufgegriffen: Peter Checkland stellte die *Soft Systems Methodology* vor [Che88], die ein Unternehmen durch Aufgabenabhängigkeiten modelliert, aber besonders methodisch eingeht auf die Erstellung von Modellen aus unterschiedlichen Perspektiven und ihre Integration. Enid Mumford entwickelte die *ETHICS Method* [Mum83, Mum93]. Diese betont die Beteiligung der zukünftigen Nutzer am Entwicklungsprozeß. Der Prozeß geht ein auf die in Abb. 4.3 zusammengefaßten Fragestellungen.

Fragestellungen der sozio-technischen Unternehmensgestaltung

- Was ist die Hauptaufgabe des Unternehmens?
- Welche Defizite gibt es in bezug auf Effektivität bei der Aufgabenausführung?
- Welche in bezug auf die Arbeitszufriedenheit?
- Welche Defizite gibt es in bezug auf Effizienz?
- Welche zukünftigen Entwicklungen werden Einfluß auf das Unternehmen haben?
- Welche Informationen sind bei der Ausführung wesentlich?
- Wie kann das Unternehmen und die Arbeitsplätze umstrukturiert werden?

Abb. 4.3. Fragestellungen der sozio-technischen Unternehmensgestaltung nach [Mum93]

Es ist klar, daß diese Fragestellungen nur in Zusammenarbeit mit den Nutzerinnen und Nutzern beantwortet werden können. Ansätze zur Benutzerbeteiligung haben wir in 2.5 vorgestellt. Auf die Kriterien zur Arbeitsplatzgestaltung gehen wir in 4.2.1 näher ein.

4.1.2 Das Unternehmen als System

Gemäß des Systemkonzeptmodells läßt sich ein Unternehmen wie folgt als System charakterisieren:

- *Akteure:* Das gesamte Unternehmen oder der betrachtete Unternehmensausschnitt kann als ein Akteur angesehen werden, der seiner Umgebung Dienste bereitstellt. Diese Vorstellung paßt besonders gut auf Dienstleistungsabteilungen, gilt aber ebenso für Entwicklung oder Produktion. Als Vorstufe der Modellierung des Nutzungssystems wird bei der Modellierung des Anwendungssystems das Unternehmen meist weiter unterteilt in Verantwortliche für einzelne Aufgabenbereiche. Dies können immer noch ganze Abteilungen sein.
- *Daten/Zustand:* Daten liegen in Unternehmen meist in (elektronischen oder textuellen) Dokumenten vor oder treten auch nur als Kommunikation zwischen Akteuren in Erscheinung. In Unternehmen sind den Daten meist

bestimmte Akteure als Verantwortliche zugeordnet. Oft liegen die Daten redundant bei verschiedenen Akteuren vor.

- *Aktivitäten/Prozesse:* Aktivitäten sind die ausführbaren Teile einer Aufgabe. Sie sind oft implizit als Vorgabe für die Aufgabenerfüllung mit einer Aufgabendefinition verbunden. Der Zusammenhang der Aktivitäten zu der umfassenden Aufgabe ist den Akteuren oft nicht bewußt: Die eigenen Aktivitäten sind zu selbstverständlich, um einer Aufgabenzuordnung zu bedürfen. Die Aktivitäten anderer Akteure sind oft nicht bekannt, so daß eine Verknüpfung mit den eigenen Aktivitäten nicht möglich ist. Dies macht die Erfassung der gelebten Prozesse im Unternehmen sehr schwierig.

- *Dienste:* Dienste strukturieren das Verhalten der Akteure. Sie werden typischerweise nur für das gesamte Unternehmen definiert; zwischen den Akteuren eines Unternehmens nur, wenn damit auch ein Auftrags- und Bezahlungsverhältnis verbunden ist. Dies ist heutzutage immer mehr der Fall.

- *Rollen:* Rollen bündeln Verantwortlichkeiten, die Akteuren zugeordnet werden können. In der Unternehmensorganisation werden Verantwortlichkeiten meist fest konkreten Akteuren zugeordnet ohne explizit Rollen zu definieren. Dies ist auf hoher Ebene praktikabel, da es da nicht so viele Akteure gibt. Wie schon bei den Diensten angesprochen, werden Rollen im Unternehmen selten durch klar definierte Dienste gekennzeichnet, sondern nur durch die Angaben von Daten und Aktivitäten in dem Aufgabenbereich.

- *Ziele:* Es werden meist nur die Ziele des gesamten Unternehmens betrachtet. Sie stellen zusätzliche Anforderungen an die Diensterbringung im Unternehmen dar. Zielabhängigkeiten sind interessant, wenn das Zusammenspiel des Unternehmens mit den Geschäftspartnern untersucht wird oder das Zusammenspiel einzelner Abteilungen.

- *Nachricht/Interaktion:* Da die Dienste der Akteure im Unternehmen nicht explizit modelliert werden, wird auch der Nachrichtenfluß selten explizit betrachtet. Zum Nachrichtenfluß gehört jegliche Kommunikation, insbesondere auch Aushandlung und Genehmigung für bestimmte Arten der Aufgabenerfüllung. Für die Softwareentwicklung ist dies erst auf der Ebene des Nutzungssystems, d.h. zwischenmenschlichen Verhaltens, interessant.

Aufgrund der heutigen Fokussierung auf Geschäftsprozesse werden vor allem die Sichten der internen Aufgabenspezifikation, also Daten- und Aktivitätssichten, zur Modellierung des Anwendungssystems eingesetzt. Wir betrachten im nächsten Unterkapitel als ein Beispiel die Geschäftsprozeßmodellierung nach ARIS [Sch99]. Die Modellierung dieser Sichten dient zum einen zum Verständnis der Anwendungslogik, zum anderen erlaubt es auch die Bewertung der Prozeßdurchführung im Hinblick auf strategische Ziele wie z.B. Effektivität, Effizienz oder Direktheit des Kundenkontakts. Dadurch werden die im Umfeld der Softwareentwicklung notwendigen organisatorischen Veränderungen explizit. Die Entwurfssicht, d.h. die Modellierung von Rollen und ihre Kommunikation, ist vor allem interessant, um die durch das Softwaresystem unterstützten Aufgabenbereiche und Vertreter der jeweiligen

Interessensgruppen zu identifizieren. Eine genauere Gestaltung der Kommunikation ist erst auf der Ebene des Nutzungssystem wichtig.

Im folgenden betrachten wir Methoden für die Modellierung der Anwendungslogik und die Modellierung des organisatorischen und sozialen Rahmens getrennt.

4.1.3 Modellierung der Anwendungslogik

Die Modellierung der Anwendungslogik haben vor allem aus der Informatik hervorgegange Ansätze, wie die strukturierten und objektorientierten Analysemethoden, zum Ziel. Diese sind meist abgestimmt auf eine zugehörige Entwurfs- und evtl. auch Implementierungsmethode. Das Ziel der Analysemethoden ist die Erstellung eines Modells des Problembereichs. Das Modell dient dem Verständnis, soll aber noch keine Entwurfsentscheidungen beinhalten. Es ist eine Detaillierung der Anforderungsdefinition und wird meist gleich als Vorgabe für den Entwurf verwendet. Die Systemspezifikation wird nur in wenigen Methoden explizit definiert. Ausnahmen sind standardisierte Methoden wie SSADM [DCC92] oder formale Methoden wie FUSION [CAB$^+$94]. Typisch für diese Analysemethoden ist, daß sie nur die Anwendungslogik modellieren, und nicht den zugehörigen organisatorischen und sozialen Rahmen. Die Vernachlässigung dieses Kontexts führt dazu, daß die Beschreibung der Anwendungslogik leicht mit der Softwaresystembeschreibung verwechselt wird. Die meisten dieser Methoden betrachten auch das Nutzungssystem nicht explizit, sondern gehen gleich von der internen Aufgabenspezifikation der Anwendungslogik über zum Softwaresystementwurf.

Wir betrachten im folgenden die historisch älteren strukturierten Methoden vor den objektorientierten Methoden.

Strukturierte und datenorientierte Analyse. Mitte der 70er Jahre stellten D.T. Ross und K.E. Schoman mit der *structured analysis and design technique* (SADT)[RS77] als erste einen Ansatz zur graphischen Spezifikation der Anforderungen und des Entwurf eines Softwaresystems vor. Sie verwendeten einen Vorläufer der drei Jahre später durch Bücher von DeMarco [DeM78], Weinberg [Wei78] für die Analyse und von Yourdon und Constantine [YC79] für den Entwurf eingeführten Datenflußdiagramme. Abbildung 4.4 zeigt die Elemente dieser Datenflußdiagramme.

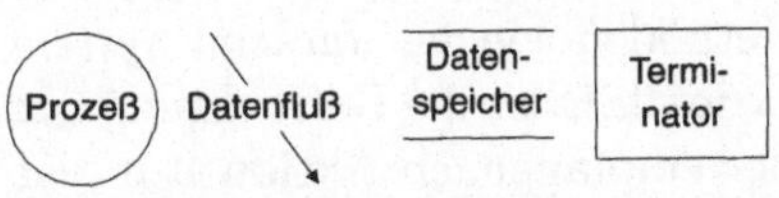

Abb. 4.4. Yourdon-Datenflußdiagramme

- *Prozeß:* Ein Prozeß entspricht in unserer Terminologie einer Aktivität. Die sogenannte *funktionale Zerlegung* in Teilprozesse ist ein wichtiger methodischer Schritt für diese Diagramme. Dabei wird ein Prozeß in ein Geflecht weiterer Prozesse und Datenspeicher zerlegt.

- *Datenfluß:* Datenfluß verbindet Prozesse mit externen Partnern und untereinander, evtl. noch über Datenspeicher. Eine Unterscheidung zwischen UND-Verknüpfung und ODER-Verknüpfung bei ein- und ausgehenden Kanten ist möglich.
- *Datenspeicher:* Ein Datenspeicher dient zur Zwischenspeicherung eines Datenflusses.
- *Terminator:* Ein Terminator entspricht in unserer Terminologie einem externen Partner, also einem nicht näher beschriebenen Akteur der Umgebung des Systems.

Diese Datenflußdiagramme erweitern damit die von uns in Kap. 3.3 eingeführten Datenflußdiagramme um Datenspeicher und externe Akteure.

Die eingängige Notation machte die Diagramme schnell populär, allerdings gab es eine Reihe von methodischen Schwierigkeiten beim konkreten Einsatz [Woo88]:

- Die Unterscheidung zwischen logischem und physikalischem Modell, die schon in [RS77] eingeführt worden war, war unklar.
- Die Betonung der funktionalen Zerlegung verengte den Blick auf die Systemfunktionalität und damit schon auf Lösungsaspekte.

Diese beiden Probleme wurden insbesondere durch den 1984 von McMenamin und Palmer [MP88] eingeführten Begriff der *Systemessenz* und der Betonung der Systeminteraktion geklärt. Das essentielle System ist unabhängig von der Technologie, d.h. es basiert auf der Annahme der perfekten Technologie. Die Aktivitäten und Daten des essentiellen Systems sind unbedingt notwendig aus fachlicher Sicht. Das logische Modell beschreibt damit das essentielle System, während das physikalische Modell die gerade im Unternehmen existierende Ausprägung des essentiellen Systems beschreibt. Zur Bestimmung der Aktivitäten werden die Interaktionen des Systems, d.h. seine Reaktionen auf Umgebungsereignisse, herangezogen. Diese Sichtweise ermöglicht eine weniger lösungsbezogene Modellierung.

Ende der 80er Jahre veröffentlichte Yourdon eine überarbeitete Form der strukturierten Analyse, die die Datenflußdiagramme um Kontrollflußaspekte erweiterte und zusätzlich noch Datenmodellierung mit Entity/Relationship-Diagrammen und Kontrollflußmodellierung mit Zustandsübergangsdiagrammen hinzunahm [You89]. Diese moderne Form der strukturierten Analyse war stark beeinflußt von den datenorientierten Methoden wie das *Jackson System Development (JSD)* [Jac83]. Ausgangspunkt des JSD ist die Betrachtung der Entitäten und der von ihnen ausgelösten oder empfangenen Aktionen in der realen Welt. Aktionen entsprechen Aktivitäten in unserer Terminologie. Aktivitäten werden zu *Entitätsstrukturdiagrammen* (auch Jackson-Diagramme genannt) zusammengefaßt, die die Reihenfolge der Aktivitäten auf den Entitäten bestimmen. Abbildung 4.5 zeigt ein solches Diagramm.

Der oberste Kasten repräsentiert die Entität. Die anderen Kästen stehen für Aktivitäten, die Kanten stellen Zerlegung von Aktivitäten dar. Die

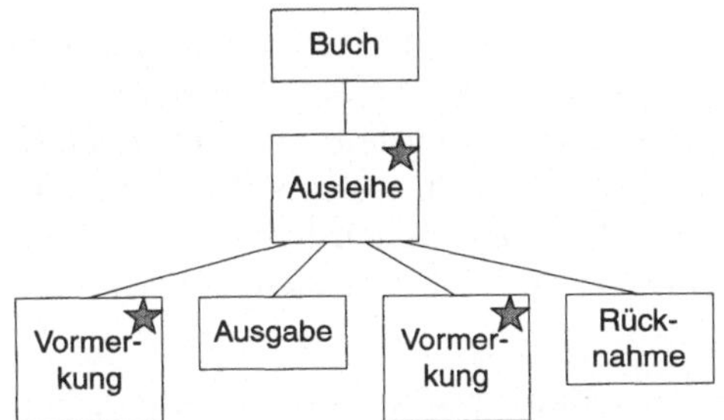

Abb. 4.5. Entitätsstrukturdiagramme des Jackson System Development

Reihenfolge von links nach rechts legt die Ausführungsreihenfolge fest. Kontrollflußkonstrukte wie Fallunterscheidung – dargestellt durch einen kleinen Kreis – und Wiederholung – dargestellt durch einen Stern – sind in den Kästen bezeichnet. Im Beispiel wird die Aktivitätenfolge auf der Entität Buch modelliert. Ein Buch wird durch beliebig viele Ausleihaktivitäten verändert. Diese bestehen aus einer Sequenz von Ausgabe und Rücknahme unterbrochen durch beliebig viele Vormerkungen.

Diese Diagramme sind ein Spezialfall der Kontrollzustandsdiagramme für Rollen aus Kap. 3.6.

Bewertung. Im Abgleich mit unserem Systemkonzeptmodell ist festzustellen, daß die strukturierte und datenorientierte Analyse vor allem Daten- und Aktivitätssichten verwendet, also auf die interne Aufgabenspezifikation fokussiert. Bei den reinen strukturierten Methoden sind dabei die Prozesse der Ausgangspunkt, bei den datenorientierten Methoden die Daten. In der konsolidierten Methode SSADM stehen Daten- und Aktivitätsmodellierung gleichberechtigt nebeneinander und müssen aufeinander abgestimmt werden. Da die strukturierte Analyse keine internen Akteure und damit auch keine Rollen betrachtet, ist der Schritt zum Softwaresystementwurf, der in strukturierten Methoden auf Modulen als Akteuren basiert, sehr groß. Bei der datenorientierten Analyse von JSD können die Entitäten Aktivitäten auslösen und sind deshalb auch als Akteure anzusehen. Diese Methode ist also den Konzepten der Objektorientierung schon recht nah. Allerdings wird viel mehr Wert auf den Entwurf der Systemdienste gelegt als das bei objektorientierten Methoden üblich ist.

Die Anschaulichkeit der Diagramme ermöglicht eine Diskussion mit dem Anwender und damit ein Verständnis für die fachliche Terminologie. Durch die Verwendung von Datenflußdiagrammen mit Datenspeichern ist die Aktivitätenfolge einzelner Aufgaben aber nicht mehr gut ersichtlich. Zur Modellierung des Arbeitshandelns fehlt auch die Einbeziehung der Akteure und Rollen.

Insgesamt ist die strukturierte und datenorientierte Analyse also gut geeignet für die interne Aufgabenspezifikation der Anwendungslogik. Die externe Aufgabenspezifikation, also die Dienste des Unternehmens, und der

Entwurf der Anwendungslogik, also die Verteilung auf verschiedene Akteure des Unternehmens, werden nicht thematisiert. Durch die Analyse werden die Dienste des Softwaresystems grob festgelegt. Damit entfällt eine eigenständige Modellierung des Nutzungssystems. Der Übergang zum Softwaresystementwurf ist schwierig, da keine Nachrichten- oder Rollensichten verwendet werden. Dies steht genau im Gegensatz zu der im folgenden betrachteten objektorientierten Analyse

Objektorientierte Analyse. Im gleichen Jahr, als Yourdon die überarbeitete Fassung der strukturierten Analyse vorstellt, wurde von Bailin auch die erste objektorientierte Analysemethode veröffentlicht [Bai89]. Zu dieser Zeit war die objektorientierte Programmierung schon zwanzig Jahre alt. Bailins Methode nennt sich objektorientiert, enthält aber noch Datenflußdiagramme und erlaubt noch keine Vererbung. Entsprechend der heutigen Auffassung von objektorientierten Methoden ist sie damit eigentlich näher an den strukturierten Methoden als z.B. die datenorientierte Methode *Information Engineering* von James Martin [Mar90]. Im Gegensatz zu strukturierten Analysemethoden wurden objektorientierte Methoden in kurzer Zeit in großer Anzahl veröffentlicht. Es ist daher unmöglich, über die Gesamtheit dieser Methoden Aussagen zu machen. [dF92, MP92, Ste93] geben jeweils einen Überblick über die verschiedenen Analysemethoden. [FK92] konfrontiert diese mit strukturierten Analyse- und Entwurfsmethoden.

Wir betrachten im folgenden OMT [RBP$^+$91], das als sehr typische objektorientierte Methode gilt und großen Einfluß auf UML hatte. UML selbst ist als Beispiel nicht geeignet, da keine methodischen Vorgaben damit verbunden sind.

Das zentrale Modell in allen objektorientierten Methoden, das als Hauptergebnis der Analyse betrachtet wird, ist das *Objektmodell*. Abbildung 4.6 zeigt die wichtigsten Elemente des Objektmodells von OMT.

- *Objekt:* Objekte sind die Akteure in der Objektorientierung. Sie repräsentieren Konzepte, Abstraktionen oder Dinge der realen Welt. Sie haben eine eigene Identität (unabhängig vom Datenzustand). Gegenüber Entitäten sind sie durch Dienste, die sie ausführen können, erweitert.
- *Klasse:* Eine Klasse beschreibt eine Gruppe von Objekten mit gleichen Eigenschaften. Attribute charakterisieren den Datenraum der Objekte, Operationen das Verhalten. In unserer Terminologie sind Operationen Dienste. Jedes Objekt ist genau einer Klasse zugeordnet. Damit sind Klassen gegenüber unserem Rollenbegriff eingeschränkt. Eine Klasse, die Dienstsignaturen vorgibt, aber kein Dienstverhalten, wird *abstrakte Klasse* genannt.
- *Beziehung:* Eine Beziehung beschreibt eine Gruppe von Abhängigkeiten zwischen Objekten der beteiligten Klassen. Beziehungen entsprechen einerseits den Relationships in Entity/Relationship-Diagrammen, andererseits Kommunikationskanälen. Wie in ERD kann eine Vielfachheit angegeben werden. Darüber hinaus können Beziehungen als eigene Klassen mit

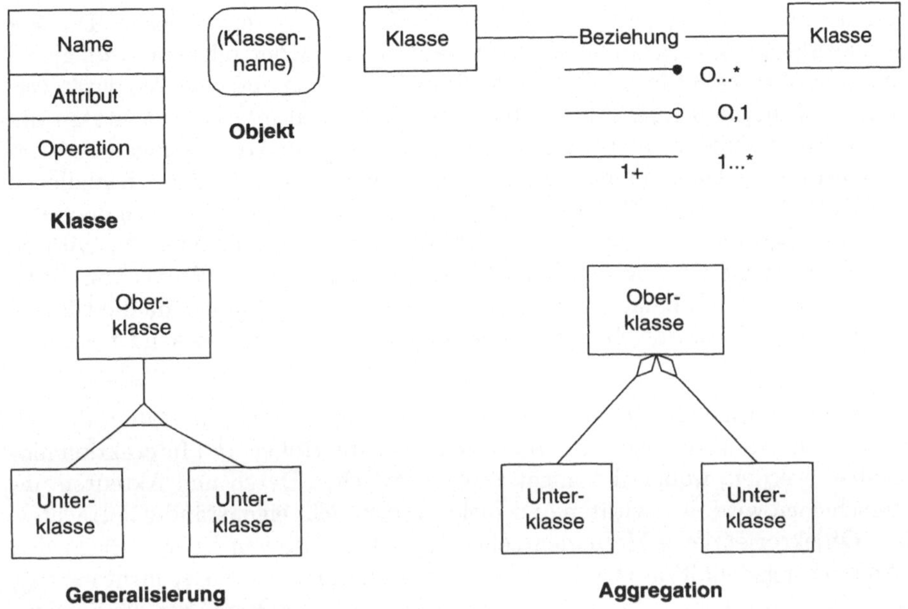

Abb. 4.6. Objektmodell

Attributen und Diensten modelliert werden. Sogenannte Rollen benennen gerichtete Beziehungen.

- *Generalisierung:* Generalisierung erlaubt, Gemeinsamkeiten zwischen verschiedenen Klassen herauszuziehen. Wie schon in 3.7 bzgl. der Kommunikationsstrukturdiagramme festgestellt, gibt es unterschiedliche Definitionen der Generalisierung. Allen gemeinsam ist, daß die Unterklasse den Datenraum und die Dienste der Oberklasse in irgendeiner Art und Weise erweitert.

- *Aggregation:* Aggregation beschreibt die Teilbeziehung. Diese hat als Zusatzeigenschaft die Transitivität und die Antisymmetrie. Weitere Eigenschaften, wie z.B. die Lebensdauer, können vom Ganzen auf die Teile übertragen werden, müssen aber nicht. Wie schon in 3.2 bzgl. der Entity/Relationship-Diagrammen festgestellt, ist die Semantik der Aggregation in der Literatur umstritten.

Objektmodelle sind damit eine Mischung von Entity/Relationship-Diagrammen mit Kommunikationsstrukturdiagrammen. Relationships und Kanäle lassen sich in diesen Diagrammen nicht unterscheiden. Typischerweise werden in den Diagrammen auch Klassen für Akteure im Anwendungssystem und für Daten vermischt.

In der Analysephase wird in OMT zuerst ein Objektmodell erstellt, das mit Zustandsübergangsdiagrammen ergänzt wird. Letztere zeigen den Nachrichtenfluß, der bei einem Objekt ein- und ausgeht. Sie werden von sogenannten *Event Traces* abgeleitet, die Sequenzdiagrammen entsprechen. Die Zustandsübergangsdiagramme sind im wesentlichen Kontrollzustandsdiagramme, allerdings sind in OMT (wie auch in UML) Zustand und Aktivität vermischt. Innerhalb eines Automatenzustands können interne Aktivitäten ablaufen, andererseits entsprechen Automatenzustände Abstraktionen von Datenzuständen. Die Semantik dieser Diagramme ist damit schwer festzulegen [BHH+97]. Neben den Zustandsübergangsdiagrammen werden auch noch Datenflußdiagramme in OMT verwendet. Die dort vorkommenden Aktivitäten entsprechen gleichzeitig den Diensten der Objekte. In die Praxis von OMT haben die Datenflußdiagramme nie so recht Eingang gefunden, da die Dienste meist schon durch die Zustandsübergangsdiagramme ausreichend bestimmt sind.

Bewertung. Im Vergleich mit dem Systemkonzeptmodell gilt, daß in der objektorientierten Analyse Akteure, Daten, Dienste, Rollen und Interaktion modelliert werden, wobei aber nicht explizit zwischen Daten und Akteuren unterschieden wird. Aktivitäten und Ziele werden nicht eigenständig betrachtet.

Objektorientierte Methoden gehen typischerweise von einer vorliegenden Anfoderungsdefinition aus. Die Systemspezifikation wird meist nicht explizit erstellt [Dav95]. Erst die in 2.8 vorgestellte Methode OOSE hat die Systemdienste in Form von Use Cases in die Objektorientierung integriert. Das Nutzungssystem wird außer in OOSE bei objektorientierten Methoden praktisch nicht betrachtet. Das Objektmodell erleichtert den Übergang zum Softwaresystementwurf, da es dort wiederverwendet wird. Die Praxis hat allerdings gezeigt, daß es zur Kommunikation mit den Fachexperten und zur Beschreibung des Arbeitshandelns wenig geeignet ist [Moy94]. Ein weiteres großes Problem ist die Zuordnung von Diensten, die mehrere Klassen betreffen, zu Klassen. Die frühe Festlegung von Diensten bei den Klassen vermischt den Entwurf mit der internen Aufgabenspezifikation der Anwendungslogik.

Insgesamt ist die objektorientierte Analyse nicht geeignet für die externe Aufgabenspezifikation der Anwendungslogik (also der fachlichen Dienste). Die interne Aufgabenspezifikation und der Entwurf der Anwendungslogik sind nicht scharf getrennt, da die Anwendungslogik gleich durch kommunizierende Objekte beschrieben wird. Eine gewisse Trennung nehmen Ansätze wie OOSE vor, das in der Analyse weder die Dienste der Klassen festlegt noch das Klassenverhalten. OMT legt beides schon in der Analyse fest.

4.1.4 Modellierung des organisatorischen und sozialen Rahmens

Der organisatorische und soziale Rahmen besteht aus den Zielen des Unternehmens und der Akteure im Unternehmen und der Organisationsstruktur des Unternehmens. Er wird vor allem durch betriebswirtschaftliche Methoden untersucht. Diese Methoden geben weniger Modellierungskonzepte vor als Gestaltungsrichtlinien. Eine Ausnahme sind Ansätze zur Geschäftsprozeßmodellierung, die in den letzten Jahren entwickelt wurden. Um auch die

Konzepte bei der Zielmodellierung deutlich machen zu können, greifen wir zurück auf eine Methode aus dem Knowledge-Engineering.

Geschäftsprozeßmodellierung. Methoden der Geschäftsprozeßmodellierung sind ein Hilfsmittel des Business Process Reengineering. In den letzten Jahren wurde eine Vielzahl von solchen Methoden, teilweise mit Werkzeugunterstützung, entwickelt. [HB95] gibt einen guten Überblick über verschiedene Notationen und Werkzeuge. Im Mittelpunkt der diagrammatischen Methoden steht ein Prozeßablaufdiagramm. Wir stellen im folgenden die Notation des Werkzeugs ARIS von Scheer vor, die sogenannten *ereignisgesteuerten Prozeßketten*. Das Werkzeug und die Notation sind aufgrund des Zusammenhangs mit SAP R/3 sehr weit verbreitet [Sch99, KNS92]. Abbildung 4.7 zeigt die verwendeten notationellen Elemente.

Abb. 4.7. Ereignisgesteuerte Prozeßketten

- *Ereignis:* Ereignisse entsprechen Zustandsbedingungen in unserer Terminologie. Sie ermöglichen es, komplexe logische und zeitliche Abhängigkeiten zwischen Funktionen darzustellen.
- *Funktion:* Funktionen werden durch Ereignisse aktiviert, sie rufen selbst wieder Ereignisse hervor. Sie entsprechen Aktivitäten in unserer Terminologie. Sie können organisatorischen Einheiten zugeordnet werden.
- *Kontrollfluß:* Der Kontrollfluß verbindet Funktionen und Ereignisse, evtl. auch unter Verwendung von Verknüpfungsoperatoren.
- *Verknüpfungsoperatoren:* Verknüpfungsoperatoren ermöglichen die Darstellung komplexer Ereignisse.

Diese Diagramme entsprechen Ereignisaktivitätsdiagrammen. Ergänzend wird auch das sogenannte Funktionsmodell verwendet, eine Art von Dienststrukturdiagramm. Als Tribut an die objektorientierte Modellierung wurden auch Klassendiagramme mit den üblichen Elementen wie Relationships, Aggregation und Generalisierung zwischen Klassen eingeführt [SJ96]. Die Funktionen werden den Klassen als Dienste zugeordnet. Diese Zuordnung erzwingt einen Isomorphismus zwischen Aktivitäten und Diensten, der aber höchstens auf der Ebene einzelner Arbeitsschritte zu erreichen ist. Die ereignisgesteuerten Prozeßketten sind damit – wie die meisten anderen diagrammatischen Modellierungsmethoden [HB95] – eher für die Modellierung des Nutzungssystems als die Geschäftsprozeßmodellierung geeignet. Allerdings fehlt das Konzept der Rolle, das eine flexible Zuordnung von Akteuren zu Aktivitäten ermöglicht.

Zielmodellierung. Zielmodellierung ist eine Ergänzung der Prozeßmodellierung, die auf die Intentionen der Akteure fokussiert. Die Modellierung der Intentionen macht die Hintergründe des Handelns sichtbar. Diese Hintergründe sind wichtige Informationen bei der Erstellung der Anforderungsdefinition. Wir stellen im folgenden die Notation des i^*-Ansatzes vor [Yu97]. Dort werden zwei Arten von Diagrammen unterschieden:

- Strategische Abhängigkeiten zwischen den Akteuren und
- strategische Absichten einzelner Akteure, d.h. die Wege zur Zielerfüllung.

Abbildung 4.8 zeigt die notationellen Elemente der beiden Diagramme. Abbildung 3.13 auf S. 81 gibt ein Beispiel für die Darstellung strategischer Absichten eines einzelnen Akteurs.

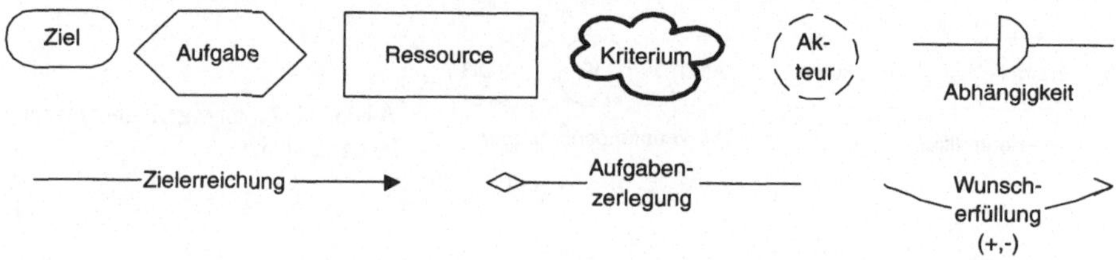

Abb. 4.8. Strategische Abhängigkeiten und Absichten

- *Ziele:* Ziele entsprechen Zuständen in unserer Terminologie. Zielerreichungspfeile verbinden Aufgaben, Ressourcen, Kriterien und Teilziele mit den Zielen. Eine Zielabhängigkeit zwischen zwei Akteuren besteht, wenn der eine Akteur andere Akteure zur Zielerreichung benötigt.
- *Aufgaben:* Aufgaben machen Vorgaben für die Zielerreichung. Sie werden nicht von den Aktivitäten unterschieden. Aufgabenzerlegung wird durch einen dekorierten Pfeil dargestellt. Wir verwenden hier – im Gegensatz zur Ursprungsnotation – eine Raute. Eine Aufgabenabhängigkeit besteht, wenn der eine Akteur von der Aufgabenausführung des anderen abhängig ist. Durch Kriterienerfüllungspfeile zwischen Aufgaben und Kriterien wird dargestellt, inwieweit Aufgaben der Kriterienerfüllung dienen (+) oder abträglich (-) sind.
- *Ressourcen:* Ressourcen sind Akteuren zugeordnet und können anderen Akteuren zur Verfügung gestellt werden. Eine Ressourceabhängigkeit besteht, wenn ein Akteur dem anderen seine Ressourcen (oft Daten) zur Verfügung stellt.
- *Kriterien:* Kriterien (Soft Goals im Original) sind durch Wolken dargestellt. Sie beschreiben Ansprüche der Akteure an die Zielerreichung. In unserer Terminologie entsprechen sie Zielen.
- *Akteurzuordnung:* Alle Ziele, Aufgaben, Ressourcen und Kriterien werden durch Umrandung mit einem gestrichelten Oval eindeutig je einem Akteur zugeordnet.

Bei Beschränkung auf die Aufgaben können Aufgabenhierarchien modelliert werden. Im allgemeinen entstehen komplexe Abhängigkeitsstrukturen. Diese sind besonders bei wenig strukturierter Arbeit interessant, deren Prozesse nicht gut zu beschreiben sind. Die Zielmodelle können in bezug auf die Möglichkeiten zur Zielerreichung und das Kosten-Nutzen-Verhältnis analysiert werden, in dem jedes Element darauf untersucht wird und die gegenseitigen Abhängigkeiten verfolgt werden.

Bewertung. Im Abgleich mit dem Systemkonzeptmodell wird deutlich, daß Geschäftsprozesse Akteure, Daten, Aktivitäten, Dienste (soweit identisch mit Aktivitäten) und Interaktion modellieren. Zielmodelle fokussieren auf Ziele, Aktivitäten (aber ohne Datenfluß), Daten und Akteure.

Geschäftsprozeßmodelle sind ein geeignetes Mittel für die interne Aufgabenspezifikation des Anwendungssystems. Es ist aber unklar, wie man zu einer externen Aufgabenspezifikation die geeigneten Geschäftsprozesse findet. Für den Entwurf des organisatorischen Rahmens des Anwendungssystems werden nur die Akteure identifiziert. Die Kommunikation der Beteiligten oder ihre Ziele stehen nicht im Vordergrund. Weiterhin fehlt das Konzept der Rolle, um einen vollständigen Anwendungssystementwurf zu ermöglichen [KBKS96]. Zielmodelle sind besonders in den frühen Phasen der Softwareentwicklung interessant, um die Interessen der Akteure und ihre gegenseitigen Abhängigkeiten beim Arbeitshandeln explizit zu machen. Damit sind sie geeignet für die externe Aufgabenspezifikation sowohl des Anwendungssystems als auch des Nutzungssystems. Es ist allerdings unklar, wie das Zielmodell in eine Prozeßbeschreibung und damit in eine interne Aufgabenspezifikation umgesetzt werden kann.

4.1.5 Zusammenfassung

Abbildung 4.9 faßt die Schlußfolgerungen bzgl. der von uns betrachteten Modellierungstechniken im Hinblick auf Produkte für das Anwendungssystem zusammen. Unserer Meinung nach hat sich die von dem organisatorischen Rahmen losgelöste Modellierung der Anwendungslogik nicht bewährt. Dies führt dazu, daß die externe und interne Aufgabenspezifikation des Anwendungssystems mit der des Softwaresystems vermischt wird. Damit verlieren die Entwickler den Blick für die Gestaltung des Anwendungssystems. Wir verwenden deshalb für die Modellierung des Anwendungssystems Ansätze, die die Anwendungslogik in ihrem Kontext betrachten. Modelle, die nur auf die Anwendungslogik fokussieren, werden dann bei Modellierung des Softwaresystems wieder aufgegriffen.

4.1.6 Weiterführende Literatur

Die Literatur über Geschäftsprozeßgestaltung ist vielfältig. [Dav93] und [HC93] gelten als die Grundlagenwerke. [GSVR94] stellt praktisch umsetzbare Konzepte des Business Process Reengineering vor. [Öst95] beschreibt

---

Modellierung des Anwendungssystems

- *Externe Aufgabenspezifikation:* Die Definition der externen Aufgabenspezifikation des Anwendungssystems umfaßt die Dienste des Unternehmens gegenüber den Kunden und die strategischen Ziele bei der Umsetzung dieser Dienste mithilfe von IuK-Technologie. Betriebswirtschaftliche Ansätze sind geeignet, um die Gestaltungsoptionen auf dieser Ebene herauszuarbeiten. Sozio-technische Ansätze bieten Hilfestellung bei der Konsensbildung aller Beteiligten über die Rolle von IuK-Technologie im Unternehmen. Typischerweise werden die Dienste und Ziele nur textuell erfaßt. Zielmodellierung kann eingesetzt werden, um Zielabhängigkeiten zwischen verschiedenen Akteuren deutlich zu machen.

- *Interne Aufgabenspezifikation:* Die interne Aufgabenspezifikation beschreibt die Umsetzung der Dienste und Ziele des Unternehmens. Auf grober Ebene läßt sich diese Umsetzung am besten durch die Geschäftsprozesse im Unternehmen und die dazu notwendigen Daten und Datenabhängigkeiten beschreiben. Dies kann bei stark strukturierten Abläufen im Verwaltungsbereich bis auf Detailebene fortgesetzt werden. Bei weniger strukturierten Arbeiten bringt die interne Aufgabenspezifikation gegenüber der Zielmodellierung der externen Aufgabenspezifikation wenig neues. Das Anwendungsdatenmodell läßt sich in Form von Entity/Relationship-Diagrammen beschreiben, die allerdings nur sehr informell Beobachtungen über Datenzusammenhänge wiedergeben. In jedem Fall ist eine Ergänzung durch ein ausführliches Glossar wichtig. Zur Beschreibung der Geschäftsprozesse steht eine Vielzahl von Aktivitätsfolgendiagrammen zur Auswahl.

- *Entwurf:* Die Organisationsstruktur des Unternehmens mit Angabe verschiedender Abteilungen und ihrer Verantwortlichkeiten, d.h. Rollen, bildet den Entwurf des Unternehmens. Diese Struktur sollte den Ablauf der Geschäftsprozesse nicht unnötig verkomplizieren, d.h. so wenig wie möglich zusätzliche Informations- und Kommunikationsabhängigkeiten einführen. Sie wird meist nur textuell beschrieben durch Angabe von Daten- und Aktivitätsverantwortlichkeiten, aber ohne Dienstfestlegung.

Abb. 4.9. Modellierung des Anwendungssystems

in Form eines Lehrbuchs mit ausführlichem Praxisbeispiel die Geschäftsprozeßgestaltung und ihre Weiterführung im Informationssystementwurf. Der Zusammenhang zwischen Geschäftsprozeßgestaltung und Workflowmanagementsystemeinsatz wird in [VB96, JBS97] thematisiert.

Ansätze zur ziel- und interessensorientierten Unternehmensmodellierung stammen vorrangig aus dem Requirements-Engineering. Einen guten Überblick gibt [Mac95].

Zur Modellierung der Anwendungslogik gibt es eine Vielzahl von strukturierten und objektorientierten Analysemethoden. Neben den bisher genannten (SSADM, OMT, FUSION, OOSE) ist besonders OOram [RWL96] erwähnenswert, das den Rollenbegriff sehr konsequent einsetzt.

4.2 Nutzungssystem

Das Nutzungssystem bestimmt die Verteilung der fachlichen Aufgaben auf das Softwaresystem und seine Umgebung. Bei betrieblichen Informationssystemen besteht die Umgebung aus Menschen (innerhalb und außerhalb des Unternehmens), die das System nutzen, und evtl. aus anderen Softwaresystemen, mit denen Daten ausgetauscht werden. Die rasche technologische Entwicklung ermöglicht eine Vielfalt von Nutzungsformen: von der reinen Datenhaltung über Kommunikationsinfrastruktur bis hin zu Workflowsystemen und Groupware. Ebenso vielfältig sind die Interaktionsformen bei der Softwarenutzung: von alphanumerischer Dateneingabe mit der Tastatur und Datenausgabe in Bildschirmmasken über Zeige-, Positionier- und Steuergeräte und graphische Benutzungsschnittstellen bis hin zu Datenhandschuh, Spracheingabe und virtuellen Welten. Wir beschränken uns im folgenden auf Datenhaltung in betrieblichen Informationssystemen und auf graphische Benutzungsschnittstellen. Die Schnittstelle des Softwaresystems zu anderen Softwaresystemen wird nicht thematisiert.

In diesem Kontext besteht das Nutzungssystem aus dem Informationssystem und den Nutzern. Die Aufgaben der Nutzer und die Art und Weise der Aufgabendurchführung mithilfe des Softwaresystems bestimmen die Dienste, Daten und Aktivitäten des Nutzungssystems. Sie sind durch die Anwendungslogik und die Unternehmensstruktur grob vorgegeben. Darüber hinaus sind aber die Verteilung der Daten und Aktivitäten zwischen Mensch und Maschine sowie genaue Details der durch Software unterstützten Arbeitsorganisation zu bestimmen. Beispiele für letzteres sind Undo-Dienste oder die Verwaltung von Lesezeichen, die häufige Einstiegspunkte der Nutzer markieren. Sowohl die Grundsatzfragen der Arbeitsaufteilung als auch die Arbeitsorganisationsdetails werden in den üblichen Softwareentwicklungsmethoden meist nicht thematisiert. Dies führt oft zur geringen Akzeptanz von Softwaresystemen durch die Nutzer: Der Einsatz von Softwaresystemen verändert die Arbeitsorganisation der Nutzer meist grundlegend. Diese Veränderung muß von allen Beteiligten getragen werden, wenn die Software im Arbeitsalltag erfolgreich eingesetzt werden soll.

Im folgenden beschäftigen wir uns deshalb in 4.2.1 und 4.2.2 mit den Grundfragen humaner Arbeitsgestaltung und der Benutzungsschnittstellengestaltung. Danach stellen wir in 4.2.3 die Systemsicht auf das Nutzungssystem vor. Da die Modellierung des Nutzungssystems meist getrennt von dem Softwareentwicklungsprozeß betrachtet wird, gehen wir in 4.2.10 genauer auf Methoden ein, die eine Integration von beidem bezwecken. In 4.2.4 bis 4.2.8 gehen wir auf verschiedene Modellierungsansätze ein, die in der folgenden Übersicht kurz vorgstellt werden.

Modelle des Nutzungssystems. Es gibt in der Literatur mehrere Ansätze, die Modelle im Bereich der Mensch-Maschine-Kommunikation zu klassifizieren. Ein erster Ansatz [Whi87] unterscheidet danach, wer (Benutzer, Entwickler, Forscher, Software) was (Benutzer, Anwendungssystem, Software, Entwickler) modelliert. In dieser Aufzählung fehlen interessanterweise Modelle des Nutzungssystems selbst. Modelle des Benutzers von einem Softwaresystem werden auch als *mentale Modelle* bezeichnet. Ihre Beschreibung wird in Anlehnung an [Sta96] als *kognitives Modell* bezeichnet. Dies sind Modelle der Forscher über die Benutzer. Modelle, die im Softwaresystem explizit verwaltet werden, betreffen heutzutage nur Benutzer. Es sind kognitive Modelle, deren explizite Verwaltung in der Software eine flexible Anpassung an verschiedene Benutzer ermöglicht. In dem vorliegenden Buch stehen Entwicklermodelle im Vordergrund. Die Modelle der Entwickler vom Anwendungssystem haben wir im letzten Kapitel behandelt. Bei den Modellen des Nutzungssystems lassen sich weitere Unterscheidungen treffen, je nachdem, ob die Benutzer, die Aufgaben, die Interaktion, die Schnittstelle (auf verschiedenen Abstraktionsebenen) oder die Software modelliert werden.

- *Benutzermodelle:* Benutzermodelle charakterisieren die Fertigkeiten und das Fachwissen der Benutzer im Hinblick auf die Aufgabenerfüllung. Diese basieren meist auf kognitiven Theorien, die in vereinfachter Form für die Entwickler nutzbar gemacht werden. Insbesondere ergeben sich daraus Hinweise auf bevorzugte Interaktionsformen und Arbeitsorganisationsdetails. Wir diskutieren diese Modelle in 4.2.4.
- *Aufgabenmodelle:* Aufgabenmodelle beschreiben die fachlichen Aufgaben. Wie in 4.2.5 im einzelnen diskutiert, können diese Modelle auf kognitiven oder arbeitswissenschaftlichen Theorien basieren oder insbesondere auf die Aspekte der Informationsverarbeitung zugeschnitten sein. In diesen Modellen wird insbesondere die Verteilung der Aufgaben zwischen Mensch und Maschine deutlich.
- *Interaktionsmodelle:* Interaktionsmodelle modellieren das Benutzerverhalten und das Softwaresystemverhalten gleichermaßen. Sie sind besonders geeignet zur Bestimmung der Dienstschnittstelle des Softwaresystems. Wir gehen in 4.2.6 auf szenarienbasierte Ansätze und Prototyping ein.
- *Schnittstellenmodelle:* Schnittstellenmodelle dienen der Beschreibung der Benutzungsschnittstelle auf bestimmten Abstraktionsebenen. Das sogenannte *IFIP-Modell* unterscheidet dabei vier Aspekte dieser Schnittstelle [TW96]:
  - *Organisationsschnittstelle:* Die Organisationsschnittstelle erfaßt die Einbettung des Mensch-Rechner-Systems in die Organisation. Dabei steht insbesondere der Zusammenhang zwischen verschiedenen Arbeitsaufgaben eines Benutzers oder der Arbeitsaufgaben verschiedener Benutzer und die Art der Softwareunterstützung für diese Zusammenhänge im Vordergrund. Modelle für diese Einbettung haben wir im Rahmen der Modellierung des Anwendungssystems diskutiert.
  - *Werkzeugschnittstelle:* Die Werkzeugschnittstelle bezieht sich auf die eigentliche Arbeitsaufgabe, d.h. insbesondere auf die Frage, welche Arbeitsgegenstände und Dienste von der Software zur Verfügung gestellt werden

und wie gut diese aufeinander abgestimmt sind. In 4.2.7 gehen wir näher auf die Bestimmung von Systemdiensten und -daten ein.

— *Dialogschnittstelle:* Die Dialogschnittstelle legt fest, wie Benutzer Aufträge erteilen können, wie sie die Auftragsbearbeitung beeinflussen können, aber auch welche Hilfefunktionen es gibt. Dialogmodellierung ist Gegenstand von 4.2.8.

— *Ein-/Ausgabeschnittstelle:* Die Ein-/Ausgabeschnittstelle legt die Interaktionsmedien und -formen fest. Zu ersteren gehören nach [Sta96] Ein- und Ausgabegeräte, aber auch Strukturierungskonzepte wie Fenster, Menus und Masken. Letztere unterscheiden z.B. zwischen Menusteuerung oder Kommandosprachen. Die Ein-/Ausgabeschnittstelle ist insbesondere Gegenstand von Werkzeugen, die – unabhängig von einer Programmiersprache - die Festlegung des konkreten Layouts der Schnittstelle, der möglichen Interaktionsmedien, des mentalen Modells der Benutzer und eine anschließende Code-Generierung erlauben [FJG96, Sze96]. Wir gehen auf diese Ebene der Schnittstellenbeschreibung nicht näher ein, da sie Teil des technischen Entwurfs ist.

• *Architekturmodelle:* Architekturmodelle verteilen die Abarbeitung von Benutzerein- und -ausgaben auf verschiedene Softwaresystemkomponenten. Das 1984 entwickelte *Seeheimmodell* ist in vielen heutigen Softwaresystemen realisiert. Abbildung 4.10 zeigt seine Komponenten und ihre Kommunikation. Wesentlich ist die Trennung der *Präsentationsschicht*, die die Schnittstelle zu den Ein-/Ausgabegeräten beinhaltet, von dem *Anwendungskern*, der für die eigentlichen Datenänderungen verantwortlich ist. Die *Dialogsteuerung* nimmt die in ein internes Format umgewandelte Benutzereingaben entgegen und stößt daraufhin die entsprechenden Systemdienste im Anwendungskern an. Umgekehrt bewirkt sie die Oberflächenänderungen zur Darstellung der Dienstergebnisse in der Präsentationsschicht. Wir beschäftigen uns nachfolgend nicht weiter mit den Architekturmodellen, da sie Teil des technischen Entwurfs sind.

Die Vielzahl der verwendeten Modelle belegt die Komplexität der Materie. Allerdings haben diese Modelle kaum Eingang in den üblichen Prozeß der Softwareentwicklung gefunden. Benutzer- und Aufgabenmodelle werden nur von software-ergonomisch ausgerichteten Methoden betrachtet. Architektur- und Schnittstellenmodelle sind meist fest in sogenannte User Interface Management Systems eingebaut. Dies führt umso mehr dazu, daß die Modellierung des Nutzungssystems als eigene, von der üblichen Softwareentwicklung abgetrennte Aufgabe angesehen wird. Demgegenüber unterstützt die in Kap. 5 vorgestellte Methode OASE genau diese Integration der Nutzungssystemmodellierung in den Softwareentwicklungsprozeß. Existierende Ansätze zur Integration werden am Schluß dieses Kapitel vorgestellt.

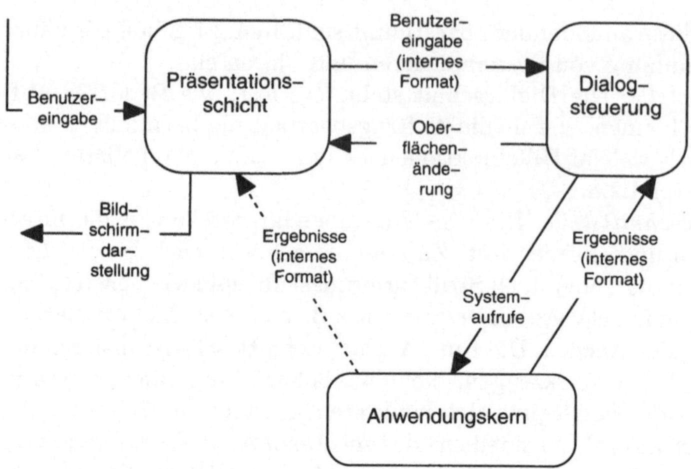

Abb. 4.10. Das Seeheimmodell

4.2.1 Humane Arbeitsgestaltung

Die Fragen humaner Arbeitsgestaltung sind Gegenstand der Arbeitspsychologie. Bei der Darstellung dieses Gebiets beziehen wir uns vor allem auf das gleichnamige Buch von Ulich [Uli94]. Die arbeitspsychologischen Gestaltungsanforderungen sind stark beeinflußt von dem vorherrschenden Menschenbild. Ulich unterscheidet drei verschiedene historische Entwicklungen:

- Taylors um die Jahrhundertwende entwickelte Auffassung des *homo oeconomicus*: Der höchste Wunsch des Arbeiters ist hoher Lohn. Arbeitgeber und Arbeitnehmer stimmen im gemeinsamen Interesse an Gewinnmaximierung überein. Die Arbeitsteilung schien diesen Interessen am besten zu entsprechen.

- Die in den 30er Jahren entwickelte Vorstellung des *social man*, der weitgehend von den Normen seiner Gruppe bestimmt ist. In Untersuchungen wurde gezeigt, daß Arbeiter häufig nicht als Individuen, sondern als Mitglieder von Gruppen agieren. Diese Beobachtung führte zu Verbesserungen im Bereich der Kommunikationsstrukturen der Unternehmen, aber nicht zur Aufhebung der extremen Arbeitsteilung.

- Das Ende der 50er Jahre formulierte Bild des *nach Selbstverwirklichung und Autonomie strebenden Menschen*. Damit war der Grundstein zur Aufhebung von extremer Arbeitsteilung gelegt.

In den letzten Jahren setzt sich immer mehr die Auffassung durch, daß es kein generell gültiges Menschenbild geben kann. Die Tatsache, daß Menschen auch in bezug auf Arbeit vielfältige Bedürfnisse haben, erfordert ein hohes Maß an Flexibilität und Möglichkeiten zur Individualisierung von Arbeitstätigkeiten. Diese Anforderungen faßt Ulich in dem Begriff der *humanen Arbeit* zusammen (siehe Abb. 4.11).

Humane Arbeit

Als human werden Arbeitstätigkeiten bezeichnet, die

- die psychophysische Gesundheit der Arbeitstätigen nicht schädigen,
- ihr psychosoziales Wohlbefinden nicht – oder allenfalls vorübergehend – beeinträchtigen,
- ihren Bedürfnissen und Qualifikationen entsprechen,
- individuelle und/oder kollektive Einflußnahme auf Arbeitsbedingungen und Arbeitssysteme ermöglichen und
- zur Entwicklung ihrer Persönlichkeit im Sinne der Entfaltung ihrer Potentiale und Förderung ihrer Kompetenzen beizutragen vermögen.

Abb. 4.11. Humane Arbeit nach [Uli94]

Wie schon in 4.1.1 bei der sozio-technische Unternehmensgestaltung angesprochen, ist die Arbeitsgestaltung eng verknüpft mit der Unternehmensgestaltung. Wichtige Gestaltungsfaktoren sind dabei zum einen die Unternehmenskultur und zum anderen die Gestaltungsfreiräume der verschiedenen Organisationsebenen. Die Unternehmenskultur bestimmt die Rahmenbedingungen für die Einstellung des einzelnen zum und die Stellung im Unternehmen. Sie äußert sich in gemeinsamen Werten und übergreifenden Regelungen zur Einstellung, Entlohnung, Arbeitszeit und Entlassung. Die Gestaltungsfreiräume ordnet Ulich wie folgt den Organisationsebenen zu:

- Dezentralisierung auf Unternehmensebene,
- funktionale Integration auf Ebene der Organisationseinheiten,
- Selbstregulation innerhalb von Gruppen und
- qualizifierte Produktionsarbeit für die einzelnen.

Informations- und Kommunikationstechnologie ist ein wichtiges Element aller vier Gestaltungsfreiräume. Betriebliche Informationssysteme ermöglichen den dezentralen Zugang zu Information und damit auch ein größeres Maß an Selbstregulation innerhalb von Gruppen oder für den einzelnen. Sie können aber auch umgekehrt für eine stärkere Zentralisierung und Kontrolle eingesetzt werden.

Die Methode *KABA (Kontrastive Aufgabenanalyse im Büro)* [DVZ⁺93] klassifiziert die Gestaltungsdimensionen menschlicher Arbeit wie in Abb. 4.12 dargestellt:

- *Entscheidungsspielraum:* Der Entscheidungsspielraum kennzeichnet das Ausmaß, in dem einzelne innerhalb ihrer Arbeitstätigkeit eigenständig über Ziele, Vorgehensweisen und Mittel zu ihrer Erreichung entscheiden können. Automatisierung von Entscheidungen schränkt meist die Flexibilität, insbesondere bei Störungen, ein. Auf der anderen Seite erhöht verbesserte Information den Entscheidungsspielraum.
- *Kommunikation:* Arbeitsbezogene Kommunikation dient der Abstimmung von Teilen der Arbeitsaufgabe mit anderen Personen. Die immer stärkere

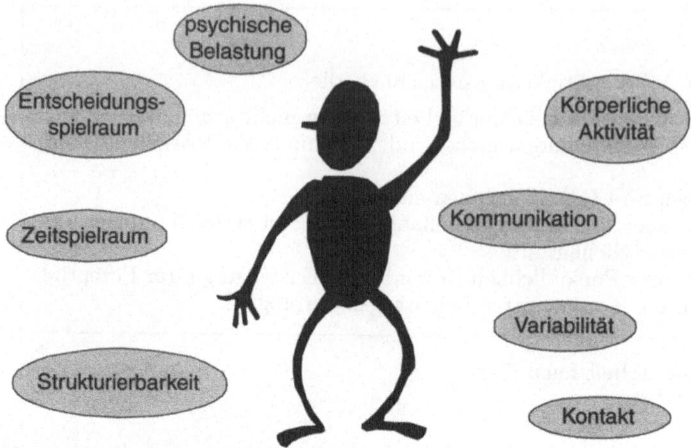

Abb. 4.12. Gestaltungsdimensionen humaner Arbeit

Verwendung von Kommunikationstechnologie zur Unterstützung von Kommunikationsprozessen ermöglicht eine größere Flexibilität bzgl. Raum und Zeit, schränkt aber oft die Kommunikationsformen (z.B. bzgl. Gestik und Mimik) ein.

- *Psychische Belastungen:* Psychische Belastungen entstehen durch Arbeitshindernisse, wie z.B. häufige Unterbrechungen oder mangelnde Information, und Arbeitsüberforderungen, wie hoher Zeitdruck oder Monotonie. Automatisierung kann rechtzeitige Bereitstellung der Arbeitsmittel verbessern, führt aber oft zu größerer Monotonie für einen großen Teil der Arbeitnehmer und zur Konzentration von anspruchsvollen Aufgaben bei einem kleinen Teil von Fachkräften. Die Störanfälligkeit automatisierter Systeme stellt immer wieder ein Arbeitshindernis dar.

- *Zeitspielraum:* Der Zeitspielraum kennzeichnet die Möglichkeit, den Arbeitsablauf zeitlich selbständig zu strukturieren. Dabei sind Möglichkeiten der zeitlichen Planung und zeitliche Vorgaben zu unterscheiden. Automatisierung kann sowohl zur Vergrößerung als auch Verringerung der Verfügbarkeit von Arbeitsmitteln (und damit des zeitlichen Planungsspielraums) und der zeitlichen Vorgaben eingesetzt werden.

- *Variabilität:* Die Variabilität ist bestimmt durch die Art und Anzahl der Arbeitsaufgaben der einzelnen und die Unterschiedlichkeit der Mittel und Vorgehensweisen bei der Aufgabenerfüllung. Automatisierung ermöglicht eine größere Variabilität der Arbeitsmittel (z.B. PC statt Schreibmaschine), aber auch eine höhere Standardisierung.

- *Kontakt:* Kontakt entsteht durch die umfassende Verwendung der menschlichen Sinnesqualitäten, wie Fühlen, Hören oder Sehen. Automatisierung führt oft zu einer Einschränkung sinnlicher Erfahrung, insbesondere auch zu einer Loslösung der Informationen von ihrer materiellen und sozialen Einbindung. Es bleibt abzuwarten, inwieweit neue Technologien, wie Datenhandschuh oder virtuelle Welten, die bisher üblichen Kontaktformen ersetzen können.

- *Körperliche Aktivität:* Körperliche Aktivität ist notwendig für unterschiedliche Bewegungen und Körperhaltungen bei der Durchführung einer Arbeitsaufgabe. Bildschirmarbeit schränkt Bewegungen und Körperhaltungen meist ein. Neuere Interaktionsformen wie Datenhandschuh erweitern diesen Spielraum aber wieder.

- *Strukturierbarkeit:* Die Strukturierbarkeit umfaßt sowohl die Durchschaubarkeit als auch die Gestaltbarkeit des Arbeitszusammenhangs. Automatisierung ermöglicht die durchgängige Gestaltung größerer Arbeitsprozesse, führt aber oft zu einer Reduzierung der Strukturierbarkeit für einzelne.

Bei der Vorstellung der einzelnen Dimensionen haben wir sehr plakativ die typischen Auswirkungen von Automatisierung beschrieben. Dies soll den Gestaltungsspielraum bei der Softwareentwicklung deutlich machen. Zusätzlich zu dieser Klassifizierung beinhaltet KABA einen Fragenkatalog zur Beschreibung von Arbeitsaufgaben nach diesen Dimensionen, zur Bewertung von Informations- und Kommunikationstechnologie sowie Hinweise zur Gestaltung der einzelnen Dimensionen. Es ist damit eines der wenigen arbeitspsychologischen Verfahren, das neben Analyse und Bewertung auch die Gestaltung thematisiert. Eine Erstellung ähnlicher Verfahren für andere Anwendungsgebiete wäre ein wichtiger Schritt für die Integration arbeitspsychologischer Elemente in die Softwareentwicklung. Wir verwenden die oben diskutierten Dimensionen menschlicher Arbeit als ein grobes Raster zur Bewertung der Aufgabenverteilung zwischen Mensch und Maschine in unserer Methode OASE.

4.2.2 Benutzungsschnittstellengestaltung

Die Gestaltung der Mensch-Maschine-Kommunikation ist ein eigenständiger Forschungsbereich – im Deutschen meist *Softwareergonomie* genannt. Im Zentrum steht die *Nutzungsangemessenheit* (Usability) der Softwaresysteme. Das erfordert zum einen ein Verständnis für die psychologischen, ergonomischen, organisatorischen und sozialen Faktoren der Techniknutzung, zum anderen die Bereitstellung von Entwurfstechniken und Werkzeugen, die eine Berücksichtigung dieser Faktoren bei der Softwareentwicklung erleichtern [Pre94]. Softwareergonomie ist damit allen voran ein interdisziplinäres Gebiet. Die Faktoren der Techniknutzung aus der Unternehmens- und Arbeitsgestaltung haben wir im vorhergehenden diskutiert. In diesem Abschnitt beschäftigen wir uns im wesentlichen mit der eigentlichen Benutzungsschnittstelle – als Teil eines Softwaresystems. In Kap. 2 haben wir sie definiert als die Summe interaktiver Eingriffsmöglichkeiten für Benutzer. Die Eingriffsmöglichkeiten sind zum einen geprägt durch die Technologie, d.h. die verwendeten Ein- und Ausgabemedien, und ihre Nutzung in verschiedenen Interaktionsformen wie Kommandosprache, Masken oder Menus. Zum anderen sind die

Eingriffsmöglichkeiten geprägt durch die *Dialoge*, d.h. die möglichen Folgen von Eingaben an das Softwaresystem und dessen Ausgaben. Wir verwenden hier wie in der Literatur üblich den Begriff *Dialog*, obwohl bei der Interaktion mit einem Softwaresystem viele Facetten eines zwischenmenschlichen Dialogs nicht gegeben sind.

Bei der Wahl der Interaktionsformen und -medien und der Dialogstruktur sind die Charakteristika der menschlichen Wahrnehmungs-, Kommunikations- und Wissensverarbeitungsfähigkeit zu berücksichtigen sowie Grundsätze des Umgangs mit technischen Systemen. Es ist nicht möglich, erstere im Rahmen dieses Buches angemessen vorzustellen, da die kognitive Psychologie eine Vielzahl von Erklärungsmodellen, aber kein einheitliches gültiges Modell liefert (und wohl auch nicht liefern kann). Bücher über Softwareergonomie – vorwiegend aus dem englischsprachigen Raum wie [Pre94, Joh92] – enthalten mehrere Kapitel, die die für die Softwareentwicklung relevanten Aspekte zusammenfassen.

Wir gehen im folgenden auf die Grundsätze zur Gestaltung technischer Systeme ein, wie sie in software-ergonomischen Normen zu finden sind. In jüngster Zeit ist dazu auf internationaler Ebene die Norm ISO 9241-10 verabschiedet worden [ISO93]. Nach [Sta96] lassen sich die Gestaltungsgrundsätze dieser Norm wie folgt charakterisieren:

- *Aufgabenangemessenheit:* Ein interaktives System ist aufgabenangemessen, wenn es die Durchführung der Arbeitsaufgabe unterstützt, ohne die Benutzer durch die Besonderheiten der Interaktionsmedien zu belasten (z.B. automatische Cursorpositionierung, angemessene Verteilung von Daten auf dem Bildschirm, Bereitstellung von Standard-Einträgen, Hervorhebung von Datenänderungen).

- *Selbstbeschreibungsfähigkeit:* Die Selbstbeschreibungsfähigkeit bezieht sich auf die Unterteilung in verständliche Arbeitsschritte und die Bereitstellung von Information zu diesen Schritten und ihrem Zusammenhang innerhalb einer Softwaresystemrolle. Dabei ist der Begriff Verständlichkeit relativ zu den Fachkenntnissen der Benutzer zu verstehen.

- *Steuerbarkeit:* Die Steuerbarkeit bezieht sich auf die Geschwindigkeit, die Auswahl und Reihenfolge von Arbeitsschritten und ihren Gegenständen sowie die dazu nötige Ein- und Ausgabe. Sie bildet das Kernstück der Dialogmodellierung. Mögliche Beispiele sind die Verteilung und getrennte Aktivierung von Eingabedaten auf mehrere Fenster, Abkürzen von Menubäumen, Unterbrechungs-, Wiederholungs- und Zurücksetzungsmöglichkeiten, Nachfragen bei kritischen Schritten.

- *Erwartungskonformität:* Die Erwartungen der Benutzer sind geprägt durch Erfahrungen mit anderen Systemen und anderen Abläufen des gleichen Systems. Innerhalb eines Systems ist auf Transparenz und Konsistenz zu achten.

- *Fehlerrobustheit:* Trotz erkennbar fehlerhafter Eingaben sollte das beabsichtigte Ergebnis mit minimalem Korrekturaufwand erreicht werden. Dazu zählen insbesondere klare Fehlermeldungen.
- *Adaptivität:* Ein adaptives System bietet Mechanismen für Entwickler und Benutzer, Interaktionshilfmittel aber auch Datenmanipulation dynamisch einzustellen.
- *Erlernbarkeit:* Erlernbarkeit ist relativ zum Fachwissen und den Fertigkeiten der Benutzer. Der Lernprozeß sollte durch das Softwaresystem unterstützt werden.

Diese Norm gibt erste Hinweise zur ergonomischen Gestaltung der Software. Inzwischen gibt es auch Leitfäden, die die zu beachtenden Einflußfaktoren und Fragebögen zu ihrer Ermittlung und auch Gestaltungsrichtlinien angeben [TW96]. Die Hinzunahme neuer Interaktionsmedien und -formen (z.B. Hypermedia) erfordert ein kontinuierliches Fortschreiben dieser Leitfäden.

4.2.3 Die Mensch-Maschine-Schnittstelle als System

Gemäß des Systemkonzeptmodells läßt sich die Mensch-Maschine-Schnittstelle wie folgt charakterisieren:

- *Akteure:* Die Akteure des Nutzungssystems sind entweder die Benutzer oder Softwaresysteme. Darüber hinaus werden natürlich auch technische Geräte wie Drucker verwendet. Diese vernachlässigen wir hier, da sie für die Aufgabenstellung bei betrieblichen Informationssystemen nicht prägend sind (im Gegensatz z.B. zur Prozeßsteuerung, wo die Kommunikation mit den technischen Geräten einen Großteil der gesamten Funktionalität ausmacht).
- *Daten/Zustand:* Daten sind zum einen fachliche Daten wie sie auch im Anwendungssystem verwendet werden. Dazu kommen aber noch Daten zur Organisation des Arbeitskontexts. Diese sind sehr akteursspezifisch.
- *Aktivitäten/Prozesse:* Hier steht das Arbeitshandeln der Benutzer im Vordergrund und damit die Strukturierung von größeren Aufgaben in Aktivitäten. Wichtig ist dabei, wie die Aufgabenerfüllung auf Mensch und Maschine verteilt ist, und welches Aktivitätsspektrum damit für die Benutzer bleibt.
- *Dienste:* Für das Softwaresystem wird das Verhalten meist in Dienste strukturiert. Im Nutzungssystem steht gerade die Bestimmung dieser Dienstschnittstelle im Vordergrund. Wie auch bei den Daten ist dabei zwischen fachlichen Diensten und arbeitsorganisatorischen Diensten zu unterscheiden. Die Dienstschnittstelle der Benutzer wird nicht im Detail vorgegeben.
- *Rollen:* Die Definition von Rollen für Benutzer ist in der Softwareentwicklung weit verbreitet. Typischerweise werden die Arbeitsaufgaben der Benutzer nicht benutzerspezifisch erfaßt, sondern durch Rollen kategorisiert. Die Rollen werden textuell beschrieben, ohne die Daten und Dienste genau zu bestimmen. Die Definition von Softwaresystemrollen ist noch wenig

verbreitet. Im Rahmen von Benutzerauthorisierung werden Dienste und Daten zwar gebündelt, aber ohne ein klares Rollenkonzept dahinter. Softwaresystemrollen entsprechen oft direkt Benutzerrollen.

- *Ziele:* Ziele der Benutzer können sich auf das Arbeitshandeln allgemein beziehen, oder auf den konkreten Umgang mit dem Softwaresystem. Ziele des Softwaresystems entsprechen Begründungen für Entwurfsentscheidungen der Softwareentwickler (Design Rationale). Diese werden meist nur als Kommentare zu den Modellen erfaßt. Zielabhängigkeiten zwischen verschiedenen Benutzern sind interessant, wenn die Arbeitsprozesse wenig strukturiert sind. Dies gilt z.B. bei Groupware, aber weniger für betriebliche Informationssysteme
- *Nachricht/Interaktion:* Die Interaktion zwischen den Benutzern und den Softwaresystemen steht im Vordergrund der Modellierung des Nutzungssystems. Dabei können verschiedene Ebenen unterschieden werden: Auf der obersten Ebene werden nur Systemdienstaufrufe und Datensichten betrachtet, auf der feinsten Ebene werden die Interaktionsmedien und Interaktionsformen mitberücksichtigt. Für die Betrachtung der Arbeitsorganisation ist eine Zwischenebene interessant, die von dem konkreten Layout der Interaktionsmedien abstrahiert, aber eine Bewertung in bezug auf die Gestaltungsspielräume der Benutzer zuläßt.

Die größte Schwierigkeit bei der Modellierung des Nutzungssystems ist, das meist implizite Wissen der Benutzer über ihre Arbeit explizit zu machen. Dies gilt für das augenblickliche Arbeitshandeln, aber noch mehr für die Benutzung des zukünftigen Softwaresystems. Es hat sich gezeigt, daß eine wirkliche Beschreibung und Bewertung dieses Arbeitshandelns erst am funktionierenden System möglich ist. Alle weiteren Techniken (z.B. Szenarien) können nur als Annäherung davon verstanden werden. Aus diesem Grund ist auch die Erstellung von Oberflächenprototypen sehr populär. Allerdings stellt sich hier die Frage, inwieweit sich der Prototyp vom endgültigen System unterscheiden darf, damit noch Aussagen über die Benutzung möglich sind.

4.2.4 Benutzermodellierung

Benutzermodelle beschreiben das Fachwissen und die Fertigkeiten der zukünftigen Benutzer. Wir gehen hier nicht auf die psychologischen Hintergründe dieser Modelle ein, und auch nicht auf ihre Implementierung in einem Softwaresystem, das sich dynamisch an die jeweiligen Benutzer anpassen kann. Im folgenden unterscheiden wir vier Charakteristika, die für die Gestaltung der Benutzungsschnittstelle von besonderer Bedeutung sind [TW96]:

- *Beherrschung eines speziellen Softwaresystems:* Die Unterscheidung in Experte und Novize ist in bezug auf nötige Hilfestellungen und Abkürzungsmöglichkeiten interessant.
- *EDV-Kenntnisse:* Ein Grundstock von EDV-Kenntnissen ermöglicht auch ohne spezielle Kenntnisse des Systems einen explorativen Umgang mit dem

System. In diesem Zusammenhang ist insbesondere die Fehlertoleranz des Systems wichtig.

- *Fachliche Kenntnisse:* Für fachliche Experten ist besonders die angemessene Unterstützung der Arbeitsaufgabe wichtig. Für Benutzer ohne Fachkenntnisse werden nur einfache Aufgaben in Frage kommen, die das Softwaresystem weitgehend automatisch bearbeiten kann.
- *Häufigkeit der Systemnutzung:* Für sporadische Benutzer sind Hilfedienste und Gedächtnisstützen wichtig. Bei häufiger Systemnutzung ist die Angepaßtheit an die häufigen Aufgaben wichtig.

Die aus ([TW96], S.37) entnommene Tabelle 4.3 gibt eine Übersicht über die resultierenden 16 Benutzerkategorien und typische Eigenschaften. Große sowie kleine Kenntnisse/Nutzung wird durch G respektive k unterschieden.

Bewertung. Benutzermodelle fokussieren auf die Eigenschaften von Akteuren im Nutzungssystem. Sie ermöglichen eine Kategorisierung der Ziele dieser Akteure in bezug auf die Interaktion mit dem Softwaresystem. Sie sind damit gut geeignet als ein Bestandteil der externen Aufgabenspezifikation des Nutzungssystems.

4.2.5 Aufgabenanalyse

Methoden der Aufgabenanalyse wurden schon in den 50er Jahren entwickelt. Sie dienten zur Bestimmung der Fähigkeiten zur Aufgabenerfüllung und evtl. notwendiger Ausbildung [Joh92]. In den 70er Jahren wurde die sogenannte *hierarchische Aufgabenanalyse* entwickelt [She89] und insbesondere für die Analyse von Operateuraufgaben bei der Prozeßsteuerung eingesetzt. Seit den 80er Jahren wurden verschiedene Ansätze im Bereich der Mensch-Maschine-Kommunikation entwickelt. Charakteristisch für alle diese Methoden ist der Schwerpunkt auf der Modellierung der kognitiven Fähigkeiten der Betroffenen. Die schon früher angesprochenen arbeitswissenschaftlichen Methoden sind demgegenüber auf die Bedürfnisse in bezug auf Arbeit fokussiert. Speziell für die Kommunikation über Aufgaben zwischen Benutzern und Entwicklern geeignete Techniken, die aber auch bei Bedarf eine Formalisierung erlauben, wurden Ende der 80er Jahre in der Informatik entwickelt. Wir stellen im folgenden für alle drei Richtungen je einen Ansatz vor. Einen umfassenden Überblick über Methoden der Aufgabenanalyse geben [Dia89, BJ94, Zie96].

Kognitive Aufgabenmodellierung. *Task Knowledge Structures (TKS)* und die dazugehörige Analysemethode *Knowledge Analysis of Tasks (KAT)* wurden Ende der 80er Jahre von Johnson entwickelt [Joh89]. Sie werden inzwischen durch das Werkzeug ADEPT [JJW95] unterstützt, das aus den Aufgabenstrukturen die Benutzungsschnittstelle zu generieren erlaubt. Das Ziel der TKS ist die Wiedergabe des Aufgabenwissens, das die Ausführenden im Lauf der Zeit erworben haben. Dabei wird angenommen, daß die TKS der Struktur des Wissens im Gedächtnis genau entsprechen.

Tabelle 4.3. Benutzerkategorien und ihre Vorlieben nach [TW96]

Kenntnisse, Nutzung				Typische Eigenschaften
EDV	fach lich	spez. Sys.	Häu- fig- keit	
G	k	G	G	schätzt Kommandosprache, keine zeitintensiven Sicherungen
G	k	G	k	schätzt Fehlertoleranz, Hilfe nur im Detail
G	k	k	G	schätzt Lernen durch Transfer, exploratives Handeln
G	k	k	k	schätzt Fehlertoleranz, adaptive Benutzerschnittstelle
G	G	G	G	hat sehr spezifische Arbeitsvorstellungen, schätzt Erweiterbarkeit
G	G	G	k	schätzt Hilfe nur im Detail
G	G	k	G	schätzt individuelles Lernen, exploratives Handeln
G	G	k	k	schätzt selbstgesteuerte Nutzung von Merkhilfen
k	G	G	G	hat Aufgabenorientierung, schätzt routinemäßige Interaktion
k	G	G	k	lehnt Zusatzaufwand, EDV-Terminologie ab
k	G	k	G	hat überzogene Technikerwartung, spezifische Arbeitsvorstellungen
k	G	k	k	hat direkten Aufgabenbezug, schätzt übersichtliche Benutzerführung
k	k	G	G	hat repetetive Aufgabe, ist unzufrieden
k	k	G	k	schätzt sehr zugeschnittene Systeme, starke Benutzerführung
k	k	k	G	schätzt gute Einführung, Beispiele
k	k	k	k	schätzt Voreinstellungen zur Erledigung einfacher Aufgaben

Eine TKS besteht aus

- *Zielstruktur:* Die Zielstruktur beschreibt Ziele durch eine Hierarchie von Zuständen. Gemäß KAT kann diese Struktur aus Fragebögen, existierender Aufgabendokumentation, Beobachtung und retrospektiven Protokollen gewonnen werden. Eine andere Möglichkeit ist, die Ausführenden selbst die Struktur entwerfen zu lassen.
- *Aufgabenausführungsmodell:* Das Ausgabenausführungsmodell beschreibt Wege durch die Zielstruktur. Dieses Wissen kann wie die Zielstruktur durch Befragung oder Beobachtung explizit gemacht werden. Dabei ist wichtig nach den Anfangs- und Endzuständen von Aktivitäten und typischen Wegen zu fragen.
- *Objekt- und Aktivitätsstruktur:* Die Objekt- und Aktivitätsstruktur beschreibt die Eigenschaften von Objekten und Aktivitäten, die bei der Aufgabenausführung verwendet werden. Die Objekte werden insbesondere bzgl. der Repräsentativität (Häufigkeit) und Wichtigkeit bewertet und aufgrund von Gemeinsamkeiten – wie bei der Generalisierung – hierarchisch angeordnet. Diese Struktur kann aus Dokumenten, Befragungen und Beobachtungen gewonnen werden.
- *Wissensbeschreibung:* Die Wissenbeschreibung erfaßt alle weiteren Details bzgl. des Aufgabenwissens, insbesondere die Beziehung zu anderen TKS. Damit können insbesondere Gemeinsamkeiten verschiedener Aufgaben identifiziert werden.

TKS gibt weder eine textuelle noch eine graphische Beschreibung vor. Aufgrund der verwendeten Konzepte ist aber klar, daß die Zielstruktur durch eine Zustandshierarchie dargestellt werden kann. Das Aufgabenausführungsmodell entspricht einem Zustandsaktivitätsdiagramm. Zustände haben dabei sowohl einen Daten- als auch einen Kontrollanteil. In ADEPT wird dies durch einen erweiterten regulären Ausdruck über die Ziele dargestellt. Die Objektstruktur ist im wesentlichen durch erweiterte Entity/Relationship-Diagramme modellierbar, wobei Repräsentativität und Wichtigkeit durch zusätzliche Attribute erfaßt werden müssen. Die Wissensbeschreibung ist am ehesten textuell wiederzugeben.

Mit ADEPT ist auch ein Entwurfsprozeß verbunden: Zuerst werden existierende Aufgaben analysiert und zu einem zusammenhängenden Modell integriert. Daraus wird dann das SOLL-Aufgabenmodell abgeleitet. Zusammen mit Benutzermodellen, die die Qualifikation der Benutzer charakterisieren, kann dann eine abstrakte Nutzungsschnittstellenbeschreibung abgeleitet werden, die Grundlage für die Generierung der konkreten Schnittstelle ist.

Arbeitswissenschaftliche Aufgabenmodellierung. In 4.2.1 haben wir die Grundsätze humaner Arbeit vorgestellt. Arbeitswissenschaftliche Methoden fokussieren auf eine Aufgabenbeschreibung, die die Bewertung der Ganzheitlichkeit der menschlichen Arbeitsaufgaben ermöglicht. Dabei wird der Arbeitsauftrag von der Arbeitsaufgabe unterschieden [DVZ+93]:

Ein *Arbeitsauftrag* ist eine Folge von Aktivitäten, die mit einer mündlichen oder schriftlichen Arbeitsanweisung (auch implizit) beginnt und mit Ab- oder Weitergabe des bearbeiteten Vorgangs endet. Wiederkehrende gleichartige Arbeitsaufträge bilden eine *Arbeitsaufgabe*.

- *Aufgabenbeschreibung:* Die Aufgabenbeschreibung enthält allgemeine Merkmale wie Name, zugehörige Rolle, Arbeitsmittel, Teilaufgaben, ein- und ausgehende Information, Vor- und Nachbedingungen sowie Auslöser. Bei der Zerlegung in Teilaufgaben sind auch typische Abläufe, z.B. durch Aktivitätsdiagramme, zu erfassen. Vorbedingungen und ein- und ausgehende Informationen müssen für die Nutzer an der Benutzungsschnittstelle gut sichtbar sein. Nachbedingungen können für Konsistenzüberprüfungen genutzt werden. Auslöser können für Nachrichten an Benutzer genutzt werden.
- *Qualitative Aufgabenklassifikation:* Die qualitative Aufgabenklassifikation unterscheidet die *sequentielle* und *hierarchische Vollständigkeit*. Die sequentielle Vollständigkeit fordert Ausführungsanteile, die sich auf Vorbereitung und Planung, Abstimmung mit anderen (Entscheidung, Interaktion, Weitergabe) und Kontrolle beziehen. Die hierarchische Vollständigkeit fordert verschiedene Ebenen des Handlungsspielraums, beginnend auf der untersten Ebene mit der Planung der Reihenfolge der Arbeitsschritte, über die Wahl der Arbeitsmittel und die Wahl unterschiedlicher Vorgehensweisen bis hin zu Eingriffen in den Arbeitsablauf. Diese Klassifikation ist insbesondere wichtig für die Verteilung der Aufgaben zwischen Mensch und Maschine. Sie läßt sich aus den Aktivitätsbeschreibungen gewinnen, wenn die Aktivitäten bzgl. der Freiheitsgrade und der Ausführungsanteile beschrieben und dem Softwaresystem und den Nutzern zugeordnet sind.
- *Quantitative Aufgabenklassifikation:* Quantitative Angaben bzgl. Priorität, Häufigkeit, Wiederholungsrate, Dauer, Unterbrechungs- und Fehlermöglichkeiten der einzelnen Aufgaben sind wichtig für die Gestaltung der Arbeitsorganisationsdienste der Benutzungsschnittstelle. Die Priorität gibt die Wichtigkeit und Dringlichkeit gegenüber anderen Aufgaben an. Äußere Vorgaben bzgl. Priorität müssen für Benutzer abfragbar sein. Zu Aufgaben mit hoher Priorität oder hoher Häufigkeit sollte ein direkter Einstieg möglich sein. Wird eine Aufgabe oft wiederholt, so sind dafür Abkürzungen und History-Dienste anzubieten. Die Dauer gibt einen relativen Rahmen für die Antwortzeiten des Systems vor. Unterbrechungen können sowohl von außen als auch durch die Bearbeiter selbst versursacht werden. Deshalb sind geeignete Abbruch- und Unterbrechungsdienste sowie Übersichtsmöglichkeiten über offene und bisherige Aktivitäten vorzusehen. Bei der Ermittlung von Fehlermöglichkeiten sind insbesondere die Konsequenzen, Wahrscheinlichkeit des Auftretens, aber auch die Kompetenzen zur Fehlerbehebung wichtig. Entsprechende Systemdienste zur Störungsbehebung (z.B. detaillierte Systemmeldungen) und Störungsvermeidung (z.B. Sichterheitsabfrage) sind nötig.

Abb. 4.13. Bei der Aufgabenanalye zu ermittelnde Merkmale nach [BJ94]

Diese Unterscheidung stützt die im Systemkonzeptmodell getroffene Unterscheidung von Diensten und Aktivitäten: Dienste entsprechen Arbeitsaufträgen. Bei ihrer Beschreibung steht das triggernde Ereignis und die Abfolge der einzelnen Aktivitäten im Vordergrund, sowie die Tatsache ihrer Wiederkehr.

In dem von Ulich [Uli94] vorgestellten Rahmenkonzept zur psychologischen Arbeitsanalyse ist die Bestimmung der Teiltätigkeiten von Arbeitsprozessen nur ein Schritt von mehreren. Wichtig sind zusätzlich die Aufträge, Erfüllungsbedingungen, Regulationserfordernisse und das subjektive Erleben. Aus diesem Konzept wird deutlich, daß eine rein funktionsorientierte Betrachtung von Arbeitsabläufen zu kurz greift. Schon bei der Analyse ist auf die Erfassung einer Reihe von weiteren Merkmalen zu achten, die dann in eine genauere Bewertung und Gestaltung eingehen können. Wir stellen in Abb. 4.13 die in der Methode TASK [BJ94] entwickelte Merkmalsliste vor, die auf dem Verfahren VERA [VOGK$^+$83] basiert. Diese Liste enthält auch Hinweise für die Berücksichtigung der Merkmale bei der Gestaltung der Benutzungsschnittstelle.

Informatische Aufgabenmodellierung. In den 80er Jahren wurden auch in der Informatik Ansätze zur Aufgabenmodellierung entwickelt [Obe87, KS89]. Ausgangspunkt war eine Kritik an der nur ungenügenden Beteiligung der Nutzer bei der Softwareentwicklung und der wenig transparenten Beschreibung komplexer Softwaresysteme, die eine Nutzerbeteiligung erschwert [FP85, Flo86]. Dies wird von Oberquelle in [Obe87] zu den folgenden Anforderungen an Beschreibungssprachen zugespitzt: Darstellung aus der Sicht der Nutzer, verschiedene Abstraktionsstufen, mögliche Vervollständigung und Präzisierung bis hin zur Formalisierung, leichte Lesbarkeit, Darstellung auf Papier sowie rechnerunterstützt. Oberquelle schlägt selbst eine solche Beschreibungstechnik vor, die ganz wesentlich auf dem Begriff der Rolle basiert. Die *Rollen/Funktionsnetze (RFN)* beschreiben die statische Struktur der Rollen- und Funktionsgefüge, *Aktionsnetze* die Rollendynamik. Zur Beschreibung von Objekten wird eine Vielzahl unterschiedlicher graphischer, textueller und bildlicher Notationen eingesetzt.

Die aus [Obe87] entnommene Abb. 4.14 zeigt ein Rollen/Funktionsnetz, das einen Überblick über die verschiedenen Rollen und Funktionen in einem automatisierten Bibliothekssystem gibt. Funktionen entsprechen Diensten in unserer Terminologie. Die Struktur der Objektzugriffe und Teile einzelner Dienste werden mit der gleichen Art von Netzen beschrieben. Rechtecke mit abgerundeten Kanten stellen Rollen und Dienste dar. Erstere sind ausgefüllt, letztere weiß. Stark umrandete Dienste sind zumindest teilweise automatisiert. Dienste werden innerhalb der zugehörigen Rolle gezeichnet, Rollen können auch geschachtelt sein. Ovale stellen die Positionen für Objekte dar; stark umrandete Ovale stehen für komplexe Positionen. Würfel repräsentieren Positionen für mehrere Objekte. Nicht ausgefüllte Pfeilspitzen repräsentieren Datenfluß, ausgefüllte Pfeilspitzen (nicht im Beispiel vorhanden) repräsentieren Objektfluß. Bei den Verbindungen zwischen verschiedenen Diensten wird zwischen gemeinsamer Aktivität (Rechteck als Verbindungssymbol, im

Beispiel nicht vorhanden) und gemeinsamer Schnittstelle (gefüllter Kreis als Verbindungssymbol) unterschieden.

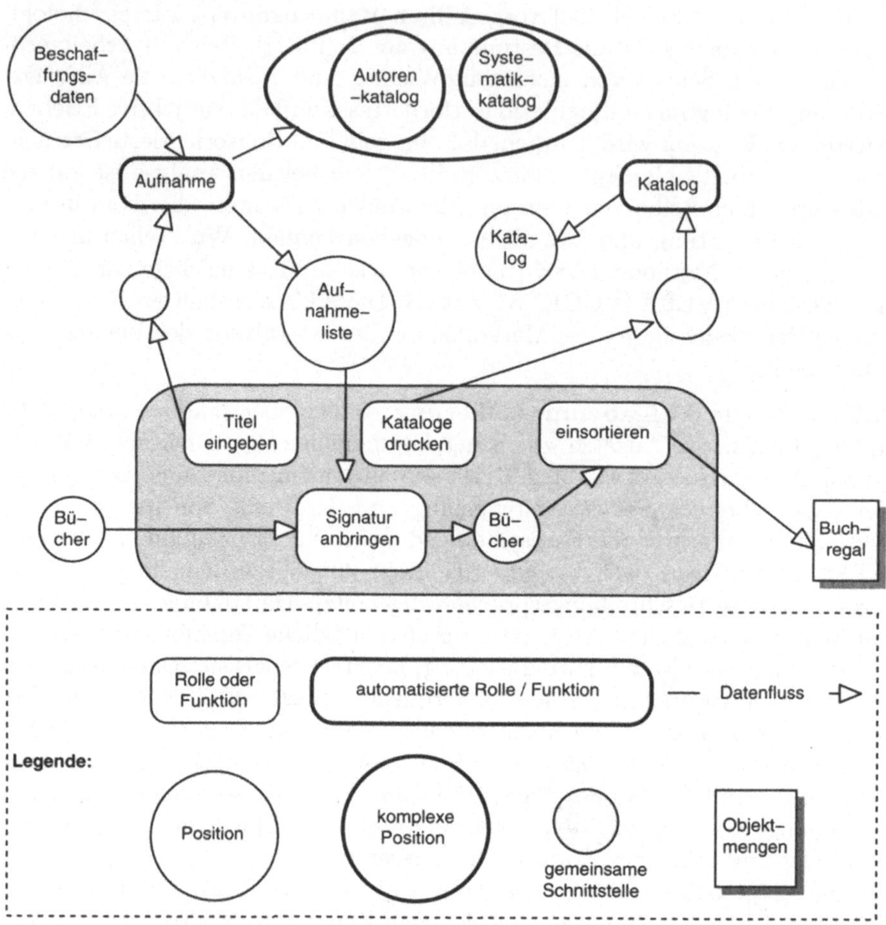

Abb. 4.14. Rollen/Funktionsnetze nach [Obe87]

Rollen/Funktionsnetze sind eine Mischung von Kommunikations- und Aktivitätsstrukturdiagrammen. Sie beschreiben gleichzeitig die Kooperationsstruktur der Rollen und die Datenzugriffe/Objektflüsse der Dienste. Aktionsnetze sind eine Mischung von Zustandsaktivitätsdiagrammen, die den Datenfluß zwischen verschiedenen Diensten und ihren Aktivitäten beschreiben, und Dienstverhaltensdiagrammen, die den Kontrollfluß zwischen den Aktivitäten eines Dienstes beschreiben. Beide Netzarten bieten ausgefeilte Möglichkeiten zur schrittweisen Verfeinerung, allerdings ohne formale Semantik. Sie stellen eine Fülle von Notationen zur Unterscheidung vieler verschiedener Formen von Rollen, Diensten, Objekten und ihren Beziehungen zur Verfügung. Darunter leidet allerdings die Lesbarkeit, insbesondere weil die verschiedenen Sichten innerhalb von nur zwei Netztypen dargestellt werden. Dies zeigt ein typisches Dilemma der Modellierungstechniken in der Informatik. Zur Erfassung der gesamten Komplexität und insbesondere für eine direkte Umsetzung in Code ist eine Vielzahl von Details nötig, die nicht übersichtlich in ein oder zwei Diagrammen dargestellt werden kann. Die Verteilung der Information auf verschiedene Diagramme erleichtert die Verständlichkeit einzelner Sichten, erschwert aber den Überblick über Zusammenhänge. Es ist deshalb wichtig, die Details nur innerhalb einzelner Sichten zu erfassen, und wesentliche Zusammenhänge in eigenen Diagrammen zu verdeutlichen. Es ist immer eine Gradwanderung, die Detaillierung festzustellen, die nötig ist, um die wesentlichen Modellierung- und Gestaltungsentscheidungen für andere nachvollziehbar darzustellen. In unserer Methode OASE verwenden wir zur Aufgabenmodellierung nur grobe Datenflußdiagramme, da auf dieser Ebene die Aufteilung der Aufgabenerfüllung zwischen Mensch und Maschine gut deutlich wird. Weitere Details der Aufgabenerfüllung werden erst in Interaktions- und Dialogmodellen erfaßt.

Bewertung. Die drei vorgestellten Ansätze sind sehr unterschiedlich in bezug auf ihre Zielsetzung bei der Aufgabenerfassung. Dementsprechend unterschiedlich ist auch die Abdeckung der Modellierungskonzepte. Alle drei Ansätze beschäftigen sich mit Aktivitäten und Objekten, die arbeitswissenschaftliche Arbeitsanalyse und die RFN auch mit Dienstkonzepten. Bei TKS steht das Arbeitshandeln einzelner im Vordergrund, die beiden anderen Ansätze fokussieren explizit auf die Verteilung der Arbeit zwischen verschiedenen Akteuren, und damit auch auf Akteure, Rollen und ihre Kommunikationsstrukturen. Die Zielmodellierung ist bei den RFN am wenigsten ausgeprägt. Die detaillierteste Notation bietet RFN, während die psychologische Arbeitsanalyse keine Beschreibungstechnik vorgibt. Demgegenüber ist bei den RFN das Vorgehensmodell am wenigsten ausgeprägt. TKS bietet mit ADEPT einen direkten Übergang zur Benutzungsschnittstellengestaltung. Für die interne Aufgabenspezifikation, d.h. die Analyse und Gestaltung der Aufgabenerfüllung verteilt auf Mensch und Maschine, ist unserer Meinung nach das Vorgehen und die textuelle Aufgabenbeschreibung der arbeitswissenschaftlichen Ansätze zusammen mit einer geschäftsprozeßartigen Modellierung der Datenflüsse zwischen den verschiedenen Rollen auf hoher Abstraktionsebene am besten geeignet. TKS ist gut geeignet für die Modellierung der detaillierteren Interaktion zwischen Mensch und Maschine.

4.2.6 Szenarienbasierte Methoden und Prototyping

Szenarien sind seit Ende der 80er Jahre sowohl im Bereich Mensch-Maschine-Interaktion als auch im Software- und Requirements-Engineering populär. [RAC$^+$96] gibt eine ausführliche Übersicht und Klassifikation der verschiedenen Ansätze. Verwendungsmöglichkeiten von Szenarien im Kontext der industriellen Softwareentwicklung beschreibt [WPJH98]. [Car95b] enthält ausführliche Beschreibungen typischer Ansätze aus Sicht der jeweiligen Autoren. Szenarien beschreiben Folgen von Interaktionen zwischen verschiedenen Akteuren, die für die vollständige Definition der möglichen Interaktion wichtige Hinweise geben [BCJ98]. In unserer Terminologie sind Szenarien Interaktions- oder Aktivitätsfolgen. Darunter fallen auch Sequenzdiagramme für Objekte. In diesem Abschnitt beschränken wir uns aber auf Arbeitsprozesse (mit und ohne Softwaresystem). Mit der Verwendung von Szenarien ist oft die genauere Erfassung der Vorstellung der Nutzerinnen und Nutzer intendiert, insbesondere zur sozialen und arbeitsorganisatorischen Ausgestaltung von Arbeitsaufgaben [Car95a]. Dies ist auch gut durch rein textuelle Beschreibungen möglich. So werden etwa in [Eri95, Nie95, Kyn95] vielfältige Einsatzmöglichkeiten von textuellen, evtl. um Mock-ups angereicherte Szenarien vorgestellt: tagebuchartige Aufzeichnungen des Arbeitshandelns oder der Systemnutzung als Analysegrundlage, visionäre Szenarien als Diskussionsgrundlage für Systemfeatures oder auch Szenarien als Vorgabe beim Nutzungstest. Diese Einsatzmöglichkeiten sind oft sehr informell beschrieben, und überlassen vieles der Intuition und Interpretation der Anwender. Demgegenüber geben [MTW$^+$95, MM95] stärker strukturierte Methoden zur Benutzung von textuellen und bildlichen Szenarien an. Dabei werden typischerweise Bildschirmausschnitte verwendet, um genauere Vorgaben für die Benutzungsschnittstelle zu machen. Einen direkteren Übergang zum Entwurf betrachtet insbesondere [RC95]. Die Szenarien werden mit Hilfe des Werkzeugs ScenarioBrowser auf Objekte verteilt, so daß sie ablauffähig sind.

Die Ablauffähigkeit ist ein wichtiges Element des *Prototyping*. Dies wird ganz allgemein zur Qualitätssicherung in der Softwareentwicklung eingesetzt, insbesondere aber auch, um den Umgang mit dem Softwaresystem den Nutzerinnen und Nutzern möglichst früh im Entwicklungsprozeß erfahrbar zu machen. Wir gehen im folgenden zuerst auf das Prototyping ein und betrachten dann die Use Cases von Jacobson [Jac92, Jac95b], die in die objektorientierte Analyse- und Entwurfsmethode OOSE eingebettet sind, und den besonders auf *Usability Engineering* ausgerichteten Ansatz von Nielsen [Nie95] als Beispiel für die Verwendung von Szenarien.

Prototyping. Nach [PB96] ist ein Prototyp

„ein – mit wesentlich geringerem Aufwand als das geplante Produkt hergestelltes – einfach zu änderndes und zu erweiterndes ausführbares Modell des geplanten Softwareprodukts, das nicht notwendigerweise alle Eigenschaften des Zielsystems aufweisen muß, jedoch so geartet ist, daß vor der eigentlichen Systemimplementierung die Anwender die wesentlichen Systemeigenschaften erproben können."

Prototypen werden zu unterschiedlichen Zwecken eingesetzt. Nach [Flo84] sind drei Arten von Prototyping zu unterscheiden:

- *Evolutionäres Prototyping:* ist Bestandteil der inkrementellen Systementwicklung. Hier wird nicht mehr zwischen Softwaresystem und Prototyp unterschieden, sondern der Prototyp durch schrittweise Hinzunahme von neuen Anforderungen zum Softwaresystem ausgebaut.
- *Experimentelles Prototyping:* wird eingesetzt, um die Tauglichkeit von Entwurfsentscheidungen nachzuweisen. Der Prototyp beinhaltet Teile von Entwurfskomponenten.
- *Exploratives Prototyping:* wird verwendet, um die Wissens- und Konsensbildung zwischen Anwendern und Entwicklern zu unterstützen und die Realisierbarkeit des geplanten Systems in dem gegebenen organisatorischen Umfeld abzuklären. Der Prototyp beinhaltet Teile der Systemfunktionalität.

Das evolutionäre Vorgehen ist sehr gut geeignet, wenn die Auswirkungen eines Softwaresystems im Unternehmen schwer abzuschätzen sind. Im Rahmen der Nutzungssystemgestaltung ist vor allem das explorative Prototyping interessant. Dabei wird meist ein sogenannter *Oberflächenprototyp* erstellt, der die Präsentationsschicht und in Teilen auch die Dialogschicht umfaßt, aber nicht den Anwendungskern. Dies ist einerseits eine Form der Benutzerbeteiligung (siehe auch 2.5), andererseits unterstützt es auch die konzeptuelle Trennung zwischen Dienstschnittstelle und Benutzungsschnittstelle. Es gibt inzwischen viele Werkzeuge, die eine eigenständige, teilweise aus Modellen heraus erzeugte, Entwicklung der Benutzungsschnittstelle unterstützen [FJG96]. Allerdings ist darauf zu achten, daß sich die Entwicklung des Prototypen nicht verselbständigt. Dies gilt sowohl für den Aufwand als auch für die Gestaltung des Prototypen: Es besteht die Gefahr, daß einerseits an unnötigen Details des Prototypen herumgefeilt wird, ohne wirkliche Fortschritte bzgl. der eigentlichen Anforderungen zu machen. Andererseits verengen einmal getroffene Gestaltungsentscheidungen immer wieder den Blick auf Alternativen.

Use Cases. Ein Use Case ist eine Folge von Interaktionen zwischen Nutzer und Softwaresystem. In [Jac95b] gibt Jacobson eine kompakte Einführung in die Verwendung von Use Cases, die Einbettung in die Methode OOSE wird ausführlich beschrieben in [Jac92]. Die Motivation zur Einführung von Use Cases liegt in der mangelnden Eignung von Objektmodellen zur Aufgabenbeschreibung. Damit ist eine rein auf dem Objektmodell basierende Methode nicht geeignet zum Requirements-Engineering. Use Cases ermöglichen und strukturieren die Außensicht (oft auch Black-Box-Sicht genannt) auf das Softwaresystem. Gleichzeitig dienen sie auch zur Strukturierung des Objektmodells. Das Use-Case-Modell gibt einen Überblick über alle Use Cases und ihre Akteure. Abbildung 5.4 auf S. 179 zeigt als Beispiel ein Use-Case-Modell, das die Aufgaben einer Bibliothek beschreibt.

Es besteht aus

- *Akteuren:* Akteure – dargestellt als Strichfiguren – sind externe Partner des Softwaresystems. Sie entsprechen Benutzerrollen in unserer Terminologie.
- *Use Cases:* Ein Use Case ist eine Sequenz von Transaktionen, die für einen bestimmten Akteur wichtig ist. Er wird durch ein Oval dargestellt.
- *Kommunikationsbeziehungen:* Kommunikationsbeziehungen – dargestellt als Linien – verbinden Use Cases und Akteure.
- *Nutzungsbeziehungen:* Nutzungsbeziehungen – dargestellt als mit **uses** beschriftete Pfeile – verbinden Use Cases miteinander. Es werden gemeinsame Elemente verschiedener Use Cases identifiziert und als sogenannte abstrakte Use Cases herausgezogen. Zu diesen besteht dann eine Nutzungsbeziehung von den ursprünglichen Use Cases ausgehend. Semantisch bedeutet diese Beziehung, daß der Ablauf der konkreten und der abstrakten Use Cases verzahnt ist.
- *Erweiterungsbeziehungen:* Erweiterungsbeziehungen – dargestellt als mit **extends** beschriftete Pfeile – verbinden ebenfalls Use Cases. Dabei werden einfache Use Cases um komplexes Verhalten schrittweise erweitert. Damit kann typischerweise optionales Verhalten oder Teilabläufe, die nur in bestimmten Fällen relevant sind, beschrieben werden.

Use Cases beschreiben Interaktion auf der Typebene. Sie können von Nutzungsfällen auf Instanzebene abgeleitet werden. Use Cases selbst werden textuell beschrieben. Die gegenseitige Beeinflussung mehrerer Use Cases wird nicht beschrieben, ebensowenig Nebenläufigkeit.

Use-Case-Modelle werden ergänzt durch Objektmodelle, die noch keine Dienste enthalten und durch Sequenzdiagramme für die Objekte. Die Objekte in den Sequenzdiagrammen sind Schnittstellenobjekte wie z.B. ein Kartenleser oder ein Menü. Die Sequenzdiagramme modellieren Dienstaufrufe zwischen diesen Objekten, die Use Cases umsetzen. Diese graphischen Darstellungen werden in [RAB96] noch detailliert. Dabei wird als Zwischenstufe zwischen den Use-Case-Modellen und den Sequenzdiagrammen noch die sogenannte Strukturierungsebene beschrieben, die jeden Use Case durch Vor- und Nachbedingung und eine Folge von Episoden beschreibt. Jede Episode wird dann durch ein strukturiertes Sequenzdiagramm beschrieben, das die Angabe von Auswahl, Wiederholung, Unterbrechung, Ausnahmeereignissen und Timerereignissen erlaubt.

Jacobson betont, daß Konflikte und Synchronisation zwischen Use Cases nicht modelliert werden sollen, um den Fokus auf die Anforderungsermittlung zu behalten. Dies bedeutet auch, daß in OOSE das Verhalten des Softwaresystems an der Dienstschnittstelle nicht modelliert wird. [RKW95] erweitern Use Cases durch mehrere Formalisierungsschritte, die eine Integration zu einer vollständigen Schnittstellenbeschreibung ermöglichen. Ausgehend von der textuellen Beschreibung werden zuerst die atomaren Aktivitäten und Schnittstellenobjekte der Use Cases festgelegt. Ihr Verhalten wird durch um Aktivitäten und Zustände erweiterte Sequenzdiagramme beschrieben. Daraus werden für jeden Use Case die möglichen Aktivitätsfolgen und zugehörige Kommunikation zwischen Akteuren und System bestimmt (unter Abstraktion von den einzelnen Schnittstellenobjekten). Diese Modelle können dann zu einem Modell aller überhaupt möglichen Aktivitätsfolgen integriert werden. Die entstehenden Diagramme sind ähnlich zu Aktivitätsstrukturdiagrammen, wobei allerdings Nutzer- und Systemaktivitäten explizit sind. Damit wechselt der Fokus vom Fluß zwischen den einzelnen Aktivitäten zu den möglichen Ein- und Ausgaben einzelner Aktivitäten. Dies ist ein guter Übergang zur Definition der Systemdienste. Allerdings ist damit die Menge der Systemdienste noch nicht charakterisiert, da ein Dienst ja mehrere Aktivitäten umfassen kann. Weiterhin werden die integrierten Modelle typischerweise sehr groß und damit unübersichtlich.

Usability Engineering. Usability Engineering bezweckt die systematische Erreichung der Nutzungsangemessenheit von Benutzungsschnittstellen [Nie93]. Nutzungsangemessenheit ist durch die Erlernbarkeit, Effizienz für den Nutzer, Erinnerbarkeit, Fehlermöglichkeiten und Fehlerbehandlung sowie die allgemeine Nutzerzufriedenheit bestimmt. Die in 4.2.2 vorgestellten Gestaltungskriterien der ISO9241-10-Norm sind eine Verfeinerung dieser Merkmale. Da eine systematische Erreichung der Nutzungsangemessenheit sehr aufwendig ist, schlägt Nielsen die Auswahl einiger weniger, auf die wichtigsten Gestaltungsentscheidungen fokussierenden Methoden vor (*Discount Usability Engineering*). Szenarien ermöglichen dabei genau die Beschränkung auf die wichtigsten Entscheidungen. In [Nie95] sind mehrere Beispiele für Szenarienverwendung über den ganzen Entwicklungsprozeß aufgeführt: Tagebuchszenarien für die IST-Beschreibung, Visionszenarien für die Nutzung neuer Technologie, Veranschaulichung von Gestaltungsalternativen, Vorgaben für Nutzungstest durch Experten und Nutzer und Ersatz oder Ergänzung zu Schnittstellenprototypen. Abbildung 5.27 auf S. 206 zeigt ein Beispiel eines Prototyp-Szenarios bei der Bibliotheksbenutzung, das die einzelnen Schritte bei der Systemnutzung mit dem Ziel der Literatursuche beschreibt.

Dieses Szenario könnte noch durch Bildschirmausschnitte oder einen lauffähigen Prototyp ergänzt werden. Es gibt aber auch ohne diese Zusätze einen viel plastischeren Eindruck der Systemnutzung als z.B. eine Sammlung von Systemdiensten.

Nielsen klassifiziert die Verwendungsmöglichkeiten von Szenarien bei der Nutzungsgestaltung wie in der (aus [Nie95] entnommenen) Tabelle 4.4.

Wichtigste Unterscheidungsmerkmale sind der Zweck, das Medium und der Ausgangspunkt bei der Szenarienerstellung. Letztere sind entweder Beobachtungen des aktuellen Umgangs mit dem System oder Vorstellungen der Entwickler. Das Medium reicht von Text, der auf Visualisierung verzichtet, über Storyboards, die aus Bildschirmausschnitte bestehen, aber kein Verhalten beinhalten, zu lauffähigen Systemen. Szenarien können hauptsächlich der Kommunikationsverbesserung dienen, oder der Strukturierung der bei der Entwicklung zu beachtenden Information sowie dem Test.

Tabelle 4.4. Kategorien und Beispiele von Szenarienverwendung zur Erreichung von Nutzungsangemessenheit [Nie95]

Einsatz	Zweck			Medium			Ausgangspunkt	
	K	Str	Sch	T	St	lS	B	E
Tagebuchszenarien		x		x			x	
Visionsszenarien		x		x				x
Gestaltungsalternativen	x				x			x
Test durch Experten			x	x		x	x	
Test durch Nutzer			x	x			x	x
Prototyping			x	x	x	x		x

Legende: K(ommunikation), Str(ukturierung), Sch(nittstellentest), T(ext), St(oryboard), l(auffähiges) S(ystem), B(eobachtung), E(ntwicklervorstellungen)

Bewertung. Use Cases beinhalten eine Vielzahl von Systemkonzepten: Es werden Akteure, Daten, Dienste, Aktivitäten, Ziele und Interaktion modelliert, vor allem aus der Verhaltenssicht. Hinzu kommt, daß eine Vielzahl von Gestaltungsebenen abgedeckt wird: die Verteilung der Aktivitäten zwischen Nutzer und System, die Identifikation und das Verhalten der Systemdienste sowie die Festlegung der Benutzungsschnittstelle und die Interaktion zwischen den Objekten im System. Die Vielzahl der zu berücksichtigenden Faktoren erschwert zum einen die systematische Erstellung der Use Cases und zum anderen einen systematischen Übergang von den Use Cases zum Entwurf. [Pae98] identifiziert vier Ebenen der Use-Case-Beschreibung und methodische Schritte zur gleichzeitigen Entwicklung der Ebenen und des Objektmodells.

Demgegenüber fokussieren Szenarien beim Usability Engineering nur auf die Benutzungsschnittstelle, und dabei insbesondere auf Arbeitsorganisationsdetails, die die Nutzungsangemessenheit des Systems sicherstellen. Es gibt keine generellen Vorgaben, welche Konzepte diese Szenarien beinhalten sollen, aber die Beschränkung auf eine Gestaltungsdimension erleichtert die Auswahl. Wie die obigen Beispiele gezeigt haben, sind allerdings die Verwendungsmöglichkeiten von Szenarien bzgl. dieser Gestaltungsdimension sehr vielfältig. [RA97] schlägt deshalb vor, eine Sammlung von szenarienbasierten Entwicklungsschritten zu entwickeln, die die Ausgangssituation, das Vorgehen und das Ergebnis bei der Verwendung der Schritte explizit machen.

Prototyping verwendet keine besonderen Modellierungskonzepte. Der Prototyp wird selbst als ein Modell des zu realisierenden Softwaresystems angesehen. Im Vergleich zu textuellen oder bildlichen Modellen ist der Erstellungsaufwand sehr hoch, andererseits können einige Aspekte des Nutzungssystems erst mithilfe eines lauffähigen Modells deutlich gemacht werden. Szenarien sind dabei oft ein guter Kompromiss, da sie weniger aufwendig zu erstellen sind, aber auch auf die Dynamik und einen konkreten Ablauf fokussieren.

Usability-Szenarien und Oberflächenprototypen sind damit gut geeignet zur externen Aufgabenspezifikation der Benutzungsschnittstelle. Das Use-Case-Modell kann für eine grobe Festlegung des Systemspezifikation, also der externen Aufgabenspezifikation des Softwaresystems, verwendet werden. Use Cases sind je nach Detaillierungsgrad geeignet zur internen Aufgabenspezifikation des Nutzungssystems, d.h. also zur Beschreibung der Arbeitsprozesse der Nutzer, zur externen Aufgabenspezifikation der Benutzungsschnittstelle oder des Softwaresystems, oder – auf Objektebene – zur Beschreibung des Softwaresystementwurfs. In der Methode OASE decken wir diese Beschreibungsebenen mit jeweils unterschiedlichen Modellen ab.

4.2.7 Bestimmung von Systemdaten und -diensten des Softwaresystems

Die Bestimmung der Systemdaten und -dienste des Softwaresystems steht im Zentrum der Anforderungsdefinition der Methode SSADM. In der Anforderungsanalyse wird ein logisches Datenmodell, ein Datenflußdiagramm des Anwendungssystems, ein Nutzerkatalog und eine Liste von Anforderungen erstellt (siehe auch 2.8). Darauf aufbauend werden die Systemdaten aus dem logischen Datenmodell abgegrenzt und die Systemfunktionen entwickelt. Letztere sind in unserer Terminologie Systemdienste. Sie werden im wesentlichen durch der Festlegung der Dialogschnittstelle und der Datenzugriffe beschrieben. Abbildung 4.15 zeigt die typischen Komponenten eines Systemdienstes in SSADM.

Die *Eingabeverarbeitung* transformiert die Eingabe in Ereignisse und Anfragen und überprüft sie auf Fehler. Die *Kernfunktion* liest und schreibt Daten in die Datenbank. Auftretende Fehler werden in einer eigenen *Fehlerverarbeitung* behandelt. Analog zur Eingabeverarbeitung transformiert die *Ausgabeverarbeitung* die Ergebnisse der Kernfunktion in die Ausgabe. Diese Komponenten werden schrittweise definiert. Die Fehlerbehandlung und die detaillierten Datenzugriffe und Ein- und Ausgabebehandlung werden erst im Softwaresystementwurf beschrieben. Im Rahmen der Anforderungsdefinition wird die Logik der Datenzugriffe und der Zusammenhang zwischen Ein- und

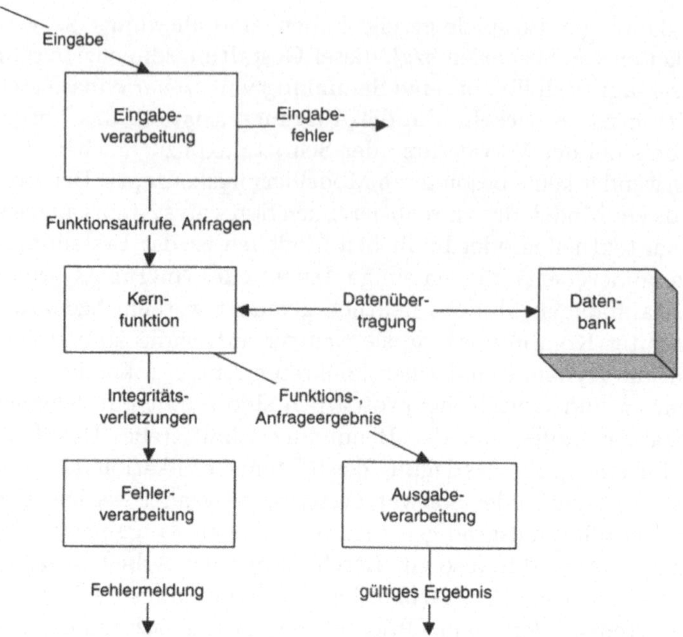

Abb. 4.15. Komponenten von Systemdiensten bei SSADM

Ausgabe festgelegt. Die dabei zu erstellenden Modelle werden im folgenden am Beispiel der Bibliothek vorgestellt. Vorher gehen wir noch kurz ein auf Modelle für die Systemdatendefinition

Datendefinition. Der Standard für die Systemdatendefinition sind die in 3.2 vorgestellten Entity/Relationship-Modelle. Diese werden auch in SSADM verwendet. Wie in 4.1.3 bei der objektorientierten Analyse diskutiert, werden diese im Kontext der objektorientierten Systementwicklung teilweise zu Objektmodellen erweitert. Dies ist auf Ebene des Anwendungssystems nicht sinnvoll, da dort eine Erfassung der Begriffe im Vordergrund steht, und nicht die Verteilung von Funktionalität auf verschiedene (Daten-) Akteure. Beim Übergang zum Nutzungssystem werden die Elemente der Objektmodelle, wie gerichtete Assoziationen, wichtiger. Die Richtung verdeutlicht die Sichtbarkeitsstruktur, die von den Systemdiensten erhalten werden muß.

Als Beispiel zeigt Abb. 5.22 auf S. 200 das Entity/Relationship-Diagramm aus Abb. 5.9 auf S. 182 in UML-Notation. Dabei wurden die Relationships durch gerichtete Assoziationen ersetzt. An dieser Stelle ist auch zu entscheiden, ob Entitytypen, die Beziehungen zwischen zwei anderen Entitytypen repräsentieren (z.B. **Vormerkung** und **Mahnung**), als eigenständige Rollen[2] im Softwaresystem oder nur als Assoziationen verwaltet werden sollen. Im Bei-

---

[2] Der Begriff „Rolle" wird hier wie im Systemkonzeptmodell verwendet – und nicht, wie in UML üblich, als Bezeichnung einer gerichteten Assoziation.

spiel haben wir nur die **Vormerkung** als Rolle übernommen. Die **Mahnung** hat nicht viele Attribute, und es existieren zu einem Buch höchstens zwei Mahnungen. Deshalb kann sie leicht durch zusätzliche Attribute und eine Assoziation der Klasse **Buch** dargestellt werden.

Dienstdefinition. Dienste können identifiziert werden durch Betrachtung der Eingaben von den externen Partnern im Datenflußmodell des Anwendungssystems. Jeder Dienst wird durch seine Aktivitäten (bei SSADM Ereignisse genannt), aber ohne Angabe einer Reihenfolge charakterisiert. Die so gefundenen Dienste sind zu ergänzen durch systeminterne Dienste. Durch detaillierte Diskussion mit den Nutzern wird geklärt, ob die Granularität der Dienste angemessen ist, ob Teile der Dienste eigenständig angestoßen werden sollen oder Dienste zusammengelegt werden sollen. Mithilfe von Entitäts/Aktivitätsmodellen wird überprüft, ob die Dienste alle nötigen Datenzugriffe abdecken oder ob die Zusammenfassung von Aktivitäten zu Diensten tragfähig ist. Aufgrund der Modelle können auch ähnliche Verarbeitungsschemata identifiziert und als Hilfsdienste herausgezogen werden. Es gibt drei Arten von Entitäts/Aktivitätsmodellen:

Tabelle 4.5. Entitäts/Aktivitätsmatrix

Aktivität / Entität	Vormerkung	Buch	Inhalt	Leser	Buch-Such-Anfrage	Schlagwort
BuchSuche		L	L		A,Z	L
Vormerken	A	S				
Ausgabe	Z	S		S		
Rücknahme	S	S		S		
Mahnen		S				
Verlust	Z	S	Z	S		
Anmelden				A		
Abmelden				Z		

- *Entitäts/Aktivitätsmatrix:* Diese Matrix listet die Beziehungen zwischen den Entitäten des logischen Datenmodells des Softwaresystems und den Aktivitäten der Dienste auf. Diese Beziehung ist danach charakterisiert, ob die Aktivität die Entität anlegt (A), zerstört (Z), oder schreibend (S) oder nur lesend (L) zugreift. Abbildung 4.5 zeigt ein Beispiel für eine solche Matrix, das die Zugriffe der Bibliothekssystemaktivitäten auf die Entitäten zeigt.
- *Entitätslebenszyklen:* Betrachtet man die Matrix aus Sicht einer einzelnen Entität, so wird dadurch deutlich, welche Aktivitäten auf eine Entität wie

zu greifen. Die Entitätslebenszyklen legen zusätzlich noch die Reihenfolge zwischen den Aktivitäten fest. Als Modellierungstechnik werden dazu die Entitätsstrukturdiagramme aus [Jac83] verwendet (siehe 4.1.3).

- *Effekt/Korrespondenzdiagramme:* Betrachtet man die Matrix aus Sicht einer Aktivität, so wird deutlich, auf welche Entitäten jede Aktivität zugreift. Effekt/Korrespondenzdiagramme legen zusätzlich noch die bei der Aktivitätsdurchführung ausgenutzten Entitätsbeziehungen fest. Abbildung 4.16 zeigt ein solches Diagramm für den Ausgabedienst. Im Unterschied zu Entitätslebenszyklen werden Entitäten (dargestellt durch Rechtecke mit abgerundeten Ecken) und nicht Aktivitäten modelliert.

Die Entitäts/Aktivitätsmodellierung dient der Vollständigkeitsüberprüfung von Entitäten und Aktivitäten. Die Effekt/Korrespondenzdiagramme sind das Grundgerüst des Kernfunktionsentwurf. Dabei müssen die Beziehungen durch einzelne Datenbankzugriffe aufgelöst werden.

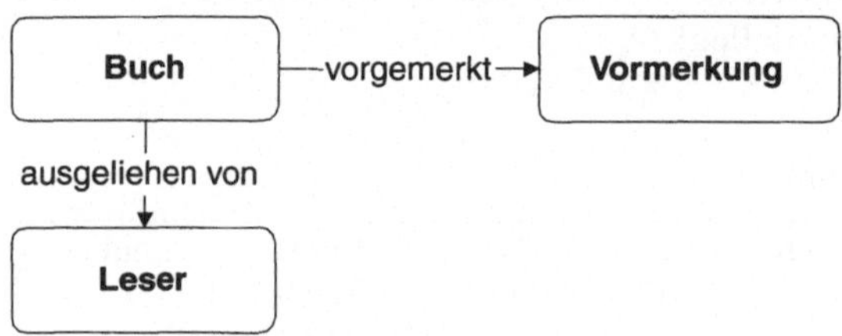

Abb. 4.16. Effekt/Korrespondenzdiagramm

Ein-/Ausgabestrukturen. Durch die Entitäts/Aktivitätsmodellierung werden die Auswirkungen der Aktivitäten – und damit auch der Dienste, die diese Aktivitäten beinhalten – auf die Daten deutlich. Für die Nutzung ist insbesondere die Festlegung der Dienstein- und ausgabe wichtig. Dies geschieht wieder mit einer besonderen Form von Entitätsstrukturdiagrammen, den *Ein-/Ausgabestrukturen.* Abbildung 4.17 zeigt solch eine Struktur für den Rücknahme-Dienst.

Auf der untersten Ebene sind die Ein- und Ausgabeelemente zu finden, die Zwischenebenen dienen der Gruppierung, das oberste Element benennt den entsprechenden Dialog. Die Gruppierung ist insbesondere interessant, wenn der Dienst mehrere Aktivitäten enthält, weil dadurch implizit auch eine Reihenfolge der Aktivitäten vorgegeben ist. Eingaben sind durch das Schlüsselwort in gekennzeichnet, Ausgaben durch out. So besteht die Rücknahme aus der Eingabe der Buchnummer, gefolgt von einer Nachfrage bzgl. der geänderten Daten, die durch eine eigene Eingabe bestätigt werden muß. Danach wird die Nachricht bzgl. der Vormerkung auf dem Bildschirm dargestellt. Sie muß wieder durch eine eigene Eingabe bestätigt werden. Der Erfolg der ganzen Dienstausführung wird durch eigene Meldungen deutlich gemacht.

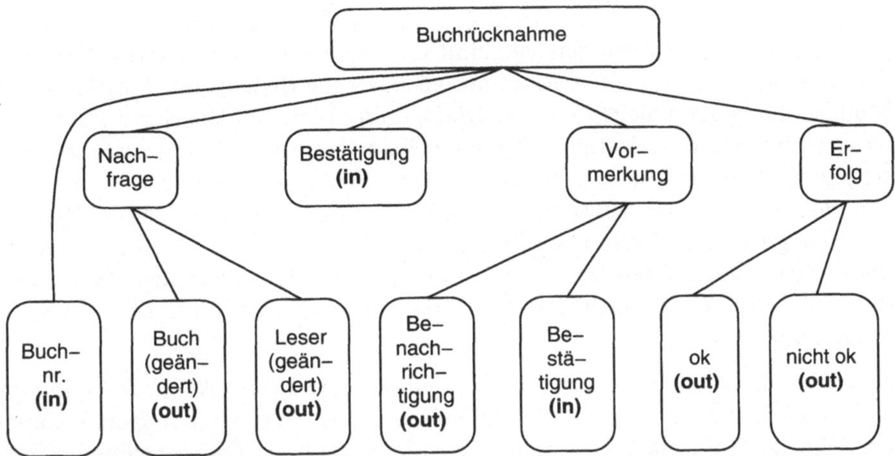

Abb. 4.17. Ein-/Ausgabestruktur

Bewertung. Im Vergleich mit dem Systemkonzeptmodell wird deutlich, daß
die Modelle von SSADM sich auf Aktivitäten, Daten und Dienste konzentrieren. Die Entitäts/Aktivitätsmodellierung ist sehr geeignet für die interne Aufgabenspezifikation des Softwaresystems. Sie ist auch eine gute
Grundlage zur Festlegung der Softwaresystemrollen, d.h. der externen Aufgabenspezifikation des Softwaresystems. Der Übergang zum Entwurf des
Softwaresystems wird durch die Effekt/Korrespondenzdiagramme gut unterstützt. Die objektorientierte (aber nicht standardisierte) Variante OO-
SSADM [RB94] macht deutlich, daß diese datenflußorientierte Betrachtung
von Systemdiensten auch beim objektorientierten Entwurf hilfreich ist. Die
in den Effekt/Korrespondenzdiagrammen modellierten Beziehungen sind die
Grundlage für die Kommunikation zwischen den Objekten. Zur internen Aufgabenspezifikation sind sie besser geeignet als interaktionsorientierte Diagramme, da sie die einzelnen Schritte ohne Interaktionsdetails deutlich machen. Die Entitätslebenszyklen und die Ein-/Ausgabestrukturen werden in
objektorientierten Methoden zur Entwurfsbeschreibung verwendet, wobei
Entitätslebenszyklen durch Kontrollzustandsübergangsdiagramme, und Ein-
/Ausgabestrukturen durch Sequenzdiagramme dargestellt werden. Im nächsten Abschnitt stellen wir Methoden vor, die besonders auf die Beschreibung
der Ein-/Ausgabeinteraktion auf abstrakter Ebene fokussieren.

4.2.8 Dialogmodellierung

Dialogmodelle beschreiben, wie Benutzer Dienstbearbeitung initiieren und
beeinflussen können. Dabei wird von den konkreten Interaktionsmedien und
-formen abstrahiert. Statt dessen werden die möglichen Folgen von *Interak-
tionsmodi* beschrieben. Ein Interaktionsmodus entspricht einem Zustand der

Interaktionsausführung. Die Dienstaktivierung und -bearbeitung ist abhängig von dem Modus. Manche Dienste sind nur in einem Modus aktivierbar, andere haben in verschiedenen Modi unterschiedliche Bedeutung. Aufgrund der Modusabhängigkeit liegt es nahe, Dialoge durch zustandsbasierte Beschreibungstechniken wie Zustandsübergangsdiagramme und Petri-Netze zu beschreiben. Wir stellen zuerst mit den Interaktionsdiagrammen von Denert eine der ersten zustandsorientierten Modellierungstechniken [Den77, Den92] für Dialoge vor. Ein typisches Beispiel für Petri-Netz-basierte Ansätze sind die Dialognetze von Janssen [Jan93, Jan96, BF97]. Weiterhin diskutieren wir die ViewNets [Zie96, Zie97], die auf die Verständlichkeit für die Benutzer ausgerichtet sind.

Interaktionsdiagramme. Dialogmodellierung mit *Interaktionsdiagrammen* ist ein wichtiger Teil der in [Den92] eingeführten Methode zur Entwicklung betrieblicher Informationssysteme. Diese Diagramme bilden zusammen mit den Daten- und Dienstmodellen die Systemspezifikation. Sie machen deutlich, welche Daten die Nutzer wann lesen können, welche Dienste wann aufrufbar sind und wie Nutzer den Dialogablauf steuern können. Abbildung 5.32 auf S. 211 zeigt als Beispiel das Interaktionsdiagramm für die Rücknahme.

Interaktionsdiagramme bestehen aus

* *Zuständen:* Zustände repräsentieren Punkte im Dialogablauf, an denen das Softwaresystem auf Eingabe durch die Nutzer wartet. Sie sind charakterisiert durch den Inhalt der den Nutzer zugänglichen Sichten auf die Daten.
* *Aktionen:* Aktionen beinhalten die fachliche Funktionalität. Sie entsprechen Systemdienstaufrufen in unserer Terminologie. Sie repräsentieren die systeminterne Reaktion auf die Benutzereingaben.
* *Transitionen:* Transitionen sind beschriftet mit den Steuerungseingaben der Nutzer, genannt *virtuelle Tasten*. Letztere abstrahieren von der konkreten Eingabeform wie Funktionstaste, Menü oder Kommando.

Wir verwenden eine notationelle Variante, in der Transitionsbeschriftung und zugehöriger Systemdienstaufruf innerhalb eines Rechtecks zusammengefaßt werden: letztere kursiv im unteren Teil. Zustände sind durch Rechtecke mit abgerundeten Kanten dargestellt. Die `Rücknahme` ist ausgehend von der Buchsicht auszulösen. In einem Zwischenschritt werden die geänderten Daten (von Buch und Leser) angezeigt, und erst eine explizite `Bestätigung` löst den eigentlichen Systemdienst aus. Danach wird eine evtl. Benachrichtigung für eine Vormerkung angezeigt, und eine Bestätigung löst den Versand aus.

In unserer Terminologie entsprechen Interaktionsdiagramme Zustandsaktivitätsdiagrammen, wobei zwischen zwei Zuständen mehr als eine Transition ausgeführt werden kann. Jedes Diagramm repräsentiert einen Dialogtypen. Der Wechsel zwischen verschiedenen Dialogen wird bei Denert durch eine Dialogübergangsmatrix beschrieben. Diese macht deutlich, ob ein Wechsel möglich ist (Einträge +, -) und ob ggf. Datenübergabe damit verbunden ist (Eintrag #).

In [Den92] werden dann den Zuständen der Interaktionsdiagramme Masken zugeordnet und die Triggerbedingungen für Systemdienstaufrufe in Abhängigkeit von der Maskenbelegung ausformuliert. Dieser schematische Übergang ist nicht immer angemessen bei den heutigen graphischen Benutzungsschnittstellen, bei denen die für die Nutzer sichtbaren Daten auf mehrere Fenster verteilt sind und zusätzlich ein Fenster verschiedenen Dialogen gemeinsam sein kann. Letzteres ist typischerweise der Fall in objektorientierten Benutzungsschnittstellen, in denen die Fenster die Objekte des anwendungsorientierten Entwurfs repräsentieren. So ein Objektfenster kann dann gleichzeitig Eingabe und Ausgabe für verschiedene Dialoge sein, und weitere Ein- und Ausgaben für die zugehörigen Dialoge müssen dann durch Navigation zwischen verschiedenen Objektfenstern aufgesammelt werden.

Dialognetze. Petrinetze sind gut geeignet für die Beschreibung nebenläufigen Verhaltens. Es liegt nahe, sie als Erweiterung der Zustandsübergangssysteme für die Dialogmodellierung von graphischen Benutzungsschnittstellen zu verwenden (z.B. [BP90]). Der nachfolgend vorgestellte Ansatz der Dialognetze [Jan93, Jan96, BF97] basiert auf Bedingungs/Ereignisnetzen. Abbildung 4.18 zeigt ein Dialognetz für die Buchrücknahme.

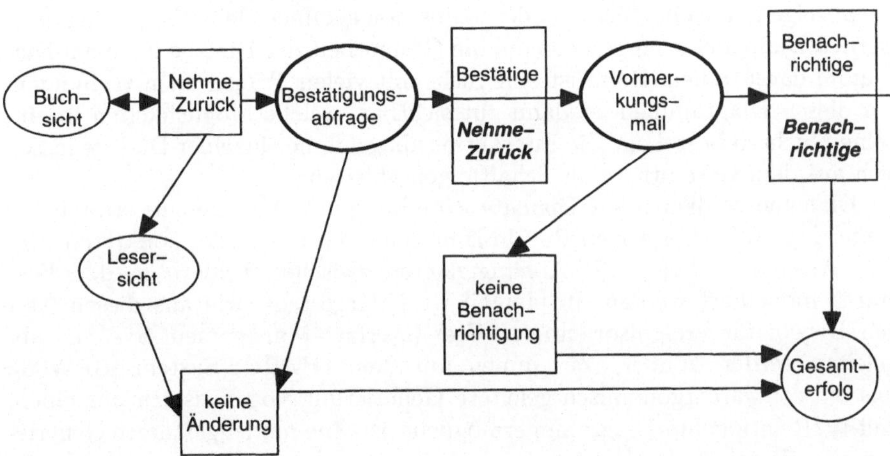

Abb. 4.18. Dialognetz

Wir stellen kurz die wesentlichen Konzepte vor:

- *Stellen:* Stellen repräsentieren Fenster oder Fensterteile. Modale Fenster, die die Nebenläufigkeit einschränken, wie z.B. eine Bestätigungsabfrage, werden durch einen dicken Rand gekennzeichnet.
- *Transition:* Transitionen entsprechen Eingabeereignissen. Diese können zusätzlich Aufrufe an Softwaresystemdienste auslösen, die im Zusammenhang mit der Transition notiert werden. Beim Schalten der Transition wer-

den diese Dienste ausgeführt. Zusätzlich zu den Eingabeereignissen können Transitionen auch mit Bedingungen beschriftet werden.

- *Flußrelation:* Die Flußrelation verbindet Stellen mit Transitionen und umgekehrt. Wie bei Petrinetzen üblich, bestimmt die Flußrelation zusammen mit der Markierung das Schaltverhalten. Zur Reduzierung des Beschreibungsaufwandes werden optionale Flüsse verwendet, die auch schaltfähig sind, wenn eine eingehende Stelle nicht oder eine ausgehende Stelle schon markiert ist. Diese Flüsse sind durch gestrichelte Pfeile gekennzeichnet (kommt im Beispiel nicht vor).
- *Markierung:* Die Markierung bestimmt die zu einem Zeitpunkt gleichzeitig offenen Sichten.

Da die Interaktionsmöglichkeiten meist sehr vielfältig sind, können zur besseren Strukturierung auch hierarchische Stellen eingesetzt werden, die selbst wieder zu einem Dialognetz verfeinert werden. Durch Parametrisierung der verfeinerten Netze können auch Dialogmakros beschrieben werden.

Der Unterschied zu dem Interaktionsdiagramm von Abb. 5.32 auf S. 211 ist nicht sehr groß. Im wesentlichen sind verschiedene Datensichten, die im Interaktionsdiagramm in einem Zustand zusammengefaßt sind, auf einzelne Stellen verteilt. Dadurch ergeben sich Doppelpfeile (wie bei der Buchsicht), die anzeigen, daß eine Sicht bei der Transition geöffnet bleibt. Typischerweise werden Dialognetze eingesetzt, um die Gesamtheit der Dialoge in einem Diagramm darzustellen. Dann ist eine Sicht mit vielen Transitionen verbunden. An diesen Diagrammen ist dann gut sichtbar, welche Möglichkeiten in einzelnen Sichten bestehen. Die Interaktionsdiagramme einzelner Dialoge lassen sich aus dem Gesamtnetz als Schaltfolgen ableiten.

Dialognetze dienen zur Dialogbeschreibung auf Fensterebene. Durch Erweiterung mit deklarativen Regeln kann auch die Ebene der konkreten Ein- und Ausgabemedien (z.B. Abhängigkeiten zwischen Feldern in den Fenstern) modelliert werden. In [Jan96] wird dargestellt, wie aus diesen Netzen Regeln für ereignisorientierte User-Interface-Management-Systeme abgeleitet werden können. Zusammen mit dem GENIUS-System [BFW96], das die softwareergonomisch geleitete Generierung von Fenstern aus einem Entity/Relationship-Diagramm ermöglicht, ist eine modellgestützte Generierung der Benutzungsschnittstelle möglich.

ViewNets. ViewNets sind eine Vorstufe der Dialognetze, die eine systematische Ableitung der Fensterinhalte aus einem Objektmodell erlaubt [Zie96, Zie97]. Es lassen sich Attribut- und Referenzsichten auf Datenobjekte, Referenz-, Parameter- und Vorgangssichten auf Dienstobjekte und Mengensichten auf Objektmengen unterscheiden. Diese verschiedenen Sichten werden auch durch verschiedene Symbole in den Netzen repräsentiert. Weiterhin werden noch Dialogobjekte z.B. für Meldungen oder Parameter hinzugenommen. In den ViewNets werden die Navigationsmöglichkeiten zwischen den verschiedenen Sichten dargestellt. Im Gegensatz zu Dialognetzen wird weder das Auslösen von Systemdiensten dargestellt noch, inwieweit Sichten geöffnet bleiben. ViewNets sind also statische Modelle der Sichten und ihrer Beziehungen.

Besonders interessant an diesem Ansatz ist die Verwendung von Dienstsichten. Dies erlaubt eine Mischung von

- dienstorientierter Navigation, bei der der Dienst vor dem bearbeiteten Objekt ausgewählt wird (z.B. Neuanlage eines Objekts),
- objektorientierter Navigation, die Dienste nur im Kontext einer speziellen Objektsicht auswählt,
- dem zustandsorientierten Zugriff, der Zugriff auf alle Objekte eines Bearbeitungszustands ermöglicht, und
- der vorgangsorientierten Navigation, die eine Sicht für einen Geschäftsprozeß auszeichnet (ähnlich zu maskenorientierten Benutzungsschnittstellen).

Bewertung. Im Vergleich mit dem Systemkonzeptmodell wird deutlich, daß alle drei Ansätze die interne Aufgabenspezifikation der Benutzungsschnittstelle, also Datensichten und Dienste beschreiben. Dienstaufrufe an das Softwaresystem werden nur von Interaktionsdiagrammen und Dialognetzen modelliert. Nutzer sind nicht wie bei den aufgaben- oder szenarienorientierten Ansätzen Teil des Modells. ViewNets zielen auf eine für die Nutzer verständliche Beschreibung der statischen Dialogmöglichkeiten, während Interaktionsdiagramme und Dialognetze vor allem für die Entwickler gedacht sind und Abläufe beschreiben. ViewNets sind als Vorstufe zum Entwurf geeignet, da sie die Sichten explizit machen. Aus letzteren können dann die Oberflächenobjektrollen abgeleitet werden. Dialognetze sollen sogar die Generierung der Implementierung ermöglichen. Auf Zustandsautomaten basierende Dialogmodelle werden oft aufgrund der mangelnden Darstellung der Nebenläufigkeit kritisiert. Umgekehrt ermöglichen sie für einzelne Dialoge aber eine klare Darstellung der wichtigen Interaktionen. Die Dialognetze machen zwar die Navigation zwischen nebenläufigen Dialogen deutlich, sind aber zu detailliert, so daß die wichtigen Interaktionen nicht mehr deutlich werden. In unserer Methode OASE verwenden wir Interaktionsdiagramme, um die wichtigen Interaktionsschritte festzulegen, und verwenden das sichtenzentrierte Modell der ViewNets zur Feinabstimmung mit den Nutzern über die Navigationsmöglichkeiten.

Eine detaillierte Modellierung der Benutzungsschnittstellendynamik für die Nutzerkommunikation ist zu aufwendig. Dafür sind dann Oberflächenprototypen besser geeignet. Wie in [Sch96] diskutiert, ist es heute noch unklar, ob eine ausführliche Modellierung und anschließende Generierung oder eine direkte Programmierung für die Implementierung besser ist – insbesondere auch deshalb, weil bei der Programmierung immer mehr auf existierende Frameworks und Klassenbibliotheken zurückgegriffen werden kann.

Modellierung des Nutzungssystems

- *Externe Aufgabenspezifikation:* Die Definition der externen Aufgabenspezifikation des Nutzungssystems umfaßt die Verantwortlichkeiten und die Charakteristiken der Nutzer. Die Verantwortlichkeiten beziehen sich auf Daten und Aktivitäten. Sie sind mit dem Entwurf des Anwendungssystem bestimmt. Zur Charakterisierung der Benutzer und ihrer Ziele eignen sich die Benutzermodelle aus der Ergonomie, die sowohl die Charakteristiken bzgl. der fachlichen Fähigkeiten als auch die EDV-technischen Fertigkeiten erfassen.
- *Interne Aufgabenspezifikation:* Die interne Aufgabenspezifikation beschreibt die Aufgabenerfüllung der Nutzer mit Hilfe des Softwaresystems. Zur Bestimmung der Aufgabenverteilung zwischen Mensch und Maschine ist diese Aufgabenerfüllung am besten mit Arbeitsprozeßmodellen zu beschreiben. Arbeitswissenschaftliche Methoden geben Hinweise zur Erstellung und Bewertung dieser Arbeitsprozeßbeschreibungen in Zusammenarbeit mit den Nutzern. Als Modellierungstechnik sind Erweiterungen der Geschäftsprozeßmodellierung sinnvoll. Dies ermöglicht einen guten Übergang von der Modellierung des Anwendungssystems zur detaillierten Arbeitsprozeßmodellierung.
- *Entwurf:* Die Festlegung der Softwaresystemdaten und -dienste (evtl. strukturiert in Rollen) bildet den Entwurf des Nutzungssystems. Die Dienste und Daten der Nutzer werden über die Arbeitsprozeßbeschreibungen hinaus nicht weiter festgelegt. Das Datenmodell des Softwaresystems kann aus dem des Anwendungssystems abgeleitet werden unter Berücksichtigung der Information aus den Arbeitsprozessen. Dabei ist die unterschiedliche Bedeutung von Beziehungen im Anwendungs- und. Softwaresystemdatenmodell zu beachten. Zur Bestimmung der Systemdienste ist die Entitäts/Aktivitätsmodellierung der strukturierten Methoden geeignet. Sie ist auch ein gutes Mittel für die interne Aufgabenspezifikation des Softwaresystems.

Abb. 4.19. Modellierungstechniken für das Nutzungssystem

4.2.9 Zusammenfassung

Abbildungen 4.19 und 4.20 fassen die Bewertung der von uns betrachteten Modellierungstechniken im Hinblick auf die Produkte für das Nutzungssystem zusammen. Wir unterscheiden dabei das eigentliche Nutzungssystem, das aus Mensch und Maschine besteht, von der Benutzungsschnittstelle. Die in den Abbildungen genannten Modellierungstechniken verwirklichen im wesentlichen auch die Anforderungen der im Entstehen begriffenen DIN-Norm zur benutzerorientierten Gestaltung interaktiver Systeme [ISO98].

4.2.10 Integrierte Methoden

Im vorhergehenden haben wir exemplarisch Methoden zur Aufgaben-, Benutzer-, Interaktions-, und Dialogmodellierung vorgestellt. Diese Methoden fokussieren auf einzelne Aspekte des Nutzungssystems, betrachten aber nicht eine Einbettung in den gesamten Softwareentwicklungsprozeß. In diesem Abschnitt skizzieren wir weitergehende Ansätze zur Softwareentwicklung, die

Modellierung der Benutzungsschnittstelle

- *Externe Aufgabenspezifikation:* Die Definition der externen Aufgabenspezifikation der Benutzungsschnittstelle umfaßt die im Entwurf des Nutzungssystem bestimmten Systemdaten und -dienste. Diese sind aber zur Erreichung der Nutzungsangemessenheit zu ergänzen um Daten und Dienste der Arbeitsorganisation der Nutzer. Letztere lassen sich am besten anhand von Prototypen gewinnen, eine gute Annäherung sind Szenarien.
- *Interne Aufgabenspezifikation:* Die interne Aufgabenspezifikation beschreibt die für die Nutzer sichtbare Umsetzung der Systemdaten und -dienste. Sie wird am besten in einzelne Dialoge strukturiert, die jeweils für einen fachlichen Zusammenhang die Datensichten und Steuerungsmöglichkeiten der Nutzer beinhalten. Zur Modellierung eignen sich Datensichtstrukturen wie die ViewNets und Interaktionsdiagramme. Diese Ebene abstrahiert von der Nebenläufigkeit der Dialoge, und fokussiert auf die Zusammenhänge zwischen dargebotener Information und Nutzereingaben.
- *Entwurf:* Der Entwurf besteht aus einem Objektmodell für die Oberflächenobjekte und Verhaltensbeschreibungen für diese Objekte. Diese Struktur sollte möglichst gut die Struktur der Softwaresystemdaten und der globalen Dialoge wiedergeben und die Navigation minimieren. Es bietet sich deshalb an, die Oberflächenobjekte als Datensichten abzuleiten. Bei der Definition der Navigationsstruktur und der Nutzereingabemöglichkeiten ist zu beachten, daß die in der internen Aufgabenspezifikation definierten globalen Dialogzustände und Interaktionsmöglichkeiten auch in der auf verschiedene Objekte verteilten Darstellung deutlich werden.

Abb. 4.20. Modellierungstechniken für die Benutzungsschnittstelle

insbesondere die Gestaltung des Nutzungssystems berücksichtigen. Jeder Ansatz wird den in der vorhergehenden Zusammenfassung identifizierten Produkten zur Modellierung des Nutzungssystems und der Benutzungsschnittstelle gegenübergestellt.

Die Mehrzahl der integrierten Methoden kommt aus dem Bereich der Softwareergonomie, mit einem Schwerpunkt entweder auf der Benutzungsschnittstelle oder der Aufgabenanalyse. Wir betrachten als Vertreterin der ersten Richtung die Methode TRIDENT [BHLV95] und der zweiten Richtung die Methode TASK [BJ94]. Bei beiden Ansätzen wird die Benutzungsschnittstellengestaltung viel ausführlicher behandelt als die Softwaregestaltung.

TRIDENT. Die Methode *Tools foR Interactive Development EnvironmeNT (TRIDENT)* hat sich zum Ziel gesetzt, klassische Analyse- und Entwurfsmethoden um Benutzungsschnittstellenentwicklung zu erweitern und dabei insbesondere die Anwendungslogik und ihre Darstellung an der Schnittstelle klar zu trennen – genauso wie die Darstellungs- und Kontrollkomponenten der Benutzungsschnittstelle selbst getrennt sind– und die Darstellungskomponente mithilfe von softwareergonomischen Regeln zu entwickeln [BHLV95]. Abbildung 4.21 zeigt die Schritte der Methode:

Die Aufgabenanalyse (1) beginnt mit Interviews und Beobachtungen, die zuerst informell und dann hierarchisch strukturiert beschrieben wer-

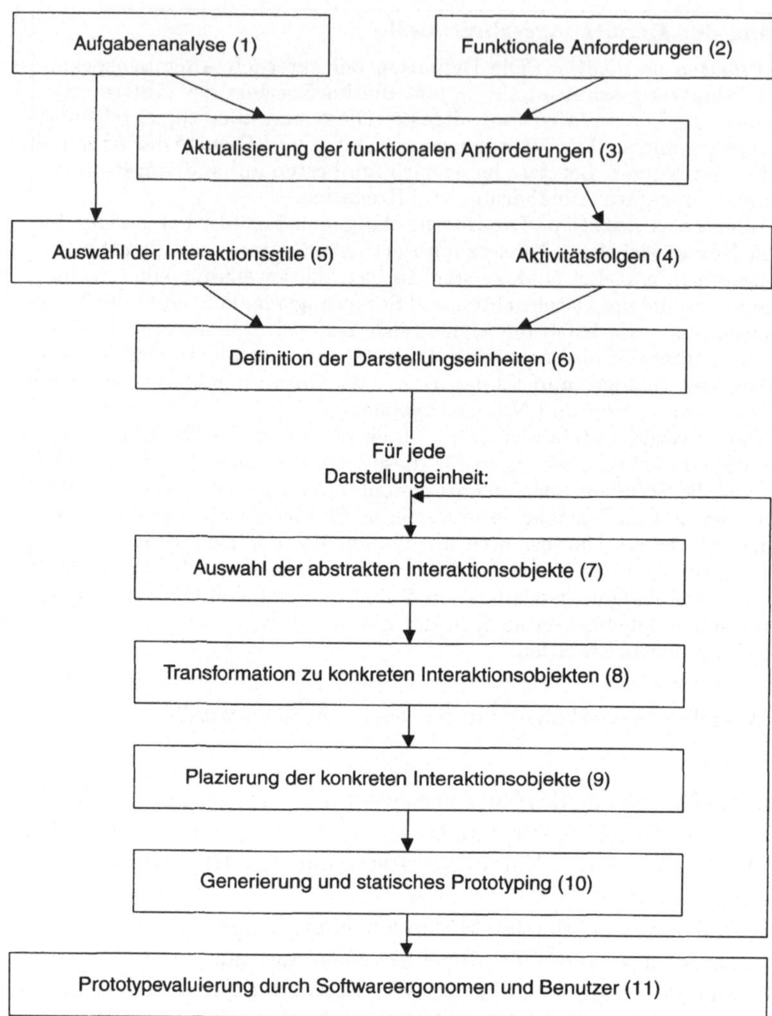

Abb. 4.21. TRIDENT-Vorgehensmodell

den. Das Vorgehen und die Modelle sind dem in 4.2.5 beschriebenen Ansatz
TKS/ADEPT ähnlich. Die Dienstbestimmung (2) verwendet ein Entity/Re-
lationship-Modell für die Daten, die Dienste ergeben sich als die Blätter des
hierarchischen Aufgabenmodells. Wurden die Dienste getrennt von der Aufgabenanalyse erstellt, so ist eine gegenseitige Abstimmung nötig (3). Durch
genauere Betrachtung der Dienstein- und -ausgaben werden die Abhängigkeiten der Dienste bei der Aufgabenerfüllung explizit (4). Die Schritte (5)-(10)
zielen auf den detaillierten Entwurf der Benutzungsschnittstelle. Die Dar-
stellungseinheiten entsprechen Sichten auf die Anwendungsdaten, die bei der
Dienstbearbeitung notwendig sind. Abstrakte Interaktionsobjekte stehen für

Interaktionsmedien wie Menu, Rollbalken oder Auswahllisten. Der so entstandene Prototyp wird durch Experten und Nutzer evaluiert (11).

TRIDENT macht also keine nähere Angaben zum Softwaresystementwurf. Die Aufgabenverteilung zwischen Mensch und Maschine wird nicht explizit bewertet, weiterhin fehlt die Modellierung des Anwendungssystems, die Arbeitsorganisationsbetrachtung und eine Dialogbeschreibung auf Ebene der internen Aufgabenspezifikation. Die Interaktionsmöglichkeiten werden direkt den Datensichten zugeordnet. Allerdings sind die Datensichten nach den Diensten strukturiert, d.h. jeder Dienst verwendet seine eigenen Sichten. Damit entfällt die Navigation zwischen verschiedenen Sichten bei der Bearbeitung eines Dienstes, andererseits sind die Möglichkeiten zum flexiblen, an den Objekten ausgerichteten Dialogwechsel eingeschränkt. Wie bei den auf Generierung ausgerichteten Ansätzen typisch, wird viel Wert auf eine ausführliche, regelgestütze Modellierung und Auswahl der Interaktionsmedien gelegt.

TASK. Die Methode *Technik der Aufgaben- und benutzerangemessenen Software-Konstruktion (TASK)* kombiniert arbeitspsychologische Methoden der Aufgabenanalyse, softwaretechnische Methoden der Anforderungsanalyse, Prototyping, graphische Benutzungsschnittstellengestaltung und integrierte Entwicklungswerkzeuge [BJ94]. Abbildung 4.22 gibt einen Überblick über die Entwicklungsschritte:

Die Analyse verwendet die strukturierten Methoden zur Erstellung des essentiellen Aufgabenmodels. Objekt- und Nutzermodelle werden parallel erstellt. Bei der Anwendungsspezifikation werden Aufgaben- und Objektmodelle verfeinert. Erstere werden durch detaillierte Merkmalsmuster (siehe 4.2.5) verfeinert, letztere durch Attribute und – nach vollständiger Verfeinerung des Aufgabenmodells – durch Dienste. Die Benutzungsschnittstelle wird durch das Objektmodell geprägt, von dem die Sichten abgeleitet werden. Dialognetze beschreiben die Interaktionsmöglichkeiten der Nutzer. Darauf aufbauend wird ein Prototyp erstellt und evaluiert.

TASK zielt also auf einen objektorientierten Entwurf. Das Anwendungssystem wird nicht modelliert. TASK verwendet keine Interaktions- oder Prozeßmodelle. Die Zuordnung der Elementaraufgaben zu den Objekten verwendet die Entitäts/Aktivitätsmatrix, aber keine Effekt/Korrespondenzdiagramme. Es fehlt die Dialogmodellierung auf Ebene der internen Aufgabenspezifikation. Die Einbettung arbeitswissenschaftlicher Ansätze ist in TASK vorbildlich.

4.2.11 Weiterführende Literatur

Die Vielfalt der bei der Nutzungs- und Benutzungsschnittstellengestaltung zu berücksichtigenden Faktoren ist groß (siehe z.B. [Pre99]). Dies gilt auch für die Literatur zu diesem Thema. Ansätze für einzelne Aspekte werden bei den nationalen (z.B. [LVW97]) und internationalen Softwareergonomie-Tagungen CHI und HCI vorgestellt. Die Methode MUSE [LL94] ist ein weiteres Beispiel für eine integrierte Methode. Sie ist durch eine umfassende Verwendung von

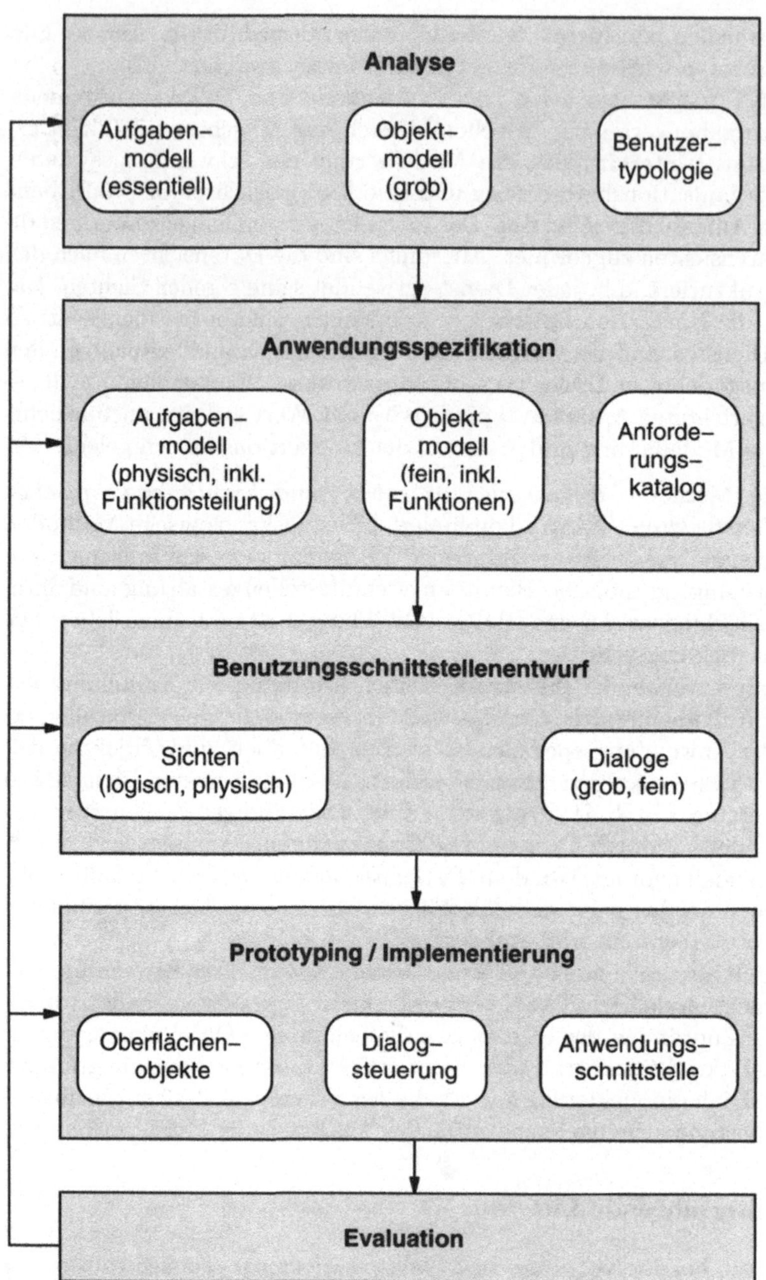

Abb. 4.22. TASK-Vorgehensmodell

Aufgabenmodellen und starke Orientierung an den strukturierten Methoden charakterisiert. Auch die Methode ICSM [BC94] beinhaltet eine ausführliche Aufgabenmodellierung. Dabei geht es vor allem um die Entwicklung einer an die Organisation des Unternehmens angepaßten Software. Der Ansatz TA-DEUS [Sta96] berücksichtigt ebenfalls die Unternehmensorganisation bei der Aufgabenmodellierung, ergänzt diese aber durch Nutzermodelle und nützt die Information zum modellgestützten, teilautomatisierten Entwurf der Benutzungsschnittstelle.

4.3 Softwaresystem

Das Softwaresystem dient der Umsetzung der Systemdienste und Mensch-Maschinen-Interaktionen. Diese Umsetzung bedient sich der Hardware, d.h. des Rechners und der peripheren Geräte. Ein großer Teil des Softwaresystems ist deshalb durch die Schnittstelle zur Hardware bestimmt. Typischerweise wird die zur Realisierung der Systemdienste benötigte Software in mehrere Schichten eingeteilt: von den Gerätetreibern, über die Middleware bis hin zum Anwendungsprogramm. Wir beschäftigen uns hier nur mit der obersten Softwareschicht, dem Anwendungsprogramm. Dieses Anwendungsprogramm beinhaltet selbst wieder eine Schnittstelle zur Middleware, die z.B. die Verteilung auf verschiedenen Rechnern erlaubt. Wir betrachten hier nur den anwendungsorientierten Teil des Anwendungsprogrammes, d.h. wir machen – wie in der strukturierten Analyse – die Annahme der perfekten Technologie. Wir bezeichnen die abstrakte Beschreibung dieses Teils als *anwendungsorientierten Entwurf*. Im Gegensatz dazu steht der *technische Entwurf*, der schon die Schnittstelle zur Middleware oder zu den darunterliegenden Schichten berücksichtigt. Diese Trennung wird in den nachfolgend vorgestellten Methoden meist auch gemacht, allerdings wird der anwendungsorientierte Entwurf manchmal noch als Teil der Analyse betrachtet und der technische Entwurf teilweise schon der Implementierung zugerechnet.

Im Gegensatz zum Nutzungssystem gibt es nicht viele verschiedene Analyse- und Entwurfstechniken für den anwendungsorientierten Teil des Softwaresystems. Sie sind im wesentlichen durch die Programmiersprachen bestimmt. Für die prozeduralen Programmiersprachen der 70er Jahre wurden die Techniken des strukturierten und datenorientierten Entwurfs entwickelt, für die objektorientierten Programmiersprachen der 80er Jahre die objektorientierten Entwurfstechniken. In den 90er Jahren geht der Trend verstärkt in die Richtung, Entwürfe auf einer abstrakten, vom Programmierparadigma unabhängigen Ebene darzustellen. Die Güte eines Entwurfs zeigt sich darin, wie leicht er an *Änderungen* sowohl in der Systemspezifikation als auch in der Middleware angepaßt werden kann. Der Extremfall dieser Anpassung ist die *Wiederverwendung*, d.h. die Verwendung einer Entwurfskomponente in einem anderen Kontext. Wir beschäftigen uns deshalb in 4.3.1 zuerst mit den Grundfragen der Änderbarkeit und Wiederverwendung. Danach stellen wir in 4.3.2 die Systemsicht auf das Anwendungsprogramm vor und befassen uns dann in 4.3.3 und 4.3.4 mit verschiedenen Entwurfsparadigmen und den dabei verwendeten Modellierungstechniken.

4.3.1 Änderbarkeit und Wiederverwendung

Änderbarkeit eines Softwaresystems setzt eine Zerlegung in kleinere Einheiten, die *Modularisierung*, voraus. Änderungen müssen mit vertretbarem Aufwand durchführbar sein und überschaubare Konsequenzen haben. Dies ist erreichbar durch Beachtung der in Abb. 4.23 zusammengestellten Kriterien guter Modularisierung (siehe auch [Den92, Par72]).

Kriterien guter Modularisierung

- *Abgeschlossenheit:* Jedes Modul verkörpert eine in sich abgeschlossene Aufgabe.
- *Wohldefinierte Schnittstellen:* Die Annahmen eines Moduls über Struktur und Verhalten eines anderen sind explizit.
- *Geheimnisprinzip:* Für jedes Modul ist die Spezifikation (das Was) von der Konstruktion (dem Wie) klar getrennt.
- *Schnittstellen-Minimalität:* Module sind möglichst wenig voneinander abhängig.
- *Lokalität:* Änderungen in der Konstruktion eines Moduls ziehen keine Änderungen anderer Module nach sich.
- *Prüfbarkeit:* Das korrekte Funktionieren eines Moduls kann geprüft werden.
- *Integrierbarkeit:* Module müssen sich ohne grundlegende Änderungen in das Softwaresystem integrieren lassen.

Abb. 4.23. Kriterien guter Modularisierung nach [Den92]

Denert nennt die *Datenabstraktion* und die Verwendung einer *Standardarchitektur* als die wichtigsten Techniken zur Umsetzung der obigen Kriterien. Die Standardarchitektur zerlegt das Softwaresystem in verschiedene Schichten zur Dialogführung, Fehlerbehandlung, Datenverwaltung und Erbringung der Anwendungsfunktionalität. Wir betrachten in diesem Kapitel nur die letzte Schicht.

Die Datenabstraktion fordert die Kapselung von Daten durch Zugriffsfunktionen in einem Modul. Die Objektorientierung setzt dieses Prinzip direkt um, durch Kapselung von Daten in Objekten. Wir übernehmen dieses Prinzip deshalb in unser Softwaresystemmodell. Es hat sich allerdings gezeigt, daß Objektorientierung alleine noch nicht eine gute Änderbarkeit garantiert. Insbesondere die Schnittstellenminimalität wird oft durch übergreifende Dienste verletzt, die ausgehend von einem Objekt viele andere Objekte verändern. Sind die übergreifenden Dienste auf viele Objekte verteilt, so entsteht ein Geflecht gegenseitiger Abhängigkeiten, aufgrund dessen die Konsequenzen von Änderungen nur schwer zu überschauen sind.

Aufbauend auf diese Erfahrungen wird in jüngster Zeit versucht durch Standardisierung bei der Abgeschlossenheit, den Anpassungmöglichkeiten und den Objektinteraktionen die Wiederverwendbarkeit und Änderbarkeit zu erhöhen. Als Beispiel dieser Standardisierungsbemühungen diskutieren wir nachfolgend *Komponenten, Frameworks* und *Patterns*.

Komponenten. Komponenten sind ein Beispiel für eine Erleichterung von Wiederverwendung durch strenge Abgeschlossenheit. Nach [Sam97] sind Komponenten „abgeschlossene, identifizierbare Artefakte, die bestimmte Funktionen beschreiben und/oder ausführen, mit klaren Schnittstellen, geeigneter Dokumentation und einem definierten Wiederverwendungsstatus."
Diese Definition schließt sowohl Code-Komponenten als auch Entwurfskomponenten mit ein. Sie unterscheidet sich von den oben angegebenen Modularisierungskriterien insbesondere durch das Verständnis von Abgeschlossenheit und durch den Wiederverwendungsstatus. Abgeschlossenheit bedeutet hier die Unabhängigkeit von anderen Komponenten. Der Wiederverwendungsstatus fordert eine geeignete organisatorische Einbettung mit Komponentenverantwortlichen. Nach dieser Definition sind Objekte also oft keine Komponenten. Komponenten bestehen meist aus Mengen von untereinander abhängigen Objekten, die nach außen keine weitere Abhängigkeiten aufweisen. Dadurch werden Komponenten typischerweise sehr groß. Bei der aktuellen Forschung über Komponenten steht meist die Verteilung von Komponenten und die *Interoperabilität* von in verschiedenen Programmiersprachen realisierten Komponenten im Vordergrund. Dies wird erreicht durch die Verwendung standardisierter Kommunikation (mithilfe sogenannter Object Request Broker) und Schnittstellenbeschreibung. Die *Objekt Management Group*, ein Zusammenschluß verschiedener Industriefirmen, hat dazu den Standard CORBA (Common Object Request Broker Architecture) verabschiedet [MZ95]. Da dies den technischen Entwurf betrifft, gehen wir hier nicht näher darauf ein. Die Entwicklung von anwendungsorientierten Komponenten, den sogenannten *Business Objects*, diskutieren wir im Ausblick dieser Arbeit in Kap. 6.

Frameworks. Während Komponentenkonzepte darauf abzielen, Code möglichst ohne Änderungen wiederverwenden zu können, fokussieren Frameworks insbesondere auf die Lokalität der Anpassungen. Frameworks sind Sammlungen von Klassen mit definiertem Kooperationsverhalten, die an dafür vorgesehenen Stellen veränderbar sind [Pre97]. Dabei wird zwischen *White Box Framework* und *Black Box Framework* unterschieden. Erstere enthalten Klassen mit abstrakten Diensten, die erst in den Unterklassen realisiert werden. Die Bildung dieser Unterklassen erlaubt also die Anpassung an die jeweilige Anwendung. Diese Art der Anpassung erfordert aber genaue Detailkenntnisse der Klassen im Framework und ihrer gegenseitigen Abhängigkeiten. Diese Detailkenntnisse sind nicht nötig bei Black Box Frameworks, die bereits eine Auswahl an Unterklassen zur Realisierung der abstrakten Klasse bereitstellen. Entwickler müssen dann nur noch die geeigneten Unterklassen auswählen und zusammenstellen. Typischerweise entwickeln sich Black Box Frameworks aus White Box Frameworks, da mit häufiger Verwendung von White Box Frameworks eine Menge von Spezialisierungen bereitgestellt wird. Ein typisches Einsatzgebiet für Frameworks sind graphische Benutzungsschnittstellen, deren Architektur und Klassen weitgehend stabil sind, und die für konkrete Anwendungen nur eine Konkretisierung einzelner Elemente wie Fenster benötigen. Es ist deutlich schwieriger für Anwendungsfunktionalität Frameworks zur Verfügung zu stellen, da die Anwendungslogik viel schlechter standardisierbar ist. Wir gehen im Ausblick dieses Buches in Kap. 6 auf die Entwicklung von Referenzmodellen ein, die gerade die Standardisierbarkeit der Anwendungslogik zum Ziel haben.

Patterns. Patterns beschreiben ganz allgemein Erfahrungswissen in Form von Problem-Lösungspaaren. Sie wurden aus dem Architekturbereich auf die objektorientierte Programmierung übertragen [GHJV95, BMR$^+$96]. Sie beziehen sich sowohl auf die Gesamtstruktur des Softwaresystems (architectural patterns) als auch die Klassenstruktur (design patterns) sowie die Implementierung (idioms). Die in [GHJV95, BMR$^+$96] gesammelten Patterns haben keinen Bezug zum Anwendungsbereich. Demgegenüber sammelt [Fow97] Patterns für konkrete Anwendungen wie z.B. Buchhaltung oder Handel. In allen Fällen werden für konkrete Entwurfsprobleme, z.B. die Modellierung von einer Unternehmensstruktur, Lösungen in Form von Klassen, ihren Beziehungen und ausgewählten Diensten angegeben. Für einen vollständigen Entwurf müssen die Patterns kombiniert werden, entweder durch Verschmelzung von Klassen oder durch Aggregation. Patterns haben sich insbesondere bewährt als Entwurfsvokabular, das Entwicklern die Kommunikation über verschiedene Entwurfsentscheidungen erleichtert.

Zusammenfassung. Die Erfüllung der am Anfang des Abschnitts genannten Modularitätskriterien ist schwierig. Datenabstraktion vermindert Datenabhängigkeiten, aber nicht Funktionalitätsabhängigkeiten. Heute untersuchte Techniken zur Umsetzung der Modularität stellen meist ein Kriterium in den Vordergrund unter Vernachlässigung der anderen. Komponenten fordern strenge Abgeschlossenheit. Dies führt aber zu großen Komponenten, die kaum Möglichkeiten zur Anpassung an verschiedene Kontexte bieten. Frameworks erreichen die Lokalität von Änderungen durch Verkapselung der änderbaren Stellen in Unterklassen. Dies ermöglicht einerseits einen kontrollierten Zugang zu vielen Änderungen, erfordert aber andererseits immer noch viel Detailwissen, um die Konsequenzen von Änderungen übersehen zu können. Patterns fokussieren demgegenüber auf Schnittstellenminimalität, durch Verwendung spezieller Abhängigkeitsmuster. Dies erhöht die Verständlichkeit des Entwurfs und macht damit auch die Konsequenzen von Änderungen überschaubarer. Allerdings müssen viele Muster für einen Entwurf kombiniert werden, so daß bei Änderungen auch viele Muster betroffen sein können.

4.3.2 Das Anwendungsprogramm als System

Das Systemmodell für prozedurale oder objektorientierte Anwendungsprogramme ist sehr unterschiedlich. Wir behandeln im folgenden das objektorientierte Systemmodell, da es Grundlage für die in den 90er Jahren entwickelten Softwarebeschreibungstechniken ist.

- *Akteure:* Die Objekte sind die Akteure. Das zugrundeliegende Ausführungsmodell ist typischerweise sequentiell (z.B. Smalltalk), d.h. die Objekte geben bei Aufruf eines anderen Objektes die Kontrolle ab. In der Forschung gibt es aber auch einige Ansätze zur nebenläufigen objektorientierten Programmierung (z.B. Actors [Agh86]). Diese unterscheiden sich darin, ob sie nur Inter- oder auch Intra-Objekt-Parallelität zulassen. Mit Java ist inzwischen eine objektorientierte Programmiersprache modern, die explizite Nebenläufigkeit unterstützt.
- *Daten/Zustand:* Die Daten sind die Attribute der Objekte. Sie sind in den Objekten verkapselt.
- *Aktivitäten/Prozesse:* Aktivitäten sind die internen Aktionen der Objekte. Bei imperativen Programmiersprachen sind das Anweisungen der Programmiersprache, d.h. Folgen von Zuweisungen strukturiert durch Fallunterscheidungen und Schleifen. In rein objektorientierten Programmiersprachen wie Smalltalk werden auch Schleifen und Fallunterscheidungen als Kommunikation zwischen Objekten realisiert. Bei objektorientierten Sprachen mit prozeduralen Anteilen wie C++ und Java können auch Funktionen auf Daten definiert werden. Dies erlaubt die Kapselung größerer Aktivitätseinheiten. Bei rein funktionalen Sprachen basieren alle Aktivitäten auf Funktionsanwendung. Aktivitäten werden oft nicht modelliert, sondern gleich programmiert. Typischerweise werden nur bei sehr komplexen Aktivitäten z.B. Kontrollflußdiagramme erstellt. Bei großen Objekten, z.B. im Rahmen der Softwarearchitekturen, wird manchmal der Datenfluß zwischen Objekten modelliert.
- *Dienste:* Dienste sind die von außen auslösbaren Verhaltensausschnitte der Objekte, in der Objektorientierung auch Methoden genannt. Auch diese werden meist nicht ausmodelliert, sondern gleich programmiert. Teilweise werden Vor- und Nachbedingungen angegeben.
- *Rollen:* Rollen werden in der objektorientierten Programmierung Klassen genannt. Objekte können nur einer Klasse angehören, aber über Generalisierung ist die Zuordnung zu mehreren Klassen möglich. Die Zuordnung zu Klassen ist allerdings statisch im Gegensatz zu unserem Rollenkonzept. Rollen werden durch Objektmodelle und die Klassenbeschreibungen modelliert.
- *Ziele:* Ziele werden auf Ebene vom Softwaresystem nicht erfaßt. Enthalten die Programmiersprachen aber Spezifikationselemente, wie z.B. in Eiffel, so ist die Formulierung von Vor- und Nachbedingungen (also Ziele einzelner Ausführungsschritte) möglich.

- *Nachricht/Interaktion:* Interaktion zwischen Objekten besteht aus Dienstaufrufen und ggf. Ergebnisübergabe. Als Modellierungstechnik dafür setzten sich immer mehr Abwandlungen der Message Sequence Charts [IT96] durch.

4.3.3 Strukturierter und datenorientierter Entwurf

Strukturierte, datenorientierte und objektorientierte Entwurfsmethoden schließen an die entsprechenden Analysemethoden an, die wir in 4.1.3 vorgestellt haben. Das Ziel ist die Erstellung einer Systembeschreibung, die die Komponenten eines Systems klar erkennen läßt, und deren Verhalten festlegt. Bei dem strukturierten Entwurf sind die Komponenten Module, bei dem datenorientierten Entwurf sind es die Prozesse und bei dem objektorientierten Entwurf sind es Zusammenfassungen von Klassen. Der Übergang zu den Komponenten gestaltet sich beim strukturierten Entwurf besonders schwierig, da die in der strukturierten Analyse verwendeten Konzepte den Modulbegriff nicht klar unterstützen. Wir betrachten im folgenden die methodische Unterstützung dieses Übergangs im objektorientierten Entwurf besonders genau.

Strukturierter Entwurf. Der strukturierte Entwurf ist die historisch älteste Entwurfsmethode. Wir stützen uns hier auf das Buch von Yourdon und Constantine [YC79]. Die zugehörige Analysemethode wurde erst nachträglich entworfen. Auch dies ist vielleicht ein Grund für den Bruch zwischen beiden. Beiden gemeinsam ist das Datenflußdiagramm zur Beschreibung von Prozessen. Im strukturierten Entwurf wird es – im Gegensatz zur Analyse – nur als eine Technik von mehreren angesehen, um den Datenfluß in einem Programm zu untersuchen (im Rahmen der sogenannten Transformationsanalyse). Die Hauptbeschreibungstechniken des strukturierten Entwurfs sind das *Kontrollflußdiagramm (flow chart)* und das *Strukturbild (structure chart)*. Ersteres beschreibt das Verhalten einer Prozedur, letzteres deren Modulstruktur.

Kontrollflußdiagramme sind typische Aktivitätsfolgendiagramme, die mit Schleifen erweitert sind, um vollständiges Verhalten darstellen zu können.

Abbildung 4.24 zeigt die Elemente eines Strukturbildes:

- *Module:* Ein Modul ist eine zusammenhängende Folge von Programmanweisungen. Es wird durch einen Kasten dargestellt. Spezielle Modulausprägungen, wie vordefinierte Module, Datenmodule, Makros, aber auch Ein- und Ausgabegeräte und das Betriebssystem werden durch spezielle Notationen dargestellt.
- *Referenz:* Referenzen beschreiben die gegenseitige Bezugnahme zwischen Modulen. Es wird zwischen Referenzen auf das gesamten Modul und Referenzen auf interne Elemente unterschieden. Es können auch Schleifen und Alternativen bei der Bezugnahme dargestellt werden.
- *Kontroll- und Datenfluß:* Kontroll- und Datenfluß entlang der Referenzen wird durch unterschiedliche Annotation gekennzeichnet. Bei Kontrollfluß

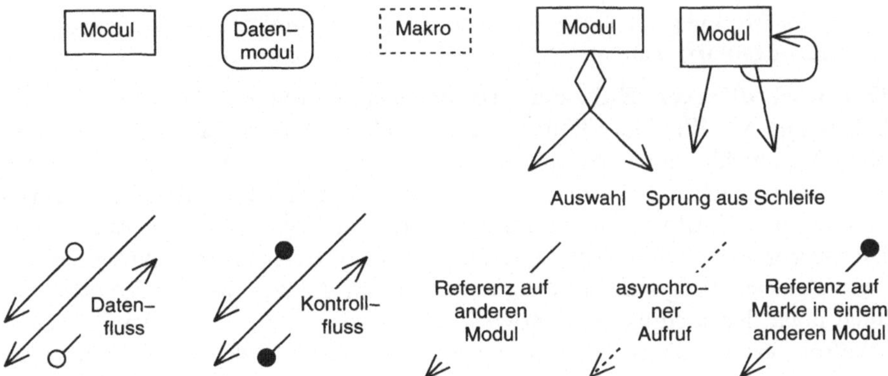

Abb. 4.24. Elemente eines Strukturbildes

wird noch zwischen bedingter und unbedingter Übergabe unterschieden. Ersteres verlangt eine Rückkehr zur Aufrufstelle. Es gibt noch eine Reihe ähnlicher Unterscheidungen in Abhängigkeit von der Stelle des Einsprungs oder Rücksprungs. Auch asynchroner Aufruf ist möglich.

Die Vielfalt der notationellen Elemente macht die Komplexität der Materie deutlich. In unserer Terminologie sind Strukturbilder eine Vermischung von Kommunikationsstruktur- (Verbindungen zwischen Akteuren) und Dienststrukturdiagrammen (Aufrufe zwischen Prozeduren). Daten, Aktivitäten und Dienste kommen nicht explizit vor, sondern nur als zusätzliche Eigenschaft von Modulen. Im folgenden wird deutlich werden, daß die komponentenorientierte Beschreibung durch das der Objektorientierung zugrundeliegende Prinzip der Datenabstraktion deutlich vereinfacht wird.

[YC79] geht ausführlich auf die verschiedenen Kriterien zur Modulbildung ein. Zum einen sind Module durch interne Kohäsion, d.h. Zusammenhang der internen Elemente, gekennzeichnet, zum anderen durch die Unabhängigkeit von anderen Modulen. Letztere ist vor allem beeinflußt durch die gegenseitigen Kontroll- und Datenflußbeziehungen. Diese sind auf klare Schnittstellen zu begrenzen. Der Zusammenhang ist am stärksten, wenn alle internen Elemente (z.B. Prozeduren) zur Bearbeitung einer gemeinsamen Aufgabe nötig sind. Andere Zusammenhangsprinzipien sind aber auch die Ähnlichkeit der Aufgaben der einzelnen Elemente (z.B. alle Einleseprozeduren), gemeinsame Daten (Datenstrukturmodule) oder gleiche Ausführungszeit (z.B. alle Initialisierungen). Diese Kriterien werden auch bei der Bildung objektorientierter Komponenten angewendet.

[YC79] unterscheidet auch verschiedene Entwurfsziele. Der Hauptfokus liegt auf einer Modularisierung, die leichte Wartung, Modifikation und Implementierung ermöglicht. Ein Kriterium dabei ist auch die Nähe zum Problem. Diese Art von Modularisierung ist besonders wichtig für den anwendungsorientierten Entwurf. Der technische Entwurf besteht dann aus der Zuordnung von Modulen zu Prozessoren und Optimierungen im Hinblick auf die Ausführungsplattform.

Datenorientierter Entwurf. Als Beispiel für datenorientierten Entwurf betrachten wir JSD [Jac83], das sowohl Analyse als auch Entwurf beinhaltet, allerdings nicht scharf trennt. Die Analyse wurde in 4.1.3 beschrieben. Sie konzentriert sich auf die Entitätsstrukturen, die die Reihenfolge der Aktionen auf den Entitäten bestimmen. Der Entwurf besteht aus Entitäts- und Dienstprozessen. Diese entstehen aus den Entitätsstrukturen durch schrittweise Anreicherung erst um Eingabe und dann um Ausgabe. JSD betrachtet auch noch den technischen Entwurf, der in der Hinzunahme von Zeiteigenschaften besteht. Dieser kann dann durch Zuordnung zu Prozessoren direkt implementiert werden. Gegenüber der datenorientierten Analyse kommen also keine Beschreibungstechniken hinzu. Im Vergleich zu dem strukturierten Entwurf sind nur reine Datenmodule oder reine Dienstmodule zugelassen. Damit ist die Kohäsion der Module klar und durch die Kapselung der Daten auch die Unabhängigkeit gewährleistet. Der Entwurf ist allerdings sehr feingranular, da die Prozesse nicht weiter zusammenzufassen sind.

Bewertung. Der strukturierte und der datenorientierte Entwurf sind sehr unterschiedlich. Ersterer fordert noch nicht das Prinzip der Datenkapselung. Dies führt zu einer unüberschaubaren Menge von Referenzbeziehungen zwischen Modulen. Die Mischung von Kontroll- und Datenfluß macht die Strukturbilder unübersichtlich. Die Darstellung der grundlegenden Referenzen zwischen Akteuren ist aber auch heute die typische Modellierungstechnik im Entwurf. Verhalten wird durch Kontrollflußdiagramme auf Ebene der internen Aufgabenspezifikation dargestellt. Auf Entwurfsebene, d.h. unter Bezugnahme auf die Interaktion zwischen den Modulen, wird das Verhalten nicht modelliert. Der datenorientierte Entwurf ist eine Vorstufe zum objektorientierten Entwurf. Dienstprozesse haben Ähnlichkeiten mit Jacobsons Kontrollobjekten, die Entitätsprozesse entsprechen den Entitätsobjekten. Entitätsstrukturdiagramme werden im objektorientierten Entwurf durch Zustandsübergangsdiagramme für Rollenlebenszyklen ersetzt. Die Ebene der internen Aufgabenspezifikation wird in JSD - wie in 4.2.7 beschrieben – bei der Analyse durch Entitäts/Aktivitätsmodelle erfaßt. Dabei wird nicht der Kontrollfluß, aber die betroffenen Daten deutlich gemacht. Dies ist als Vorstufe zum objektorientierten Entwurf besser geeignet als Kontrollflußdiagramme.

4.3.4 Objektorientierter Entwurf

Objektorientierte Methoden trennen Analyse und anwendungsorientierten Entwurf nicht scharf. Das Ergebnis des anwendungsorientierten Entwurfs, also das Objektmodell, liegt in wesentlichen Teilen schon nach der Analyse vor. Bei FUSION (siehe 2.8) werden in der Analyse nur die Klassen und die Systemdienste bestimmt, aber keine Dienste für die Klassen. Bei OOSE (siehe ebenfalls 2.8) werden dagegen Systemdienste nur implizit durch die

Use Cases bestimmt, aber dafür schon in der Analyse die Aktivitäten der Use Cases den Klassen zugeordnet. Wie in [Dav95] dargestellt, gilt für die meisten objektorientierten Methoden, daß sie den bruchlosen Übergang zwischen Analyse und Entwurf in Form des gemeinsamen Objektmodells durch eine mangelnde Definition der Dienstschnittstelle des gesamten Softwaresystems erkaufen. Wie in den vorigen Kapiteln dargestellt, ist eine explizite Definition der Dienstschnittstelle schon allein für eine angemessene Gestaltung der Benutzungsschnittstelle unabdingbar. Weiterhin ist sie ein wichtiger Zwischenschritt im gesamten Entwicklungsprozeß, der oft wesentlich eingeht in die Vertragsgestaltung bei Auftragssoftware und die Grundlage des Testens ist. Wir stellen im folgenden den Übergang von der Dienstschnittstellendefinition zum Entwurf in der Methode FUSION vor. Vorher gehen wir noch ein auf das Konzept der *Schnittstellenklasse* von UML, das speziell im Entwurf hilfreich ist. Als Beispiel betrachten wir die statischen Strukturdiagramme von UML. Zum Abschluß stellen wir noch einen objektorientierten Entwicklungsansatz vor, der besonderen Wert darauf legt, durch die gemeinsame Metapher *Werkzeug-Material* die Gestaltung von Nutzungs- und Softwaresystem aufeinander abzustimmen [KGZ93].

Schnittstellenklassen in UML. Die statischen Strukturdiagramme von UML beschreiben eine Menge von Klassen, ausgezeichneten Objekten und ihre Beziehungen. Gegenüber der Analyse sind im Entwurf die Kennzeichnung verschiedener Sichtbarkeits- und Importbeziehungen wichtig. UML erlaubt unterschiedliche Sichtbarkeitsebenen für einzelne Attribute und Dienste. Besonders interessant ist die Verwendung der sogenannten *Schnittstellen-*Klassen. Diese kapseln eine Menge von Diensten, ohne die Attribute explizit zu machen. Eine Klasse kann mehrere solcher Schnittstellen zur Verfügung stellen. Abbildung 4.25 zeigt ein Beispiel für eine Schnittstellenklasse.

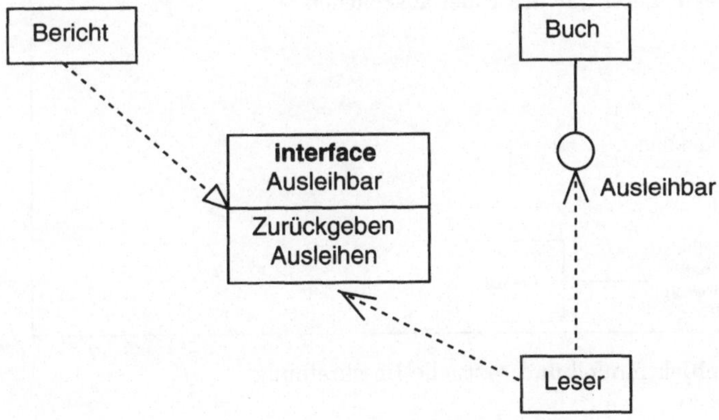

Abb. 4.25. Schnittstellenklassen in UML

Die Schnittstellenklasse `Ausleihbar` (gekennzeichnet durch das Schlüsselwort *interface*) stellt Dienste zum `Zurückgeben` und `Ausleihen` zur Verfügung. `Bericht` und `Buch` implementieren diese Schnittstelle. Dies wird entweder durch einen gestrichelten Pfeil mit leerem Pfeilkopf zur Schnittstellenklasse dargestellt oder durch eine durchgezogene Linie zu einem kleinen Kreis, der die Schnittstellenklasse ohne Angabe der Dienste repräsentiert. Die Verwendung von Schnittstellen (d.h. der Aufruf von Diensten aus einer Schnittstelle) wird durch einen gestrichelten Pfeil zur Schnittstellenklassen oder ihrer Kurzform dargestellt.

Schnittstellenklassen ermöglichen die Realisierung des Rollenkonzepts, d.h. die Strukturierung von Objektfunktionalität. Allerdings erlauben sie nicht die Strukturierung von Objektdaten in verschiedene Schnittstellen. Weiterhin ist eine dynamische Zuordnung zu Schnittstellenklassen nicht möglich.

Übergang von Analyse zu Entwurf in FUSION. Ausgangspunkt des Entwurfs in FUSION ist zum einen ein Systemobjektmodell, das die Beziehungen, aber nicht die Dienste der Objekte enthält, zum anderen eine textuelle Beschreibung der Systemdienste und eine Charakterisierung der möglichen Aufrufreihenfolgen. Abbildung 4.26 zeigt den Ausschnitt eines Systemobjektmodells für die Bibliothek und die textuelle Beschreibung des Rücknahmedienstes.

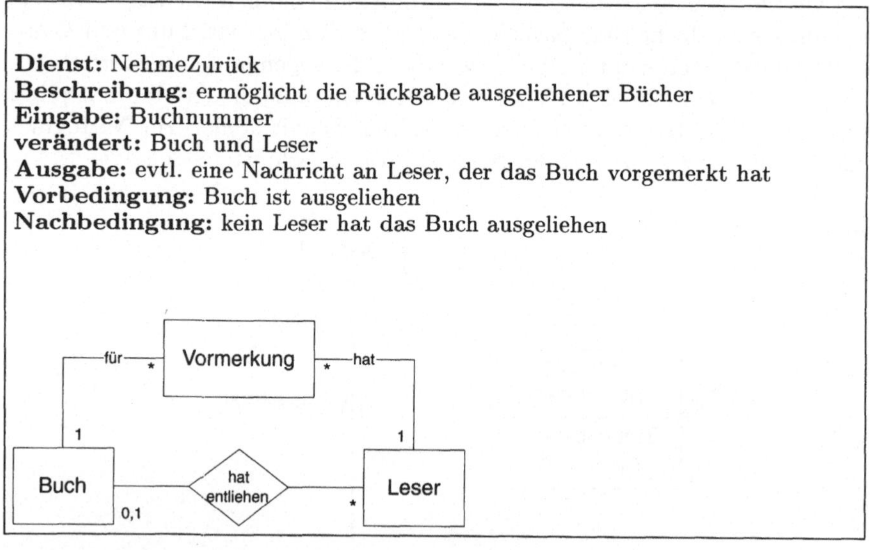

Abb. 4.26. Systemobjektmodell und textuelle Beschreibung des Rücknahmedienstes

Der Text beschreibt die wesentlichen Charakteristika des Dienstes, das Diagramm das zugehörige Systemobjektmodell. Klassen werden als Rechtecke dargestellt, Beziehungen als Rauten.

Im Entwurf wird für jeden Systemdienst ein *Interaktionsgraph* erstellt, der die Objektkommunikation bei Dienstausführung spezifiziert. Abbildung 4.27 zeigt beispielhaft die Umsetzung des Rücknahmedienstes durch Kommunikation zwischen einem Leserobjekt, dem Buchobjekt und den Vormerkungsobjekten.

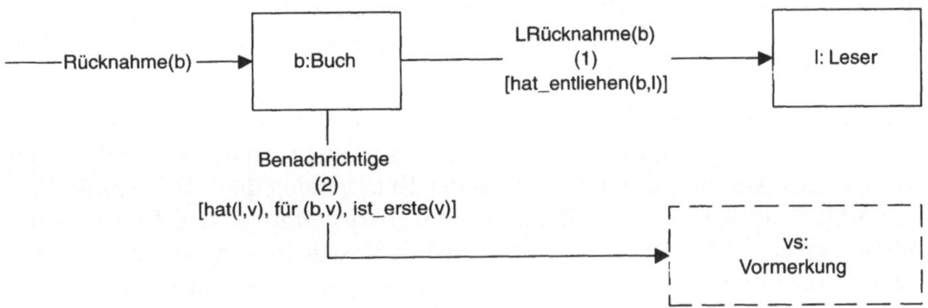

Abb. 4.27. Interaktionsgraph für die Rücknahme

Rechtecke repräsentieren benannte Objekte, und gestrichelte Rechtecke repräsentieren Mengen von Objekten. Die Auswahlbedingung der Objekte wird beim eingehenden Pfeil notiert. Pfeile stehen für Dienstaufrufe. Sequentialisierung der Aufrufe wird durch Nummern beschrieben. Bei der Festlegung dieses Interaktionsgraphen sind mehrere Entscheidungen zu treffen. Zum einen muß ein Kontrollobjekt festgelegt werden. In FUSION ist das typischerweise eines der betroffenen Objekte, im Beispiel ist es das Buchobjekt, da von dort aus der Leser und die Vormerkungen identifiziert werden können. Dieses koordiniert die Aufrufe zu den anderen Objekten. Zum anderen setzt der Entwurf voraus, daß die Beziehungen im Objektmodell in ein- oder zweiseitige Referenzen aufgelöst sind. Erst dann ist deutlich, welche Objekte überhaupt geändert werden müssen. Die Referenzen werden in FUSION durch Sichtbarkeitsgraphen festgelegt. Abbildung 4.28 zeigt den Sichtbarkeitsgraph für die vom Rücknahmedienst betroffenen Klassen.

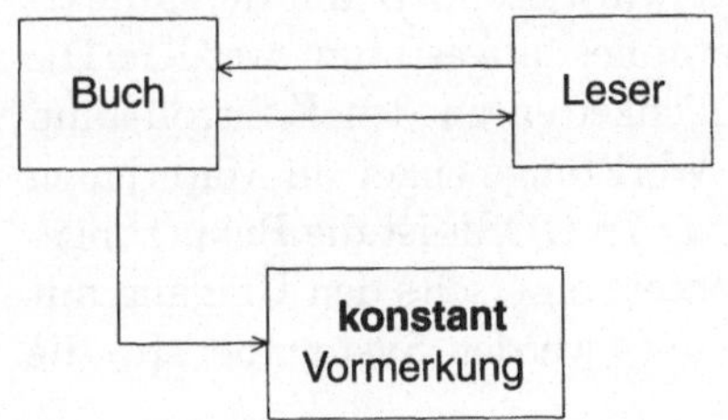

Abb. 4.28. Sichtbarkeitsgraph

Im Unterschied zum Objektmodell sind Beziehungen immer gerichtet. Im Beispiel sind alle Referenzen permanent (d.h. über den Dienstaufruf hinaus bestehend) und nicht exklusiv (d.h. der Zugang zu diesem Objekt ist über mehrere Referenzen möglich). Diese werden mit durchgezogenen Pfeilen dargestellt. Die Referenzen zwischen Leser und Buch sind veränderbar, die zu der Vormerkung nicht. Letzteres wird durch das Schlüsselwort **konstant** gekennzeichnet.

Die in den Interaktionsgraphen identifizierten Dienste werden dann den Klassen zugeordnet, und danach werden Generalisierungsbeziehungen identifiziert. Die Interaktionsgraphen sind also eine Vorstufe des Klassenentwurfs, in dem durch Betrachtung der einzelnen Systemdienste die notwendigen Dienste der Klassen identifiziert werden.

Werkzeug-Material. Die in [KGZ93] vorgestellte, objektorientierte Softwareentwicklungsmethode zielt auf eine möglichst bruchlose Verbindung der Analyse des Anwendungsbereichs und der Entwicklung der DV-Technik. Diese Verbindung wird erreicht durch die Entwurfsmetapher des *Umgangs mit Werkzeug und Material*. Diese Metapher läßt sich in den meisten Anwendungsbereichen wiederfinden und gut auf den softwaretechnischen Entwurf übertragen. *Materialien* sind Gegenstand einer Bearbeitung durch *Werkzeuge*. Dementsprechend fokussieren *Werkzeugklassen* auf die Handhabung von Arbeitsmitteln und auf Arbeitstätigkeiten (z.B. Suche), *Materialklassen* auf die Merkmale der Arbeitsgegenstände (z.B. Buch oder Vormerkung), und *Aspektklassen* modellieren das Zusammenspiel von Werkzeugen und Materialien. Letztere sind sehr ähnlich zu den Schnittstellenklassen in UML. Sie beschreiben Schnittstellen der Materialklassen, die eine Bearbeitung durch bestimmte Werkzeuge ermöglichen. Die Benutzungsschnittstelle besteht aus den Werkzeugen und Materialien, entsprechend den im Entwurf identifizierten Klassen.

Die Verwendung dieser Metapher erfordert nicht die Verwendung spezieller Modellierungstechniken. Sie gibt eine Hilfe für die Strukturierung des Entwurfs und der Benutzungsschnittstelle. In der Analyse werden Szenarien zur Beschreibung der IST-Arbeitsabläufe und von Systemvisionen sowie ein Glossar eingesetzt. Der Entwurf wird durch Prototyping begleitet. Letzteres unterstützt auch das *evolutionäre Vorgehensmodell*, in das der Ansatz eingebettet ist.

Interessant an diesem Ansatz ist, daß das soziale, das technischen und das organisatorische Vorgehensmodell aufeinander, insbesondere auf die Objektorientierung und die Werkzeug-Material-Metapher, abgestimmt werden. Die Werkzeug- und Materialklassen haben Ähnlichkeiten zu den Kontroll- und Entitätsklassen von OOSE. Allerdings sind Werkzeuge enger an Materialien gebunden als Systemdienste, und im Gegensatz zu OOSE ist die Benutzungsschnittstellenmetapher festgelegt. Dies erleichtert einerseits den Umgang mit den Werkzeugen durch die Nutzer, andererseits werden Systemdienste, die mehrere Materialklassen betreffen, und Zusammenhänge zwischen verschiedenen Werkzeugen wenig unterstützt.

Bewertung. FUSION verwendet eine textuelle Beschreibung mit Vor- und Nachbedingungen zur internen Aufgabenspezifikation. Für den Entwurf werden die Interaktions- und Sichtbarkeitsgraphen verwendet. Im Werkzeug-Material-Ansatz wird eine interne Aufgabenspezifikation ausgelassen, und die Aufgaben gleich auf Klassen verteilt. Das Ergebnis bei den vorgestellten Entwurfsansätzen ist immer ein Klassenmodell, die Strukturierungsgesichtspunkte sind allerdings sehr unterschiedlich. Schnittstellenklassen aus UML erlauben eine Nachbildung des Rollengedankens bei der Verwendung von Klassen. FUSION geht von Systemdiensten aus und verteilt diese mit Hilfe von Interaktionsdiagrammen auf verschiedene Klassen. Der Werkzeug-Material-Ansatz geht demgegenüber von den Gegenständen aus und ordnet ihnen Werkzeuge zu. Wir wollen hier nicht einen Strukturierungsansatz besonders auszeichnen. Die von uns in Kap. 5 vorgestellte Methode OASE fokussiert in der Analyse auf Abläufe und Systemdienste und erst im Entwurf auf Daten und Akteure. Je nach der Situation in einem Projekt können verschiedene Ansätze geeignet sein. In jedem Fall ist aber eine enge Abstimmung von sozialem, technischem und organisatorischem Vorgehensmodell wünschenswert.

4.3.5 Zusammenfassung

Abbildung 4.29 faßt die Bewertung der von uns betrachteten Modellierungstechniken im Hinblick auf Produkte für das Softwaresystem zusammen.

Modellierung des Softwaresystems

- *Externe Aufgabenspezifikation:* Die Definition der externen Aufgabenspezifikation des Softwaresystems umfaßt die im Entwurf des Nutzungssystems bestimmten Systemdaten und -dienste, sowie die bei der externen Aufgabenspezifikationen der Benutzungsschnittstelle hinzugenommenen Daten und Dienste der Arbeitsorganisation. Die Dienste selbst sind nur grob textuell spezifiziert.
- *Interne Aufgabenspezifikation:* Die interne Aufgabenspezifikation beschreibt die Umsetzung der Dienste durch Aktivitäten auf den Daten. Bei sequentiellen Systemen sind dazu Vor- und Nachbedingungen ausreichend. Allgemein eignet sich die Entitäts/Aktivitätsmodellierung.
- *Entwurf:* Ein bzgl. Rollen erweitertes Objektmodell bildet den Entwurf des Softwaresystems. Die Struktur sollte möglichst gut änderbar sein und die Kommunikation zwischen den Objekten minimieren. Deshalb sollten Schnittstellenklassen und, soweit wie möglich, bekannte Strukturen, z.B. in Form von Komponenten, Patterns oder Frameworks, verwendet werden.

Abb. 4.29. Modellierungstechniken für das Softwaresystem

4.3.6 Weiterführende Literatur

Die Softwaresystemgestaltung ist stark beeinflußt von den technologischen Möglichkeiten. Damit ist sie einer sehr dynamischen Entwicklung unterworfen. Bücher zum Thema Software-Engineering sind deswegen meist eine Mischung aus der Darstellung allgemeiner Prinzipien und neuer Konzepte zur Berücksichtigung der neuen Technologie. Eine sehr umfassende Zusammenstellung bietet das Buch von Balzert [Bal96], das sowohl die strukturierten als auch die objektorientierten Ansätze berücksichtigt und neben der Softwaresystemgestaltung auch die des Nutzungssystems und der Benutzungsschnittstelle thematisiert. Im Zentrum des Buches [PB96] steht das Prototyping und die objektorientierte Softwareentwicklung. [Den92] berücksichtigt noch nicht die Objektorientierung, aber stellt eine zusammenhängende Methode sehr praxisnah dar. [Som96] ist vor allem im englischsprachigen Raum bekannt.

5. Eine Methode für die aufgabenorientierte Softwareentwicklung

One way to characterize a method is by the structure it imposes on development decisions. [Jac83]

In diesem Kapitel stellen wir die Methode OASE zur objekt- und aufgabenorientierten Entwicklung eines Softwaresystems vor. Der Umfang von OASE ist durch die Schattierung in Abb. 2.11 auf S. 32 verdeutlicht. Im Zusammenhang mit den Geschäfts- und Arbeitsprozessen wird die Anforderungsdefinition festgelegt. Diese wird durch den Nutzungsentwurf zur Systemspezifikation detailliert. Der anwendungsorientierte Entwurf und der Entwurf der Benutzungsschnittstelle setzen die Systemspezifikation um. OASE umfaßt nicht den technischen Entwurf und die Implementierung sowie die Einsatzkontextplanung und -gestaltung. Da die Methode auf die Entwicklung von Informationssystemen zugeschnitten ist, wird die Entscheidung über technologische Optionen nicht thematisiert.

Wie im letzten Kapitel deutlich geworden ist, deckt keine der in der Literatur bekannten Methoden die Entwicklung von Anwendungssystem, Nutzungssystem und Softwaresystem ab. Es stehen aber ausgefeilte Techniken für Teilfragestellungen zur Verfügung. OASE integriert eine aufeinander abgestimmte Auswahl dieser Techniken. Die Auswahl ist bestimmt durch die folgenden Prinzipien:

1. Modellierung und Gestaltung von Anwendungs-, Nutzungs- und Softwaresystem,
2. externe Aufgabenspezifikation, interne Aufgabenspezifikation und Entwurf für alle drei Systeme,
3. Verwendung von Dienst- und Zielsichten für die externe Aufgabenspezifikation,
4. Verwendung von Daten- und Aktivitätssichten für die interne Aufgabenspezifikation,
5. Verwendung von Rollen- und Nachrichtensichten für den Entwurf, und
6. systematischer Übergang von der internen Aufgabenspezifikation zum Entwurf.

Die Grundlagen für die ersten fünf Punkte sind in den vorherigen Kapiteln gelegt worden. Der sechste Punkt wird im ersten Unterkapitel näher untersucht.

Die Modellierungsstechniken von OASE enthalten die wichtigen Modellierungsskonzepte, sind aber für konkrete Anwendungsfälle zu ergänzen. Insbesondere ist die Syntax der Modellierungstechniken festzulegen. OASE verwendet im wesentlichen die Techniken von UML, aber auch eigenständige Modellierungstechniken, wenn UML nichts Passendes bietet. Im Gegensatz zu den üblichen Methodenbeschreibungen steht hier nicht die Ausdrucksmächtigkeit der einzelnen Modellierungstechniken, sondern der wechselseitige Zusammenhang im Vordergrund. Für verschiedene Gestaltungsentscheidungen verwenden wir verschiedene Modellierungstechniken. Dadurch wird die Anzahl der zu erstellenden Modelle ziemlich umfangreich. Für eine Anwendung in konkreten Projekten ist wesentlich, daß nur die Modelle erstellt werden, die die in der konkreten Situation wichtigen Gestaltungsentscheidungen dokumentieren. Dies gilt insbesondere für die Vielzahl der Modelle des Nutzungssystems.

In 5.1 geben wir einen Überblick über die Produkte von OASE und das technische Vorgehensmodell. Dabei gehen wir besonders auf den Übergang von der internen Aufgabenspezifikation zum Entwurf ein. In 5.2 bis 5.5 erläutern wir die Produkte im Detail am Beispiel eines Informationssystems für eine Universitätsbibliothek. Dabei charakterisieren wir die Produkte informell und geben mindestens ein Beispiel. Diese Charakterisierung geht auch darauf ein, wie diese Produkte entstehen. Dabei gehen wir insbesondere darauf ein, welche Produkt(teil)e auf anderen Produkt(teil)en aufbauen. In fast jedem Fall benötigt die Erstellung eines Produktes, Wissen über das Anwendungsgebiet. Dieses ist durch die in 2.6 skizzierten Wissens- und Konsensbildungstechniken zu gewinnen. In der Charakterisierung gehen wir nicht weiter darauf ein. Am Schluß des Kapitels fassen wir das gesamte Vorgehen noch einmal zusammen und skizzieren Szenarien zur Einführung von OASE in eine existierende Methodenlandschaft in einem Unternehmen.

5.1 Das technische Vorgehensmodell

In diesem Abschnitt geben wir einen Überblick über OASE. Es ist immer schwierig, Methoden zusammenzufassen, weil viele methodische Schritte erst an einem Beispiel zu verstehen sind. Andererseits werden an einem Beispiel oft nicht die allgemeinen Prinzipien deutlich. Die allgemeinen Prinzipien haben wir in den vorherigen Kapiteln herausgearbeitet – bis auf den Übergang von der internen Aufgabenspezifikation zum Entwurf. Auf letzteres gehen wir im zweiten Teil dieses Unterkapitels genauer ein. Im ersten Teil stellen wir die Systematik der Produkte und die Abhängigkeiten zwischen den Produkten vor.

5.1.1 Produktübersicht

Tabelle 5.1 gibt eine Übersicht über die Produkte von OASE.

Tabelle 5.1. Produkte

Sicht/System	Anwendungssystem	Nutzungssystem	Benutzungsoberfläche	Anwendungskern
externe Aufgabenspezifikation	textuelle Aufgabenbeschreibung, Aufgabenübersicht	Nutzerrollen, Nutzerkategorien	Softwaresystemrollen, Merkmalsmuster, Arbeitsszenarien, Oberflächenprototyp	Softwaresystemrollen, Systemdienstübersicht
interne Aufgabenspezifikation	Aufgabenkontext, Anwendungsdatenmodell, Glossar, Geschäftsprozesse	Arbeitsprozesse, Merkmalsmuster, Arbeitsbewertung	Softwaredatensichten, Dialogmodelle	Dienstaktivitätsfolgen
Entwurf	Nutzerrollen, Einbettung in die IuK-Strategie	Systemdienstübersicht, Softwaresystemdatenmodell, Softwaresystemrollen	Oberflächenrollen, Navigationsszenarien, Modusdiagramme, Oberflächenprototyp	Anwendungsrollen, Umsetzungsszenarien, Kontrollzustandsdiagramme, Prototypen

Anmerkungen:

- Nutzerrollen werden im Entwurf des Anwendungssystems definiert und sind dann Bestandteil der externen Aufgabenspezifikation des Nutzungssystems.
- Softwaresystemrollen werden im Entwurf des Nutzungssystems definiert und sind dann Bestandteil der externen Aufgabenspezifikation von Benutzungsoberfläche und Anwendungskern.
- Merkmalsmuster werden in der internen Aufgabenspezifikation des Nutzungssystems festgelegt und sind dann Bestandteil der externen Aufgabenspezifikation der Benutzungssschnittstelle.
- Die Systemdienstübersicht wird im Entwurf des Nutzungssystems erstellt und ist dann Bestandteil der externen Aufgabenspezifikation des Anwendungskerns.

Die Produkte sind den drei Systemen zugeordnet: Vom Softwaresystem wird nur der eigentliche *Anwendungskern* betrachtet. Er ist das Ergebnis des anwendungsorientierten Entwurfs. Die Benutzungsoberfläche ist die Brücke zwischen dem Nutzungssystem und dem Softwaresystem. Einerseits ist der Entwurf des Benutzungsoberfläche Teil des Softwaresystems. Andererseits ist – wie in Kap. 4.2 diskutiert – die Gestaltung der Benutzungsoberfläche vor allem durch software-ergonomische Überlegungen beeinflußt. Die externe und interne Aufgabenspezifikation der Benutzungsoberfläche ist deshalb Teil des Nutzungssystems.

Die Modellierung des Anwendungssystems dient dem Verständnis der Akteure, Aktivitäten und Daten, und strategischen Festlegungen bzgl. des Einsatzes von IuK-Techniken. Im Mittelpunkt der Nutzungssystemmodellierung steht die Definition der Dienstschnittstelle des Softwaresystems im Hinblick auf eine optimale Arbeitsunterstützung für die Nutzer. Bei der Modellierung der Benutzungsoberfläche wird die Interaktion zwischen Nutzern und Software genauer betrachtet und die Modelle des Anwendungskerns beschreiben die objektorientierte Umsetzung der Softwaresystemdienste.

Jedes System wird aus drei verschiedenen Blickwinkeln betrachtet.

Externe Aufgabenspezifikation. Die externe Aufgabenspezifikation beschreibt die Außensicht auf das jeweilige System, d.h. die Dienstschnittstelle und die Zielvorgaben (oft Qualitätsanforderungen genannt). Für das Anwendungssystem werden die Dienste und Zielvorgaben textuell beschrieben. Eine Aufgabenübersicht – ähnlich dem Use-Case-Modell wie es in [JEJ94] verwendet wird – macht die externen Partner des Anwendungssystems, die die Dienste in Anspruch nehmen oder an der Diensterfüllung beteiligt sind, deutlich.

Die externe Aufgabenspezifikation des Nutzungssystems ist gegeben durch die Aufgaben der Nutzer. Diese ergeben sich aus den im Anwendungssystementwurf definierten Nutzerrollen. Sie legen fest, welcher Nutzer für welche Daten und Aktivitäten der Geschäftsprozesse verantwortlich ist. Damit ist die Menge der Nutzeraufgaben beschrieben, aber nicht ihre Struktur. Wir vermeiden hier eine explizite Strukturfestlegung, da es nicht sinnvoll ist, menschliches Arbeitshandeln zu detailliert festzulegen. Zur Bestimmung der Softwaresystemdienste ist aber noch eine detaillierte Betrachtung der Nutzer nötig, um genauere Zielvorgaben bzgl. der Nutzbarkeit machen zu können. Deswegen werden die Nutzer grob beschrieben im Hinblick auf ihre fachlichen und EDV-technischen Kompetenzen.

Die externe Aufgabenspezifikation der Benutzungsoberfläche und des Anwendungskerns ergeben sich aus den im Nutzungssystementwurf festgelegten Softwaresystemrollen. Diese sind durch Merkmalsmuster für die Dienste detailliert, die u.a. die Zielvorgaben der Dienste bestimmen. In Arbeitsszenarien und mit Oberflächenprototypen werden noch weitere Dienste der Benutzungsoberfläche identifiziert, die sich nicht aus den fachlichen Anforderungen ergeben, aber wichtig sind für eine angemessene Arbeitsunterstützung.

Interne Aufgabenspezifikation. Die interne Aufgabenspezifikation identifiziert die zur Erfüllung der externen Aufgabenspezifikation nötigen Aktivitäten und

Daten. Das Anwendungssystemdatenmodell und das Glossar legen die fachlichen Begriffe und ihre Beziehungen zueinander fest. Eine erste Zusammenstellung der wichtigen Begriffe gibt der Aufgabenkontext, der die Datenflüsse zwischen den Aufgaben und den externen Partnern beschreibt. Der Aufgabenkontext wird durch die Geschäftsprozesse detailliert. Dabei wird keine Rollenzuordnung der internen Aktivitäten vorgenommen, um den Gestaltungsspielraum für die Geschäftsprozesse nicht durch organisatorische Vorgaben einzuschränken.

Im Gegensatz dazu zeigen die Arbeitsprozesse bei der internen Aufgabenspezifikation des Nutzungssystems die Verteilung der Aktivitäten auf Nutzerrollen und das Softwaresystem. Sie werden durch eine detailliertere Aktivitätsbeschreibung in Form von Merkmalsmustern ergänzt. Darauf aufbauend ist eine Arbeitsbewertung bzgl. der Ganzheitlichkeit der Nutzerarbeitsplätze möglich.

Die interne Aufgabenspezifikation der Benutzungsoberfläche besteht aus Sichten auf die Anwendungsdaten und Dialogmodelle. Letztere beschreiben die Steuerungsmöglichkeiten der Nutzer in Abhängigkeit von den Sichten. Damit werden für jeden Dienst insbesondere die Ein-/Ausgabeparametersichten festgelegt.

Die interne Aufgabenspezifikation des Anwendungskerns detailliert die in der Systemdienstübersicht festgelegten Dateneffekte der Systemdienste. Dazu werden ähnlich zur Entitäts/Aktivitätsmodellierung der strukturierten Methoden Dienstaktivitätsfolgen verwendet.

Entwurf. Im Entwurf werden die Daten und Aktivitäten zu Rollen gruppiert. Die Umsetzung der Aufgaben wird als ein System kommunizierender Akteure beschrieben. Dazu werden zuerst die Abhängigkeiten der Rollen identifiziert. Typischerweise lassen sich erst auf Ebene der Oberflächen- und Anwendungsrollen die Abhängigkeiten vollständig durch Dienstaufrufe beschreiben. Der Entwurf des Anwendungssystems definiert die Akteure der Geschäftsprozesse in Form von Nutzerrollen. Diese sind nur grob bzgl. ihrer Verantwortlichkeiten für Aktivitäten und Daten festgelegt. Die Nutzerrollen und das Softwaresystem sind auch bestimmt durch die Einbettung der Geschäftsprozesse in die IuK-Strategie.

Der Entwurf des Nutzungssystems legt nur für das Softwaresystem detailliert die Dienste und Daten fest. Diese werden in einer Übersicht zusammengestellt, die die Auswirkungen der Dienste auf die Daten kategorisiert. Typischerweise ist die Menge der Softwaresystemdienste so groß, daß auch hier eine Gruppierung in Rollen sinnvoll ist. Diese fassen jeweils auf gemeinsamen Daten operierende Dienste zusammen.

Für den Entwurf der Benutzungsoberfläche und des Anwendungskerns sind die Rollen der Objekte zu bestimmen. Das Verhalten wird durch Modusdiagramme und Kontrollzustandsdiagramme beschrieben. Zum Entwurf komplexer Dienste werden Navigations- und Umsetzungsszenarien oder Prototypen erstellt.

Abbildung 5.1 zeigt die Abhängigkeiten zwischen den Produkten.

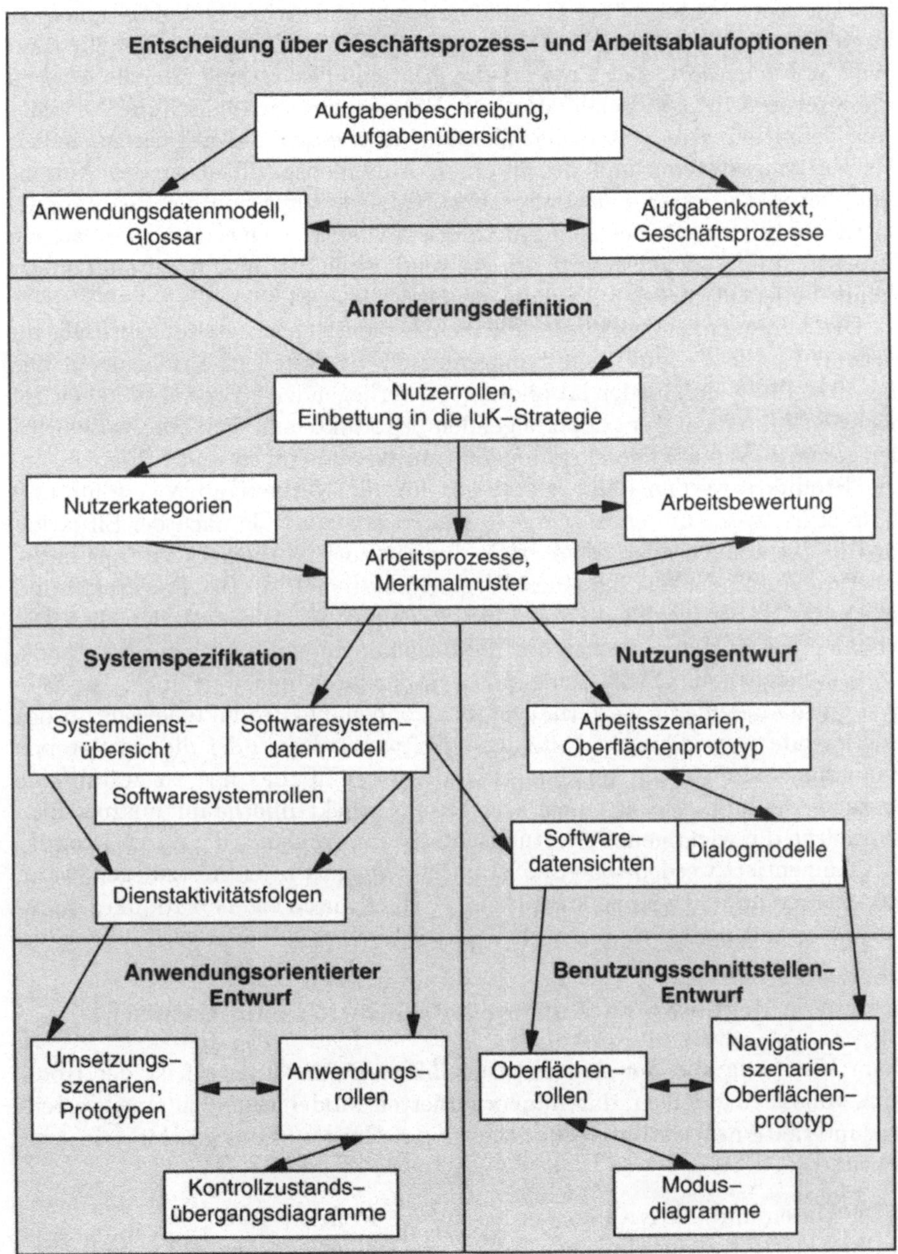

Abb. 5.1. Produktabhängigkeiten

In der Abbildung wird auch die Zuordnung der Modelle zu den in 2.4 definierten Kernprodukten aufgabenorientierter Softwareentwicklung deutlich. Die Entscheidung über Geschäftsprozeß- und Arbeitsablaufoptionen ist durch die externe und die interne Aufgabenspezifikation des Anwendungssystems dokumentiert. Der Entwurf des Anwendungssystems und die externe und interne Aufgabenspezifikation des Nutzungssystems bilden die Anforderungsdefinition. Die Systemspezifikation besteht aus den Entwurfsmodellen des Nutzungssystems und der internen Aufgabenspezifikation des Anwendungskerns. Die externe und interne Aufgabenspezifikation der Benutzungsoberfläche verfeinert dies zum Nutzungsentwurf. Der anwendungsorientierte Entwurf umfaßt den Entwurf des Anwendungskerns, und der Benutzungsschnittstellenentwurf den Entwurf der Oberfläche.

Die Abhängigkeiten erfordern keinen sequentiellen Erstellungsprozeß. Im Gegenteil: Alle Produkte sind inkrementell zu erstellen. Erfahrungen aus der Erstellung der in der Abbildung „tieferliegenden" Produkte gehen im nächsten Inkrement der „höherliegenden" Produkte ein. Typischerweise wird der gesamte Aufgabenbereich aufgeteilt, in Kernaufgaben und Ergänzungen. Die Produkte werden dann zuerst nur für die Kernaufgaben erstellt, und dann schrittweise um ergänzende Aufgaben erweitert. Je nach der Situation im Projekt können auch schon Teile des Entwurfs vorliegen (z.B. aus anderen Projekten oder als Teil eines Vorgängersystems), so daß die externe und interne Aufgabenspezifikation nur für die Ergänzungen zu erstellen sind. Die Abhängigkeiten verdeutlichen nur die Beziehungen eines fiktiven Endstands.

Wir machen in OASE keine Aussage darüber, inwieweit auch das IST-System zu modellieren ist. Grundsätzlich können alle Produkte jeweils für das existierende Anwendungs-, Nutzungs-, Softwaresystem oder die existierende Benutzungsschnittstelle verwendet werden oder für das neu zu gestaltende System. Genauso wie in einem konkreten Projekt überhaupt auszuwählen ist, welche die wichtigen Gestaltungsentscheidungen sind, die durch Produkte dokumentiert werden sollen, so ist auch in jedem Projekt festzulegen, wann das existierende System so komplex ist, daß es durch eigene Produkte dokumentiert werden soll.

5.1.2 Von der internen Aufgabenspezifikation zum Entwurf

Beim Übergang von der Aufgabenspezifikation zum Entwurf ist der Übergang von einer globalen, datenflußorientierten Modellierung zu einer verteilten, interaktionsorientierten Modellierung zu leisten. Dies geschieht in zwei Schritten:

- Die Daten und Aktivitäten werden auf die Rollen verteilt.
- Die Aktivitäten der einzelnen Rollen werden zu Diensten gruppiert.

Die Verteilung auf die Rollen sollte rollenübergreifende Datenflüsse und damit rollenübergreifende Interaktion minimieren. Dazu sind Daten und auf ihnen arbeitende Aktivitäten in einer Rolle zusammenzufassen. Im Extremfall, wenn die Aktivitäten viele Daten betreffen, entsteht so nur eine große Rolle. Dies verringert die Verteiltheit und damit die Modularität und potentielle Nebenläufigkeit. In diesem Fall ist es besser, die übergreifenden Aktivitäten, die viele Daten benötigen, einer eigenen Rolle ohne Daten zuzuordnen. Dies konzentriert dann die Interaktion auf einige wenige Rollen, und ermöglicht damit eine leichte Änderbarkeit der Interaktionsschritte.

Nach der Definition der Verantwortlichkeiten jeder Rolle ist die Interaktion jeder Rolle festzulegen. Dies erfordert zum einen die Überführung von Datenfluß in Interaktion und zum anderen die Gruppierung von Aktivitäten zu Diensten.

Bei der Überführung eines Datenflusses d von einer Aktivität A nach Aktivität B gibt es zwei Teilaufgaben:

- Zum einen ist der Zugriff von A und B auf die Daten d zu gewährleisten,
- zum anderen muß dieser Zugriff sicherstellen, daß B die von A erzeugten Daten (ohne weitere Veränderung) erhält.

Aufgrund der Nebenläufigkeit unseres Ausführungsmodells kann letzteres nur innerhalb eines nicht unterbrechbaren Dienstes gewährleistet werden oder durch explizite Synchronisationsmechanismen. Ersteres ist nur möglich, wenn A, B und d der gleichen Rolle zugeordnet sind. Dann entspricht der Datenfluß einem Kontrollfluß, der die Synchronisation realisiert.

Sind A und B in getrennten Rollen angesiedelt, so kann die Synchronisation nur durch Interaktion erfolgen. Wie schon in Abb. 3.27 auf S. 99 veranschaulicht, kann die Interaktion zwischen A und B erfolgen, aber auch über eine dritte Rolle, die für d verantwortlich ist. Grundsätzlich kann dabei die Initiative von B ausgehen, das die Daten zum geeigneten Zeitpunkt abholt, oder von A, das die Daten nach Erzeugung abgibt.

Aktivitäten und Interaktionen einer Rolle müssen dann noch in Dienste zusammengefaßt werden. Dabei ist zu beachten, daß die Integrität der rolleninternen Daten gewahrt ist. So ist z.B. bei der Rolle **Ausleihe** der Bibliothek, die Buch- und Vormerkdaten umfaßt, die Erzeugung einer **Vormerkung** und der Kanal zwischen **Buch** und **Vormerkung** in einem Dienst anzusiedeln, um zu gewährleisten, daß jede Vormerkung immer von einem Buch aus zu erreichen ist.

Diese Überlegungen machen deutlich, warum Interaktion soviel komplexer ist als Datenfluß. Für die interne Aufgabenspezifikation kann diese Komplexität vermieden werden durch Verwendung von datenflußorientierten Beschreibungen.

5.2 Modellierung des Anwendungssystems

Das Ziel bei der Modellierung des Anwendungssystems ist zum einen, ein Verständnis für das Anwendungsgebiet und die organisatorischen und sozialen Gegebenheiten im Unternehmen zu entwickeln, zum anderen die Optionen bei der Unterstützung der Geschäfts- und Arbeitsprozesse im Hinblick auf eine Einbettung in die IuK-Strategie des gesamten Unternehmens auszuloten. Im Zentrum steht deshalb die Modellierung und Analyse der Daten und Geschäftsprozesse. Der Entwurf dient nur der Grobstrukturierung der Daten und Prozesse in zusammenhängende Aufgabengebiete (Nutzerrollen). Es wird aber nicht die genaue Interaktionsstruktur dieser Nutzerrollen festgelegt.

In den nachfolgenden Abschnitten erläutern wir die einzelnen Produkte am Beispiel des Bibliothekssystems.

5.2.1 Aufgabenbeschreibung

Abbildung 5.2 faßt die wichtigsten Eigenschaften einer Aufgabenbeschreibung zusammen.

Aufgabenbeschreibung

Die Aufgabenbeschreibung beschreibt grob den betroffenen Unternehmensausschnitt, d.h. seine externen Partner (Kunden und Lieferanten) und die wichtigsten Aufgaben gegenüber den externen Partnern. Interne Aufgaben werden nur beschrieben, falls sie im Vordergrund der zu erstellenden Softwareunterstützung stehen. Weiterhin werden hier die durch die Softwareunterstützung zu erreichenden Ziele festgelegt. Diese müssen die in 4.1.1 vorgestellten Grundsätze der Unternehmensorganisation und des IuK-Einsatzes konkretisieren. Die Aufgabenbeschreibung wird typischerweise vom Auftraggeber vorgegeben oder entsteht in einer Machbarkeitsstudie.

Abb. 5.2. Charakteristik der Aufgabenbeschreibung

Wir strukturieren die Aufgabenbeschreibung in zwei Teile: Aufgaben und Ziele. Abbildung 5.3 gibt ein Beispiel für Teile der Aufgabenbeschreibung der Bibliothek. Um das Beispiel nicht unnötig aufzublähen, betrachten wir im folgenden nur die Verwaltung von Büchern, nicht aber von Zeitschriften.

Die Ziele des Bibliothekssystems lassen sich leicht den in Abb. 4.2 auf S. 105 zusammengefaßten Zielen der Geschäftsprozeßmodellierung zuordnen. Der erste Bereich verringert Zwischenstufen und erlaubt eine größere Verteilung. Der zweite Bereich dient der umfangreicheren Gewinnung und Bereitstellung von Informationen über die Prozesse, und der dritte Bereich macht betriebliche Regeln explizit.

5.2.2 Aufgabenübersicht

Die textuelle Aufgabenbeschreibung kann direkt in ein erstes Aufgabenübersichtsdiagramm umgesetzt werden, das die Aufgaben `Ausleihe`, `Buchverwaltung`, `Leserverwaltung` und `Lagerung` umfaßt. Wir geben dieses Diagramm nicht an, sondern erst die nächste Abstraktionsebene. Abbildung 5.4

Aufgabenbeschreibung eines Softwaresystems für die Bibliothek der Fakultät Informatik

Aufgaben. Die Aufgaben der Bibliothek sind

- die Beschaffung und Verwaltung von Büchern. Dabei sorgt die Bibliothek dafür, daß wichtige neue Publikationen angeschafft werden und Wünsche der Bibliotheksbenutzer berücksichtigt werden. Dies ist aber abhängig vom Finanzrahmen, den die Institutsleitung festlegt. Publikationen werden direkt beim Verlag bestellt.
- die Ausleihe an Institutsangehörige und Studierende. Dies beinhaltet auch die Beratung bei der Suche nach Büchern sowie die Möglichkeit zur Vormerkung von verliehenen Büchern. Weiterhin unterhält die Bibliothek ein Mahnwesen, das die Einhaltung von Ausleihzeiten kontrolliert.
- die An- und Abmeldung von Benutzern. Die Ausleihe ist nur für Institutsangehörige und Studierende erlaubt.
- die Lagerung von Büchern.

Ziele. Das Hauptziel der Softwareunterstützung ist die Entlastung der Angestellten angesichts des schnell wachsenden Bücherbestands. Diese Entlastung soll erreicht werden durch

- eine Verlagerung ganzer Teilaktivitäten auf das Softwaresystem und die Bibliotheksbenutzer. Ein wichtiges Beispiel dafür ist die Suche. Der Beratungsaufwand wird durch eine ausführliche Suchfunktion deutlich verringert. Ein weiteres Beispiel ist die Behandlung von Vormerkungen.
- eine bessere Verfolgbarkeit des Ausleihprozessses sowohl für die Bibliothek als auch die Bibliotheksbenutzer. Dies ermöglicht eine einfachere Entscheidungsfindung auf seiten der Bibliotheksangestellten (z.B. welche Bücher sind sehr häufig verliehen und müssen deshalb nachbeschafft werden) und der -benutzer (z.B. falls ein gewünschtes Buch für längere Zeit verliehen ist, ist vielleicht eine Vormerkung nicht sinnvoll, statt dessen wird ein möglichst ähnliches Buch ausgeliehen).
- Implementierung von betrieblichen Regeln in das Softwaresystem. Dies macht diese Regeln explizit und erlaubt eine Verlagerung auf das Softwaresystem (z.B. Priorität der Professoren bei Vormerkungen). Allerdings ist hier darauf zu achten, daß die Behandlung von Sonderfällen dadurch nicht verkompliziert wird.

Abb. 5.3. Aufgabenbeschreibung der Bibliothek

zeigt dieses Diagramm für die `Ausleihe`, `Buchverwaltung` und `Leserverwaltung`.

Die `Ausleihe` ist in die Aufgaben `Ausgabe`, `Rücknahme`, `Beratung` und `Mahnwesen` detailliert, die `Leserverwaltung` in die `Anmeldung` und `Abmeldung`. Bei der `Buchverwaltung` wird die Aufgabe `Bestellung` hervorgehoben, die wir aber im folgenden nicht weiter untersuchen. Die `Lagerung` ist nicht weiter detailliert, sie wird auch im folgenden nicht weiter untersucht. Die externen Partner sind die `Leser` für die Aufgaben der Leserverwaltung und der Ausleihe und die `Verlage` für die Buchverwaltung. In größeren Systemen werden hier übersichtlichkeitshalber getrennte Diagramme entstehen, die aber aufeinander verweisen. Wir verwenden als Modellierungstechnik das

Bibliothek

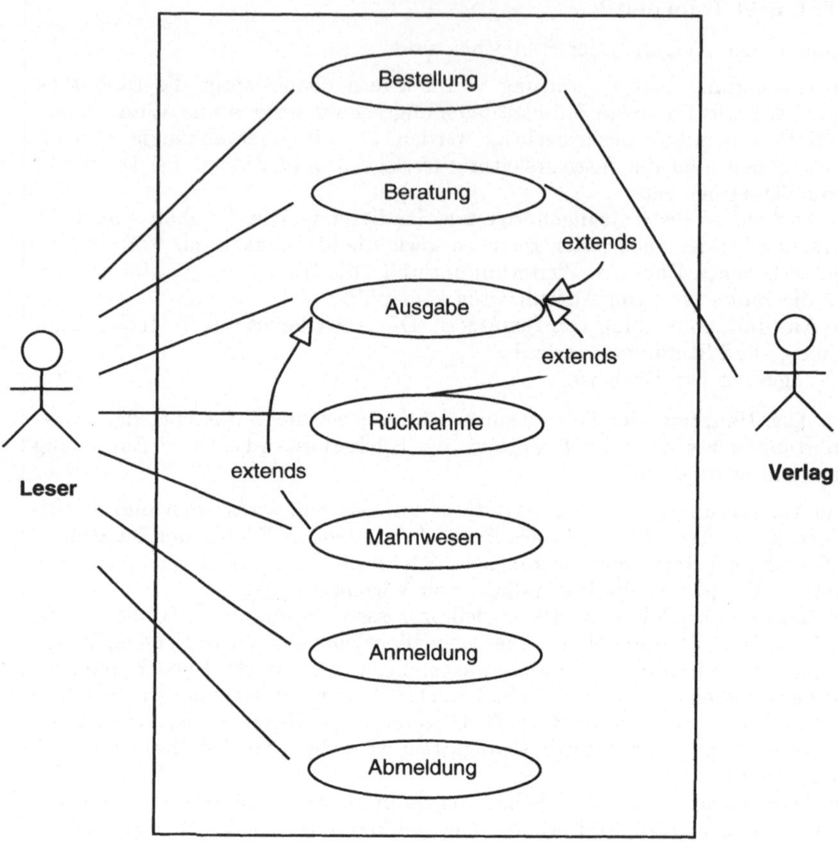

Anmerkung: Die Aufgabe **Buchverwaltung** umfaßt die Unteraufgabe **Bestellung**. Die Aufgabe **Leserverwaltung** umfaßt die Unteraufgaben **Anmeldung** und **Abmeldung**. Die restlichen Aufgaben sind Unteraufgaben von **Ausleihe**.

Abb. 5.4. Aufgabenübersicht der Bibliothek

Use-Case-Modell, eine Erweiterung der in 3.7 vorgestellten Kommunikationsstrukturdiagramme um Aufgaben in den Rollen. Allerdings modellieren wir nicht – wie bei der üblichen Verwendung von Use-Cases – die Aufgaben des Softwaresystems, sondern – wie in [JEJ94] die des Anwendungssystems. Weiterhin verzichten wir auf die Angabe der Nutzungsbeziehung zwischen den Aufgaben, da dies eine interne Strukturierung ist. Aus den Erweiterungsbeziehungen wird deutlich, daß die **Ausgabe** die zentrale Aufgabe der Ausleihe ist, auf die sich **Rücknahme**, **Mahnwesen** und **Beratung** beziehen. Wir haben die Aufgabenhierarchie nur als Anmerkung in der Aufgabenübersicht aufgenommen. Bei komplexeren Strukturen, sollte die Hierarchie im Diagramm mit veranschaulicht werden.

Abbildung 5.5 faßt die wichtigsten Eigenschaften der Aufgabenübersicht zusammen.

Aufgabenübersicht

Die Aufgabenübersicht verdeutlich die wichtigsten Aufgaben des Anwendungssystems zusammen mit den daran beteiligten externen Partnern. Die Aufgaben werden bzgl. Erweiterung strukturiert. Die Aufgaben und Partner werden im ersten Schritt aus der Aufgabenbeschreibung übernommen und dann detailliert.

Abb. 5.5. Charakterisierung der Aufgabenübersicht

5.2.3 Aufgabenkontext

Als erster Schritt zur Daten- und Prozeßmodellierung werden die Datenflüsse zwischen den Aktivitäten der Aufgaben und zu den externen Partnern beschrieben. Die Aktivitäten sind dabei nur so weit detailliert, daß die wichtigsten Datenflüsse klar werden. Aufgaben, an denen mehrere Partner beteiligt sind, werden in diesem Diagramm meist detaillierter beschrieben. Ist nur ein externer Partner bei der Aufgabe involviert, so wird sie auf dieser Ebene oft nur durch eine Aktivität modelliert. Die Datenflüsse können der Übersichtlichkeit halber auch durch Datenspeicher strukturiert werden. Dies ist aber noch keine Entwurfsentscheidung bzgl. einer eigenen Datenrolle.

Abbildung 5.6 zeigt den Aufgabenkontext der Bibliothek. Gegenüber der Aufgabenübersicht sind die Aufgaben hier nicht weiter detailliert. Dies liegt daran, daß wir hier nur ein sehr abgegrenztes Beispiel betrachten. In diesem Diagramm werden aber die Datenflüsse zwischen den Aufgaben deutlich. Da die Leser- und Buchdaten zentral für alle Aufgaben sind, werden sie hier als Datenspeicher hervorgehoben.

Abbildung 5.7 faßt die wichtigsten Eigenschaften des Aufgabenkontextdiagramms zusammen.

5.2.4 Anwendungsdaten und Glossar

Abbildung 5.8 charakterisiert die Eigenschaften des Anwendungsdatenmodells und des Glossars.

Im Gegensatz zu den meisten objektorientierten Methoden geht es bei OASE im Anwendungsdatenmodell nur um die Festlegung der Begriffe, noch nicht um die Bestimmung zukünftiger Akteure im Softwaresystem.

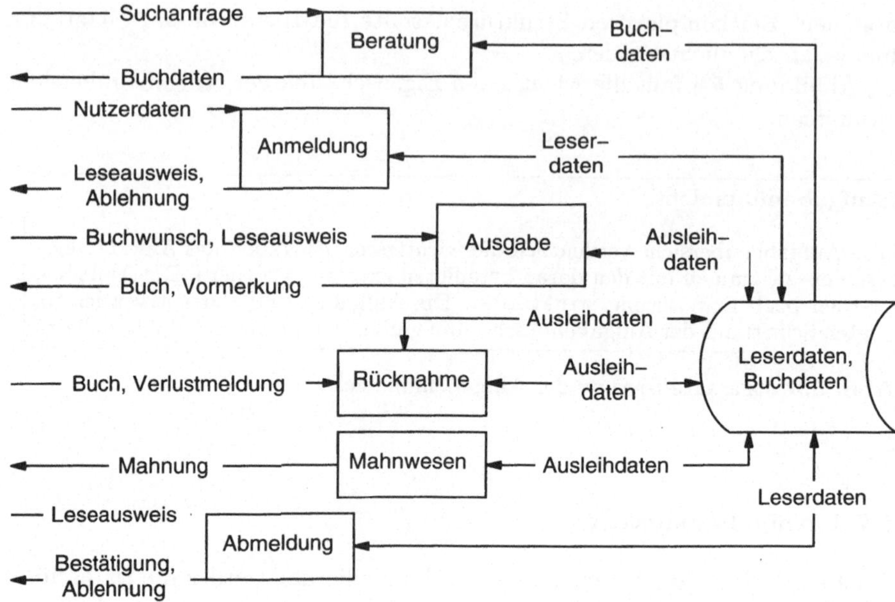

Abb. 5.6. Aufgabenkontext der Bibliothek

Aufgabenkontext

Der Aufgabenkontext beschreibt die Datenflüsse zwischen den Aktivitäten der Aufgaben des Anwendungssystems und zu den externen Partnern. Er dient damit als eine erste Zusammenstellung der Daten und Prozesse im Anwendungssystem. Der Aufgabenkontext entsteht durch eine Detaillierung der Aufgabenübersicht um die Datenflüsse und ggf. Datenspeicher.

Abb. 5.7. Charakterisierung der Aufgabenkontextdiagramme

Anwendungsdatenmodell und Glossar

Das Anwendungsdatenmodell ist eine graphische Darstellung der Begriffe des Anwendungsgebietes und ihrer Beziehungen zueinander. Dazu sind Entity/Relationship-Diagramme geeignet. Die Begriffe lassen sich aus Gesprächen mit den Auftraggebern und Nutzern gewinnen, sowie aus Formularen und existierenden Softwaresystemen. Die nähere Beschreibung der Begriffe ist im Glossar abzulegen. Im Datenmodell werden nur die wichtigsten Attribute gezeigt. Die Beziehungen definieren Prädikate, um Zusammenhänge zwischen den Begriffen beschreiben zu können.

Abb. 5.8. Charakterisierung des Anwendungsdatenmodells

Das Datenmodell der Bibliothek ist in Abb. 5.9 zu sehen. Wie erwähnt, werden Daten für die Aufgaben Bestellung und Lagerung nicht weiter aufgeführt. Der Einfachheit halber lassen wir für jedes Buch nur ein Exemplar zu.

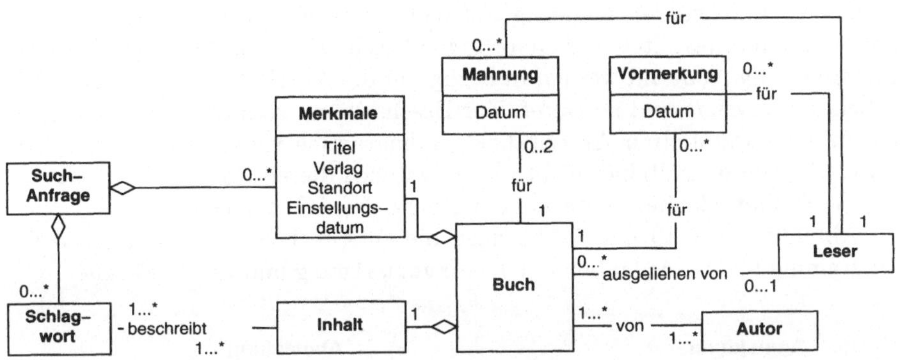

Abb. 5.9. Anwendungsdatenmodell der Bibliothek

Es ist klar, daß Leser und Buch eigene Entitäten bilden. Dabei werden die Merkmale von dem eigentlichen Inhalt getrennt. Letzterer besteht z.B. aus dem Inhaltsverzeichnis. Mahnung und Vormerkung könnten auch nur als Beziehung modelliert werden. Es ist aber sinnvoll, auf dieser Ebene noch möglichst viele Entitäten zu modellieren, um möglichst viele Begriffe explizit festzulegen. Erst im Softwareanwendungsdatenmodell wird entschieden, ob die Entität auch wirklich als ein Akteur modelliert wird, oder nur als Attribut oder eine Beziehung. Die Suchanfrage steht stellvertretend für die bei der Suche wichtigen Daten. Wir hätten Schlagwort auch nur als Attribut der Bücher modellieren können. Es ist hier als Entität herausgehoben, um festzuhalten, daß die Identifikation von Schlagworten in Büchern eine sehr komplexe Aufgabe ist

Typischerweise wird das Datenmodell parallel zu den Geschäftsprozessen entwickelt werden, so daß die detaillierteren Aktivitäten und die Daten aufeinander abgestimmt werden können. Das obige Datenmodell dokumentiert schon das Ergebnis dieser Abstimmung.

5.2.5 Geschäftsprozesse

Für jede Aufgabe aus der Aufgabenübersicht werden ein oder mehrere Geschäftsprozesse angegeben. Die Aktivitäten sind hier so weit detailliert, daß deutlich wird, welche Art von Softwareunterstützung sinnvoll ist. Dazu werden die Aktivitäten gekennzeichnet, die komplexe Betriebsregeln beinhalten. Die Datenflüsse zwischen den Aktivitäten bündeln aber noch soviel wie möglich, d.h. komplexere Protokolle bzgl. des Datenaustauschs werden hier noch nicht spezifiziert. Bei wenig strukturierten Aufgaben, in denen die gegenseitige Abstimmung eine große Rolle spielt, sollten zusätzlich die Zielabhängigkeiten bestimmt werden.

In der Literatur wird nicht klar zwischen Geschäfts- und Arbeitsprozessen unterschieden. Geschäftsprozesse beschreiben eher die groben Zusammenhänge und werden in bezug auf eine unternehmensweite Organisation analysiert und gestaltet. Arbeitsprozesse beschreiben das Vorgehen bei konkreteren Aufgaben und werden in bezug auf die Arbeitsplätze einzelner Mitarbeiter analysiert und gestaltet. Zur Beschreibung können in beiden Fällen die in 3.3 vorgestellten Aktivitätsfolgendiagramme verwendet werden. Wir unterscheiden deshalb hier nicht näher zwischen diesen Ebenen. Die Prozesse für die Bibliothek sind schon auf der Ebene der Arbeitsplätze.

Abbildungen 5.10 und 5.11 zeigen die entsprechenden Geschäftsprozeßdiagramme für die Aufgaben der **Leserverwaltung** und der **Ausleihe**.

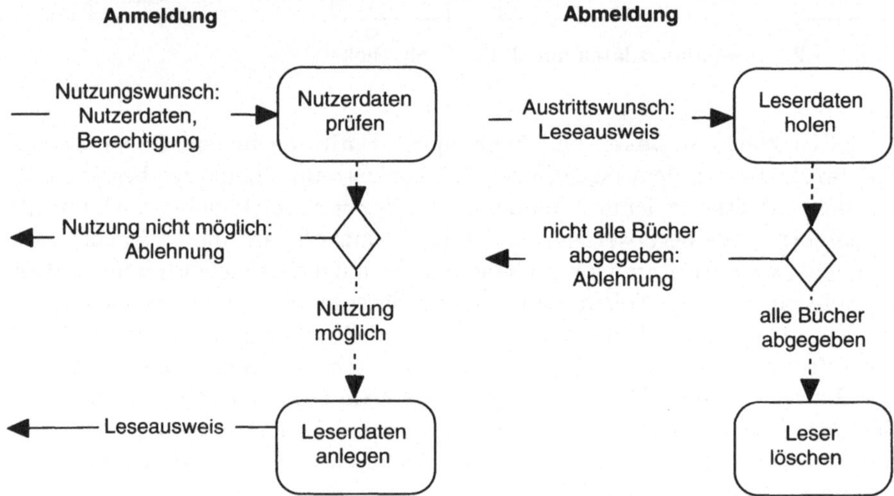

Abb. 5.10. Verwaltungsprozeß

Die Aktivitäten entsprechen wichtigen Entscheidungen und den Datenzugriffen. Es sind aber noch nicht detailliertere Interaktionen mit den externen Partnern oder komplexe betriebliche Regeln ausmodelliert. So werden z.B. bei der **Rücknahme** Buch und Leseausweis als ein Datenfluß modelliert, obwohl die Rücknahme auch möglich ist, falls der Ausweis nicht vorliegt. Die **Vormerkung** und die **Mahnung** hat betriebliche Regeln zu berücksichtigen, da z.B. Professoren bei Vormerkungen immer Vorrang haben und für Institutsangehörige andere Ausleihzeiten gelten als für Studierende. Aktivitäten, die betriebliche Regeln berücksichtigen, werden durch einen starken Rand gekennzeichnet, ohne die Regeln im einzelnen auszumodellieren.

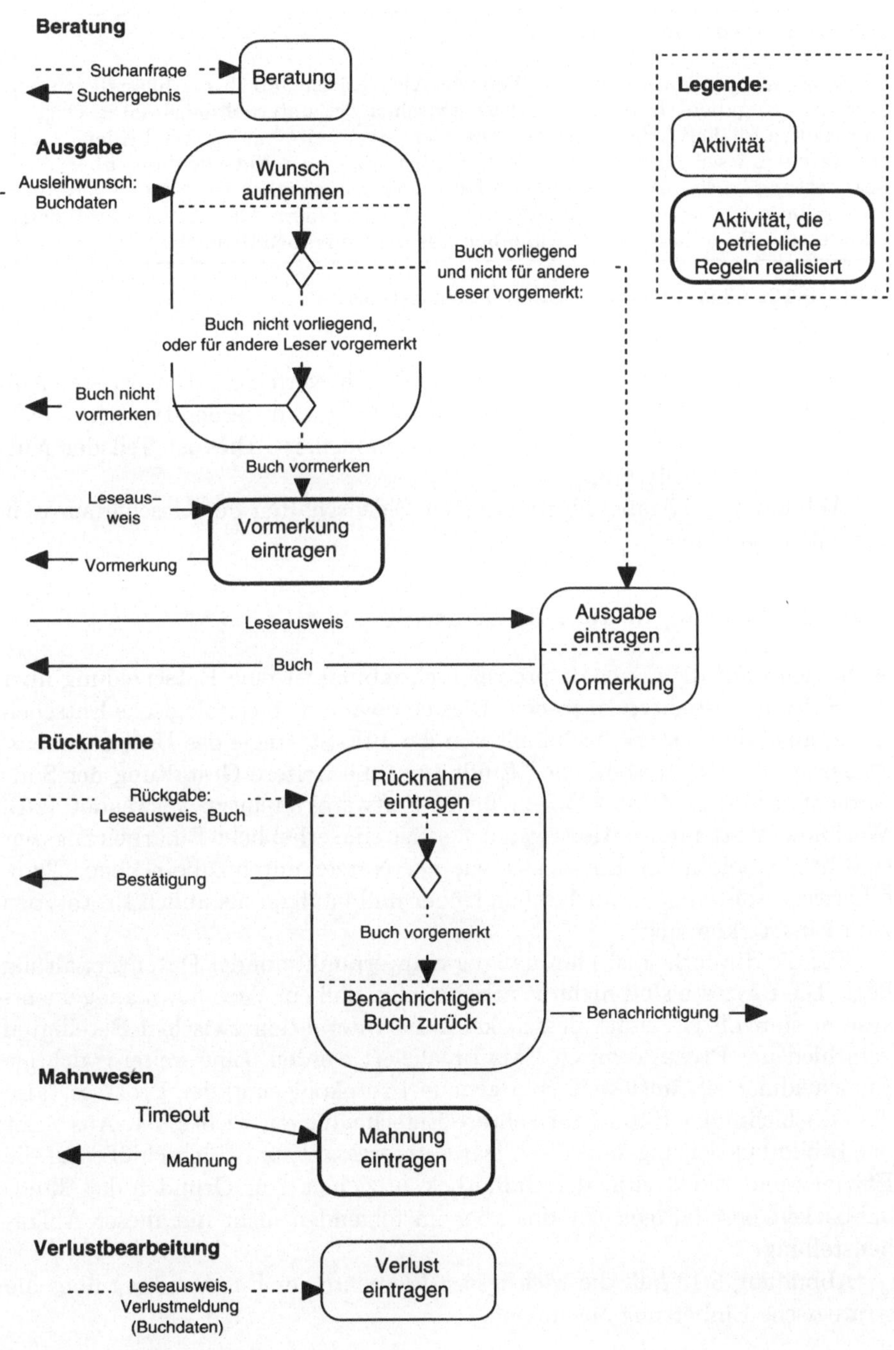

Abb. 5.11. Ausleihprozeß

Geschäftsprozeßmodelle

Geschäftsprozeßmodelle beschreiben die Aktivitäten und ihre Abhängigkeiten bei der Aufgabenerfüllung. Dabei ist zwischen der unternehmensweiten Organisation und den Arbeitsplätzen einzelner Mitarbeiter zu unterscheiden. Aktivitäten müssen so weit detailliert werden, daß eine Entscheidung über die Einbettung in die IuK-Strategie des Unternehmens möglich ist. Komplexere Interaktion oder betriebliche Regeln sind nicht detailliert. Die Modelle enstehen durch eine Detaillierung der Aufgaben aus der Aufgabenübersicht.

Abb. 5.12. Charakterisierung der Geschäftsprozesse

Die Beratung wird im Geschäftsprozeß nicht verfeinert. Dies ist eine Aufgabe, die nicht sehr strukturiert ist. Solche Aufgaben werden typischerweiser ausführlich bzgl. der Arbeitsorganisation modelliert. Dies ist Teil der Nutzungssystemmodellierung.

Abbildung 5.12 faßt die wichtigsten Eigenschaften der Geschäftsprozeßmodelle zusammen.

5.2.6 Einbettung in die IuK-Strategie

Aufbauend auf die Geschäftsprozeßbeschreibung ist eine Entscheidung über den Softwaresystemtyp zu treffen. Dies ist zwar eine technologische Entscheidung, aber sie ist stark beeinflußt von der IuK-Strategie des Unternehmens. Außerdem hat sie wesentlichen Einfluß auf die weitere Gestaltung der Softwareentwicklung. Wird z.B. ein neuer Softwaresystemtyp verwendet (z.B. Workflow- statt Informationssystem), so ist eine erhebliche Einarbeitungszeit sowohl auf Seiten der Entwickler wie der Nutzer miteinzuberechnen. Typischerweise sollten dann auch schon früher und häufiger als üblich Prototypen zum Einsatz kommen.

Für die Bibliothek ist klar, daß der Schwerpunkt auf der Datenverwaltung liegt. Die Prozesse sind nicht so arbeitsteilig, daß ein Workflowmanagementsystem sinnvoll ist. Statt dessen kann die Interaktion zwischen Beteiligten verschiedener Prozesse durch EMail realisiert werden. Eine weitere wichtige Entscheidung ist, inwieweit eine genaue Protokollierung der Prozesse (also die Geschichte der Daten) für spätere Entscheidungen wichtig ist. Aus Sicht der Bibliotheksleitung sind diese Daten interessant, um Rückschlüße auf die Effizienz und Effektivität der Bibliothek zu ziehen. Aus Gründen der Handhabbarkeit beschäftigen wir uns aber im folgenden nicht mit dieser Aufgabenstellung.

Abbildung 5.13 faßt die wichtigsten Elemente der Entscheidung über die strategische Einbettung zusammen.

Einbettung in die IuK-Strategie

Die Einbettung in die IuK-Strategie wählt einen Softwaresystemtyp zur Unterstützung der Geschäftsprozesse aus. Diese Entscheidung hat sowohl die speziellen Gegebenheiten der Geschäftsprozesse zu berücksichtigen, als auch die generelle IuK-Strategie im Unternehmen. Letztere sollte sich, wie in 4.1.1 diskutiert, an dem Grundtyp des Unternehmens orientieren.

Abb. 5.13. Elemente der strategischen Einbettung

5.2.7 Nutzerrollenentwurf

Der Rollenentwurf verteilt die Daten und Aktivitäten auf verschiedene Rollen. Diese Rollen beschreiben also Teilbereiche der Aufgabenerfüllung im Anwendungssystem. Da heute immer öfter auch die Interaktion mit externen Partnern durch die Software unterstützt wird, können auch Rollen für diese Partner definiert werden. Die Aufteilung der Daten auf die Rollen bedeutet auch eine Kapselung. Greifen Aktivitäten einer Rolle auf Daten einer anderen zu, so ist dies in den Prozessen durch neue Datenflüsse darzustellen. Dieses Nachziehen der Entwurfsentscheidungen macht aber nur Sinn, wenn die Prozeßstruktur dabei deutlich anders wird. Ansonsten werden diese Auswirkungen erst in der internen Aufgabenspezifikation des Nutzungssystems beschrieben.

Ein weiterer Entwurfsschritt bewirkt die Gruppierung der Aktivitäten zu Diensten. Dies ist nur dann sinnvoll, wenn diese Gruppierung unabhängig von der Verteilung auf Mensch und Maschine auf Ebene des Nutzungssystems ist. Ein Beispiel ist eine ausführliche Geschäftsprozeßumgestaltung, durch die einige Abteilungen ganz neue Kompetenzen erhalten, die in einer entsprechenden Entwurfsbeschreibung dokumentiert werden. Ansonsten werden die Dienste der Rollen hier noch nicht im einzelnen festgelegt.

Für die Gruppierung der Aktivitäten und Daten zu Rollen sind zwei Gesichtspunkte interessant:

- Aktivitäten, die die gleichen Daten verändern, sollten in einer Rolle zusammen zusammengelegt sein. Eine Verteilung auf verschiedene Rollen macht später komplizierte Abstimmungsprozesse nötig.
- Die Interaktion mit externen Partnern sollte nicht auf zuviele Rollen verteilt werden. Aus Sicht der externen Partner ist es wichtig, nicht zuviele Ansprechpartner zu haben. Eine Verteilung auf verschiedene Rollen zieht allerdings nicht unbedingt eine Verteilung auf verschiedene Akteure nach sich. Rollen, die möglichst von einem Akteur wahrgenommen werden sollen, sind dementsprechend zu kennzeichnen.

Abbildung 5.14 zeigt die Rollen der Bibliothek und die ihnen zugeordneten Aufgaben und Daten.

Die Rolle **Leser** ist den externen Partnern zugeordnet. Sie hat keine Datenverantwortlichkeiten, ist aber an verschiedenen Aufgaben beteiligt. Bei

> - Leserverwaltung (Anmeldung, Abmeldung, Leserdaten)
> - Ausleihe (Ausgabe, Rücknahme, Beratung, Mahnwesen, Vormerkdaten, Buchmerkmale, Suchanfrage)
> - Buchverwaltung (Buchmerkmale, Buchinhalt, Schlagwort, Autor)
> - Leser (Anmeldung, Abmeldung, Ausgabe, Rücknahme)

Abb. 5.14. Nutzerrollen der Bibliothek

der `Buchverwaltung` haben wir nur die Daten aufgeführt, da wir die entsprechenden Aufgaben in diesem Beispiel nicht weiter modelliert haben.

Die Prozesse sind durch den Rollenentwurf nicht verändert, da die Datenkapselung keine neuen Interaktionsbeziehungen zwischen den Rollen hervorruft. Die genaue Verteilung der Aktivitäten zwischen den Rollen wird hier noch nicht entschieden, da dies stark von dem Softwaresystem abhängt. Deshalb werden die Aktivitäten der Rollen auch noch nicht zu Diensten gruppiert.

Abbildung 5.15 faßt noch einmal die wichtigsten Eigenschaften des Rollenentwurfs im Anwendungssystem zusammen.

Nutzerrollen

Nutzerrollen beschreiben wichtige Aufgabenbereiche des Anwendungssystems und der externen Partner durch Daten und Aktivitäten. Sie entstehen durch Gruppierung der Aufgaben aus dem Aufgabenkontext und der Daten aus dem Anwendungsdatenmodell. Bei der Gruppierung ist darauf zu achten, die Abstimmungsprozesse zwischen den Rollen zu minimieren. Die Dienstschnittstelle der Nutzerrollen ist nur festzulegen, wenn dies zur Beschreibung der unternehmensinternen Abstimmung notwendig ist.

Abb. 5.15. Charakterisierung des Nutzerrollenentwurfs

5.3 Modellierung des Nutzungssystems

Wie schon in Kap. 4 betrachten wir die Arbeitsgestaltung getrennt von der Benutzungsschnittstellengestaltung. In diesem Kapitel betrachten wir nur die Arbeitsgestaltung. Die Gestaltung der Benutzungsschnittstelle ist Gegenstand des nächsten Kapitels.

Das Ziel bei der Modellierung des Nutzungssystems ist zum einen, ein Verständnis für die Arbeitsabläufe zu entwickeln, zum anderen eine geeignete Menge von Softwaresystemdiensten zur Unterstützung dieser Arbeitsabläufe zu bestimmen. Im Zentrum steht dabei die Verteilung der bei der Anwendungssystemmodellierung bestimmten Aktivitäten und Daten auf Nutzer und Softwaresystem. Die externe Aufgabenspezifikation des Nutzungssystems besteht aus dem im Entwurf des Anwendungssystems definierten Nutzerrollen und zusätzlich durch die Nutzerkategorien. Erstere beschreiben grob die Aufgaben und Datenverantwortlichkeiten der menschlichen Akteure des Nutzungssystems. Der Kontext der einzelnen Aufgaben und der Daten ist durch die interne Aufgabenspezifikation des Anwendungssystems festgelegt. Die Nutzerkategorien geben zusätzliche Eigenschaften der Nutzer im Hinblick auf ihren Umgang mit dem Softwaresystem vor. Die interne Aufgabenspezifikation des Nutzungssystems dient zur genaueren Untersuchung von Verteilungsoptionen mithilfe weiterer Prozeßmodelle. Nach einer Gruppierung der Aktivitäten zu Diensten und der weiteren Detaillierung durch Merkmalsmuster werden die bei den Nutzern verbleibenden Aktivitäten bzgl. ihrer Ganzheitlichkeit bewertet. Im Entwurf werden dann die Softwaresystemdienste in Rollen gruppiert. Die Softwaresystemrollen definieren auch die vom Softwaresystem zu verwaltenden Daten. Zum Abgleich zwischen Daten und Diensten wird eine Systemdienstübersicht angelegt. Die Rollen zeigen insbesondere, welche Nutzer welche Dienste aufrufen können. Die Dienste der Nutzer werden nicht weiter festgelegt.

In den nachfolgenden Abschnitten erläutern wir die einzelnen Produkte am Beispiel des Bibliothekssystems.

5.3.1 Nutzerkategorisierung

Der erste Schritt der Nutzungssystemmodellierung ist eine nähere Beschreibung der zukünftigen Nutzer. Interessant ist, welche Nutzer welche Rollen wahrnehmen, und welche Eigenschaften bei der Aufgabenverteilung zwischen Mensch und Maschine zu berücksichtigen sind. Als Nutzer sind insbesondere auch die externen Partner des Anwendungssystems zu betrachten, deren Interaktion mit dem Anwendungssystem heute immer öfter auch durch Software unterstützt wird.

Tabelle 5.2 listet die Nutzer der Bibliothek mit ihren Rollen auf. Bei dem Bibliothekspersonal ist das Schalterpersonal, das oft aus studentischen Hilfskräften besteht, von den eigentlichen Bibliothekaren zu unterscheiden. Nur letztere sind zuständig für die Buchverwaltung. Neben dem Bibliothekspersonal werden auch die Leser der Bibliothek, also die Studierenden, Mitarbeiter und Professoren mit dem Softwaresystem arbeiten.

Zur Beschreibung der Eigenschaften der Nutzer verwenden wir die in 4.2.4 vorgestellte Klassifizierung aus [TW96], allerdings ohne die Einordnung bzgl. der Kenntnisse mit dem spezifischen Softwaresystem. Diese ergibt sich aus den allgemeinen Kenntnissen und der Nutzungshäufigkeit. Tabelle 5.3 zeigt die Übersicht der späteren Nutzer und ihre Charakteristika. Die Fachkenntnisse beziehen sich auf das jeweilige Fach der Nutzer, d.h. für die Universitätsangehörigen auf die Lehrinhalte des Fachgebiets, bei den Bibliothekaren und dem Schalterpersonal auf das Bibliothekswesen. Da wir eine Fakultätsbibliothek beschreiben, müßte auch noch zwischen Fakultätsangehörigen und

Tabelle 5.2. Nutzer und ihre Rollen

Akteure	Nutzerrolle
Studierende, Mitarbeiter, Professoren	Leser
Schalterpersonal	Ausleihe, Leserverwaltung
Bibliothekare	Ausleihe, Leserverwaltung, Buchverwaltung

fakultätsfremden Nutzern unterschieden werden, da diese unterschiedliche Rechte haben (z.B. dürfen Fakultätsfremde oft die Bücher nur einsehen, aber nicht ausleihen). Der Übersichtlichkeit halber gehen wir auf diese Unterscheidung hier nicht weiter ein.

Tabelle 5.3. Benutzerkategorien

Benutzergruppe	EDV-Kenntnisse	Fach-kenntnisse	Häufigkeit
Studierende	gut	gering bis sehr gut	manchmal
Mitarbeiter	sehr gut	sehr gut	oft
Professoren	sehr gut	sehr gut	manchmal bis oft
Schalterpersonal	gering	gering	oft
Bibliothekare	gering bis gut	sehr gut	oft

Die Einschätzungen sind hier natürlich fiktiv, aber nicht unrealistisch. Da die Bibliothek im Fachbereich Informatik angesiedelt ist, werden gute EDV-Kenntnisse vorausgesetzt bei den Lehrenden und Studierenden. Hauptsächliche Nutzer sind die Lehrenden, während Studierende selten intensiv die Bibliothek nutzen. Für das Schalterpersonal werden typischerweise studentische Hilfskräfte aus anderen Fachgebieten eingesetzt, die meist kaum EDV-Kenntnisse besitzen, genausowenig wie detaillierte Kenntnisse der Bibliotheksaufgaben.

Abbildung 5.16 faßt noch einmal die wichtigsten Eigenschaften der Nutzerkategorisierung zusammen.

5.3.2 Arbeitsprozesse

Die Arbeitsprozesse beschreiben die Aktivitäten aus den Geschäftsprozessen verteilt auf das Softwaresystem und die Nutzerrollen. Die Granularität muß

Nutzerkategorien

Nutzerkategorien beschreiben die möglichen Softwaresystemnutzer (d.h. interne Akteure im Anwendungssystem, aber auch externe Partner), ihre Zuordnung zu Rollen und die Eigenschaften, die bei der Aufgabenverteilung zwischen Mensch und Maschine zu berücksichtigen sind. Dazu gehören die EDV-Kenntnisse, Kenntnisse bzgl. ihres Faches und die erwartete Häufigkeit der Softwaresystemnutzung.

Abb. 5.16. Charakterisierung der Nutzerkategorien

eine Kategorisierung der Aktivitäten bzgl. ihres Handlungstyps (Vorbereiten, Planen, Entscheiden, Durchführen, Prüfen, Interagieren) ermöglichen. Dies ist nötig für eine Bewertung der Ganzheitlichkeit der bei den Nutzern verbleibenden Aktivitäten.

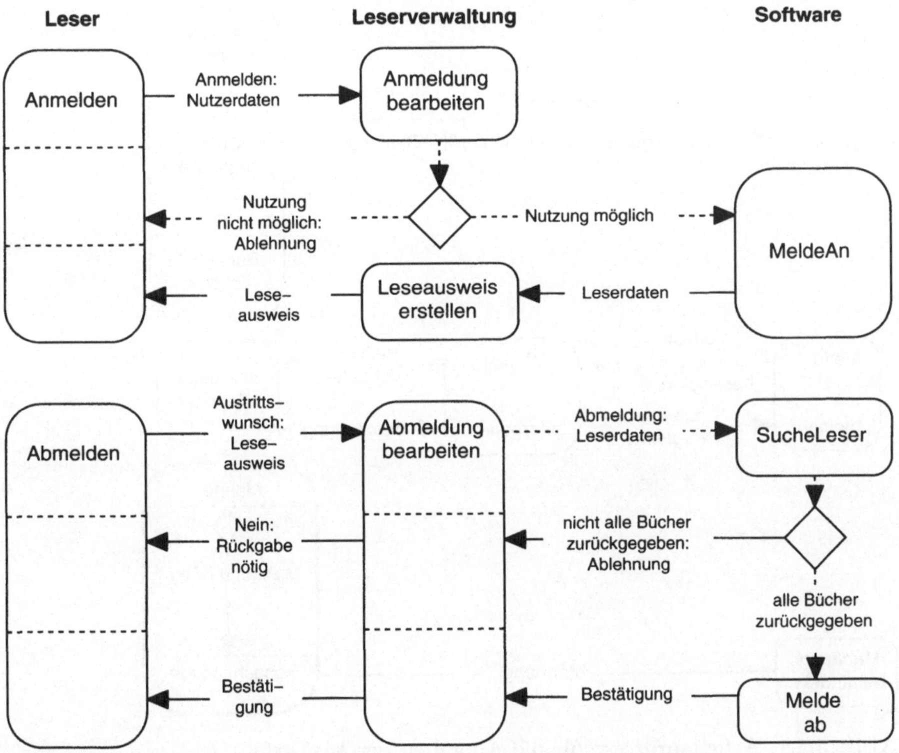

Abb. 5.17. Arbeitsprozesse für die Aufgaben der Leserverwaltung

In den Abb. 5.17 und 5.18 ist die Verteilung der Aktivitäten der Ausleihe und der Leserverwaltung auf Nutzerrollen und das Softwaresystem dokumentiert (vgl. Abb. 5.10 und 5.11). Wir verwenden wieder die in 3.3

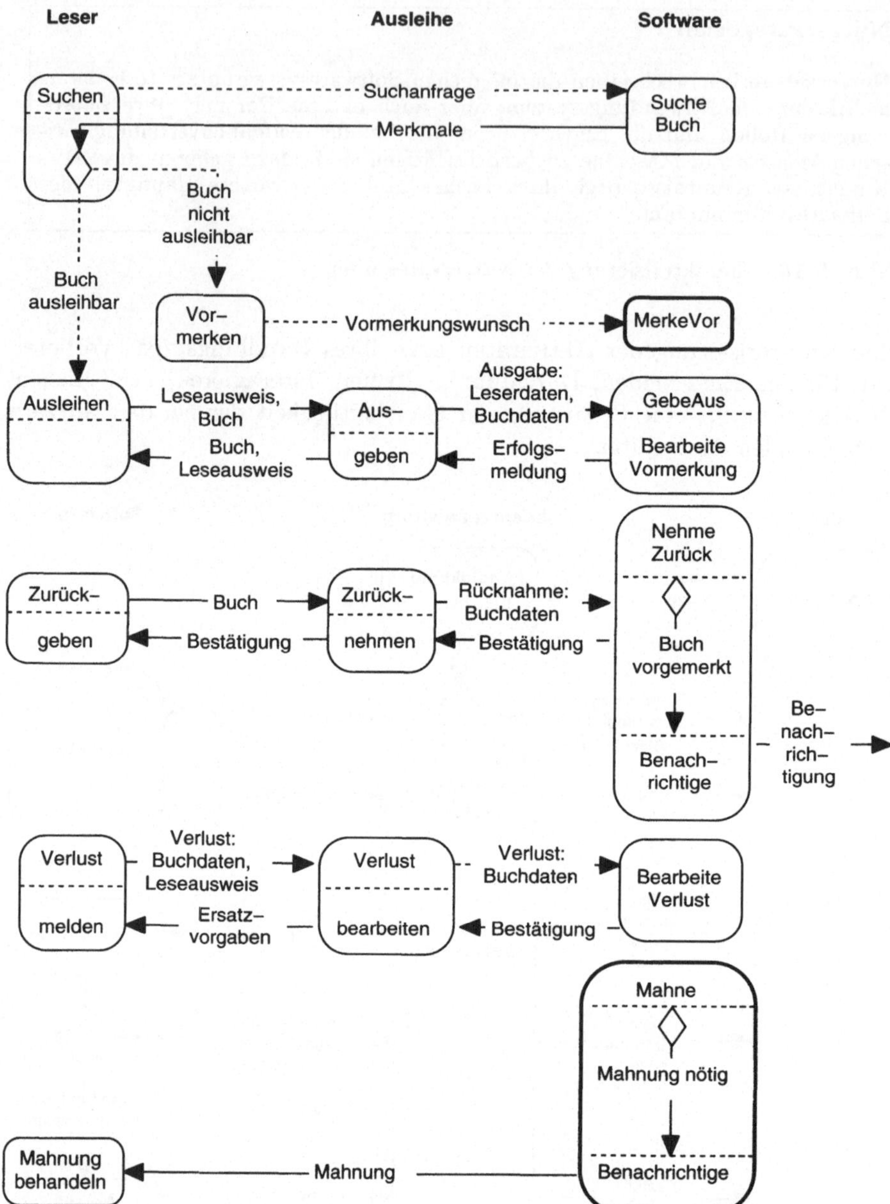

Abb. 5.18. Arbeitsprozesse für die Aufgaben der Ausleihe

vorgestellten Aktivitätsfolgendiagramme. Die **Vormerkung** kann ganz ohne Beteiligung bibliotheksinterner Nutzerrollen abgewickelt werden, ebenso das **Mahnwesen**. Alle Aktivitäten, in denen die Bücher selbst (nicht ihre Daten) zwischen externen Partnern und Bibliothek ausgetauscht werden, erfordern noch die Beteiligung von menschlichen Akteuren. Dies gilt für **Ausgabe, Rücknahme**. Ebenso gilt dies für die Leserverwaltung, also **Anmeldung** und **Abmeldung**. Durch die detailliertere Betrachtung ist die Aufgabe **VerlustBearbeitung** hinzugekommen.

Tabellen 5.4 und 5.5 listen die in den Prozessen identifizierten Aktivitäten mit ihrer Handlungskategorie und der zugeordneten Rolle. Die Handlungskategorien sind jeweils durch die ersten Buchstaben abgekürzt: V(orbereiten), Pl(anen), E(ntscheiden), D(urchführen), Pr(üfen), I(nteragieren). Vorbereiten bezieht sich auf die Hinzunahme zusätzlicher Materialien. Planen bedeutet die geistige Vorwegnahme von Einzelschritten der Durchführung. Entscheidungen beinhalten – im Gegensatz zum Prüfen – Freiheitsgrade. Bei der Software bedeutet Entscheiden, daß betriebliche Regeln bei der Durchführung zu berücksichtigen sind. Interaktion meint zwischenmenschliche Interaktion. Für das Softwaresystem kommt nur E, D oder Pr in Frage.

Tabelle 5.4. Aktivitätenübersicht für den Prozeß **Leserverwaltung**

Aktivitäten	V	Pl	E	D	Pr	I	Rolle
Anmelden	x	x	x	x	x	x	Leser
Abmelden	x	x	x	x	x	x	Leser
Anmeldung bearbeiten	x		x	x	x	x	Leser-ver-wal-tung
Abmeldung bearbeiten			x	x	x	x	Leser-ver-wal-tung
Leseausweis erstellen	x			x	x	x	Leser-ver-wal-tung
MeldeAn				x	x		Soft-ware
MeldeAb				x	x		Soft-ware
SucheLeser				x	x		Soft-ware

Legende: V = Vorbereiten, Pl = Planen, E = Entscheiden, D = Durchführen, Pr = Prüfen, I = Interagieren

Tabelle 5.5. Aktivitätenübersicht für den Prozeß Ausleihe

Aktivitäten	V	Pl	E	D	Pr	I	Rolle
Suchen	x	x	x	x	x		Leser
Vormerken			x	x	x		Leser
Ausleihen				x	x	x	Leser
Zurückge-ben	x			x	x	x	Leser
Mahnung behandeln			x	x		x	Leser
Verlust melden				x		x	Leser
Ausgeben	x		x	x	x	x	Aus-leihe
Zurück-nehmen				x	x	x	Aus-leihe
Verlust bearbeiten	x		x	x	x	x	Aus-leihe
SucheBuch				x			Soft-ware
MerkeVor			x	x	x		Soft-ware
GebeAus				x	x		Soft-ware
NehmeZurück				x	x		Soft-ware
Mahne			x	x	x		Soft-ware
Bearbeite-Verlust				x	x		Soft-ware

Legende: V = Vorbereiten, Pl = Planen, E = Entscheiden, D = Durchführen,
Pr = Prüfen, I = Interagieren

Die wichtigsten Charakteristika der Arbeitsprozeßbeschreibung sind in
Abb. 5.19 zusammengefaßt.

5.3.3 Merkmalsmuster

Die Arbeitsprozesse verdeutlichen die Aktivitäten des Softwaresystems und
der Nutzerrollen. Darauf aufbauend kann die Dienstschnittstelle des Softwaresystems definiert werden. Die Beschreibung dieser Dienste erfordert eine
ausführliche Aufgabenanalyse. Insbesondere werden die Aktivitäten der Benutzerrollen und des Softwaresystems zu Aufgaben und Diensten gruppiert.

Arbeitsprozesse

Arbeitsprozesse beschreiben die Aufgaben der Nutzer verteilt auf das Softwaresystem und die Nutzerrollen. Die Granularität muß zum einen die Aktivitäten des Softwaresystems deutlich machen. Zum anderen muß eine Kategorisierung der Aktivitäten bzgl. ihres Handlungstyps (Vorbereiten, Planen, Entscheiden, Durchführen, Prüfen, Interagieren) möglich sein. Die Arbeitsprozeßbeschreibungen sind Grundlage für eine Bewertung der Ganzheitlichkeit von Nutzerarbeit. Sie enstehen aus einer Detaillierung der Geschäftsprozesse.

Abb. 5.19. Charakterisierung der Arbeitsprozeßbeschreibung

Diese Aufgaben und Dienste beschreiben wir durch die Merkmalsmuster aus TASK [BJ94]. Abbildung 5.20 faßt die Charakteristika von Merkmalsmustern zusammen.

Merkmalsmuster

Merkmalsmuster erfassen zum einen für die Ausführung wichtige Informationen wie die *Ausgangssituation* (Vorbedingungen, Auslöser, Priorität, Häufigkeit, Wiederholungsrate), die *Nachbedingungen* (welche weiteren Aktivitäten werden dadurch ermöglicht), *Info-in* (die eingehende Information) und *Info-out* (ausgehende Informationen) sowie die *Ressourcen* (Akteur und Arbeitsmittel sowie Partner). Zum anderen werden die zur Arbeitsbewertung wichtigen Eigenschaften erfaßt: die damit verbundenen *Ziele*, die *Eingriffsmöglichkeiten* (Handlungsspielraum, Dauer, Unterbrechungs- und Fehlermöglichkeiten) und die *Ursachen* (warum). Datenveränderungen werden nicht beschrieben. Ist der Akteur das Softwaresystem, so ist der direkte Auslöser der Aktivität der Aufruf. Er wird in dem Merkmalsmuster weggelassen. Unter Ursachen von Softwaresystemaktivitäten werden die Auslöser für die entsprechenden Aktivitäten der Nutzer festgehalten. Ziele des Softwaresystems beschreiben die mit dem Anbieten des Dienstes verbundenen Ziele der Bibliothek. Eingriffsmöglichkeiten beschreiben beim Softwaresystem die betrieblichen Regeln, die bei der Durchführung zu beachten sind. Die Merkmalsmuster entstehen durch eine Detaillierung der Arbeitsprozesse bzgl. der Interaktion mit der Software.

Abb. 5.20. Charakterisierung der Merkmalsmuster

Bei der Erstellung der Merkmalsmuster werden zusammenhängende Aktivitäten des Softwaresystems zu Diensten gruppiert, d.h. es ist zu überlegen, welche Folge von Aktivitäten von außen angestoßen werden kann. In diesem Beispiel enthält fast jede Aktivität des Softwaresystems auch eine Leser- und Buchsuche zusätzlich zu der eigentlichen Datenveränderung. Diese Suchaktivitäten sind sinnvoll als eigenständige Dienste, die unabhängig von einer Datenveränderung aufgerufen werden können. Bei der Rücknahme und der Mahnung wird eine Benachrichtigung angestoßen. Diese wird ebenfalls als unabhängiger Dienst herausgelöst.

Tabellen 5.6, 5.7, 5.8 und 5.9 enthalten die Merkmalsmuster für alle Systemdienste.

Tabelle 5.6. Merkmalsmuster von Verwaltungsdiensten des Softwaresystems

	Ziel: Ermittlung der gesamten Leserdaten ausgehend von einzelnen Merkmalen	*Eingriffsmöglich-keiten:* Suche durch Merkmale begrenzt	
Ursachen: z.B. bei Abmeldung Überprüfung der ausgeliehenen Bücher	*Ausgangssituation:* hohe Priorität, häufig	*Aufgabe:* **SucheLeser**	*Nachbedingung:* keine
	Info-In: eindeutige Lesermerkmale	*Ressourcen:* Software	*Info-Out:* Liste aller Leser, die Suchmerkmale erfüllen

	Ziel: Ausgabe nur an angemeldete Leser	*Eingriffsmöglich-keiten:* keine	
Ursachen: Leseraktivität: Anmelden	*Ausgangssituation:* hohe Priorität, häufig, Leser hat Nachweis der Berechtigung	*Aufgabe:* **MeldeAn**	*Nachbedingung:* Leser kann ausleihen
	Info-In: Leserdaten	*Ressourcen:* Software	*Info-Out:* Leseausweis

	Ziel: Nur berechtigte Leser in der Datenbank	*Eingriffsmöglich-keiten:* keine	
Ursachen: Leseraktivität: Abmelden	*Ausgangssituation:* manchmal, alle ausgeliehenen Bücher wurden zurückgegeben	*Aufgabe:* **MeldeAb**	*Nachbedingung:* Leser kann nicht mehr ausleihen
	Info-In: Leseausweis	*Ressourcen:* Software	*Info-Out:* Bestätigung

Tabelle 5.7. Merkmalsmuster von Ausleihdiensten des Softwaresystems (1. Teil)

	Ziel: Unterstützung bei der Buchsuche	*Eingriffsmöglich- keiten:* Keine	
Ursachen: Leseraktivität: Suche	*Ausgangssituation:* hohe Priorität, häufig	*Aufgabe:* **SucheBuch**	*Nachbedingung:* Keine
	Info-In: Suchmerkmale (inkl. Schlagworte zur Inhaltscharakte- risierung)	*Ressourcen:* Software	*Info-Out:* Liste der Bücher, die Suchmerkmale erfüllen

	Ziel: Bücher bald möglichst für nächsten Leser zur Verfügung stellen	*Eingriffsmöglich- keiten:* verschiedene Benutzergruppen haben verschiedene Priorität beim Vormerken	
Ursachen: Leseraktivität: Vormerken	*Ausgangssituation:* manchmal	*Aufgabe:* **MerkeVor**	*Nachbedingung:* bei Rückgabe wird Buch dem nächsten vorgemerkten Leser zugeteilt
	Info-In: 1eindeutige Merkmale des gewünschten Buches und des Lesers	*Ressourcen:* Software	*Info-Out:* Bestätigung

	Ziel: Leser hat Buch	*Eingriffsmöglich- keiten:* keine	
Ursachen: Leseraktivität: Ausleihen	*Ausgangssituation:* hohe Priorität, häufig, Buch ist nicht für jemand anderes vorgemerkt	*Aufgabe:* **GebeAus**	*Nachbedingung:* Ausgabe des Buches ist dokumentiert und evtl. Vormerkung gelöscht
	Info-In: Liste interessanter Bücher, Angaben zur Ausleihbarkeit	*Ressourcen:* Software	*Info-Out:* Bestätigung

Tabelle 5.8. Merkmalsmuster von Ausleihdiensten des Softwaresystems (2. Teil)

	Ziel: Bibliothek hat Buch	*Eingriffsmöglich-keiten:* keine	
Ursachen: Leseraktivität: Rückgabe	*Ausgangssituation:* hohe Priorität, häufig	*Aufgabe:* **NehmeZurück**	*Nachbedingung:* Buch ausleihbar und evtl. Vormerkung benachrichtigt
	Info-In: eindeutige Buchmerkmale	*Ressourcen:* Akteur: Software, Hilfsmittel: EMail	*Info-Out:* Bestätigung, EMail bei Vormerkung

	Ziel: Buch nicht zu lange bei einzelnen Lesern	*Eingriffsmöglich-keiten:* verschiedene Lesergruppen haben verschieden lange Ausleihzeiten	
Ursachen: Ausleihfrist wurde überschritten oder vorgemerktes Buch nicht abgeholt oder Leser hat auf erste Benachrichtigung seit 2 Wochen nicht reagiert	*Ausgangssituation:* hohe Priorität, manchmal	*Aufgabe:* **Mahne**	*Nachbedingung:* Mahnzeitpunkt für weitere Mahnungen vermerkt
	Info-In: eindeutige Buchmerkmale	*Ressourcen:* Akteur: Software, Hilfsmittel: EMail, Uhrzeit	*Info-Out:* EMail, Leser benachrichtigt, bei dritter Mahnung Biblio-theksleitung benachrichtigt

Tabelle 5.10 zeigt exemplarisch auch die Merkmalsmuster für die Such-aufgabe der Leser und die Buchrücknahme der Ausleihe. Die Auslöser für die Aktivitäten des Ausleihspersonals sind hier die Leseraktivitäten.

Tabelle 5.9. Merkmalsmuster von Ausleihdiensten des Softwaresystems (3. Teil)

	Ziel: Überblick über Status der Bücher	*Eingriffsmöglichkeiten:* keine	
Ursachen: Leseraktivität: Verlust melden	*Ausgangssituation:* selten, Buch ausgeliehen	*Aufgabe:* **BearbeiteVerlust**	*Nachbedingung:* Buch wird wiederbeschafft oder aus der Datenbank gelöscht, wartende Personen werden benachrichtigt
	Info-In: eindeutige Buch- und Lesermerkmale	*Ressourcen:* Software	*Info-Out:* Bestätigung

Tabelle 5.10. Merkmalsmuster von Aufgaben der Nutzerrollen

	Ziel: Hinweise über ausleihbare, interessante Dokumente	*Eingriffsmöglichkeiten:* Suche durch Merkmale und Schlagwörter begrenzt	
Ursachen: Literatur benötigt	*Ausgangssituation:* hohe Priorität, häufig, kein Auslöser	*Aufgabe:* **Suche**	*Nachbedingung:* Entscheidung über Ausleihe ist möglich
	Info-In: Keine	*Ressourcen:* Akteur: Leser, Partner: Software	*Info-Out:* Keine

	Ziel: zurückgegebenes Buch für weitere Ausleihe verfügbar	*Eingriffsmöglichkeiten:* Keine	
Ursachen: Keine	*Ausgangssituation:* hohe Priorität, häufig, Auslöser „ausgeliehenes Buch wird zurückgegeben"	*Aufgabe:* **Zurücknehmen**	*Nachbedingung:* Lagerung oder erneute Ausleihe des Buches möglich
	Info-In: Buch	*Ressourcen:* Akteur: Ausleihe, Partner: Softwaresystem	*Info-Out:* Erfolg der Rücknahme

5.3.4 Arbeitsbewertung

Aufbauend auf die Arbeitsprozeßbeschreibung, die Gruppierung in Dienste und Aufgaben, die Festlegung der Handlungskategorien und weiterer Details in den Merkmalsmustern ist eine Bewertung der Mensch-Maschine-Funktionsteilung möglich. Wie in 4.2.1 über humane Arbeitsgestaltung beschrieben, ist die Gesamttätigkeit bzgl. Entscheidungsspielraum, Kommunikation, psychischer Belastungen, Zeitspielraum, Variabilität, Kontakt und körperlicher Aktivität zu beurteilen. Ist die Bewertung unbefriedigend, so müssen die Arbeitsprozesse und Softwaresystemdienste neu definiert werden.

Die Charakteristika der Arbeitsbewertung sind in Abb. 5.21 zusammengefaßt.

Arbeitsbewertung

Die Arbeitsbewertung beurteilt die Ganzheitlichkeit der Arbeitsplätze. Dabei sind die in 4.2.1 zusammengestellten Grundsätze humaner Arbeit zu beachten.

Abb. 5.21. Charakterisierung der Arbeitsbewertung

Im Bibliotheksbeispiel ist klar ersichtlich, daß Aufgaben, die Materialfluß (z.B. `Zurücknehmen`) oder eine Ausnahmebehandlung (z.B. `Verlust bearbeiten`) erfordern, beim Personal angesiedelt sind. Demgegenüber sind Aufgaben, die schematische Fallunterscheidungen entsprechend vorgegebener Betriebsregeln erfordern (z.B. `MerkeVor` gemäß Prioritäten) und reine Verwaltungsaufgaben (z.B. `SucheBuch`) auf das Softwaresystem übertragen. Diese Aufgabenverteilung entspricht den Grundsätzen humaner Arbeit. Da wir nur einen Ausschnitt behandeln, ist eine vollständige Bewertung der Ganzheitlichkeit der Arbeitsplätze nicht möglich.

5.3.5 Softwaresystemrollen

Die Merkmalsmuster haben die Dienstschnittstelle des Softwaresystems grob definiert. Der Schwerpunkt lag dabei auf der Einordnung der Dienste in den Arbeitszusammenhang der Nutzer. Die genauen Auswirkungen auf die Daten wurden noch nicht definiert. Durch die Definition der Softwaresystemrollen werden die Daten und Dienste des Softwaresystems miteinander verknüpft. Diese Verknüpfung geschieht in drei Schritten: Zuerst wird das Datenmodell des Softwaresystems aus dem Datenmodell des Anwendungssystems abgeleitet, dann werden in einer Systemdienstübersicht die Bezüge zwischen den Daten und Diensten dokumentiert. Schließlich können Daten und Dienste zu Rollen gruppiert werden. Dabei sind die grundsätzlichen Überlegungen aus 5.1.2 zur Verteilung und Gruppierung der Daten und Dienste zu beachten.

Softwaresystemdatenmodell. Da wir auf einen objektorientierten Entwurf abzielen, ist das Softwaresystemdatenmodell ein Vorläufer des Objektmodells, in dem die Entitäten mit gerichteten Beziehungen, als Vorläufer der Kanäle, definiert werden. Die Festlegung der Beziehungsrichtung ist eine Voraussetzung dafür, daß die Datenveränderungen jedes Dienstes definiert werden können.

Bei der Festlegung des Softwaresystemdatenmodells ist zu überlegen, welche Entitäten aus dem Anwendungsdatenmodell vom Softwaresystem verwaltet werden, und wie die Beziehungen zwischen diesen Entitäten gerichtet werden (in beide Richtungen oder nur in eine). Aggregationsbeziehungen sind durch Beziehungen oder Übernahme der Attribute aufzulösen. Durch die Betrachtung der Arbeitsprozesse können sich gegenüber dem Anwendungsdatenmodell, das mit den Geschäftsprozessen abgeglichen wurde, neue Entitäten ergeben haben. Wir gehen hier davon aus, daß diese im Anwendungsdatenmodell nachgetragen wurden.

Abbildung 5.22 zeigt das Datenmodell der Bibliothekssoftware.

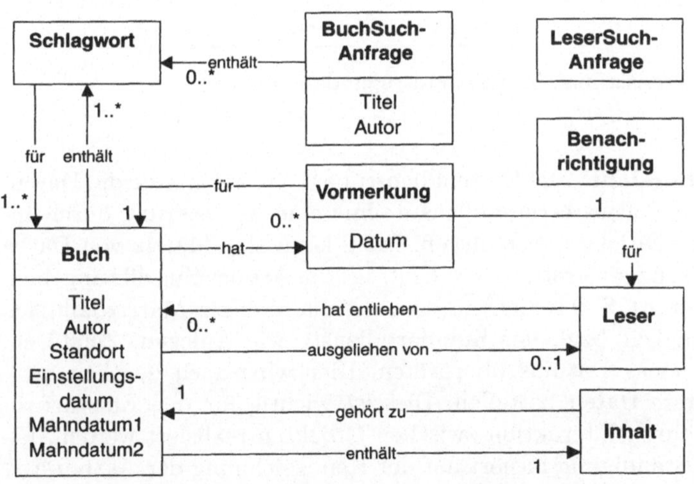

Abb. 5.22. Datenmodell des Softwaresystems

Alle Entitytypen aus dem Anwendungsdatenmodell (Abb. 5.9, S. 182) bis auf `Autor`, `Mahnung` und `Merkmale` werden übernommen. `Autor` und `Mahnung` werden nur als Attribut von `Buch` dokumentiert. `Buch` wird mit `Merkmale` zu einem Entitytyp integriert. Aufgrund der weiteren Detaillierung der Arbeitsprozesse kommen noch die `LeserSuchAnfrage`, die ähnlich wie die `BuchSuchAnfrage` behandelt wird, und die `Benachrichtigung` hinzu. Die `BuchSuchAnfrage` übernimmt auch einen Teil der Attribute von `Merkmale`. Allerdings haben diese Attribute einen anderen Typ als im `Buch`. In der Suchanfrage können sie beliebige Zeichenketten (mit * als Platzhalter) sein. Dies erlaubt eine Volltextsuche innerhalb der einzelnen Merkmale. Organisatorische Merkmale, wie Einstellungsdatum, sind nicht Gegenstand der Suche. Die Übernahme des `Schlagworts` als eigener Entitytyp spiegelt die Entscheidung wieder, daß keine Volltextsuche über dem Inhalt unterstützt wird, sondern jedes Buch mit festgelegten Schlagworten charakterisiert wird. Diese Schlagworte werden beim Anlegen des Buches festgelegt. Als zentraler Entitytyp verweist `Buch` auf alle mit ihm verbundenen Entitytypen. Dies gilt auch umgekehrt. Die `Vormerkung` verweist auf `Leser`, aber nicht umgekehrt. Das `Schlagwort` verweist auf `Buch` statt auf `Inhalt`.

Die Charakteristika des Softwaresystemdatenmodells sind in Abb. 5.23 zusammengefaßt.

Softwaresystemdatenmodell

Das Softwaresystemdatenmodell enthält die vom Softwaresystem zu verwalten-den Daten aus dem Anwendungsdatenmodell. Beziehungen sind gerichtet. Sie werden aus den Beziehungen des Anwendungsdatenmodells abgeleitet. Das Softwaresystemdatenmodell muß so detailliert sein, daß die Datenveränderungen jedes Softwaresystemdienstes definiert werden können.

Abb. 5.23. Charakterisierung des Softwaresystemdatenmodells

Systemdienstübersicht. Die Systemdienstübersicht beschreibt die Daten-veränderungen der Softwaresystemdienste ohne eine Realisierung durch Interaktion zwischen Objekten festzulegen. Dazu kann eine Matrix von Daten und Diensten verwendet werden, deren Einträge die Art des Zugriffs angeben: A(nlegen), Z(erstören), S(chreiben), L(esen). Anhand dieser Matrix läßt sich gut die Vollständigkeit bzgl. der Standarddienste wie Anlegen, Zerstören, Schreiben, Lesen eines Datums überprüfen. Hier wird auch deutlich, welche Dienste mehrere Daten betreffen. Dies ist wichtig für den Entwurf, in dem die Dienste durch Interaktion zwischen Objekten realisiert werden. Eine weitere Vervollständigung basiert auf der Kennzeichnung der Aktivitäten mit komplexen Betriebsregeln. Sind diese Aktivitäten dem Softwaresystem zugeordnet, so sind Entitytypen und Dienste vorzusehen, mit denen die Betriebsregeln verändert werden können. Solche Betriebsregeln sind häufigen Veränderungen unterworfen. Diese Änderungen sollten vom Bibliotheksper-sonal (ohne Hinzunahme von Programmierern) nachziehbar sein.

Tabelle 5.11 zeigt diese Matrix für das Bibliotheksbeispiel. Aus Gründen der Übersichtlichkeit haben wir die Entitytypen `BuchSuchAnfrage` und `Leser-SuchAnfrage`, die jeweils nur durch den entsprechenden Dienst betroffen sind, weggelassen.

Die betrieblichen Regelungen für `MerkeVor` und `Mahne` sind als eigenständi-ge Entitytypen hinzuzunehmen, die von den entsprechenden Diensten gele-sen werden. Aus der Tabelle ist ersichtlich, daß mit den Diensten aus den

Tabelle 5.11. Systemdienstübersicht

Dienst / Entitytyp	Benachrichtigung	Vormerkung	Buch	Inhalt	Leser	Schlagwort
Suche-Buch			L			A,Z L
MerkeVor		A	S			
GebeAus		L,Z	S		S	
Nehme-Zurück	A,Z	L,S	S		S	
Mahne	A,Z		S		L	
Bearbeite-Verlust	A,Z	Z	Z	Z	S	Z
Suche-Leser					L	
MeldeAn					A	
MeldeAb		Z			Z	
Benachrichtige	A,Z					

Arbeitsprozessen noch nicht alle Standardfälle abgedeckt sind: Buchdaten und Schlagworte werden weder angelegt noch zerstört. Entsprechende Dienste sind hinzuzunehmen. Weiterhin fehlt ein Dienst zum Bearbeiten der Vormerkungen und es sind Dienste zur Handhabung der Regeln vorzusehen.

Tabelle 5.12 faßt diese Vervollständigungen zusammen.

Die Charakteristika der Systemdienstübersicht zeigt Abb. 5.24.

Systemdienstübersicht

Die Systemdienstübersicht listet die Softwaresystemdienste und die Entitytypen des Softwaresystems. Sie macht deutlich wie die Entitytypen durch die Dienste betroffen sind. Ziel dieser Auflistung ist die Festlegung der möglichen Datenänderungen und eine Vervollständigung bzgl. Standarddiensten und betrieblichen Regelungen.

Abb. 5.24. Charakterisierung der Systemdienstübersicht

Definition der Softwaresystemrollen. Das Ziel der Softwaresystemrollendefinition ist, die meist sehr große Menge von Systemdiensten und Daten in möglichst unabhängige Gruppen zu unterteilen. Meist entsprechen diese Gruppen den Nutzerrollen. Für jede Rolle werden die Daten, die möglichen

Tabelle 5.12. Ergänzung der Systemdienstübersicht

Dienst / Entity-typ	Vor-mer-kung	Buch	In-halt	Schlag-wort	Mahn-regel	Vor-merk-regel
Bearbeite-Buch		A,Z,S	A,Z,S	A,Z		
Bearbeite-Schlagwort				A,Z		
Bearbeite-Vormerkung	A,Z,S					
Bearbeite-Vormerk-regeln						A,Z,S
Bearbeite-Mahnregeln					A,Z,S	

Interaktionspartner (also die Nutzerrollen) und die Dienste aufgelistet. Damit sind auch die Zugriffsrechte der Nutzerrollen grob festgelegt.

Abbildung 5.25 zeigt die Rollen der Bibliothekssoftware. Sie entsprechen direkt den Nutzerrollen. Die Rolle `Software-Leserverwaltung` enthält die Leserdaten und die Dienste, die nur die Entitytypen `Leser` und `LeserSuchanfrage` betreffen, also `SucheLeser`, `MeldeAn`, `MeldeAb`. Die Rolle `SoftwareBuchverwaltung` enthält die Entitytypen `Buch`, `Inhalt`, `Schlagwort`, `BuchSuchanfrage` und die dazugehörigen Dienste `SucheBuch`, `BearbeiteBuch`, `BearbeiteSchlagwort`, `Mahne`. Alle anderen Dienste betreffen sowohl Buch- wie Leserdaten und werden in der Rolle `Software-Ausleihe` zusammengefaßt, die die Entitytypen `Vormerkung`, `Benachrichtigung`, `Vormerkregel`, `Mahnregel` kapselt sowie die Dienste `MerkeVor`, `GebeAus`, `NehmeZurück`, `BearbeiteVerlust`, `Benachrichtige`, `BearbeiteVormerkregeln`, `BearbeiteMahnregeln`. Die Dienste jeder Rolle können durch die entsprechende Nutzerrolle aufgerufen werden. Für die Nutzerrolle `Leser` ist auch der Aufruf von `Buchsuche` und `MerkeVor` möglich. Für jede Nutzerrolle werden die aufrufbaren Dienste in Klammern angegeben. Sind alle Dienste einer Softwaresystemrolle aufrufbar, so kann die Angabe entfallen.

Abbildung 5.26 faßt die Charakteristika der Softwaresystemrollendefinition zusammen.

5.4 Modellierung der Benutzungsschnittstelle

Die Modellierung der Benutzungsschnittstelle beschäftigt sich mit der genauen Verteilung der Arbeitsschritte zwischen Mensch und Maschine. Dazu werden im wesentlichen für jeden Dienst die Interaktionsdetails ausgearbeitet, und typischerweise noch Dienste zur besseren Organisation der Arbeit

```
Rolle Software-Leserverwaltung = {
Partner Leserverwaltung
Daten Leser, LeserSuchAnfrage
Dienste SucheLeser, MeldeAn, MeldeAb
}


Rolle Software-Buchverwaltung = {
Partner Buchverwaltung, Leser(SucheBuch)
Daten Buch, Inhalt, BuchSuchAnfrage, Schlagwort
Dienste SucheBuch, Mahne, BearbeiteBuch, BearbeiteSchlagwort
}


Rolle Software-Ausleihe = {
Partner Ausleihe, Leser(MerkeVor)
Daten Vormerkung, Benachrichtigung, Vormerkregel, Mahnregel
Dienste MerkeVor, GebeAus, NehmeZurück, BearbeiteVerlust, Benachrichti-
ge, BearbeiteVormerkregeln, BearbeiteMahnregeln
}
```

Abb. 5.25. Rollen der Bibliothekssoftware

```
Softwaresystemrollen

Softwaresystemrollen kapseln Daten und Dienste in zusammenhängende Aufga-
benbereiche. Dabei ist darauf zu achten, daß die Dienste möglichst nur die Daten
der eigenen Rolle verändern. Weiterhin werden die Nutzerrollen festgelegt, die
die Dienste anstossen können.
```

Abb. 5.26. Charakterisierung der Softwaresystemrollen

eingeführt. Vor der eigentlichen Gestaltung der Schnittstelle steht deswegen noch eine detaillierte Arbeitsanalyse mithilfe von Arbeitsszenarien und
Oberflächenprototypen. Die externe Aufgabenspezifikation besteht damit aus
den Softwaresystemrollen, die die Dienste des Softwaresystems vorgeben,
den Merkmalsmustern, die die Ein-/Ausgabeparameter und arbeitsorgani-
satorische Details der Dienste beschreiben (z.B. Häufigkeit, Priorität), und
Arbeitsszenarien sowie Oberflächenprototypen, die die genauere Interaktion
zwischen Mensch und Maschine beschreiben und damit Vorgaben machen
für Hilfsdienste, die keine Datenveränderungen bewirken, und Hilfsdaten, die
Zwischenergebnisse bei den Arbeitshandlungen aufnehmen. Die interne Aufgabenspezifikation legt die an der Oberfläche manipulierbaren Datensichten
fest. Sie werden aus den Softwaresystemdaten und den Hilfsdaten der Arbeitsszenarien und Prototypen abgeleitet. Weiterhin werden die Steuerungseingaben der Nutzer und die Abhängigkeit dieser Eingaben von den Sichten
in Form von Zustandsübergangsdiagrammen für einzelne Dialoge festgelegt.
Im Entwurf werden den Softwaredatensichten Rollen zugeordnet, und diesen

Rollen Dienste, die die Navigation zwischen den Datensichten und die Interaktion mit dem Anwendungskern realiseren. Dabei sind Navigationsszenarien hilfreich, die die Umsetzung der Dialogzustandsübergangsdiagramme durch die Oberflächenobjekte beispielhaft beschreiben, und Modusdiagramme, die die Aufrufbarkeit der Oberflächendienste eingrenzen. Oberflächenprototypen ermöglichen wieder die genauere Untersuchung der Navigationsstruktur.

5.4.1 Arbeitsorganisationsanalyse

Das Ziel der Arbeitsorganisationsanalyse ist ein Verständnis für die genaue Interaktion zwischen Nutzern und Softwaresystem bei der Durchführung der Arbeitsaufgaben. Hier sind die Besonderheiten wichtiger als das normative Verhalten. Insbesondere ist zu untersuchen, wie die Nutzer mit Ausnahmen in den Arbeitsprozessen umgehen. Wir legen die Analysemethode nicht genauer fest, insbesondere nicht die Art und Weise der Zusammenarbeit mit den Nutzern. In 2.5 haben wir geeignete Methoden dafür vorgestellt. Das Ergebnis dieses Schritts sind Szenarien und Prototypen bzgl. der näheren Interaktion mit dem Softwaresystem. Die Szenarien können textuell oder als Sequenzdiagramme beschrieben werden. Die Sequenzdiagramme sind aufwendiger zu erstellen. Dieser Aufwand ist z.B. sinnvoll, wenn verschiedene Alternativen gegeneinandergehalten werden.

In Beispiel konzentrieren wir uns auf den Suchdienst. Wir verwenden Szenarien, die oft ein guter Ersatz für das aufwendige Prototyping sind. Der Suchdienst wird von Lesern und Bibliothekspersonal benutzt. Bei den Lesern ist er eingebettet in die Aufgabe **Suchen**, das Bibliothekspersonal wird ihn nur zur gezielten Suche verwenden, um z.B. einem Leser behilflich zu sein oder sich die Merkmale eines Buches anzeigen zu lassen. Diese beiden sehr unterschiedlichen Benutzungszusammenhänge sind in den Abb. 5.27 und 5.28 als Szenarien beschrieben.

Durch diese Szenarien wird deutlich, welche Daten an der Oberfläche sichtbar sein sollen (z.B. eine Liste aller Schlagworte, die Buchmerkmale als Tabelle zum Ausfüllen, Trefferliste) und welche Hilfsdienste nötig sind (z.B. Markieren in der Trefferliste und Ausdrucken). Als Hilfsdatum wird die **Recherchesitzung** genannt, die Suchanfragen und Trefferlisten archiviert. Weiterhin werden Details zu den Diensten deutlich (z.B. Suchanfrage mit vorgegebenen Merkmalen oder durch Freitext, Anzeige von Merkmalen, wenn die Trefferliste Länge eins hat).

Die neu identifizierten Entitytypen und zugehörige Dienste sind in der Systemdienstübersicht nachzutragen und durch Merkmalsmuster zu beschreiben. Die Recherchesitzung ist eine Liste von Suchanfragen und Trefferlisten – die selbst wieder eine Liste von Büchern ist –. Damit ist sie mit den bisherigen Entitytypen definierbar.

Abbildung 5.29 faßt die Charakteristika der Arbeitsorganisationsanalyse zusammen.

Studentin Anna sucht für eine Seminararbeit Literatur zum Thema Requirements-Engineering. Dazu sucht sie zuerst in der Schlagwortliste passende Einträge aus, z.B. „Anforderungsdefinition" und „Modellierung". Die Trefferliste zu diesen Einträgen ist aber zu groß. Deshalb beschließt sie, lieber aktuelle Literatur zu suchen und evtl. von den dortigen Referenzen aus frühere Veröffentlichung zu identifizieren. Sie sucht also nun Bücher zu den Schlagworten, die in den letzten drei Jahren veröffentlicht wurden. Dazu läßt sie sich die Merkmalstabelle anzeigen und legt darin das Jahr fest. Die resultierende Liste hat 40 Treffer. Sie geht diese Liste durch, um festzustellen, welche Bücher sie ausleihen will. Dazu läßt sie sich nacheinander von den Treffern die Inhalte anzeigen. Sie markiert in der Trefferliste die interessanten Konferenzbeiträge und läßt sich diese ausdrucken. Bei den interessanten Büchern läßt sie sich auch noch die Merkmalstabelle anzeigen, um festzustellen, ob sie auch gleich ausleihbar sind. Die ausgeliehenen läßt sie für sich vormerken. Da sie gerade dabei ist, sucht sie auch noch nach Büchern eines ihrer Dozenten, weil sie zu einer Vorlesung noch etwas nachschauen will. Dabei fällt ihr ein, daß sie eines der vorher als uninteressant betrachteten Bücher doch noch vormerken lassen will. Sie weiß nur noch ungefähr den Titel, aber das macht nichts, weil alle Anfragen und Trefferlisten für die Dauer einer Recherchesitzung archiviert sind. Sie aktiviert also wieder ihre zweite Suchanfrage, und sucht aus der Trefferliste das entsprechende Buch heraus.

Abb. 5.27. Studierenden-Szenario

Hilfskraft Robert hat gerade ein Buch ausgegeben. Der nächste Student möchte ein Buch vormerken lassen. Das könnte er zwar selbst tun, aber er hat das noch nie gemacht und läßt sich das deswegen von Robert zeigen. Da sonst gerade keine Leute am Schalter warten, übernimmt Robert das gerne. Zuerst sucht er das Buch durch Angabe des Titels. Dieser kann unter dem Merkmal „Titel" eingegeben werden oder unter dem freien Suchtext. Da es nur ein Ergebnis gibt, werden gleich seine Merkmale angezeigt. Daran ist zu sehen, daß das Buch noch für zwei Wochen ausgeliehen ist und schon zwei weitere Vormerkungen existieren. Der Student läßt sich trotzdem vormerken. Allerdings entschließt er sich, noch nach anderen Büchern zu diesem Thema zu suchen. Da inzwischen weitere Leute am Schalter stehen, zeigt Robert ihm noch schnell, an welchem Rechner er selbst suchen kann und wie das Hilfesystem funktioniert.

Abb. 5.28. Schalterpersonal-Szenario

Arbeitsorganisationsanalyse

Die Arbeitsorganisationsanalyse untersucht mithilfe von Oberflächenprototypen oder Szenarien die genauere Interaktion zwischen Nutzern und Softwaresystem beim Aufruf der Systemdienste. Das Ziel ist die Identifikation von Oberflächendetails der Systemdienste, und von Hilfsdiensten und Hilfsdaten, die den Umgang mit dem Softwaresystem unterstützen, wie z.B. die Zwischenspeicherung von Arbeitsergebnissen.

Abb. 5.29. Charakterisierung der Arbeitsorganisationsanalyse

5.4.2 Softwaredatensichten

Die genaue Arbeitsorganisationsanalyse gibt viele Hinweise zur Gestaltung der Schnittstelle. Als Basis für diese Schnittstelle werden die *Softwaredatensichten* bestimmt. Diese strukturieren die auf dem Bildschirm bei der Ausführung der Systemdienste dargebotene Information. Sie abstrahieren von dem konkreten Layout dieser Information, d.h. der Wahl der einzelnen Interaktionsmedien wie Menüs, Schalter und dergleichen, aber auch von der Verteilung auf Fenster. Auf dieser Ebene spielt es noch keine Rolle, ob die Information einer Softwaredatensicht auf einem Bildschirm anzeigbar ist, oder ob sie ggf. auf mehrere Fenster zu verteilen ist. Das wird im Oberflächenentwurf entschieden.

Die Softwaredatensichten werden ähnlich wie die ViewNets [Zie96] (siehe 4.2.8) von den Softwaredaten unter Berücksichtigung der Systemdienste abgeleitet. Dabei sind *Attributsichten, Mengensichten, Kurzsichten* und *Funktionssichten* zu unterscheiden. Attributsichten zeigen eine Auswahl der Attribute eines Entitytyps. Sie sind notwendig als Sichten zur Bestimmung von Eingabeparametern für Systemdienste oder zur Darstellung der Ergebnisse. Mengensichten sind notwendig, wenn der Entitytyp im Softwaredatenmodell Ziel eines $(n, *)$-Kanals ist oder wenn Systemdienste (wie z.B. die Suchdienste) Mengen als Ergebnis haben. Kurzsichten sind Attributsichten mit sehr wenigen Attributen zur Darstellung von Mengenelementen. Die Zusammenhänge zwischen Softwaredaten, ihren Sichten und den Systemdiensten lassen sich am besten in Form einer Tabelle festhalten. Ein Systemdienst ist einer Sicht zugeordnet, wenn er diese Sicht als Ergebnis hat oder ihre Daten als Eingabe benötigt (gekennzeichnet durch `out` bzw. `in`).

Die Tabellen 5.13 und 5.14 zeigen die resultierenden Sichten für das Bibliotheksbeispiel. Es wurden Dienste hinzugenommen, die das Anzeigen von verknüpften Daten ermöglichen, wie z.B. `ZeigeInhalt` bei `Buch`. `Buch`, `Leser`, `Vormerkung` und `Schlagwort` haben mehrere Sichten: eine ausführliche Attributsicht, eine Kurzansicht (für ausgewählte Attribute) und eine Mengensicht. Die Kurzansicht wird nur innerhalb der Mengensicht verwendet. Die Mengensicht für die `Vormerkung` ergibt sich durch den $(0, *)$-Kanal von `Buch`. Zur Darstellung der Vormerkungen eines Buches wird der Dienst `ZeigeVormerkungen` eingeführt. Dieser darf aus Datenschutzgründen nur vom Bibliothekspersonal aufrufbar sein. Dies ist in der Definition der Softwaresystemrollen nachzutragen. Die Sicht für die `BuchSuchAnfrage` integriert auch die Schlagworteingabe. Die `Recherchesitzung` ist eine Liste von Paaren von Suchanfragen und Trefferlisten. Für die `Benachrichtigung` wird eine Sicht eingeführt, die die zu versendende Nachricht anzeigt. Weiterhin gibt es noch Einstiegssichten für jede Benutzerrolle, die die Menge der ausführbaren Dienste anzeigen.

Für Dienste, deren Durchführung länger dauert, ist es sinnvoll, eine Funktionssicht anzulegen, so daß zwischendurch ein Status abgefragt werden kann. Eine Funktionssicht ist auch möglich für Dienste, die Änderungen auf mehre-

Tabelle 5.13. Sichten für die Daten der Buchverwaltung

Software- daten	Systemdienste	Sichten	Erklärung
Buch	GebeAus (in), NehmeZurück (in), MerkeVor (in), Mahne (in), BearbeiteVerlust (in), BearbeiteBuch (in,out), ZeigeInhalt (in), ZeigeVormerkung (in)	Attribut- sicht	ausführliche Sicht
	SucheBuch (out)	Mengensicht	als Trefferliste
		Kurzsicht	als Teil der Mengensicht
Inhalt	ZeigeInhalt (out)	Attribut- sicht	ausführliche Sicht
BuchSuch- Anfrage	SucheBuch (in)	Attribut- sicht	Sicht zur Eingabe von Freitext bzgl. der Merkmale und von Schlagworten
Recherche- sitzung	Historie (out)	Attribut- sicht	Liste von Paaren von Suchanfrage und Trefferliste
Schlag- wort	Bearbeite- Schlagwort(in,out)	Attribut- sicht	kein Unterschied zwischen Attributsicht und Kurzsicht
	SucheBuch (in)	Mengensicht	Liste aller Schlagworte, oder aller Schlagworte eines Buches oder aller Schlagworte mit bestimmten Anfang

ren Daten vornehmen oder Eingaben von mehreren Daten erfordern, so daß
die Ergebnisse oder Eingaben in einer Sicht zusammengefaßt werden. Werden
solche Funktionssichten verwendet, so ist die Aggregation der Funktionssichten aus den Datensichten zu beschreiben. Wird keine explizite Funktionssicht
verwendet, so muß diese Aggregation bei der Beschreibung der Zustände der
Dialogmodelle (siehe nächster Abschnitt) beschrieben werden. Die Verwendung dieser Funktionssichten ist also eine Frage der Beschreibungsökonomie,
sie macht keine Vorgaben für den Entwurf. Im Entwurf können die Funktionssichten als eigene Rollen realisiert werden, oder durch Navigation zwischen

Tabelle 5.14. Sichten für die Daten der Leserverwaltung und Ausleihe

Soft-ware-daten	Systemdienste	Sichten	Erklärung
Leser	MeldeAn (out), MeldeAb (in), GebeAus (in), MerkeVor (in)	Attribut-sicht	ausführliche Sicht
	SucheLeser (out)	Mengen-sicht	Liste aller Leser, oder aller Leser mit bestimmten Attribut
		Kurzsicht	als Teil der Mengensicht
Leser-Such-Anfrage	SucheLeser (in)	Attribut-sicht	Sicht zur Eingabe von Freitext bzgl. den Merkmalen
Vor-merkung	MerkeVor (out), BearbeiteVor-merkung (in, out)	Attribut-sicht	kein Unterschied zwischen Attributsicht und Kurzsicht
	ZeigeVormerkung (out)	Mengen-sicht	Liste aller Vormerkungen eines Buches
Mahn-regeln	Bearbeite-Mahnregeln (in,out)	Attribut-sicht	
Vormerk-regeln	Bearbeite-Vormerkregeln (in,out)	Attribut-sicht	
Benach-richti-gung	Benachrichtige (in)	Attribut-sicht	
Einstieg		Mengen-sicht für Dienste	für jede Nutzerrolle eine

den Rollen, die den Teilsichten entsprechen. Im Beispiel wird keine Funktionssicht definiert.

Abbildung 5.30 faßt die Charakteristika der Softwaredatensichten zusammen.

5.4.3 Dialoge

Um die Steuerungsmöglichkeiten der Nutzer in Abhängigkeit von den Softwaredatensichten zu beschreiben, werden – ähnlich wie die in 4.2.8 beschrie-

Softwaredatensichten

Softwaredatensichten beschreiben die an der Benutzungsoberfläche sichtbaren Daten ohne Layoutdetails. Für jedes Softwaresystemdatum gibt es mindestens eine Attributsicht, evtl. auch Mengen- und Kurzsichten. Weiterhin gibt es Sichten für Meldungen und Dienstmengen. Bei komplexeren Diensten kann es sinnvoll sein, Funktionssichten einzuführen. Durch Betrachtung der Sichten werden meist zusätzliche Dienste deutlich.

Abb. 5.30. Charakterisierung der Softwaredatensichten

benen Interaktionsdiagramme von Denert [Den92] – Zustandsübergangsdiagramme verwendet. Diese beschreiben die Abfolge von Sichten, Benutzereingaben und Aufrufen an Systemdienste. Zustände werden durch Bedingungen über die vorhandenen Sichten und ihre Belegung charakterisiert, Transitionen sind mit Benutzereingaben beschriftet. Dies sind Systemdienstaufrufe oder Hilfseingaben wie Bestätigen oder Zwischenschritte bei der Festlegung von Eingabeparametern. Abbildungen 5.31, 5.32 und 5.33 zeigen drei Beispiele solcher Interaktionsdiagramme. Zustände sind durch Rechtecke mit abgerundeten Ecken, Transitionen durch Rechtecke dargestellt. Letztere enthalten etwaige Aufrufe an den Anwendungskern in der unteren Hälfte.

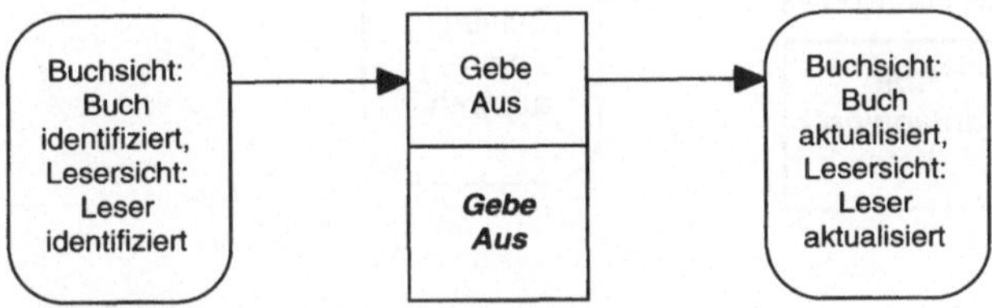

Abb. 5.31. Ausgabedialog

Beim Ausgabedialog wird keine Aussage getroffen, wie die Buch- und Leserdaten eingegeben werden. Dies könnte mithilfe des Suchdienstes geschehen, die Daten können aber auch als Ergebnisse anderer Dienste vorliegen. Beim Rücknahmedialog ist ein Bestätigungsschritt vorgesehen. Weiterhin schließt sich an die Rücknahme gleich die Benachrichtigung einer etwaigen Vormerkung an, die wieder bestätigt werden muß. Bei der Buchsuche werden zwei Fälle bei der Belegung der `BuchSuchAnfragesicht` unterschieden: Eingabe von Freitext zu den Merkmalen wie Autor und Erscheinungsjahr oder die Auswahl von Schlagworten zum Inhalt. Letzteres erfordert eine eigene Eingabe, die die Anzeige der vorhandenen Schlagworte bewirkt, und eine Eingabe zur Auswahl. Dabei werden noch keine näheren Angaben über die Darstellung dieser Liste (z.B. Unterstrukturierung nach Anfangsbuchstaben) gemacht.

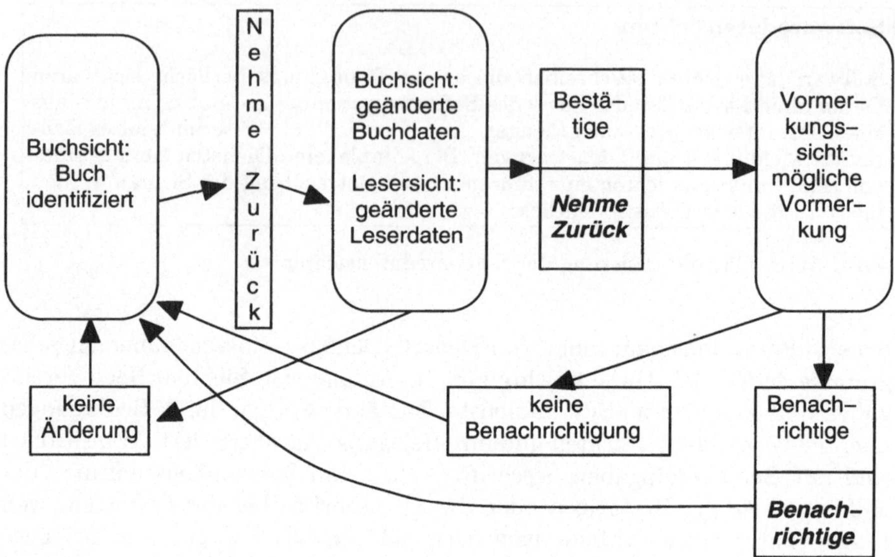

Abb. 5.32. Rücknahmedialog

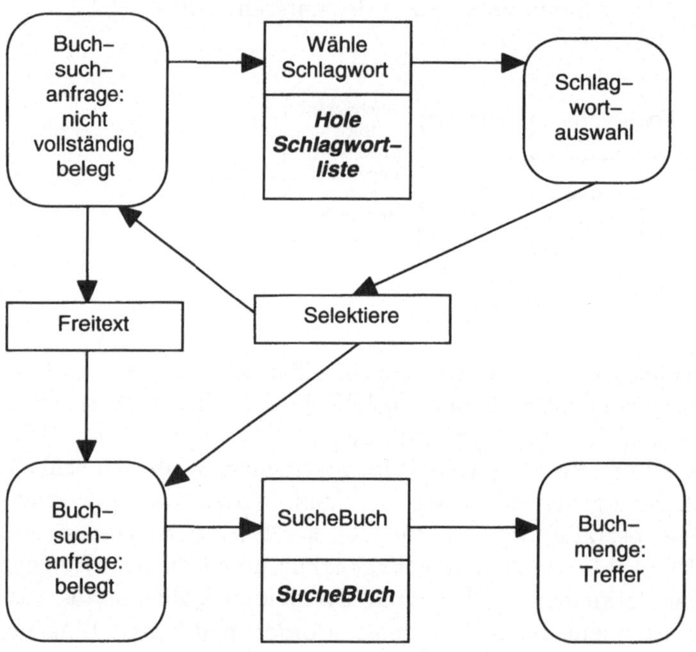

Abb. 5.33. Buchsuchedialog

Abbildung 5.34 faßt die Charakteristika der Dialogmodelle zusammen.

Dialogmodelle

Dialogmodelle beschreiben die Abhängigkeiten zwischen Sichten, Benutzereingaben und Aufrufen an Systemdienste. Insbesondere die Belegung von Eingabeparametern für Systemdienstaufrufe und die Verbindung zusammengehöriger Systemdienste in einem Dialog erfordert über die Systemdienstaufrufe hinausgehende Benutzereingaben. Weiterhin werden die sichtbaren Ausgaben der Systemdienste festgelegt.

Abb. 5.34. Charakterisierung der Dialogmodelle

5.4.4 Oberflächenrollen

Der Entwurf der Benutzungsschnittstelle – ohne Layoutdetails – wird vervollständigt durch die Definition von Oberflächenrollen, Kanälen zwischen ihnen und die Zuordnung von Navigations- und Systemdiensten zu den Oberflächenrollen. Dies wird durch ein Objektmodell beschrieben. Bei der Verteilung und Gruppierung der Datensichten und der Dialogschritte auf die Rollen sind die grundsätzlichen Überlegungen aus 5.1.2 zu beachten.

Im ersten Schritt werden die Oberflächenrollen aus den Softwaredatensichten abgeleitet. Jede Attribut- und Mengensicht ist einer Rolle zugeordnet. Meist wird das für jede Sicht eine eigene Rolle sein. Falls bestimmte Sichten aber immer zusammen auftreten, können sie auch gleich in eine Rolle zusammengefaßt werden. Bei Funktionssichten, die aus Datensichten aggregiert sind, ist zu überlegen ob sie als eigene Rollen realisiert werden sollen.

Bei der Festlegung der Dienste der Oberflächenrollen werden zuerst die Systemdienste betrachtet. Diese Dienste werden den Rollen zugeordnet, von denen aus die eigentliche Datenänderung anstoßbar sein soll. Die notwendigen Ein-/Ausgabesichten sind im Dialogmodell definiert. Der Aufruf kann von einer oder mehreren Sichten für die Eingabeparameter möglich sein. Im allgemeinen kann es aber auch sinnvoll sein, daß ein Systemdienst ausgehend von der nicht belegten Ausgabeparametersicht ausgelöst wird. In beiden Fällen sind dann meist noch zusätzliche Navigationsschritte notwendig, die die weiteren Eingabeparameter belegen. Sind komplexe Navigationen notwendig, so bietet sich die Verwendung der weiter unten vorgestellten Navigationsszenarien an. Dies sind Sequenzdiagramme, die die Umsetzung eines Dialogmodells durch Navigationsschritte zwischen den Oberflächenrollen beschreiben. Durch diese Navigationen ergeben sich auch die notwendigen Kanäle zwischen den Oberflächenrollen. Schließlich werden dann noch die Standardoberflächendienste wie *Anzeigen, Schließen* und *Selektieren* hinzugenommen.

Abbildung 5.35 zeigt das Oberflächenobjektmodell für die Ausleihe. Als Notation verwenden wir das Klassendiagramm von UML. Navigationsschritte, die keine Systemdienstaufrufe anstoßen, sind kursiv an den Kanälen aufgelistet. Typische Beispiele sind `ZeigeVormerkungen`, `ZeigeInhalt`. Die Navigationsschritte zum Einsammeln der Parameter eines Systemsdienstes sind gleich benannt wie der Dienst selbst. So führt z.B. der Aufruf des System-

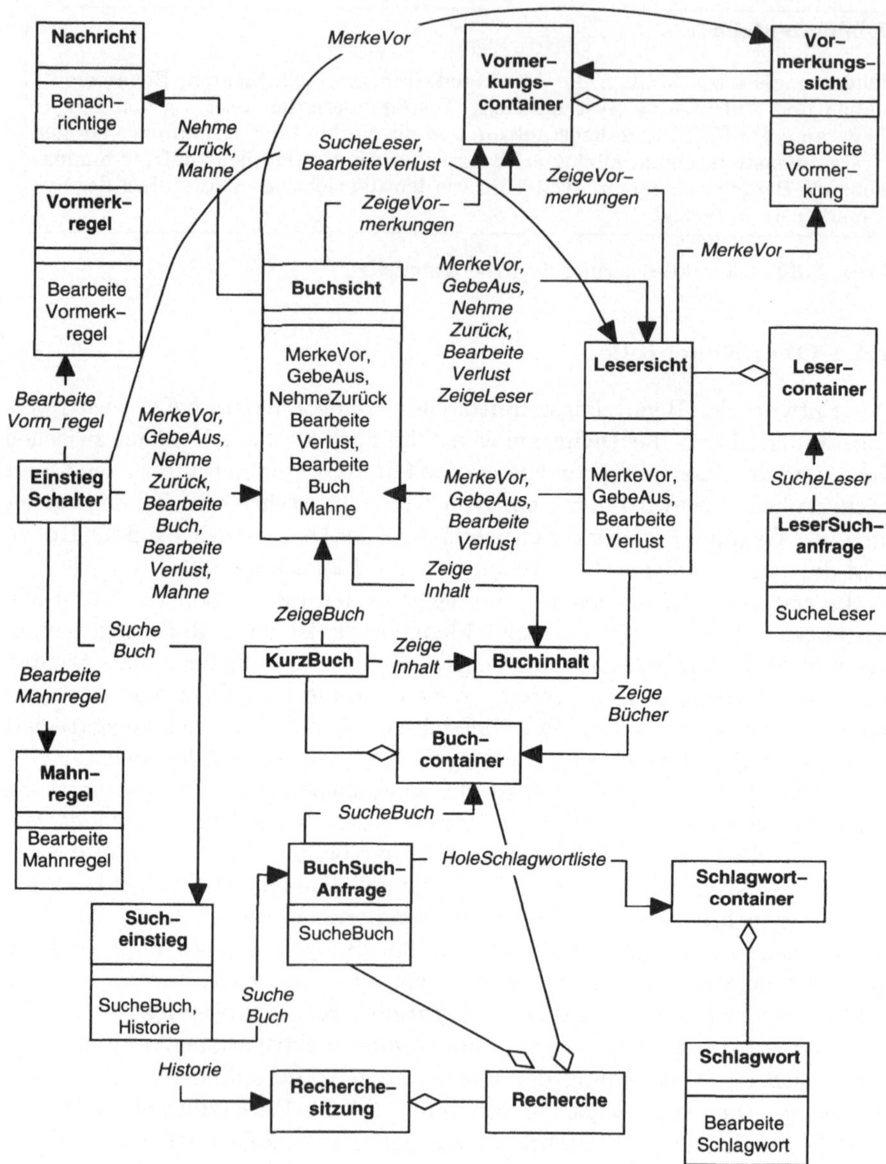

Abb. 5.35. Oberflächenobjektmodell für die Ausleihdienste

dienstes NehmeZurück vom Einstieg erst zur Buchsicht. Dort ist dann das entsprechende Buch einzugeben. Dann führt der Aufruf von NehmeZurück zur Anzeige der geänderten Buch und Leserdaten (siehe Abb. 5.32), und erst dann führt die Bestätigung auch zur eigentlichen Datenänderung im Anwendungskern. Die Standardoberflächendienste wurden weggelassen. Die Systemdienste sind den Oberflächenrollen als Dienste zugeordnet, von denen aus sie aufrufbar sind. Im allgemeinen wird von den Oberflächenrollen dann auch der Aufruf im Anwendungskern angestoßen. Ist dies nicht der Fall, so ist das in einem Navigationsszenario zu dokumentieren.

Durch die Kennzeichnung der Kanäle mit Navigationsdiensten wird die Menge der Sichtfolgen beschrieben. Allerdings ist nichts darüber ausgesagt, ob die auslösende Sicht bestehenbleibt oder bei der Navigation geschlossen wird. Dies wäre – wie bei Dialognetzen (siehe 4.2.8) – durch spezielle Pfeile zu kennzeichnen. Der Schwerpunkt dieses Entwurfsschrittes liegt aber auf der Darstellung der Struktur und nicht der Dynamik. Letztere läßt sich durch einen Prototyp besser veranschaulichen. Exemplarisch können die im folgenden beschriebenen Navigationsszenarien eingesetzt werden.

Die heutzutage häufig anzutreffende Einschränkung, daß von jeder Sichtenart nur ein Objekt aktiv sein kann, das dann die aktuelle Information anzeigt, ist in dem Oberflächenobjektmodell ebenfalls nicht auszudrücken. Dies sollte in dem Oberflächenstyleguide festgehalten werden. Weiterhin werden die Vorbedingungen für die Auslösung (die Modi) nicht deutlich. Typischerweise schlagen sich diese Vorbedingungen in Fehlermeldungen nieder, wenn die Vorbedingung beim Auslösen nicht erfüllt ist. Diese Meldungen können einfach in einer Statuszeile erscheinen (und werden dann in dem Oberflächenobjektmodell nicht explizit) oder als eigene (modale) Meldungsobjekte. Die Modi werden in den anschließend beschriebenen Modusdiagrammen deutlich. Diese sind aber nur anzulegen, wenn die Rolle sehr unterschiedliche Modi hat.

Abbildung 5.36 faßt die Charakteristika des Oberflächenobjektmodells zusammen.

Oberflächenobjektmodell

Das Oberflächenobjektmodell ist eine abstrakte Darstellung der Navigations- und Systemdienstaufrufmöglichkeiten der Benutzer. Die Rollen sind von den Softwaredatensichten abgeleitet. Ihre Dienste entsprechen den Systemdiensten, den Standardoberflächendiensten wie *Anzeigen, Schließen* und *Selektieren* sowie Navigationsdiensten. Letztere werden – im Gegensatz zu üblichen Objektmodellen – bei den Kanälen zwischen den Rollen aufgeführt. Diese Kanäle dienen einzig zum Zweck der Navigation. Ist ein Systemdienst einer Rolle zugeordnet, so kann dieser Dienst ausgehend von dieser Oberflächenrolle durch den Nutzer angestossen werden. Dies ist typischerweise möglich bei den Ein- und Ausgabeparametersichten.

Abb. 5.36. Charakterisierung des Oberflächenobjektmodell

Navigationsszenarien. Zur Erstellung des Oberflächenobjektmodells können Navigationsszenarien hilfreich sein, die die Navigationsmöglichkeiten bis zum Aufruf eines Systemdienstes im Anwendungskern beschreiben. Abbildung 5.37 zeigt eine Möglichkeit für den Systemdienst `GebeAus`: In der Einstiegssicht wird der Dienst `GebeAus` gewählt. Damit wird aber noch nicht die eigentliche Datenänderung angestossen. Statt dessen wird die Buchsicht aktiviert. Nach Eingabe der Buchdaten wird durch Aufruf des `GebeAus`-Dienstes der Buchsicht zur Lesersicht navigiert. Eingabe der Leserdaten und Aufruf des `GebeAus`-Dienstes der Lesersicht stößt dann den eigentlichen Systemdienst an. Zur Darstellung verwenden wir die in 3.7 vorgestellten Sequenzdiagramme, deren Nachrichten direkt auf Benutzereingaben zurückzuführen sind. Die Verdickung der Lebenslinie repräsentiert die Sichtbarkeit der Objekte.

In Abb. 5.38 sind die Charakteristika der Navigationsszenarien zusammengefaßt.

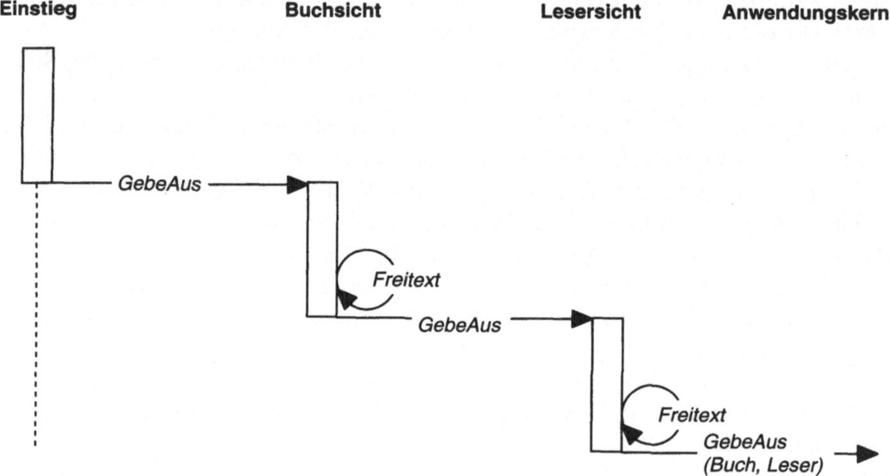

Abb. 5.37. Navigation zum Aufruf des Systemdienstes `GebeAus`

Modusdiagramme. Modusdiagramme sind Zustandsübergangsdiagramme, die die Aufrufbarkeit der Oberflächendienste in den *Objektmodi* beschreiben. Ein Objektmodus ist eine Äquivalenzklasse von Objektzuständen. Die Modi sind typischerweise durch Prädikate über den Daten beschrieben. Das Ziel ist aber nicht, wie bei der Datenmodellierung, die Folge der Datenzustände zu beschreiben. Statt dessen steht die Folge der Dienstausführungsabschlüsse im Vordergrund. Damit entsprechen die Modusdiagramme den in 3.7 vorgestellten Kontrollzustandsübergangsdiagrammen für Oberflächenrollen. Durch die Modusdiagramme werden die Zusammenhänge der einzelnen Dienste deutlich. Dies ist besonders interessant, da die Dialogmodelle und Navigationsszenarien nur auf einzelne Systemdienste fokussieren.

Navigationsszenarien

Navigationsszenarien beschreiben die Sichtbarkeit und die Navigation durch Benutzeraktionen zwischen den Oberflächenobjekten in Form von Sequenzdiagrammen. Ein Pfeil zwischen zwei Lebenslinien repräsentiert eine Benutzeraktion mit zugehöriger Navigation. Die letzte Aktion ist jeweils der Aufruf des Systemdienstes im Anwendungskern. Navigationsszenarien entstehen durch Auswahl eines Pfades in einem Dialog und anschließende Detaillierung, wobei insbesondere Zustände, die mehrere Sichten anzeigen, durch einzelne Navigationsschritte ersetzt werden.

Abb. 5.38. Charakterisierung der Navigationsszenarien

Abbildung 5.39 zeigt das Modusdiagramm für die Sicht Buch. Zu unterscheiden ist, ob die Sicht belegt oder leer ist, oder ob ihr eine Lesersicht zugeordnet ist oder nicht. Ist die Sicht leer, so sind nur die Standarddienste möglich. Wenn sie belegt, aber ohne zugeordnete Lesersicht ist, so sind nur die Dienste direkt ausführbar, die keinen Leserparameter haben, also `Mahne, BearbeiteVerlust, NehmeZurück, ZeigeLeser, ZeigeVormerkung`. Die Dienste `MerkeVor, GebeAus` bewirken eine Leserzuordnung mithilfe der Navigation zur Lesersicht.

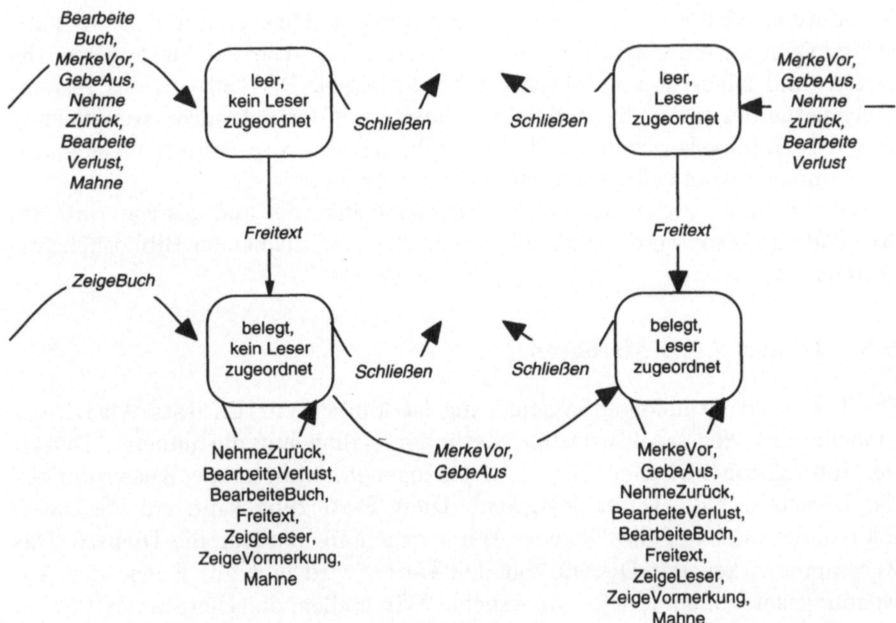

Abb. 5.39. Modusdiagramm für die Sicht auf Buch

Abb. 5.40 faßt die Charakteristika eines Modusdiagramms zusammen.

> **Modusdiagramm**
>
> Ein Modusdiagramm ist ein Kontrollzustandsübergangsdiagramm, dessen Zustände Äquivalenzklassen von Oberflächenobjektzuständen repräsentieren. Transitionen sind mit Benutzereingaben, insbesondere den von den Benutzern auslösbaren Oberflächendiensten beschriftet. Ein Modusdiagramm macht deutlich, welche Folgen von Dienstausführungen möglich sind.

Abb. 5.40. Charakterisierung des Modusdiagramms

5.5 Modellierung des Anwendungskerns

Die Modellierung des Anwendungskerns setzt die in den Softwaresystemrollen identifizierten Verantwortlichkeiten des Softwaresystems (Daten und Dienste) in Interaktion zwischen Anwendungskernrollen um. Durch Hinzunahme von technischen Entscheidungen wie Persistenz, Verteilung zwischen Client/Server ist dieser Entwurf zu vervollständigen. Auf die letztgenannten Schritte gehen wir nicht näher ein. Die externe Aufgabenspezifikation der Anwendungskernmodellierung ist gegeben durch die Softwaresystemrollen, die die Dienste festlegen. Die interne Aufgabenspezifikation, also die detaillierte Beschreibung der Daten und ihrer Veränderungen durch die Dienste, liegt in erster Näherung schon aus dem Nutzungssystementwurf vor: das Softwaredatenmodell und die Systemdienstübersicht. Dies ist durch Dienstaktivitätsfolgen zu ergänzen, die – wie bei den strukturierten Methoden – die Daten- und Dienstabhängigkeiten näher festlegen. Der Entwurf des Anwendungskerns bestimmt die Rollen zur Umsetzung der Softwaresystemdienste. Das Anwendungskernrollenmodell entsteht mithilfe von Umsetzungsszenarien, Kontrollzustandsdiagrammen und Prototypen.

Die Dokumente der internen Aufgabenspezifikation und des Entwurfs des Anwendungskerns werden nachfolgend wieder am Beispiel der Bibliothek vorgestellt.

5.5.1 Dienstaktivitätsfolgen

Die Dienstaktivitätsfolgenmodellierung ist ähnlich zur Entitäts/Aktivitätsmodellierung der strukturierten Methoden. Ohne auf die näheren Details der Interaktion zwischen Objekten einzugehen, werden die Auswirkungen der Dienste auf die Daten festgelegt. Diese Festlegung kann auf die Daten fokussieren oder auf die Dienste. Wir betrachten hier nur die Dienste. Das Zusammenwirken der Dienste auf den Daten wird erst auf Ebene des Anwendungskernrollenmodells untersucht. Wir stellen die Dienstaktivitätsfolgendiagramme wieder am Beispiel der Bibliothek vor. Ausgangspunkt ist die Systemdienstübersicht.

Dienstaktivitätsfolgen beschreiben analog zu den Effekt/Korrespondenzdiagrammen aus 4.2.7 die einzelnen Datenzugriffe der Dienste. Dazu sind die in 3.3 vorgestellten Aktivitätsfolgendiagramme geeignet, in denen jede Aktivität dem Zugriff auf ein Datum entspricht. Abbildung 5.41 zeigt die Aktivitätsfolgen für die Dienste GebeAus und NehmeZurück.

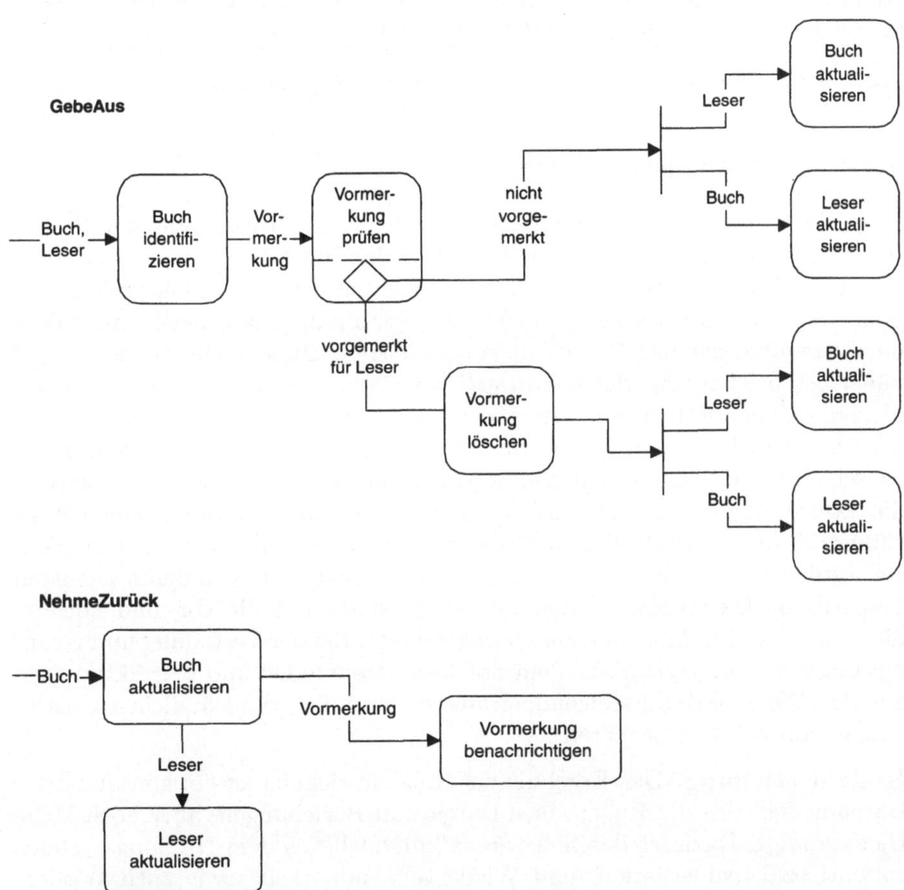

Abb. 5.41. Dienstaktivitätsfolgen

Bei der Ausgabe werden Buch und Leser aktualisiert. Allerdings ist vorher zu prüfen, ob das Buch nicht von jemand anderem vorgemerkt war. Über das Buch kann auf diese Vormerkungen zugegriffen werden. Auch bei der Rücknahme sind Buch und Leser zu aktualisieren. Der Zugriff auf den Leser erfolgt über Buch. Zur Benachrichtigung etwaiger Vormerkungen muß über das Buch auf die Vormerkungen zugegriffen werden.

Die Charakteristika der Dienstaktivitätsfolgen sind in Abb. 5.42 zusammengefaßt.

> **Dienstaktivitätsfolgen**
>
> Ein Dienstaktivitätsfolgendiagramm ist ein Aktivitätsfolgendiagramm, das die einzelnen Datenzugriffe eines Dienstes und ihre Abhängigkeiten festlegt. Es entsteht durch Detaillierung der Systemdienstübersicht um eine Abfolge der Datenzugriffe. Jede Aktivität entspricht einem Datenzugriff.

Abb. 5.42. Charakterisierung des Dienstaktivitätsfolgendiagramms

5.5.2 Anwendungskernrollen

Das Anwendungskernrollenmodell entsteht in vier Schritten: Bei der *Rollenfestlegung* wird überprüft, welche Entitäten des Softwaresystemdatenmodells als eigenständige Rollen übernommen oder mit anderen zusammengelegt werden. Die Zusammenlegung kann sinnvoll sein, um die Änderbarkeit und Wiederverwendbarkeit der Rollen zu gewährleisten. Diese Ziele wurden in 4.3 näher beschrieben. Bei der *Dienstfestlegung* ist zu überlegen, welche Systemdienste welchen Rollen zugeordnet werden. Für komplexe Dienste werden dabei weitere Rollen angelegt. Zur detaillierteren Untersuchung der Interaktion zwischen den Rollen werden *Umsetzungsszenarien* erstellt, die exemplarisch die Dienstaufrufe zwischen Rollen modellieren. Das Verhalten einer Rolle kann grob durch *Kontrollzustandsdiagramme* beschrieben werden. Die Dienste werden im Entwurf nur bezüglich der Interaktion mit anderen Diensten beschrieben. Die internen Datenänderungen sind durch die Vor- und Nachbedingungen der Merkmalsmuster charakterisiert. Bei der Verteilung und Gruppierung der Entitytypen aus dem Softwaredatenmodell und der Aktivitäten aus den Dienstaktivitätsfolgendiagrammen sind die grundsätzlichen Überlegungen aus 5.1.2 zu beachten.

Rollenfestlegung. Das Ergebnis der Rollenfestlegung ist ein konsolidiertes Datenmodell, das die Rollen, ihre Daten und Beziehungen, aber noch keine Dienste zeigt. Dazu ist das Softwaredatenmodell aus dem Nutzungssystementwurf bzgl. Änderbarkeit und Wiederverwendbarkeit sowie auch Wiederverwendung existierender Rollen zu überarbeiten.

Im Beispiel stehen keine wiederverwendbaren Rollen zur Verfügung. In erster Näherung übernimmt das Rollenmodell die Daten aus dem Softwaresystemdatenmodell als Rollen. Gegenüber dem Bibliothekssystemdatenmodell aus Abb. 5.22 auf S. 200 wurden die in nachfolgenden Schritten identifizierten Entitäten `Mahnregel, Vormerkregel` hinzugenommen. Durch die Betrachtung der Interaktionsbeziehungen können sich Änderungen ergeben. Es wäre z.B. möglich, `Vormerkung` – wie die Mahnung – nur als Attribut von `Buch` zu realisieren. Allerdings wäre das entsprechende Buchmerkmal eine Liste von Vormerkungen und zugehörigen Lesern. Aufgrund dieser Komplexität bleibt die `Vormerkung` eine eigenständige Rolle. Die Duplizierung von Buchmerkmalen in `Buch` und `BuchSuchanfrage` ist vom Standpunkt der leichten Änderbarkeit unbefriedigend. Aufgrund der verschiedenen Attributtypen in den jeweiligen Entitäten ist eine Lokalisierung mit dem Mitteln des objektorientierten Entwurfs nicht zu leisten.

Abbildung 5.43 faßt die Charakteristika des Anwendungskernrollenmodells zusammen.

Anwendungskernrollenmodell

Das Anwendungskernrollenmodell zeigt die Rollen des Anwendungskerns, ihre Attribute und Kanäle. Es entsteht durch eine Überarbeitung des Softwaredatenmodells im Hinblick auf leichte Änderbarkeit und Wiederverwendung.

Abb. 5.43. Charakterisierung des Anwendungskernrollenmodells

Dienstfestlegung. Für jeden Systemdienst ist zu überlegen, welcher Rolle er als Dienst zugeordnet wird. Aus den Dienstaktivitätsfolgen sind die einzelnen Datenzugriffe – und damit auch die betroffenen Rollen – deutlich. Wird nur eine Rolle durch den Dienst geändert, so ist die Zuordnung klar. Für lesende Zugriffe ist zu überprüfen, ob die entsprechende Beziehung zwischen den Rollen besteht (ggf. auch über mehrere Zwischenschritte). Falls nicht, ist sie einzurichten. Werden die Daten mehrerer Rollen durch den Dienst geändert, so muß eine dieser Rollen oder eine neue Rolle als Koordinatorin ausgezeichnet werden. Wir folgen hier der auch in [Jac92] propagierten Richtlinie, daß für solche Dienste eine eigenständige Rolle einzuführen ist. Diese Dienste rufen dann Hilfsdienste bei den anderen Datenrollen auf, die nur in dieser Rolle die Datenänderungen vornehmen. Gibt es keine Rolle, die der Dienst ändert – wie z.B. bei `LeserSuche` – so wird der Dienst der Rolle der Eingabedaten zugeordnet, falls diese eindeutig ist, oder auch eine eigene Rolle hinzugenommen.

Abbildung 5.44 zeigt das durch Dienste vervollständigte Rollenmodell der Bibliothekssoftware, eingeschränkt auf die Ausleihe. Wir haben die Hilfsmethoden durch den Anfangsbuchstaben der zugehörigen Rolle gekennzeichnet. So ist z.B. der Dienst `MerkeVor` der Rolle `Vormerkung` zugeordnet, es sind aber bei `Buch` und `Leser` noch die zusätzlichen Dienste `BMerkeVor` und `LMerkeVor` eingeführt worden. Ähnliches gilt für `GebeAus`, `NehmeZurück`, `BearbeiteVerlust`. Für diese Dienste werden eigene Rollen eingeführt.

Abbildung 5.45 faßt die Charakteristika der Dienstfestlegung zusammen.

Umsetzungsszenarien. Zur Festlegung der Dienstaufrufe untereinander ist es – ähnlich wie bei der Festlegung der Szenarien – hilfreich, typische Aufrufsequenzen in Sequenzdiagrammen zu erstellen.

Abbildung 5.46 zeigt die Umsetzung des Systemdienstes `GebeAus` durch Aufrufe zwischen den verschiedenen Rollen in Form eines Sequenzdiagramms. Die Nachrichten sind Aufrufe zwischen den Objekten, die Verdickung der Linie bedeutet, daß der Dienst aktiv ist. Der Systemdienst `GebeAus` ist nach

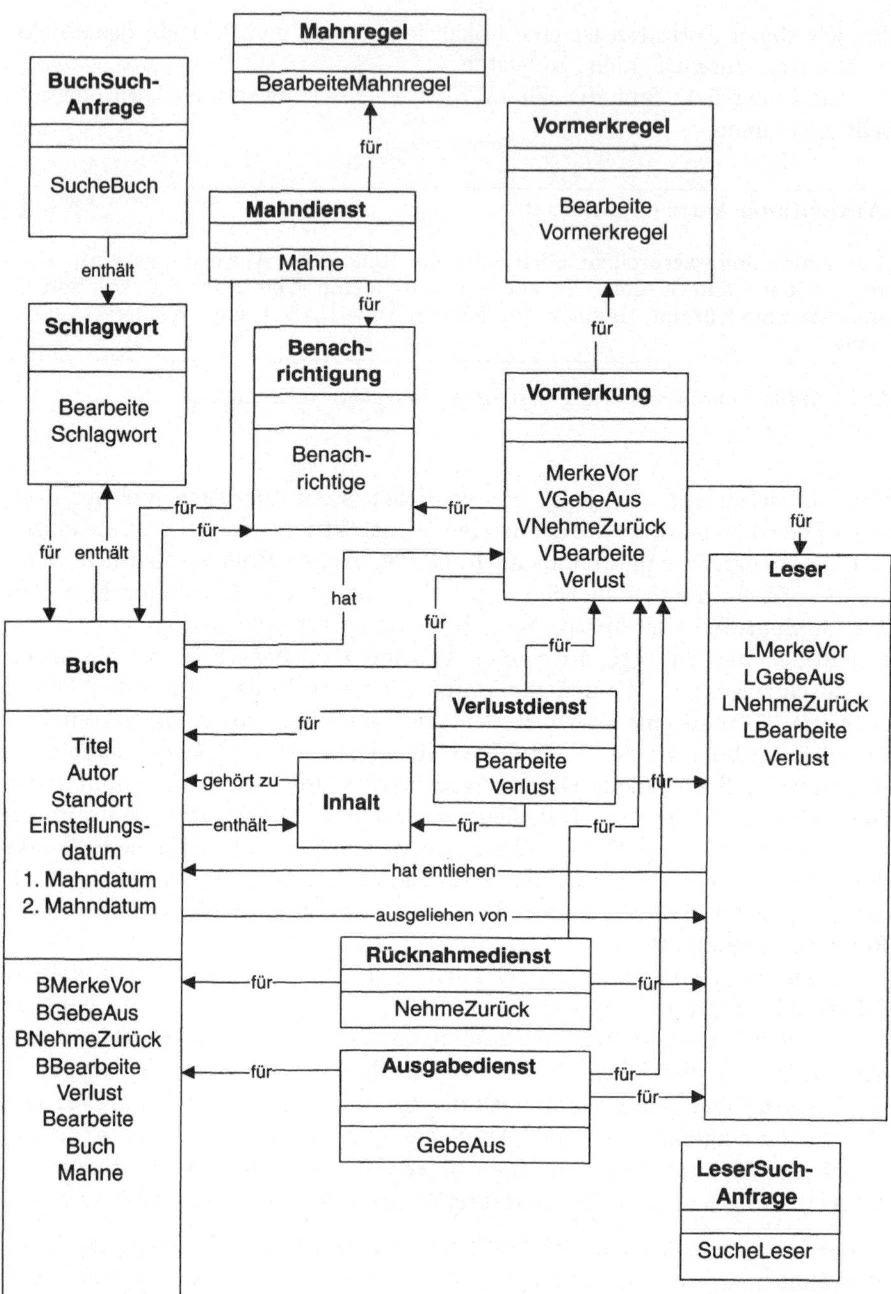

Abb. 5.44. Durch Dienste vervollständigtes Rollenmodell des Anwendungskerns für die Ausleihe

Dienstfestlegung der Anwendungskernrollen

Bei der Dienstfestlegung werden die Softwaresystemdienste den Rollen des Anwendungskerns als Dienste zugeordnet. Dienste, die die Daten mehrerer Rollen ändern, können neu hinzuzunehmenden Rollen zugeordnet werden, um leichte Änderbarkeit der Rollen zu erreichen.

Abb. 5.45. Charakterisierung der Dienstfestlegung der Anwendungskernrollen

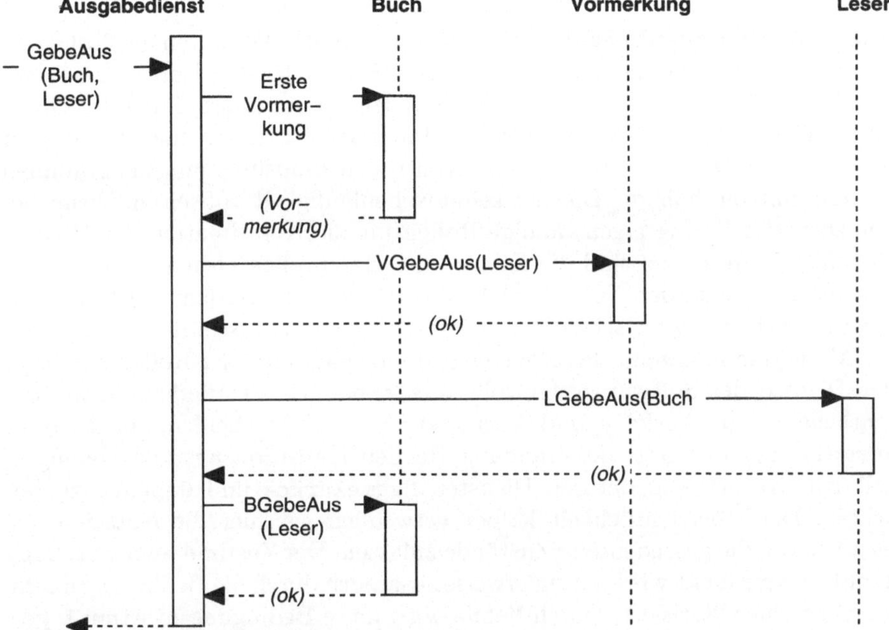

Abb. 5.46. Umsetzungsszenario

der Dienstfestlegung der Rolle **Ausgabedienst** zugeordnet. Er hat das betreffende **Buch** und den **Leser** als Parameter. Das Dienstaktivitätsfolgendiagramm aus Abb. 5.41 wird durch die Interaktion von vier Rollen umgesetzt. Die Ausgabedienstrolle koordiniert dabei die Zugriffe auf die anderen Rollen. Durch diese detaillierte Betrachtung wird deutlich, daß ein Dienst **ErsteVormerkung** für die Rolle **Buch** vorzusehen ist, die den Kanal zur ersten Vormerkung liefert, falls so eine existiert. Für den Fall, daß keine **Vormerkung** existiert oder der **Leser** nicht der richtige ist, entsteht ein anderes Umsetzungsszenario. Das Ziel ist hier nicht die vollständige Beschreibung aller möglichen Dienstumsetzungsszenarien, sondern die Untersuchung der wichtigsten Abläufe bzgl. verschiedener Realisierungsoptionen.

Die Charakteristika der Umsetzungsszenarien sind in Abb. 5.47 zusammengefaßt.

<table><tr><td>

Umsetzungsszenario

Ein Umsetzungsszenario ist ein Sequenzdiagramm, das für einen Systemdienst eine mögliche Ausführung durch Aufrufe zwischen Objekten beschreibt. Es beginnt mit dem Aufruf an die Rolle, der dieser Dienst zugeordnet ist. Die Nachrichten sind Aufrufe zwischen den Objekten.

</td></tr></table>

Abb. 5.47. Charakterisierung des Umsetzungsszenario

Kontrollzustandsübergangsdiagramm. Um das Verhalten der Rollen zu beschreiben, können die in 3.6 vorgestellten Kontrollzustandsdiagramme verwendet werden. Dies ist – ähnlich wie bei den Modusdiagrammen des Oberflächenrollenmodells – wichtig, um die Integration der einzelnen Dienste zu untersuchen. Die Verwendung von Kontrollzustandsübergangsdiagrammen ist nur sinnvoll, falls die Dienste keine Nebenläufigkeit aufweisen. Wenn bei der Dienstfestlegung eigenständige Rollen für die Koordination der Dienste eingeführt wurden, so sind die Dienste der Datenrollen atomar. Damit werden die Probleme der Nebenläufigkeit vermieden. Außerdem wird dadurch die Unterscheidung zwischen Dienstaufruf und Dienstabschluß unnötig.

Abbildung 5.48 zeigt das Kontrollzustandsdiagramm der Rolle `Buch` bzgl. der Dienste der Softwaresystemrolle `Ausleihe`. Die Zustände sind im wesentlichen bzgl. Ausleihe und Vormerkung zu unterscheiden, im Zustand `ausgeliehen` noch bzgl. der Mahnung. Bei den Transitionen ist die Abhängigkeit zur Vormerkung bei den Diensten `NehmeZurück` und `GebeAus` zu beachten. Der Übersichtlichkeit halber verwenden wir hier die Notation der Statecharts, die geschachtelte Zustände zulassen. Der Zustand `ausgeliehen, nicht vorgemerkt` wird normalerweise zusätzlich durch die Bedingung `nicht gemahnt` charakterisiert. Durch `Mahne` wird diese Bedingung in `einmal gemahnt` oder `zweimal gemahnt` verändert. Wird der Oberzustand verlassen und wieder betreten, so gilt wieder die Anfangsbedingung.

Die Charakteristika der Kontrollzustandsdiagramme sind in Abb. 5.49 zusammengefaßt.

5.6 Zusammenfassung der Methode OASE

Das im vorhergehende beschriebene Vorgehen zur Entwicklung eines betrieblichen Informationssystems ist gekennzeichnet durch eine Vielzahl von Einzelmodellen. Diese Vielzahl macht die Vielzahl der bei der Entwicklung zu treffenden Gestaltungsentscheidungen deutlich. Einige Modelle repräsentieren weniger einzelne Entscheidungen. Statt dessen geben sie einen Überblick, der durch viele Einzelmodelle detailliert wird. Dazu gehören insbesondere die Aufgabenübersicht des Anwendungssystems und die Systemdienstübersicht.

Betrachtet man die einzelnen Systemkonzepte, so wird deutlich, daß Dienste, Daten und Aktivitäten auf vielen Detaillierungsebenen beschrieben wer-

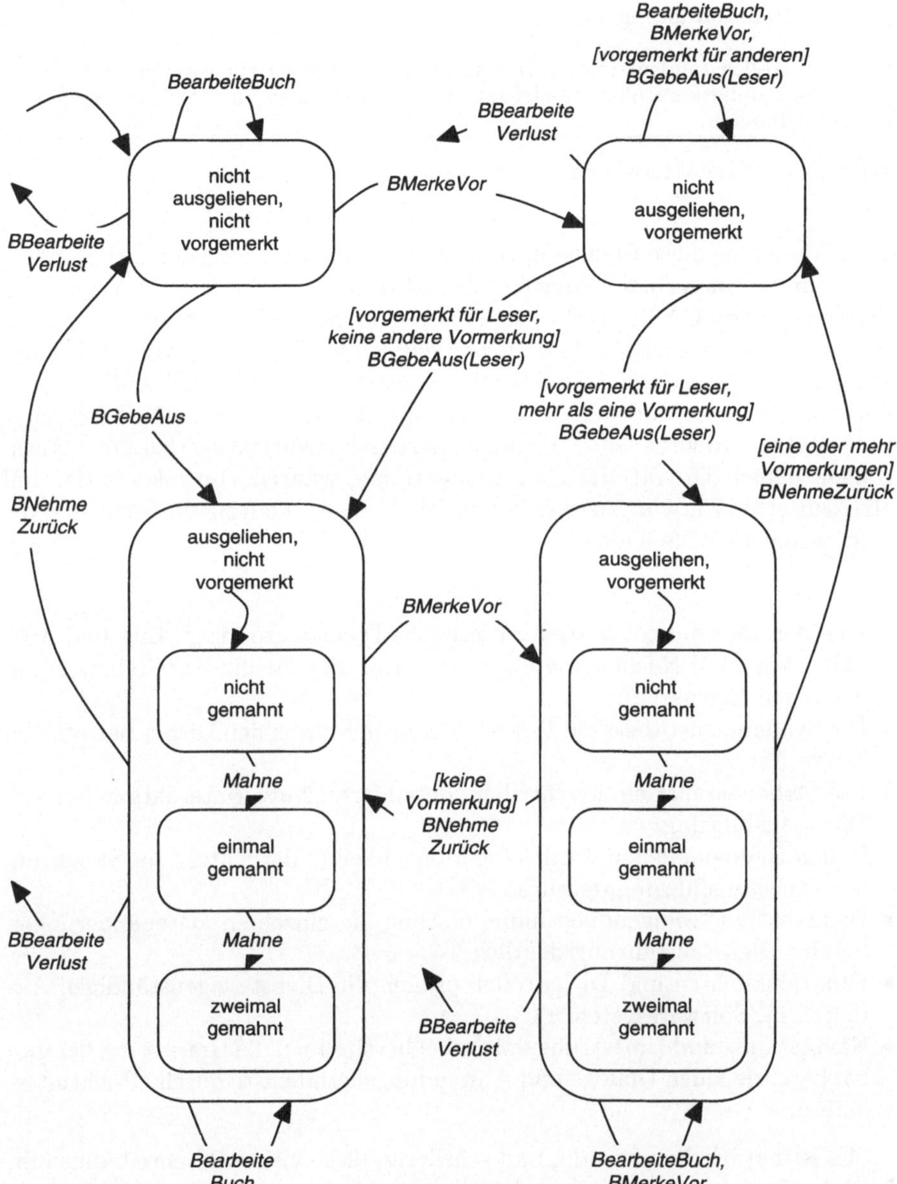

Abb. 5.48. Kontrollzustandsdiagramm der Rolle Buch

Kontrollzustandsdiagramm

Ein Kontrollzustandsdiagramm beschreibt die möglichen Dienstaufruffolgen einer Anwendungskernrolle. Dies ist nur sinnvoll für Rollen, die nicht andere Rollen koordinieren.

Abb. 5.49. Charakterisierung des Kontrollzustandsdiagramms

den. Wir fassen diese Ebenen nachfolgend zusammen und gehen insbesondere noch auf die Nutzerbeteiligung ein. Zur Abstimmung der Ebenen ist natürlich der Einsatz von CASE-Werkzeugen hilfreich. Leider gibt es keine Werkzeuge, die neben der eigentlichen Modellerstellung die Erstellung von Hilfsdokumenten wie die Systemdienstübersicht unterstützen. Die in OASE verwendete Menge von Modellen wird noch am ehesten durch UML-Werkzeuge unterstützt. Anderen auf objektorientierten Entwurf ausgerichteten Werkzeugen fehlen die Aktivitätsfolgendiagramme, während umgekehrt den auf strukturierten Entwurf ausgerichteten Werkzeugen die Rollenmodelle und die Interaktionsmodelle fehlen.

Dienste

- Die Merkmalsmuster charakterisieren die Dienste grob bzgl. Ein- und Ausgabe, Vor- und Nachbedingungen und bzgl. der für die Arbeitsbewertung wichtigen Eigenschaften.
- Die Systemdienstübersicht legt die Menge der durch den Dienst betroffenen Daten fest.
- Die Arbeitsszenarien beschreiben detaillierte Nutzerinteraktion bei der Dienstausführung.
- In den Dialogmodellen werden die Möglichkeiten der Nutzer zur Steuerung der Dienstausführung deutlich.
- Dienstaktivitätsfolgendiagramme machen die einzelnen Datenänderungen bei der Dienstausführung deutlich.
- Funktionssichten und Dienstrollen ordnen die Dienste eigenständigen Akteuren im Softwaresystem zu.
- Navigations- und Umsetzungsszenarien beschreiben die Umsetzung der global beschriebenen Dialoge und Anwendungskerndienste durch Objektinteraktion.

Es ist natürlich aufwendig und schwierig, diese vielen Beschreibungen im Lauf des Entwicklungsprozesses konsistent zu halten. Jeder Dienst sollte nur auf der Ebene beschrieben werden, auf der die wichtigsten Gestaltungsentscheidungen deutlich werden. So haben schwach strukturierte Dienste oft nicht viele Datenänderungen. Sie sind am besten durch Arbeitsszenarien zu beschreiben. Für Dienste, die nur eine Rolle betreffen, sind keine Dienstaktivitätsfolgendiagramme nötig. Auf jeden Fall wichtig sind die Merkmalsmuster und die Systemdienstübersicht. Bei komplexen Diensten sind unserer Meinung nach globale Verhaltensbeschreibungen wie Dialogmodelle und

Dienstaktivitätsfolgen besser zur Dokumentation geeignet als Interaktionsbeschreibungen. Letztere können beispielhaft eingesetzt werden, müssen aber nicht über den gesamten Entwicklungsprozeß konsistent mit den anderen Modellen gehalten werden.

Daten

- Das Glossar und das Anwendungsdatenmodell charakterisieren die im Anwendungsbereich wichtigen Entitäten grob, insbesondere bzgl. der Beziehungen untereinander.
- Das Softwaresystemdatenmodell legt die vom Softwaresystem zu verwaltenden Daten fest, insbesondere auch die Richtung der Beziehungen.
- In den Softwaredatensichten wird deutlich, wie die Daten den Nutzern präsentiert werden.
- Anwendungskernrollen ordnen die Entitytypen aus dem Softwaresystemdatenmodell Akteuren im Softwaresystem zu. Modusdiagramme beschreiben grob die Abhängigkeiten der Dienste innerhalb der einzelnen Rollen.
- Oberflächenrollen ordnen die Softwaredatensichten Akteuren im Softwaresystem zu. Kontrollzustandsdiagramme beschreiben grob die Abhängigkeiten der Dienste innerhalb der einzelnen Rollen.

In der Objektorientierung wird zwischen diesen verschiedenen Datenbeschreibungsebenen nicht deutlich unterschieden. Dort wird gleich der Schritt vom Anwendungsdatenmodell zu den Rollen gemacht, die Oberflächenrollen werden nur in OOSE explizit behandelt. Das Anwendungsdatenmodell und die Rollenmodelle müssen auf jeden Fall erstellt werden. Das Softwaresystemdatenmodell ist eine Vorstufe des Anwendungskernrollenmodells, die von den Diensten der Rolle und insbesondere auch von den Gesichtspunkten der Wiederverwendung und Änderbarkeit abstrahiert. Die Softwaredatensichten sind ebenfalls eine Vorstufe der Oberflächenrollen. Diese ist wichtig, wenn die Vielfalt der darzustellenden Information sehr groß ist und die Rollen deswegen mehrere Sichten bündeln.

Aktivitäten

- Aufgabenübersicht, -kontext, und -beschreibung strukturieren grob die Menge der zu betrachtenden Aktivitäten.
- Geschäfts- und Arbeitsprozesse detaillieren die Abhängigkeiten zwischen den Aktivitäten.
- Die Einbettung in die IuK-Strategie bewertet die Stimmigkeit der Geschäftsprozesse und des geplanten Technologieeinsatzes in bezug auf das gesamte Unternehmen.
- Die Arbeitsbewertung bewertet die Ganzheitlichkeit der einzelnen Arbeitsplätze.

In den üblichen Methoden werden Aktivitäten nur in Form der Aufgabenbeschreibung erfaßt. Insbesondere fehlt eine explizite Bewertung bzgl. der Ziele. Alle Modelle und die Bewertungen sind aber wesentlich für das

Verständnis von und für die Einpassung in den fachlichen und organisatorischen Rahmens des Softwaresystems.

Nutzerbeteiligung. Neben der Ausarbeitung der Daten-, Aktivitäts- und Dienstmodelle betrachtet OASE noch explizit die Nutzer in bezug auf ihre Rollen und Ziele, letzteres in Form der Kategorien. Insgesamt ist ein wichtiger Gesichtspunkt bei der Auswahl der Modelle für OASE die Kommunikation mit den Nutzern. Dazu sind unserer Meinung nach textuelle und auf Abläufe fokussierende Beschreibungen am besten geeignet. Letztere können durch einfache Diagramme beschrieben werden, die beste Grundlage sind Prototypen. Allerdings hat der mit den Prototypen verbundene Entwicklungsaufwand oft seine eigene Dynamik. Prototypen werden dann zu Endprodukten umfunktioniert, da eine grundlegende Änderung hohen Aufwand bedeutet und umgekehrt die Nutzer sich an das spezielle Aussehen der Prototypen gewöhnt haben. Es ist deshalb wichtig, deutlich zu machen, welche Gestaltungsentscheidungen aufgrund des Prototypen beurteilt werden sollen und welche Prototypeigenschaften ohne große Überlegung entstanden sind, um eine gewisse Vollständigkeit des Prototypen zu erreichen.

5.7 Einführungsszenarien

OASE bietet eine aufeinander abgestimmte Auswahl von Produkten und ein Vorgehen zur schrittweisen Erstellung dieser Produkte. In diesem Abschnitt beschreiben wir drei Szenarien, wie die Elemente von OASE in existierende Methoden integriert werden können. Dies ermöglicht eine schrittweise Einführung von OASE in eine existierende Methodenlandschaft in einem Unternehmen. Dabei betrachten wir drei Ausgangssituationen:

- Das Unternehmen setzt bisher Entitätsmodellierung und strukturierte Analyse- und Entwurfstechniken ein.
- Das Unternehmen setzt eine objektorientierte Entwicklungsmethode der ersten Generation ein, die das Klassendiagramm in den Vordergrund stellt.
- Das Unternehmen setzt in den frühen Phasen Prozeßbeschreibungen wie Geschäftsprozesse oder Use-Case-Szenarien ein und geht dann über zum objektorientierten Entwurf.

Für jede Situation diskutieren wir, welche Produkte aus OASE schon abgedeckt sind und in welchen Schritten die fehlenden eingeführt werden könnten. Wie in Abb. 5.1 verdeutlicht, betrachten wir also Schritte zur Einführung von

- Geschäfts- und Arbeitsprozeßmodellierung,
- Anforderungsdefinition,
- Systemspezifikation,
- Nutzungsentwurf,

- anwendungsorientiertem Entwurf und
- Benutzungsschnittstellenentwurf.

5.7.1 Strukturierte Methode als Ausgangspunkt

Wird in einem Unternehmen im wesentlichen Entitätsmodellierung zusammen mit strukturierten Analyse- und Entwurfstechniken wie SSADM (siehe 2.8) verwendet, so ist – wie in Tabelle 5.15 zusammengefaßt – insbesondere die Systemspezifikation gut abgedeckt. Der anwendungsorientierte Entwurf dagegen hat keine Entsprechung, da die Funktionsstruktur schon die wesentliche Entwurfsstruktur bestimmt.

Tabelle 5.15. Durch SSADM abgedeckte OASE-Produkte

OASE	SSADM
Geschäftsprozeß- und Arbeitsablaufoptionen	Aufgabenbeschreibung und -übersicht, Anwendungsdatenmodell und Glossar, Aufgabenkontext, Nutzerrollen, IuK-Strategie
Anforderungsdefinition	Nutzerkategorien
Systemspezifikation	Systemdienstübersicht, Softwaresystemdatenmodell, Dienstaktivitätsfolgen
Nutzungsentwurf	Oberflächenprototyp, Dialogmodelle
Benutzungsschnittstellenentwurf	Oberflächenprototyp
Anwendungsorientierter Entwurf	

In einem ersten, einfachen Schritt sollten die in den strukturierten Methoden üblichen Datenflußdiagramme durch Prozeßmodelle ersetzt werden. Die Berücksichtigung von Akteuren in den Prozeßdiagrammen und die Modularisierung des gesamten Datenflusses in Einzelprozesse erhöht deutlich die Verständlichkeit. Darauf aufbauend kann die Anforderungsdefinition um Arbeitsprozesse und Merkmalsmuster sowie Arbeitsbewertung ergänzt werden, um das Verständnis für den Nutzungskontext zu erhöhen. Die letzten beiden Produkte können auch unabhängig von der Prozeßmodellierung eingeführt werden, wenn andere Methoden zur Aufgabenanalyse (siehe 4.2.5) eingesetzt werden. Für den Nutzungsentwurf ist zu überlegen, ob neben dem Oberflächenprototyp Diagramme zur Beschreibung der Benutzungsschnittstelle eingesetzt werden. Softwaredatensichten sind nur sinnvoll für eine objektorientierte Oberfläche. Die in SSADM verwendeten I/O-Strukturen sollten durch modernere Dialogbeschreibungen ersetzt werden, die besser an die heute üblichen graphischen Schnittstellen angepaßt sind. Der größte Schritt bei der Einführung von OASE zur Ablösung einer strukturierten Methode ist die Einführung des anwendungsorientierten Entwurfs. Letzterer ist objektorientiert und verwendet damit ganz andere Strukturierungsprinzipien. Meist wird der Übergang von der strukturierten Anforderungsbeschreibung zu einem objektorientierten Entwurf als sehr problematisch betrachtet [FK92], weil er einen Paradigmenwechsel innerhalb eines Vorgehensmodells erfordert. Wie in 5.1.2 gezeigt, ist dieser Übergang systematisch möglich. Weiterhin wird er erleichtert durch die ausführliche Systemspezifikation. Die Einführung des objektorientierten Benutzungsschnittstellenentwurfs ist unabhängig von der Einführung des anwendungsorientierten Entwurfs. Ersterer ist allerdings oft ein guter Einstieg in objektorientierte Entwurfsprinzipien.

5.7.2 Objektorientierte, klassenzentrierte Methode als Ausgangspunkt

Wird im Unternehmen eine klassenzentrierte, objektorientierte Methode eingesetzt, so ist – wie in Tabelle 5.16 zusammengefaßt – der anwendungsorientierte Entwurf gut abgedeckt. Bei der Verwendung von FUSION (siehe 2.8.2) ist auch die Systemspezifikation bis auf die Systemdienstübersicht und die Dienstaktivitätsfolgendiagramme abgedeckt. Dies gilt aber nicht für die meisten anderen objektorientierten Methoden der ersten Generation, z.B. OMT. Dort fehlt die Betrachtung von Softwaresystemrollen. Die Beschreibung des Geschäftsumfelds und der Arbeitsprozesse sowie der Benutzungsschnittstelle ist in diesen Methoden auch meist ausgeklammert und erfolgt dann ad hoc in jeder Firma. Bei der Anforderungsdefinition werden Operationsbeschreibungen eingesetzt, allerdings nicht so ausführlich wie die Merkmalsmuster von OASE. Gleiches gilt für die Szenarien.

In einem ersten, einfachen Schritt zur Einführung von OASE könnte die Systemspezifikation um Systemdienstübersicht und Dienstaktivitätsfolgen ergänzt werden. Wie in Abb. 3.27 auf S. 99 dargestellt, ermöglicht dies eine abstraktere Beschreibung der Dienste als die Umsetzungsszenarien, die die wichtigsten Elemente des Dienstes deutlich macht und keine Entwurfsentscheidungen vorwegnimmt. In einem nächsten Schritt könnte die Arbeitsbeschreibung und -bewertung hinzugenommen werden. Das bedeutet eine Ergänzung der Merkmalsmuster und die Hinzunahme der Arbeitsprozeßmodellierung (oder einer anderen Form der Aufgabenanlyse) als Vorstufe dazu, sowie die Beschreibung der Nutzerkategorien. Erst danach ist die Einführung der Geschäftsprozeßmodellierung sinnvoll, weil sonst eine Lücke zwischen den Geschäftsprozessen und der Systemspezifikation entsteht. Unabhängig davon kann der Nutzungs- und Benutzungsschnittstellenentwurf eingeführt werden. Der Schritt zum Benutzungsschnittstellenentwurf ist nicht groß, da letzterer ähnliche Diagramme wie der anwendungsorientierte Entwurf benutzt. Für den Nutzungsentwurf ist eine Schulung in softwareergonomischen Gestaltungskriterien erforderlich. Aufgrund der Nähe zu den sonst verwendeten

Diagrammen bieten sich Softwaredatensichten und automatenähnliche Dialogmodelle, wie sie in OASE verwendet werden, als Modellierungstechniken an.

Tabelle 5.16. Durch FUSION abgedeckte OASE-Produkte

OASE	FUSION
Geschäftsprozeß- und Arbeitsablaufoptionen	Anwendungsdatenmodell und Glossar
Anforderungsdefinition	Szenarien, Merkmalsmuster
Systemspezifikation	Softwaresystemdatenmodell, Softwaresystemrollen (zusätzlich Lebenszyklusmodell)
Nutzungsentwurf	Arbeitsszenarien
Benutzungsschnittstellenentwurf	
Anwendungsorientierter Entwurf	Umsetzungsszenarien, Anwendungsrollen, Kontrollzustandsdiagramme

5.7.3 Geschäftsprozeßmodellierung und Use-Case-zentrierte, objektorientierte Methode als Ausgangspunkt

Geschäftsprozeßmodellierung ist eigentlich unabhängig von der verwendeten Analyse- und Entwurfsmethode. Wie im vorhergehenden diskutiert, ist sie aber nur sinnvoll als Ergänzung zur prozeßorientierten Anforderungsdefinition und Systemspezifikation. Letztere wird – wie in Tabelle 5.17 zusammengefaßt – durch Use Cases unterstützt. Wird OOSE (siehe 2.8.3) verwendet, so ist gleichzeitig auch der Nutzungs- und Benutzungsschnittstellenentwurf in weiten Teilen abgedeckt.

In den meisten Geschäftsprozeßmodellierungsmethoden wird nicht zwischen Geschäfts- und Arbeitsprozessen unterschieden. Diese Unterscheidung ist jedoch wichtig, da mit den Prozessen unterschiedliche Gestaltungskriterien verbunden sind. Weiterhin enthalten Use Cases meist Elemente der Arbeitsszenarien, Dienstaktivitätsfolgen und Dialogmodelle (siehe [Pae98]), die aber nicht explizit unterschieden werden.

In einem ersten, einfachen Schritt sollte also der Übergang von den Geschäftsprozessen zu den Use Cases durch explizite Betrachtung von Arbeitsprozessen erleichtert werden. Darauf aufbauend kann dann die explizite Beschreibung von Nutzern, Merkmalsmustern und die Arbeitsbewertung hinzugenommen werden. Als nächstes sind dann die verschiedenen Ebenen der Use Cases explizit zu machen. In der ausführlichen Form erfordert dies verschiedene Modelle, wie sie in OASE für Dienstaktivitätsfolgen, Arbeitsszenarien und Dialogmodelle verwendet werden. Ein einfache Variante davon ist die

Tabelle 5.17. Durch OOSE abgedeckte OASE-Produkte

OASE	OOSE
Geschäftsprozeß- und Arbeitsablaufoptionen	Aufgabenbeschreibung, Aufgabenübersicht, Anwendungsdatenmodell, Geschäftsprozesse
Anforderungsdefinition	Arbeitsprozesse
Systemspezifikation	Softwaresystemdatenmodell, Dienstaktivitätsfolgen
Nutzungsentwurf	Arbeitsszenarien, Oberflächenprototyp, Dialogmodelle
Benutzungsschnittstellenentwurf	Oberflächenprototyp, Oberflächenrollen
Anwendungsorientierter Entwurf	Anwendungsrollen, Umsetzungsszenarien

Strukturierung der Use-Case-Texte in die verschiedenen Bereiche. Das kann aber leicht unübersichtlich werden. In diesem Zusammenhang ist auch die Systemdienstübersicht wichtig, die den Zusammenhang zwischen Use Cases und Daten verdeutlicht. Der Nutzungsentwurf kann noch durch die Verwendung von Softwaredatensichten verbessert werden. Beim anwendungsorientierten und Benutzungsschnittstellen-Entwurf können noch Kontrollzustands- und Modusdiagramme zur Beschreibung komplexer Rollen eingeführt werden. Diese Diskussion zeigt, daß der Unterschied von OOSE zu OASE im wesentlichen in der Geschäftsprozeßmodellierung und der Anforderungsdefinition liegt. Die weiteren Kernprodukte (Systemspezifikation und Entwurf) sind sich sehr ähnlich, wobei in OASE Wert auf Übersichtsdiagramme wie z.B. die Dienstaktivitätsfolgen oder Modusdiagramme gelegt wurde, die einerseits den Übergang zwischen verschiedenen Kernprodukten und andererseits den Umgang mit der Komplexität erleichtern.

6. Schlußbemerkungen

Im folgenden fassen wir die wesentlichen Ergebnisse des Buches zusammen und diskutieren insbesondere den praktischen Nutzen. Weiterhin geben wir einen Ausblick auf Erweiterungen des Ansatzes, die neuere Entwicklungen wie Referenzmodelle, Workflow und Business Objects berücksichtigen.

6.1 Zusammenfassung

Dieses Buch hat zwei wesentliche Ergebnisse: eine Systematisierung der Modellierungstechniken in der Softwareentwicklung und eine durchgängige, insbesondere auf Aufgaben fokussierende Methode zur Modellierung und Gestaltung von Anwendungskontext, Systemnutzung und Software.

Die Systematisierung wird erreicht durch eine Einordnung der Techniken nach den Modellierungskonzepten. Sie umfaßt Struktur- und Verhaltensbeschreibung sowie Techniken zur Modellierung sehr verschiedener Bereiche, wie Anwendungskontext, Mensch-Maschine-Kommunikation und Softwaresystem. Durch die Konzentration auf die Kernkonzepte werden die Stärken und Schwächen jeder Technik deutlich. Insbesondere ergeben sich Konsequenzen für das Zusammenspiel der verschiedenen Techniken bei der Systemmodellierung. So hat sich unabhängig von einer konkreten Entwicklungsmethode gezeigt, daß die auf Aktivitäten und Datenfluß fokussierende Modellierung der internen Abläufe eine wichtige Ergänzung zu externen Systembeschreibungen mit Diensten und Zielen sowie zum Entwurf mit Rollen und Nachrichten ist.

Die Betrachtung der auf Anwendungs- und Nutzungssystem zugeschnittenen Modellierungsansätze hat gezeigt, daß dabei jeweils die Aufgaben eine zentrale Rolle spielen. Die Modellierung der externen und internen Aufgaben wird in den typischen objektorientierten Methoden vernachlässigt. Durch die getrennte Betrachtung der externen und internen Aufgabenspezifikation sowie des Entwurfs für alle drei Systeme konnte gezeigt werden, daß jeweils alle drei Ebenen wichtig sind, insbesondere auch um einen guten Übergang von der externen Aufgabenspezifikation des Anwendungssystems zum objektorientierten Entwurf des Softwaresystems zu erreichen. Es wurde auch die Vielzahl von Modellierungsansätzen für die Systemnutzung deutlich, die sich gut in den Softwareentwicklungsprozeß einpassen lassen.

Diese allgemeinen Prinzipien wurden umgesetzt in der Methode OASE. Dabei hat sich gezeigt, daß gerade für detaillierte Vorgaben bzgl. des Zusammenspiels mehrerer Modelle die interne Aufgabenspezifikation eine wichtige Rolle spielt. Sie erlaubt einen systematischen Übergang von der externen Aufgabenspezifikation zum Entwurf. Auf dieser Ebene werden auch jeweils die aus Anwendungssicht wesentlichen Gestaltungentscheidungen getroffen: bzgl. der Geschäfts- und Arbeitsprozesse, der Dialoge und der Einzelschritte der Systemdienste. Mit den Geschäfts- und Arbeitsprozessen wird der organisatorische Umgebungszusammenhang des Softwaresystems festgelegt. Die Einzelschritte der Systemdienste definieren die fachlichen Auswirkungen, also die Anwendungslogik des Softwaresystems. In den Dialogen zeigt sich die Einpassung des Softwaresystems in die Arbeitsorganisation der Benutzer und die Steuerungsmöglichkeiten durch die Benutzer bei der Systemdienstausführung. Die explizite Modellierung dieser Gestaltungsbereiche ermöglicht eine ausgewogene Beteiligung aller Interessensgruppen: Auftraggeber, Nutzer und Entwickler.

6.2 Anwendung in der Praxis

In diesem Buch stand nicht die direkte Umsetzbarkeit der Ergebnisse in einem Softwareentwicklungsprojekt im Vordergrund, sondern die Herausarbeitung allgemeiner Prinzipien. Zwei Ergebnisse sind aber für eine direkte Umsetzung in der Praxis besonders relevant: zum einen die stärkere Betonung der internen Aufgabenspezifikation, insbesondere bei den Dialogen und den Systemdiensten, zum anderen die im gesamten Entwicklungsprozeß integrierte Modellierung und Gestaltung der Systemnutzung.

Die interne Aufgabenspezifikation ist unentbehrlich als eine methodische Anleitung für die Softwareentwickler und für eine auf die wesentlichen Gestaltungsentscheidungen fokussierende Dokumentation. Wie schon in der Einleitung erwähnt, werden in der Industrie gerade in diesen beiden Bereichen Defizite bei den bekannten Analyse- und Entwurfsmethoden gesehen [DHP+99]. Als methodischer Schritt ermöglicht die interne Aufgabenspezifikation die getrennte Modellierung von Aufgaben und Daten, und zugleich den gegenseitigen Abgleich. Dies ist wichtig, um Entwurfsentscheidungen nicht zu früh zu treffen. Die Erstellung der Dokumentation auf Ebene der internen Aufgabenspezifikation erfordert geringeren Aufwand als eine vollständige Entwurfsdokumentation, da nicht so viele Details (insbesondere bzgl. des Kontrollflusses) festzulegen sind. Sie ist aber ausreichend für die stetige Anpassung der Software an geänderte Umgebungszusammenhänge, da deren Aufgaben erfaßt werden.

Die integrierte Modellierung und Gestaltung der Systemnutzung ist Voraussetzung für eine dauerhafte Benutzerakzeptanz. Dies gilt sowohl für die Arbeitsplatzgestaltung als auch für die Benutzungsschnittstellengestaltung. Erstere ist für Softwareentwicklerinnen und -entwickler besonders schwierig, da sie außerhalb der eigentlichen Technikgestaltung liegt. Dieses Buch hat aber gezeigt, daß die Modellierung der Arbeitsplätze keine besonderen Techniken erfordert. Nur die Bewertung und Gestaltung stützt sich ab auf Erkenntnisse aus den Arbeitswissenschaften und der Softwareergonomie. Diese Kriterien sollten den Softwareentwicklerinnen und -entwicklern schon in der Ausbildung vermittelt werden. Schon heute nimmt die Implementierung der Benutzungsschnittstelle einen großen Raum bei der Softwareentwicklung ein. Allerdings treten die eigentlichen Gestaltungsentscheidungen bzgl. der Benutzereingriffe dabei oft in den Hintergrund angesichts der Fülle verschiedener Interaktionsmedien. Es ist wichtig, diese beiden Gestaltungsebenen zu trennen: Globale Dialogmodelle sind geeignet zur Untersuchung und Dokumentation der Eingriffsmöglichkeiten. Die Angemessenheit der Interaktionsmedien und Layoutdetails läßt sich nur mit Mockups und Oberflächenprototypen beurteilen. Letzteres wird heute immer öfter durch Werkzeuge zur Generierung der Benutzungsschnittstelle unterstützt. Die in OASE verwendeten Modelle der Systemnutzung lassen sich insbesondere als Detaillierung der heute sehr verbreiteten Use Cases auffassen. Sie erlauben die in einer weiteren Industriestudie geforderte Verbindung von Use Cases und Objektmodellen [WPJH98].

6.3 Ausblick

Die hier vorgestellte Entwurfsmethode ist zugeschnitten auf betriebliche Informationssysteme, wie sie heute typischerweise erstellt werden. Diese Art von Systemen wird noch lange eine wichtige Rolle in den Unternehmen spielen. Es lassen sich aber einige Trends erkennen, von denen wir im folgenden drei kurz aufgreifen wollen. Wir gehen zuerst auf Referenzmodelle ein, danach auf Workflowsysteme und zuletzt auf Business Objects. Allen drei Ansätzen ist gemeinsam, die Heterogenität der in den letzten Jahren in den Unternehmen entstandenen Informationssysteme in den Griff bekommen zu wollen. Die Referenzmodelle geben Standards für die Anwendungslogik ganzer Branchen vor. Workflow-Management-Anwendungen sollen die Verzahnung verschiedener Softwaresysteme innerhalb eines Geschäftsprozesses sowie die Verzahnung verschiedener Geschäftsprozesse in einem Softwaresystem erleichtern. Business Objects schaffen einen Rahmen, um voneinander unabhängige Komponenten der Anwendungslogik zusammenbinden zu können. Wie die nachfolgenden Diskussionen zeigen werden, sind die Prinzipien der objekt- und aufgabenorientierten Softwareentwicklung auch für diese neueren Entwicklungen gültig.

Referenzmodelle. Referenzmodelle, oft auch Domänenmodelle genannt, beschreiben die fachlichen Zusammenhänge eines bestimmten Anwendungsbereichs, z.B. Bankgeschäfte. Sie wollen einen Standard für die Modellierung des Anwendungssystems vorgeben, der für konkrete Unternehmen angepaßt werden kann. Ein Referenzmodell ist dann besonders interessant, wenn es eine

Standardsoftware gibt, die die fachlichen Zusammenhänge genau dieses Referenzmodells unterstützt. Solche Softwaresysteme werden z.B. von SAP oder BAAN vertrieben. Es hat sich allerdings gezeigt, daß die Anpassung eines solchen Systems an ein konkretes Unternehmen einen sehr hohen Aufwand erfordert. Wie schon in 4.3.1 im Zusammenhang mit Frameworks diskutiert, erfordern solche Anpassungen meist sehr genaue Detailkenntnisse des jeweiligen Systems.

OASE kann im Zusammenhang mit Referenzmodellen und -systemen auf zweierlei Weise eingesetzt werden. Zum einen hilft sie bei der Erstellung eines Referenzmodells. [KW98] zeigt, daß für die Erstellung eines Referenzmodells und -systems gerade ein aufgabenorientiertes Vorgehen – wie es in OASE eingesetzt wird – wichtig ist. Es ist die Grundlage für die ausführliche Modellierung des Anwendungs- und Nutzungssystems. OASE ist dabei um organisatorische und soziale Maßnahmen, die die Besonderheiten von Standardsoftware berücksichtigen, zu ergänzen [CB95]. Zum anderen kann OASE bei der Anpassung eines Referenzsystems verwendet werden. Die Modellierung und Gestaltung des Anwendungs- und Nutzungssystems ist notwendig, um die Besonderheiten des konkreten Unternehmens gegenüber dem Referenzmodell herauszuarbeiten. Dazu kann es nötig sein, auch Aspekte des Referenzsystems nachzumodellieren, da dessen Dokumentation oft nicht alle Gestaltungsbereiche abdeckt. So wurden z.B. auch bei SAP die Prozeßbeschreibungen erst nachträglich erstellt, als deutlich wurde, daß für die Anpassung des Systems solche Modelle nötig sind. Gerade für den Abgleich eines Referenzsystems mit den Besonderheiten eines konkreten Unternehmens ist also die explizite Modellierung des Anwendungs- und Nutzungssystems wichtig. Die Softwaremodellierung und -gestaltung beschränkt sich auf die Mechanismen, die das Referenzsystem zur Anpassung bereitstellt.

Workflow-Management-Anwendungen. Eine Workflow-Management-Anwendung (WMA) ist eine implementierte und eingeführte Lösung zur Steuerung von Workflows mit einem Workflow-Management-System [JBS97]. Workflows sind dabei Folgen von Aktivitäten, die sich auf Teile von Geschäftsprozessen und anderen institutionellen Vorgängen beziehen. Die Steuerung umfaßt typischerweise die rechtzeitige Bereitstellung von Daten, die Ausführung des Kontrollflusses zwischen verschiedenen Aktivitäten sowie die Verwaltung von Arbeitslisten für die Benutzer und das Monitoring der Aktivitäten. Wie in [JBS97] dargestellt, unterscheidet sich ein Entwicklungsprozeß für WMA erst in der Definition der Benutzungsschnittstelle sowie dem anwendungsorientierten Entwurf (und natürlich der Implementierung) von dem Entwicklungsprozeß eines betrieblichen Informationssystems. Die Konzepte zur Modellierung und Gestaltung von Anwendungs- und Nutzungssystem ändern sich nicht. Die Geschäfts- und Arbeitsprozeßmodellierung erhält sogar noch stärkeres Gewicht, da sie eine Vorstufe der Workflowmodellierung ist. Durch sie werden die in der WMA zu implementierenden Workflowabhängigkeiten deutlich.

Auch die OASE-Prinzipien der Benutzungsschnittstellenentwicklung und des anwendungsorientierten Entwurfs kommen bei der Entwicklung einer WMA zum Tragen. Eine Aktivität eines Workflows entspricht typischerweise einem Systemdienst eines betrieblichen Informationssystems. Auch die Benutzungsschnittstelle eines WMA muß Dialoge bereitstellen, die den Benutzern Eingriffsmöglichkeiten bei der Ausführung einzelner Aktivitäten und insbesondere bzgl. des Kontrollflusses zwischen verschiedenen Aktivitäten bieten. Letztere sind insbesondere bei Fehlersituationen wichtig. Die Eingriffsmöglichkeiten hängen stark von dem jeweiligen Workflow-Management-System ab, sind aber innerhalb einer WMA für alle Dialoge gleich. Die in OASE verwendete Beschreibung einzelner Dialoge ist deshalb zu ergänzen um die Darstellung der grundsätzlichen Steuerungsmöglichkeiten bei einer Workflowausführung, z.B. in Form eines Zustandsübergangsautomaten mit den grundlegenden Workflowzuständen. Beim anwendungsorientierten Entwurf der WMA sind die Dienstrollen gegenüber dem Entwurf von betrieblichen Informationssystemen betont. Jeder Aktivität eines Workflows entspricht eine eigene Dienstrolle, die teilweise automatisch und teilweise benutzergesteuert Zustandsübergänge durchführt.

Aus diesen Überlegungen wird deutlich, daß die in OASE verwendeten Prinzipien und Techniken hervorragend geeignet sind zur Entwicklung einer WMA. Insbesondere die ausführliche, aufgabenorientierte Modellierung und Gestaltung des Anwendungs- und Nutzungssystems ist eine wichtige Vorstufe für die WMA-Entwicklung.

Business Objects. Business Objects sind Ausprägungen der in 4.3.1 diskutierten Komponenten. Sie umfassen eine Menge fachlich zusammenhängender Klassen und ihre Instanzen, also die Objekte [OMG97]. Sie kapseln damit auch das Zusammenspiel der Klassen innerhalb der Business Objects. Dabei wird davon ausgegangen, daß die interne Struktur von Business Objects relativ stabil und standardisierbar ist, so daß sie auch extern eingekauft werden können. Flexibel anpaßbar müssen die Business Objects übergreifenden Geschäfts- und Arbeitsprozesse sein. Hier bieten sich − analog zu den in OASE verwendeten Dienstrollen − Service Objects an, die das übergreifende Verhalten lokalisieren und damit austauschbar machen. Business und Service Objects erleichtern also vor allem den Entwurf, indem sie gewisse Komponenten zur Umsetzung der Systemdienste bereitstellen.

Die in OASE verwendeten Prinzipien lassen sich damit sehr gut auf zweierlei Weise auf Business Objects anwenden. Zum einen kann OASE zur Entwicklung von Business Objects verwendet werden. Wie in [vHPB98] diskutiert, lassen sich Business Objects aufbauend auf Geschäftsprozessen identifizieren. Ihre Schnittstellenfunktionalität läßt sich wie die Systemdienste in OASE aus der Untersuchung des Anwendungs- und Nutzungssystems ableiten. Es ist noch unklar, inwieweit Business Objects auch für den Benutzer sichtbar werden, d.h. ihre eigene Benutzungsschnittstelle mitbringen. Falls ja, kann auch die Modellierung der Benutzungsschnittstelle aus OASE verwendet werden. Zum anderen kann OASE bei der Entwicklung eines betrieblichen Informationssystems die vorhandenen Business Objects berücksichtigen. Je nachdem, ob diese ihre Benutzungsschnittstelle mitbringen oder nicht, ist dies schon bei der internen Aufgabenspezifikation des Nutzungssystems und insbesondere der Benutzungsschnittstelle zu berücksichtigen, oder erst im Anwendungskern. Sind Service Objects vorhanden, so entfällt die interne Aufgabenspezifikation des Anwendungskerns, da die Systemdienste direkt auf die entsprechenden Service Objects abgebildet werden können. Ansonsten ist die interne Aufgabenspezifikation, also die Dienstaktivitätsfolgen, um Rollen für die Business Objects zu erweitern. Jede Aktivität wird dem Business Object zugeordnet, das die entsprechende Funktionalität zur Verfügung stellt. Jede Dienstaktivitätsfolge wird dann durch ein Service Object umgesetzt, das den Datenfluß zwischen den verschiedenen Business Objects steuert. Auch im Zusammenhang mit der Erstellung und Verwendung von Business Objects ist die ausführliche Aufgabenspezifikation also eine wichtige Vorstufe zum Entwurf.

Fazit. Neuere Trends in der Softwareentwicklung zielen auf einen über die Erstellung eigenständiger Informationssysteme hinausgehenden Softwareentwicklungsprozeß. Wir haben im vorhergehenden Ansätze zur Standardisierung ganzer Anwendungsbereiche, zur Verknüpfung einzelner Anwendungen und zum Herauslösen und Wiederverwenden standardisierter Komponenten diskutiert. Dabei hat sich gezeigt, daß die in OASE verwendeten Prinzipien aufgabenorientierter Modellierung und Gestaltung umso wichtiger werden, wenn der Anwendungsbereich eines Softwaresystems über den unmittelbaren Kontext eines Entwicklungsprojektes hinausgeht. Die technologischen Möglichkeiten zur (Wieder-)Verwendung von Softwaresystemen werden ständig erweitert. OASE legt einen Grundstein, der die optimale Einpassung der Software in die vielfältigen Umgebungszusammenhänge ermöglicht.

Anhang A. Ein mathematisches Systemmodell

Das *mathematische Systemmodell* definiert eine Menge von Modellen, in denen bestimmte Grundmechanismen zur Kommunikation zwischen Akteuren festgelegt sind. Mithilfe der Modellierungstechniken werden weitere Einschränkungen definiert, wie z.B. eine bestimmte Menge von Akteuren, bestimmte Daten oder bestimmtes Verhalten einzelner Akteure.

Die folgende Aufzählung beschreibt die wichtigsten Elemente eines mathematischen Systemmodells, wie es auch für UML vorgeschlagen wurde [BHH+97]:

- Die Menge der Akteure ist repräsentiert durch eine Menge ID von eindeutigen Akteursidentifikatoren. ID entspricht der Menge der in der gesamten Lebenszeit eines Systems möglichen Akteure. Erzeugen oder Löschen eines Akteurs verändert also die Menge der geraden aktiven Akteure eines Systems.
- Die aktiven Akteure kommunizieren durch asynchronen Nachrichtenaustausch. Sei NR die Menge der Nachrichten, die zwischen Akteuren ausgetauscht werden. Es läßt sich formal beschreiben, wie eine Nachricht aus Dienstname, Parametern und Ergebnisdaten zusammengesetzt ist. Dies führen wir hier nicht weiter aus. Jeder Akteur akzeptiert die Menge $nr_{id} \subseteq NR$ von Nachrichten. Es lassen sich bestimmte Eigenschaften der Nachrichtenübertragung, wie z.B. die Verlustfreiheit oder die Reihenfolgeerhaltung, formalisieren.
- Dienste sind nur durch spezielle Nachrichten für den Dienstaufruf repräsentiert.
- Das Verhalten eines Akteurs wird beschrieben als eine Beziehung zwischen (Mehrtupeln von) Strömen von Eingangsnachrichten und (Mehrtupeln von) Strömen von Ausgangsnachrichten. Es gibt also für jeden Akteur eine Relation

$$verhalten_{id} \subseteq nr_{id}^{\overline{\omega}} \times NR^{\overline{\omega}}.$$

Dabei kennzeichnet $\overline{\omega}$ Mehrtupel von unendlich langen Strömen. Eine solche Relation wird *Strom-Relation* genannt. Die Theorie der Strom-Relationen (z.B. beschrieben in [BDD+93, BS00]) definiert z.B. Bedingungen für das Zusammenschalten mehrerer solcher Relationen. Dieses Zusammenschalten erlaubt es, das Verhalten des Gesamtsystems aus dem der einzelnen Akteure abzuleiten. In den Strömen wird die Zeit durch eine unendliche Unterfolge bestehend aus der Nachricht *Tick* ($\sqrt{}$) repräsentiert.

- Der Zustand eines Akteurs ist nicht sichtbar für die anderen Akteure. Jeder Akteur hat eine Menge von möglichen Zuständen $zustand_{id} \subseteq ZST$. Es läßt sich formal beschreiben, wie ein Zustand aus den Entitäten und ihren Attributwerten zusammengesetzt ist [Het95]. Dies führen wir hier nicht weiter aus.
- Aktivitäten verändern den Datenzustand eines Akteurs. Elementare Aktivitäten entsprechen damit Transitionen eines Zustandsübergangsautomaten. Wir verwenden eine Art Ein-/Ausgabeautomat [LT89], der bei jedem Übergang eine (evtl. leere) Folge von Nachrichten aus jedem Eingangsstrom liest und eine (evtl. leere) Folge von Nachrichten an die Ausgangsströme anhängt [RK96]. Der Automat beschreibt das interne Verhalten eines Akteurs, während die Strom-Relation das externe Verhalten beschreibt. Natürlich muß sich das externe Verhalten aus dem internen ableiten lassen.
- Zur Repräsentation von Rollen führen wir eine Menge RN von Rollennamen ein. Jeder aktive Akteur hat zu jedem Zeitpunkt mindestens eine Rolle. Das läßt sich formalisieren durch eine Funktion, die jedem Akteur zu jedem Zustand eine Rollenteilmenge zuordnet:

$$rolle_{id} : zustand_{id} \to RN.$$

- Ein Prozeß läßt sich in dem vorgestellten Systemmodell nicht direkt formalisieren. Dazu müßte Datenfluß als eine Abstraktion über dem Nachrichtenaustausch formalisiert werden. Wir verwenden Prozeßbeschreibungen vorwiegend auf Ebene des Anwendungs- und Nutzungssystems. Dabei geht es eher um ein Verständnis des Systemkontextes als um die präzise Formulierung von Verhaltenseigenschaften.
- Ziele sind nicht sinnvoll mathematisch formalisierbar.

Das Systemmodell ist damit gegeben durch die konstituierenden Mengen wie ID, NR, RN und die zugehörigen Relationen und Funktionen $verhalten_{id}$ und $rolle_{id}$, sowie durch zusätzliche Axiome für diese Relationen und Funktionen. Bei der Beschreibung der Systemkonzepte und ihrer Modellierungstechniken in Kap. 3 sind die wichtigsten Axiome textuell in Form des Kommunikations- und Dienstausführungsmodells skizziert.

Anhang B. Glossar

Akteur. Ein aktives Systemelement. Beim Anwendungssystem sind die Akteure die Abteilungen, das Unternehmen als Ganzes, seine Geschäftspartner oder Mitarbeiterinnen und Mitarbeiter. Beim Nutzungssystem sind die Akteure die Mitarbeiterinnen und Mitarbeiter oder das Softwaresystem. Die Akteure eines objektorientierten Softwaresystems sind die Objekte.

Aktivitäten/Prozesse. Grundbestandteile des Akteursverhaltens. In den Aktivitäten greift ein Akteur auf seine Daten zu und kommuniziert mit anderen Akteuren. Prozesse sind Folgen von Aktivitäten eventuell verschiedener Akteure. Im Anwendungssystem sind die Aktivitäten Teile der Geschäftsprozesse, im Nutzungssystem sind die Aktivitäten Teil des Arbeitshandelns der Nutzer oder Softwaresystemdienste bzw. Teile davon. Im Softwaresystem sind die Aktivitäten die Bestandteile der Objektoperationen, also bei imperativen Programmiersprachen die Anweisungen oder Gruppen davon.

Anforderungsdefinition. Anforderungen an die Auswirkungen des Softwaresystems im Anwendungs- und Nutzungssystem.

Anwendungssystem. Der für die Softwareentwicklung relevante Unternehmensausschnitt. Es legt den organisatorischen und fachlichen Rahmen für das Softwaresystem fest.

Arbeitsauftrag. Eine Folge von Tätigkeiten, die mit einer mündlichen oder schriftlichen Arbeitsanweisung (auch implizit) beginnt und mit Ab- oder Weitergabe des bearbeiteten Vorgangs endet. Wiederkehrende gleichartige Arbeitsaufträge bilden eine Arbeitsaufgabe.

Aufgabe. Eine Vorgabe zum zielorientierten Handeln. Diese Vorgabe kann von außen oder von den Handelnden selbst kommen. Die Erfüllung einer Aufgabe erfolgt in Arbeitsabläufen, die in einzelnen Aktivitäten strukturiert sind. Die Ausübung von Aktivitäten erfolgt unter gewissen Voraussetzungen und liefert Ergebnisse. Die Arbeitsabläufe sind geprägt von organisatorischen Rahmenbedingungen.

Benutzungsschnittstelle. Die Summe interaktiver Eingriffsmöglichkeiten für Benutzer.

Daten/Zustand. Die passiven Systemelemente. Sie sind jeweils einem Akteur zugeordnet, der für sie verantwortlich ist. Die Datenwerte sind über die Zeit veränderlich. Der Datenzustand eines Akteurs ordnet den Daten zu jedem Zeitpunkt ihre Werte zu. Der Kontrollzustand beschreibt die Menge der zu einem Zeitpunkt empfangenen Nachrichten. Im Anwendungssystem sind die Daten die fachlichen und organisatorischen Dokumente oder mündliche Informationen. Im Nutzungssystem kommen noch spezielle Dokumente zur Arbeitsorganisation, wie z.B. Notizen, hinzu. Die Daten eines objektorientierten Softwaresystems sind auf Ebene der Anwendungsarchitektur die Attribute der Objekte.

Dienste. Dienste kapseln Verhaltensausschnitte (also Mengen von Aktivitäten) eines Akteurs, die von außen anstoßbar sind. Sie liefern ein Ergebnis an den aufrufenden Akteur. Bei der Dienstausführung kann ein Akteur Dienste anderer Akteure aufrufen. Im Anwendungssystem werden die Dienste des Unternehmens gegenüber seinen Geschäftspartnern betrachtet oder die Dienste der Abteilungen untereinander. Im Nutzungssystem werden die Dienste des Softwaresystems, also die Systemfunktionen betrachtet. Dienste der Nutzer entsprechen den Arbeitsaufträgen. Die Dienste der Objekte eines Softwaresystems sind ihre Operationen.

Dienstschnittstelle. Die Menge aller Dienste eines Akteurs zusammen mit den von ihm verwalteten Daten.

Geschäftsprozeß. Eine Menge von Aufgaben, die in einer vorgegebenen Ablauffolge zu erledigen sind und durch Applikationen der Informationstechnik unterstützt werden. Seine Wertschöpfung besteht aus Leistungen an Prozeßkunden. Der Prozeß besitzt eine eigene Führung, die den Prozeß im Sinne der Geschäftsstrategie anhand der daraus abgeleiteten Führungsgrößen lenkt und gestaltet. Ein Unternehmen konzentriert sich auf die wenigen Prozesse, die über seine Wettbewerbsfähigkeit entscheiden.

Interaktion. Siehe Nachrichten

Interaktionsmedien. Ein- und Ausgabegeräte, wie Bildschirm oder Maus, aber auch Strukturierungselemente für den Bildschirm wie Fenster und Menü.

Kommunikation. Siehe Nachrichten

Komponente. Akteur eines Softwaresystems.

Methode. Ein auf einem Regelsystem aufbauendes Verfahren, das zur Erlangung von Erkenntnissen oder praktischen Ergebnissen dient. In der Softwareentwicklung werden die Tätigkeiten unter dem Begriff „Vorgehensmodell" zusammengefaßt, die Ergebnisse werden auch „Produkte" genannt.

Modell. Vereinfachte Darstellung der Funktion eines Gegenstandes oder des Ablaufs eines Sachverhalts, die eine Untersuchung oder Erforschung erleichtert oder erst möglich macht. Das IST-Modell beschreibt Existierendes zum Zwecke der Analyse, das SOLL-Modell beschreibt zu Konstruierendes.

Nachrichten/Interaktion. Grundbestandteile der Kommunikation zwischen Akteuren. Ein Akteur interagiert mit anderen Akteuren, um auf deren Daten zugreifen zu können. Wir verwenden die Begriffe „Interaktion" und „Kommunikation" synonym. Interaktion besteht aus dem Versenden und Empfangen von Nachrichten. Dienstaufrufe sind typische Nachrichten. Im Anwendungssystem wird die Interaktion zwischen Menschen bzw. existierenden Systemen betrachtet, im Nutzungssystem die Interaktion zwischen Mensch und Maschine. Im Softwaresystem wird die Interaktion zwischen den Objekten betrachtet.

Nutzungssystem. Der für die Softwareentwicklung relevante Ausschnitt des Aufgabenzusammenhangs der Nutzer. Es legt die Interaktion zwischen Nutzer und Softwaresystem fest.

Prozeß. Siehe Aktivitäten

Rolle. Strukturiert die Dienste und Daten eines Akteurs in zusammenhängende Aufgabenbereiche. Ein Akteur kann mehrere Rollen gleichzeitig innehaben, er kann Rollen auch ablegen und neue annehmen. Rollen im Anwendungssystem sind Aufgabenbereiche von Abteilungen oder Unternehmen. Rollen im Nutzungssystem sind Aufgabenbereiche von Nutzern oder eine Bündelung von Systemfunktionen und zugehörigen Daten im Softwaresystem. Klassen der objektorientierten Programmierung sind ein Spezialfall der Rollen, die bzgl. der Rollenänderung und der Rollenzuordnung zu den Objekten eingeschränkt sind.

Sichtweisen. Kennzeichnen bei der Softwareentwicklung abzudeckende Gestaltungsbereiche. Die *organisatorische Einbettung* des Softwaresystems beschreibt die Voraussetzungen für und Konsequenzen aus dem Softwaresystemeinsatz im Unternehmen. Die *aufgabenmäßige Einbettung* des Softwaresystems beschreibt die Voraussetzungen für und Konsequenzen aus dem Softwareeinsatz am Arbeitsplatz der Benutzer. Die *Dienstschnittstelle* beschreibt die vom Softwaresystem verwalteten Daten und die Systemdienste zur Veränderung dieser Daten. Der *anwendungsorientierte Entwurf* des Softwaresystems beschreibt die Umsetzung der Dienste durch fachliche Komponenten des Softwaresystems. Die *Komponentenarchitektur* berücksichtigt zusätzlich noch technische Aufgabenbereiche wie Persistenz oder Anbindung an externe Geräte. Die *Verteilungsarchitektur* beschreibt die Verteilung auf physisch oder logisch verteilte Berechnungsknoten. Die *Implementierung* beschäftigt sich mit der Realisierung in einer bestimmten Programmiersprache auf einer bestimmten Rechnerplattform.

System. Eine Menge von Elementen, zwischen denen bestimmte Beziehungen bestehen. Ein informationsverarbeitendes System besteht aus aktiven Elementen, den (ggf. menschlichen) *Akteuren*, die *Aktivitäten* ausführen, und aus passiven Elementen, die durch die Aktivitäten verändert werden, den *Daten*. Welche Datenänderungen erreicht werden sollen und wie diese zu erreichen sind, hängt von den *Zielen* der Akteure ab. Die Aktivitäten des Systems (sowie auch der einzelnen Akteure) sind in *Dienste* gekapselt, die von der jeweiligen Umgebung als Einheit angestoßen werden. Das System (und jeder Akteur) kommuniziert mit seiner Umgebung über *Nachrichten.*

Systemfunktion. Siehe Dienste

Systemkonzepte. Sind Grundbestandteile der Modellierungstechniken. Elementare Systemkonzepte sind Akteure, Aktivitäten, Daten, Ziele, Dienste und Nachrichten. Zusammengesetzte Konzepte sind Rolle, Zustand, Prozeß, Interaktion und Zielstruktur.

Systemsicht. Eine Teilmenge von Konzepten und Beziehungen des Systemkonzeptmodells.

Systemspezifikation. Anforderungen an das Softwaresystem.

Vorgehensmodell. Beschreibt die Tätigkeiten einer Methode. Das technische Vorgehensmodell bestimmt die Schritte der eigentlichen Produkterstellung. Das soziale Vorgehensmodell bestimmt die Maßnahmen zur Gestaltung eines produktiven Arbeitsklimas in einem Projekt, wie z.B. Teamzusammensetzung, Workshops, Weiterbildung. Das organisatorische Vorgehensmodell bestimmt die übergreifenden Maßnahmen zur Einhaltung der wirtschaftlichen Randbedingungen, also Kosten und Terminplanung und -überwachung sowie Qualitätssicherung.

Ziele. Sind mit den Akteuren verbunden. Mit der Ausführung von Aktivitäten verbindet jeder Akteur spezifische Ziele. Insbesondere wirken Ziele bei der Auswahl zwischen verschiedenen Verhaltensalternativen. Ziele des Unternehmens werden strategische Ziele genannt. Objekte eines Softwaresystems haben nicht selbst Ziele, aber die Ziele der Entwicklerinnen und Entwickler der Klassendefinitionen gehen in die Definition der Operationen ein.

Zustand. Siehe Daten

Literaturverzeichnis

[Abr96] J.-R. Abrial. *The B-Book: Assigning Programs to Meanings.* University Press, 1996.

[Agh86] G. Agha. *Actors: A Model of Concurrent Computation in Distributed Systems.* MIT Press, 1986.

[AI91] D. Andrews und D. Ince. *Practical Formal Methods with VDM.* Series in Software Engeneering. McGraw-Hill, 1991.

[Ant96] A. Anton. Goal-Based Requirements Analysis. In *Int. Conf. in Requirements Engineering*, Seiten 135–144. IEEE, 1996.

[Bai89] S.C. Bailin. An Object-Oriented Requirements Specification Method. *Commun. ACM*, 32(5):608–623, 1989.

[Bal96] H. Balzert. *Lehrbuch der Software-Technik.* Spektrum Akademischer Verlag, 1996.

[BC94] H.v. Braun und M.M. Calle. *Die Methode ICSM.* Oldenbourg Verlag, 1994.

[BCDS93] A.J.C. Blyth, J. Chudge, J.E. Dobson und M.R. Strens. ORDIT: A New Methodology to Assist in the Process of Eliciting and Modeling Organisational Requirements. In *Conference on Organisational Computing Systems*, Seiten 216–227. ACM Press, 1993.

[BCJ98] T. Bui, J. Carroll und M. Jarke. *Szenario-Management.* Dagstuhl-Workshop 98061, http://www.dagstuhl.de/DATA/Seminars/98, 1998.

[BDD+93] M. Broy, F. Dederichs, C. Dendorfer, M. Fuchs, T. Gritzner und R. Weber. The Design of Distributed Systems – An Introduction to FOCUS. Technischer Bericht TUM-I9202-2, Technische Universität München, 1993.

[Ber97] M. Berger. *Modellierungstechniken für Smalltalk-Programme.* Diplomarbeit, TU München, 1997.

[BF97] H.-J. Bullinger und K.-P. Fähnrich. *Betriebliche Informationssysteme.* Springer-Verlag, 1997.

[BFW96] H.-J. Bullinger, K.-P. Fähnrich und A. Weisbecker. GENIUS: Generating Software-ergonomic User Interfaces. *Int. Journal of Human-Computer Interaction*, 8(2):115–144, 1996.

[BHH+97] R. Breu, U. Hinkel, C. Hofmann, C. Klein, B. Paech, B. Rumpe und V. Thurner. Towards a Formalization of the Unified Modeling Language. In *ECOOP'97*, LNCS 1241, Seiten 344–366. Springer-Verlag, 1997.

[BHKS97] M. Broy, Ch. Hofmann, I. Krüger und M. Schmidt. A Graphical Description Technique for Communication in Software Architectures. Technischer Bericht TUM-I9705, Technische Universität München, 1997.

[BHLV95] F. Bodart, A.-M. Hennebert, J.-M. Leheureux und J. Vanderdonckt. A Model-Based Approach to Presentation: A Continuum from Task Analysis to Prototype. In F. Paterno, Hrsg., *Interactive Systems: Design, Specification and Verification, (Focus on Computer Graphics)*, Seiten 77–94. Springer-Verlag, 1995.

[BJ94] A. Beck und Ch. Janssen. TASK – Technik der Aufgaben- und Benutzerangemessenen Software-Konstruktion. Technischer Bericht, IAT – Institut für Arbeitswissenschaft und Technologiemanagement, Januar 1994.

[BMR+96] F. Buschmann, R. Meunier, H. Rohnert, P. Sommerlad und M. Stal. *A System of Patterns.* John Wiley & Sons, 1996.

[Boo94] G. Booch. *Object-Oriented Analysis and Design with Applications.* Redwood City, 1994.

[BP90] R. Bastide und P. Palanque. Petri Net Objects for the Design, Validation and Prototyping of User-Driven Interfaces. In *Interact'90*, 1990.

[BR98] M. Broy und B. Rumpe, Hrsg. *Requirements Targeting Software and Systems Engineering.* LNCS 1526. Springer-Verlag, 1998.

[BRJ97] G. Booch, J. Rumbaugh und I. Jacobson. The Unified Modeling Language for Object-Oriented Development, Version 1.1, 1997.

[BRS97] K. Bergner, A. Rausch und M. Sihling. Using UML for Modeling a Distributed Java Application. Technischer Bericht TUM-I9735, Technische Universität München, 1997.

[BS98] U. Borghoff und J.H. Schlichter. *Rechnergestützte Gruppenarbeit - Eine Einführung in Verteilte Anwendungen.* Springer-Verlag, 2. Auflage, 1998.

[BS00] M. Broy und K. Stolen. *FOCUS – on System Development.* Monographs in Computer Science, to appear. Springer-Verlag, 2000.

[CAB+94] D. Coleman, P. Arnold, S. Bodoff, C. Dollin, H. Gilchrist, F. Hayes und P. Jeremaes. *Object-Oriented Development – The FUSION Method.* Prentice Hall, 1994.

[CAC95] Special Issue on Requirements Gathering – The Human Factor. *Commun. ACM*, 38(5), 1995.

[Car95a] J.M. Carroll. Introduction: The Scenario Perspective on System Development. In [Car95b], Seiten 1–18. 1995.

[Car95b] J.M. Carroll, Hrsg. *Scenario-Based Design.* John Wiley & Sons, 1995.

[CB95] E. Carmel und S. Becker. A Process Model for Packaged Software Development. *IEEE Transactions on Engineering Management*, 42(1), 1995.

[CGR93] D. Craigen, S. Gerhart und T. Ralston. Formal Methods Reality Check: Industrial Usage. In *FME'93: Formal Methods Europe*, LNCS 670, Seiten 250–267. Springer-Verlag, 1993.

[Che76] P.P.-S. Chen. The Entity-Relationship Model – Toward a Unified View of Data. *ACM Transactions on Database Systems*, 1:9–36, 1976.

[Che81] P.B. Checkland. *Systems Thinking, Systems Practice.* John Wiley & Sons, 1981.

[Che88] P. Checkland. Soft Systems Methodology: An Overview. *Journal of Applied System Analysis*, 15, 1988.

[Con97] S. Conrad. *Föderierte Datenbanksysteme: Konzepte der Datenintegration.* Springer-Verlag, 1997.

[Dav90] A.M. Davis. *Software Requirements – Analysis and Specification.* Prentice Hall, 1990.

[Dav93] Th. H. Davenport. *Process Innovation – Reengineering Work Through Information Technology.* Harvard Business School Press, 1993.

[Dav95] A. M. Davis. Object-Oriented Requirements to Object-Oriented Design: An Easy Transition? *Journal of Systems Software*, 30:151–159, 1995.

[DCC92] E. Downs, P. Clare und I. Coe. *Structured Systems Analysis and Design Method: Application and Context.* Prentice-Hall, 1992.

[DeM78] T. DeMarco. *Structured Analysis and System Specification.* Yourdon Press, 1978.

[Den77] E. Denert. Specification and Design of Dialogue Systems with State Diagrams. In *Int. Computing Symposium*, Seiten 417–424. North Holland, 1977.

[Den92] E. Denert. *Software-Engineering*. Springer-Verlag, 1992.

[dF92] D. deChampeaux und P. Faure. A Comparative Study of Object-Oriented Analysis Methods. *Journal of Object-Oriented Programming*, Seiten 21–32, March/April 1992.

[DHP+99] B. Deifel, U. Hinkel, B. Paech, P. Scholz und V. Thurner. Die Praxis der Softwareentwicklung: Eine Erhebung. *Informatik-Spektrum*, 22(1):24–36, 1999.

[Dia89] D. Diaper(Hrsg.). *Task Analysis for Human-Computer Interaction*. Ellis Horwood, 1989.

[Dud91] *Duden, Die deutsche Rechtschreibung, Band 1*. Dudenverlag, 1991.

[DVZ+93] H. Dunckel, W. Volpert, M. Zölch, U. Kreutner, C. Pleiss und K. Hennes. *Kontrastive Aufgabenanalyse im Büro*. Teubner Verlag, 1993.

[Eme78] F.E. Emery. *Analytical Model for Socio-Technical Systems – Address to the Int. Conf. on Socio-Technical Systems*. Abgedruckt in F. Emery (ed.), The Emergence of a New Paradigm of Work, Australian National University, 1978.

[Eri95] T. Erickson. Notes on Design Practice: Stories and Prototypes as Catalysts for Communication. In [Car95b], Seiten 37–58. 1995.

[ESI95] European Software Institute, ESPITI – European User Survey Analysis, December 1995.

[Fel93] F. Feldbrugge. Petri Net Tool Overview 1992. In G. Rozenberg, Hrsg., *Advances in Petri Nets 1993*, LNCS 674, Seiten 169–209. Springer-Verlag, 1993.

[FJG96] K.-P. Fähnrich, C. Janssen und G. Groh, Hrsg. *Werkzeuge zur Entwicklung graphischer Benutzungsschnittstellen*. Oldenbourg Verlag, 1996.

[FK92] R.G. Fichman und C.F. Kemerer. Object-Oriented and Conceptional Analysis and Design Methodologies. *IEEE Computer*, Seiten 22–39, October 1992.

[Flo84] Ch. Floyd. A Systematic Look at Prototyping. In R. Budde, K. Kuhlenkamp, L. Matthiassen und H. Züllighoven, Hrsg., *Approaches to Prototyping*, Seiten 1–18. Springer-Verlag, 1984.

[Flo86] C. Floyd. A Comparative Evaluation of System Development Methods. In T.W. Olle, H.G. Sol und A.A. Verrijn-Stuart, Hrsg., *Information System Design Methodologies: Improving the Practice*, Seiten 19–54. North-Holland, 1986.

[Flo91] Ch. Floyd. *Einführung in Software Engineering: STEPS*. Skript TU Berlin, 1990/91.

[FMR+89] C. Floyd, W.-M. Mehl, F.-M. Reisin, G. Schmidt und G. Wolf. Out of Scandinavia: Alternative Approaches to Software Design and System Development. *Human Computer Interaction*, 4:253–350, 1989.

[Fow97] M. Fowler. *Analysis Patterns – Reusable Object Models*. Addison-Wesley, 1997.

[FP85] C. Floyd und J. Pasch. Methoden für den Entwurf großer Softwaresysteme. In *Entwurf großer Softwaresysteme, Bericht 19 des German Chapter of the ACM*. Teubner Verlag, 1985.

[GHJV95] E. Gamma, R. Helm, R. Johnson und J. Vlissides. *Design Patterns: Elements of Reusable Object-Oriented Software*. Addison-Wesley, 1995.

[Gre94] S. Green. Goal-Driven Approaches to Requirements Engineering, Imperial College, Department of Computing, London. Technischer Bericht TR-93-42, 1994.

[GSR96] G. Gottlob, M. Schrefl und B. Röck. Extending Object-Oriented Systems with Roles. *ACM Trans. on Information Systems*, 14(3):268–296, 1996.

[GSVR94] M. Gaitanides, R. Scholz, A. Vrohlings und M. Raster. *Prozeßmanagement*. Carl Hanser Verlag, 1994.

[GW89] D.C. Gause und G.M. Weinberg. *Exploring Requirements: Quality Before Design*. Dorset House Publishing, 1989.

[Har87] D. Harel. Statecharts: A Visual Formalism for Complex Systems. *Science of Computer Programming*, 8:231–274, 1987.

[HB95] T. Hess und L. Brecht. *State of the Art des Business Process Redesign.* Gabler Verlag, 1995.

[HBvB⁺94] W. Hesse, G. Barkow, H. von Braun, H.-B. Kittlaus und G. Scheschonk. Terminologie der Softwaretechnik. *Informatik-Spektrum*, 17(1):39–47 und 96–105, 1994.

[HC93] M. Hammer und J. Champy. *Reengineering the Corporation.* Harper Business, 1993.

[Het95] R. Hettler. *Entity/Relationship-Datenmodellierung in axiomatischen Spezifikationssprachen.* Dissertation, Reihe Softwaretechnik, FAST. Tectum Verlag, 1995.

[Het96] R. Hettler. Description Techniques for Data in the SysLab Method. Technischer Bericht TUM-I9632, Technische Universität München, 1996.

[HP87] D. J. Hatley und I.A. Pirbhai. *Strategies for Real-Time System Specification.* Dorset House Publ., 1987.

[Huß95] H. Hußmann. Indirect Use of Formal Methods in Software Engineering. In M.Wirsing, Hrsg., *ICSE-17 Workshop on Formal Methods Applications in Software Engineering Practice*, Seiten 126–133, 1995.

[Huß97] H. Hußmann. *Formal Foundations for Software Engineering Methods.* LNCS 1322. Springer-Verlag, 1997.

[IEE98] *IEEE Recommended Practice for Software Requirements Specifications, Standard 830-1998.* IEEE, 1998.

[Iiv91] J. Iivari. Object-Oriented Information Systems Analysis. In *24th Annual Hawaii Int. Conf. on System Sciences, II*, Seiten 205–218. IEEE Computer Society Press, 1991.

[ISO93] ISO. *Ergonomic Requirements for Office Work with Visual Display Terminals (VDTs) – Dialogue Principles, ISO9241-10.* ISO, 1993.

[ISO98] DIN EN ISO. *Benutzer-orientierte Gestaltung interaktiver Systeme, Entwurf DIN EN ISO 13407.* DIN, 1998.

[IT96] ITU-T. *Z.120 – Message Sequence Chart (MSC).* ITU-T, Geneva, 1996.

[Jac83] M. Jackson. *System Development.* Prentice-Hall, 1983.

[Jac92] I. Jacobson. *Object-Oriented Software Engineering.* Addison-Wesley, 1992.

[Jac95a] M. Jackson. *Software Requirements and Specification.* Addison-Wesley, 1995.

[Jac95b] I. Jacobson. The Use-Case Construct in Object-Oriented Software Engineering. In [Car95b], Seiten 309–336. 1995.

[Jan93] Ch. Janssen. Dialognetze zur Beschreibung von Dialogabläufen in graphisch-interaktiven Systemen. In K.-H. Rödiger, Hrsg., *Software-Ergonomie 1993*, German Chapter of the ACM – Berichte, Seiten 67–76. Teubner Verlag, 1993.

[Jan96] Ch. Janssen. *Dialogentwicklung für objektorientierte, graphische Benutzungsschnittstellen.* Springer-Verlag, 1996.

[JB96] S. Jablonski und C. Bußler. *Workflow Management Systems: Modelling and Architecture.* Computer Press, 1996.

[JBS97] S. Jablonski, M. Böhm und W. Schulze. *Workflow-Management: Entwicklung von Anwendungen und Systemen – Facetten einer neuen Technologie.* dpunkt-Verlag, 1997.

[JEJ94] I. Jacobson, M. Ericsson und A. Jacobson. *The Object Advantage: Business Process Reengineering with Object Technology.* Addison-Wesley, 1994.

[JG94] M. Jirotka und J. Goguen, Hrsg. *Requirements Engineering – Social and Technical Issues.* Academic Press, 1994.

[JJW95] P. Johnson, H. Johnson und S. Wilson. Rapid Prototyping of User Interfaces Driven by Task Models. In [Car95b], Seiten 209–246. 1995.

[Joh89] P. Johnson. Supporting System Design by Analyzing Current Task Knowledge. In [Dia89], Seiten 161–187. 1989.

[Joh92] P. Johnson. *Human Computer Interaction*. McGraw-Hill, 1992.

[Jon83] C.B. Jones. Tentative Steps Toward a Development Method for Interfering Programs. *ACM Trans. on Programming Languages and Systems*, 5(4):596–619, 1983.

[JPD+94] M. Jarke, K. Pohl, R. Dömges, St. Jacobs und H.W. Nissen. Requirements Information Management : The NATURE Approach. Technischer Bericht 94-24, Fakultät für Informatik, RWTH Aachen, 1994.

[JRB99] I. Jacobson, J. Rumbaugh und G. Booch. *Unified Software Development Process*. Addison-Wesley, 1999.

[KBKS96] P. Kueng, P. Bichler, P. Kawalek und M. Schrefl. How to Compose an Object-Oriented Business Process Model. In S. Brinkkemper, K. Lyytinnen und R.J. Welke, Hrsg., *Method Engineering*, Seiten 95–110. Chapman & Hall, 1996.

[KGZ93] K. Kilberth, G. Gryczan und H. Züllighoven. *Objektorientierte Anwendungsentwicklung*. Vieweg Verlag, 1993.

[KNS92] G. Keller, M. Nuettgens und A.-W. Scheer. Semantische Prozeßmodellierung auf der Grundlage Ereignisgesteuerter Prozeßketten (EPK). Technischer Bericht 89, Institut für Wirtschaftsinformatik, Saarbrücken, 1992.

[Kos62] E. Kosiol. *Organisation der Unternehmung*. Gabler Verlag, 1962.

[KRS98] G. Kappel, W. Retschitzegger und W. Schwinger. A Comparison of Role Mechanisms in Object-Oriented Modeling. In [PSV98], Seiten 105–109, 1998.

[KS89] R. Keil-Slawik. Systemgestaltung mit Aufgabennetzen. In *Software-Ergonomie*, Seiten 123–133. Teubner Verlag, 1989.

[Kuu95] K. Kuutti. Work Processes: Scenarios as a Preliminary Vocabulary. In [Car95b], Seiten 19–36. 1995.

[KW98] A. Krabbel und I. Wetzel. Aufgabenbezogene Modellierung von Domänensoftware. In [PSV98], Seiten 63–67, 1998.

[Kyn95] M. Kyng. Creating Contexts for Design. In [Car95b], Seiten 85–108. 1995.

[LK95] P. Loucopoulos und V. Karakostas. *System Requirements Engineering*. McGraw-Hill, 1995.

[LL94] K.Y. Lim und J. Long. *The MUSE Method for Usability Engineering*. Cambridge University Press, 1994.

[Lor80] K. Lorenz. Metasprache. In J. Mittelstraß, Hrsg., *Enzyklopädie Philosophie und Wissenschaftstheorie*, Seite 875. Mannheim, 1980.

[LT89] N. Lynch und M. Tuttle. An Introduction to Input/Output Automata. *CWI Quarterly*, 2(3):219–246, 1989.

[LVW97] R. Liskowsky, B.M. Velichkovsky und W. Wünschmann, Hrsg. *Software Ergonomie 97*, Bd. 49 of *German Chapter of the ACM – Berichte*. Teubner Verlag, 1997.

[LW93] B. Liskov und J.M. Wing. A New Definition of the Subtype Relation. In *ECOOP'93*, LNCS 707, Seiten 118–141. Springer-Verlag, 1993.

[Mac95] L.A. Macaulay. *Requirements Engineering*. Applied Computing. Springer-Verlag, 1995.

[Mar90] J. Martin. *Information Engineering, Books I-III*. Prentice Hall, 1990.

[MM95] A. MacLean und D. McKerlie. Design Space Analysis and Use Representations. In [Car95b], Seiten 183–208. 1995.

[Moy94] T. Moynihan. Objects versus Functions in User-Validation of Requirements: Which Paradigm Works Best? In D. Patel, Y. Sun und S. Patel, Hrsg., *OOIS'94*, Seiten 54–73. Springer-Verlag, 1994.

[MP88] S.M. McMenamin und J.F. Palmer. *Strukturierte Systemanalyse*. Carl Hanser Verlag, 1988.

[MP92] D.E. Monarchi und G.I. Puhr. A Research Typology for Object-Oriented Analysis and Design. *Commun. ACM*, 35(9):35–47, 1992.

[MP96] R. Motschnig-Pitrik. Analyzing the Notions of Attribute, Aggregate, Part and Member in Data /Knowledge Modeling. *Journal of Systems and Software*, 33(2):113–122, 1996.

[MTW+95] M. Muller, L.G. Tudor, D.N. Wildman, E.A. White, R.W. Root, T. Dayton, R. Carr, B. Diekman und E. Dykstra-Erickson. Bifocal Tools for Scenarios and Representations in Participatory Activities with Users. In [Car95b], Seiten 135–164. 1995.

[Mum83] E. Mumford. *Designing Human Systems for New Technology: The ETHICS Method*. Manchester Business School, 1983.

[Mum93] E. Mumford. The Participation of Users in Systems Design: An Account of the Origin, Evolution, and Use of the ETHICS Method. In D. Schuler und A. Namioka, Hrsg., *Participatory Design*, Seiten 257–270. Lawrence Erlbaum Associates, 1993.

[MZ95] J.T. Mowbray und R. Zahavi. *The Essential CORBA: Systems Integration Using Distributed Objects*. John Wiley & Sons, 1995.

[Nie93] J. Nielsen. *Usability Engineering*. Academic Press, 1993.

[Nie95] J. Nielsen. Scenarios in Discount Usability Engineering. In [Car95b], Seiten 59–84. 1995.

[Obe87] H. Oberquelle. *Sprachkonzepte für benutzergerechte Systeme*. Informatik-Fachberichte 144. Springer-Verlag, 1987.

[OHM+91] T.W. Olle, J. Hagelstein, I.G. Macdonald, C. Rolland, H.G. Sol, F.J.M. van Assche und A.A. Verrijn-Stuart. *Information Systems Methodologies*. Addison-Wesley, 1991.

[OMG97] *Object Management Group, Business Object DTF, Common Business Objects*. bom/97-12-04, Version 1.5, 1997.

[Öst95] Hubert Österle. *Business Engineering – Prozeß und Systementwicklung*. Springer-Verlag, 1995.

[Pae96] B. Paech. Algebraic View Specification. In M.Wirsing, Hrsg., *AMAST'96*, LNCS 1101, Seiten 444–457. Springer-Verlag, 1996.

[Pae97] B. Paech. A Framework for Interaction Description with Roles. Technischer Bericht TUM-I9731, Technische Universität München, 1997.

[Pae98] B. Paech. The Four Levels of Use Case Description. In E. Dubois, A. Opdahl und K. Pohl, Hrsg., *REFSQ'98*, Bericht Facultés Universitaires Notre-Dame de la Paix, Namurs, 1998.

[Par72] D.L. Parnas. On the Criteria to be Used in Decomposing Systems into Modules. *Commun. ACM*, 15(12):1053–1058, 1972.

[Par98] H. Partsch. *Requirements Engineering systematisch - Modellbildung für softwaregestützte Systeme*. Springer-Verlag, 1998.

[PB96] G. Pomberger und G. Blaschek. *Software Engineering*. Carl Hanser Verlag, 1996.

[PH97] C. Potts und I. Hsi. Abstraction and Context in Requirements Engineering: Towards a Synthesis. *Annals of Software Engineering*, 3:23–61, 1997.

[Poh93] K. Pohl. The Three Dimensions of Requirements Engineering. In *CAiSE 1993*, LNCS 685, Seiten 275–292. Springer-Verlag, 1993.

[Pot97] C. Potts. Fitness for Use: The System Quality that Matters Most. In *REFSQ'97*, Seiten 15–28. Bericht Facultés Universitaires Notre-Dame de la Paix, Namur, 1997.

[PR97] B. Paech und B. Rumpe. State Based Service Description. In H. Bowman und J. Derrick, Hrsg., *FMOODS, Volume 2*, Seiten 293–304. Chapman & Hall, 1997.

[Pre94] J. Preece. *Human-Computer Interaction*. Addison-Wesley, 1994.

[Pre97] W. Pree. *Komponentenbasierte Softwareentwicklung mit Frameworks.* dpunkt Verlag, 1997.

[Pre99] B. Preim. *Entwicklung interaktiver Systeme - Grundlagen. Fallbeispiele und innovative Anwendungsfelder.* Springer-Verlag, 1999.

[PRW98] A. Picot, R. Reichswald und R.T. Wigand. *Die grenzenlose Unternehmung.* Gabler Verlag, 1998.

[PSV98] K. Pohl, A. Schürr und G. Vossen, Hrsg. *Modellierung'98.* Universität Münster, Angewandte Mathematik und Informatik, Bericht 6/98-I, 1998.

[PWM93] F. Polack, M. Whiston und K. Mander. The SAZ Project: Integrating SSADM and Z. In *FME'93: Formal Methods Europe*, LNCS 670, Seiten 541–557. Springer-Verlag, 1993.

[RA97] J. Ralyte und C.B. Achour. Scenario Integration into Requirements Engineering Methods. In *Workshop on Many Facets of Process Engineering*, 1997.

[RAB96] B. Regnell, M. Andersson und J. Bergstrand. A Hierarchical Use Case Model with Graphical Representation. In *ECBS*. IEEE, 1996.

[RAC$^+$96] C. Rolland, C. Ben Achour, C. Cauvet, J. Ralyte, A. Sutcliffe, N.A.M Maiden, M. Jarke, P. Haumer, K. Pohl, E. Dubois und P. Heymans. A Proposal for a Scenario Classification Framework. Technischer Bericht 96-01, CREWS, 1996.

[RB94] K. Robinson und G. Berrisford. *Object-Oriented SSADM.* Prentice Hall, 1994.

[RBP$^+$91] J. Rumbaugh, M. Blaha, W. Premerlani, F. Eddy und W. Lorensen. *Object-Oriented Modeling and Design.* Prentice-Hall, 1991.

[RC95] M.B. Rosson und J.M. Carroll. Narrowing the Specification-Implementation Gap in Scenario-Based Design. In [Car95b], Seiten 247–278. 1995.

[Rei85] W. Reisig. *Petri Nets – An Introduction*, Bd. 4 of *EATCS Monographs on Theoretical Computer Science*. Springer-Verlag, 1985.

[RHSL96] G. Rasmussen, B. Henderson-Sellers und G.C. Low. An Object-Oriented Analysis and Design Notation for Distributed Systems. *Journal of Object-Oriented Programming*, Seiten 14–27, October 1996.

[RK96] B. Rumpe und C. Klein. Automata Describing Object Behavior. In H. Kilov und W. Harvey, Hrsg., *Specification of Behavioral Semantics in Object-Oriented Information Modeling*, Seiten 265–286. Kluwer Academic Publishers, 1996.

[RKW95] B. Regnell, K. Kimbler und A. Wesslen. Improving the Use Case Driven Approach to Requirements Engineering. In *Symposium on Requirements Engineering*, Seiten 40–47. IEEE, 1995.

[RS77] D.T. Ross und K.E. Schoman. Structured Analysis for Requirements Definition. *IEEE Transactions on Software Engineering*, 3(1):6–15, 1977.

[RSS$^+$94] M. Rauterberg, P. Spinas, O. Strohm, E. Ulich und D. Waeber. *Benutzerorientierte Software-Entwicklung.* Teubner Verlag, 1994.

[Rum96] B. Rumpe. *Formale Methodik des Entwurfs verteilter objekt-orientierter Systeme.* Dissertation, TU München, 1996.

[RWL96] T. Reenskaug, P. Wold und O.A. Lehne. *Working with Objects – The OOram Software Engineering Method.* Manning Publications Co., 1996.

[Sam97] J. Sametinger. *Software Engineering with Reusable Components.* Springer-Verlag, 1997.

[Sch96] I. Schönfeld. *Spezifikation von Interaktion.* Diplomarbeit, Universität Bremen, 1996.

[Sch99] A. Scheer. *ARIS - Business Process Frameworks, Business Process Modeling, 2 Bände.* Springer-Verlag, 2., überarbeitete und erweiterte Auflage, 1999.

[SDW93] K. Stolen, F. Dederichs und R. Weber. Assumption/commitment rules for networks of asynchronously communicating agents. Technischer Bericht TUM-I9303, Technische Universität München, 1993.

[SG96] M. Shaw und D. Garlan. *Software Architecture*. Prentice Hall, 1996.

[She89] A. Sheperd. Analysis and Training in Information Technology Tasks. In D. Diaper, Hrsg., *Task Analysis in Human-Computer Interaction*, Seiten 15–54. Ellis Horwood, 1989.

[SJ96] A.-W. Scheer und W. Jost. Geschäftsprozeßmodellierung innerhalb einer Unternehmensarchitektur. In [VB96], Seiten 30–46. 1996.

[SN93] D. Schuler und A. Namioka. *Participatory Design – Principles and Practices*. Lawrence Erlbaum Associates, 1993.

[SNI95] *Siemens Nixdorf Informationssysteme AG, GRAPES V3 – Sprachbeschreibung*. 1995.

[Som96] I. Sommerville. *Software Engineering*. Addison-Wesley, 1996.

[SS97] I. Sommerville und P. Sawyer. *Requirements Engineering – A Good Practice Guide*. John Wiley & Sons, 1997.

[Sta96] Ch. Stary. *Interaktive Systeme – Software-Entwicklung und Software-Ergonomie*. Vieweg Verlag, 1996.

[Ste93] W. Stein. Objektorientierte Analysemethoden – ein Vergleich. *Informatik-Spektrum*, 16:317–332, 1993.

[Str98] S. Strahringer. Ein sprachbasierter Metamodellbegriff und seine Verallgemeinerung durch das Konzept des Metaisierungsprinzips. In [PSV98], Seiten 15–20, 1998.

[Suc95] L. Suchman(ed.). Special Issue on Representations of Work. *Commun. ACM*, 38(9), 1995.

[Sze96] P. Szekely. Retrospective and Challenges for Model-Based Interface Development. In F. Bodart und J. Vanderdonckt, Hrsg., *Design, Specification and Verification of Interactive Systems'96, Eurographics Workshop*. Springer-Verlag, 1996.

[Tan95] A. S. Tanenbaum. *Moderne Betriebssysteme*. Carl Hanser Verlag, 1995.

[THMP63] E.L. Trist, G.E. Higgin, H. Murray und A.B. Pollack. *Organisational Choice*. Tavistock, 1963.

[TSMB95] S. Teufel, Ch. Sauter, Th. Mühlherr und K. Bauknecht. *Computerunterstützung für die Gruppenarbeit*. Addison-Wesley, 1995.

[TW96] J.K. Triebe und M. Wittstock. *Anforderungskatalog für Software-Entwicklung – Auswahl und Anwendung*. Schriftenreihe der Bundesanstalt für Arbeitsschutz - Forschung Fb 743. Wirtschaftsverlag NW, 1996.

[Uli94] Eberhard Ulich. *Arbeitspsychologie*. Schäffer-Poeschel Verlag, Stuttgart, 1994.

[VB96] G. Vossen und J. Becker, Hrsg. *Geschäftsprozeßmodellierung und Workflowmanagement*. Int. Thomson Publishing, 1996.

[vHPB98] E. von Hahn, B. Paech und C. Bock. Reengineering Conventional Data and Process Models with Business Object Models: A Case Study Based on SAP R/3. In *Conceptual Modeling - ER'98*, LNCS 1507, Seiten 393–406. Springer-Verlag, 1998.

[vLDM95] A. van Lamsweerde, R. Darimont und P. Massonet. Goal-Directed Elaboration of Requirements for a Meeting Scheduler: Problems and Lessons Learnt. In *Symposium on Requirements Engineering*, Seiten 194–203. IEEE, 1995.

[VOGK+83] W. Volpert, R. Oesterreich, S. Gablenz-Kolakovic, T. Krogoll und M. Resch. *Verfahren zur Ermittlung von Regulationserfordernissen in der Arbeitstätigkeit*. TÜV Rheinland, 1983.

[Wei78] V. Weinberg. *Structured Analysis*. Yourdon Press, 1978.

[Whi87] A. Whitefield. Models in Human Computer Interaction: a Classification with Special Reference to Their Use in Design. In H.-J. Bullinger, K. Kornwachs und B. Shackel, Hrsg., *Interact'87*, Seiten 57–65. North-Holland, 1987.

[Wie95] R.J. Wieringa. *Requirements Engineering – Frameworks for Understanding*. John Wiley & Sons, 1995.

[Wie98] R.J. Wieringa. A Survey of Structured and Object-Oriented Software Specification Methods and Techniques. *ACM Computing Surveys*, 30(4):459–527, 1998.

[Wil93] B. Wilson. *Systems: Concepts, Methodologies and Applications*. John Wiley & Sons, 1993.

[Wir94] M. Wirsing. Algebraic Specification. In Jan van Leeuwen, Hrsg., *Formal Models and Semantics*, Bd. B of *Handbook of Theoretical Computer Science*, Seiten 677–790. Elsevier, 1994.

[WO92] F. Weltz und R.G. Ortmann. *Das Softwareprojekt – Projektmanagement in der Praxis*. Campus Verlag, 1992.

[Woo88] M. Woodman. Yourdon Dataflow Diagrams: A Tool for Disciplined Requirements Analysis. *Information and Software Technology*, 30(9), 1988.

[Wor92] J.B. Wordsworth. *Software Development with Z*. Addison-Wesley, 1992.

[WPJH98] K: Weidenhaupt, K. Pohl, M. Jarke und P. Haumer. Scenario Usage in System Development: A Report on Current Practice. In *Int. Conference on Requirements Engineering*. IEEE, 1998.

[YC79] E. Yourdon und L.L. Constantine. *Structured Design – Fundamentals of a Discipline of Computer Program and System Design*. Prentice Hall, 1979.

[You89] E. Yourdon. *Modern Structured Analysis*. Yourdon Press, 1989.

[Yu97] E.S.K. Yu. Towards Modelling and Reasoning Support for Early-Phase Requirements Engineering. In *Symposium on Requirements Engineering*, Seiten 226–235. IEEE, 1997.

[Zie96] J. Ziegler. *Eine Vorgehensweise zum objektorientierten Entwurf graphisch-interaktiver Informationssysteme*. IPA-IAO Bericht 240. Springer-Verlag, 1996.

[Zie97] J. Ziegler. ViewNet – Konzeptionalle Gestaltung und Modellierung von Navigationsstrukturen. In [LVW97], Seiten 343–350, 1997.

Sachverzeichnis

Springer und Umwelt

Als internationaler wissenschaftlicher Verlag sind wir uns unserer besonderen Verpflichtung der Umwelt gegenüber bewußt und beziehen umweltorientierte Grundsätze in Unternehmensentscheidungen mit ein. Von unseren Geschäftspartnern (Druckereien, Papierfabriken, Verpackungsherstellern usw.) verlangen wir, daß sie sowohl beim Herstellungsprozess selbst als auch beim Einsatz der zur Verwendung kommenden Materialien ökologische Gesichtspunkte berücksichtigen. Das für dieses Buch verwendete Papier ist aus chlorfrei bzw. chlorarm hergestelltem Zellstoff gefertigt und im pH-Wert neutral.

Springer